최용신의 외로운 진실

백년을 앞선 선각자

최용신의 외로운 진실

초판 1쇄 인쇄일 2017년 4월 7일
초판 1쇄 발행일 2017년 4월 14일

지은이 김명옥
펴낸이 양옥매
교 정 조준경

펴낸곳 도서출판 책과나무
출판등록 제2012-000376
주소 서울특별시 마포구 방울내로 79 이노빌딩 302호
대표전화 02.372.1537 **팩스** 02.372.1538
이메일 booknamu2007@naver.com
홈페이지 www.booknamu.com
ISBN 979-11-5776-418-1(03990)

이 도서의 국립중앙도서관 출판시도서목록(CIP)은 서지정보유통지원 시스템
홈페이지(http://seoji.nl.go.kr)와 국가자료공동목록시스템
(http://www.nl.go.kr/kolisnet)에서 이용하실 수 있습니다.
(CIP제어번호 : CIP2017008853)

백년을 앞선 선각자

최용신의 외로운 진실

김명옥 지음

책과나무

　최근 박근혜 대통령의 국회 탄핵과 최순실 국정 농단의 특검 수
사를 지켜보는 국민들은 '이게 나라냐'며 자조 섞인 한탄을 쏟아내
고 있다. 이기적인 욕심으로 국정을 혼란에 빠뜨리고 양심마저 헌
신짝 버리듯 하는 세태를 보면서 인간의 참된 정신을 구현하고 이
타적인 사랑을 실천한 최용신 선생이 더욱 그리워진다.

　최 선생은 100여 년 전에 양반 가문에 대학 교육까지 받았으니
대단한 금수저, 갑의 위치였다. 일제의 정책에 적당히 타협하여 평
안한 삶을 누릴 수 있었다. 그러나 고통받는 민족, 사회적 약자 편
에 서서 고통스런 삶을 선택한다. 죽음에 이르는 순간까지 초지일
관 '노블레스 오블리주'의 정신을 실천하였다.

　'가장 낙후된 가장 차별받는 농촌을 살려서 나라를 구하겠다.'는
신념으로 농촌에 들어가 가난한 주민들과 동고동락하면서 교육과
공동체의 중요성을 각성시켜 학원 건물을 완공한다. 학원을 중심
으로 샘골 공동체를 이루고 지금의 의무 교육과 평생 교육, 새마을
운동을 시작하였다.

점차 깨어나는 샘골의 자조와 협동, 의식 개혁에 놀란 일제는 경찰서에 호출하여 혹독한 고문을 가한다. 이에 굴복하지 않고 언젠가 빼앗긴 나라를 되찾고 모든 국민이 행복하고 잘사는 나라, 문화가 한없이 높은 나라, 세계 평화를 이끄는 국가를 꿈꾸며 정신적 독립운동과 농촌 계몽운동을 계속 펼쳐 나간다. 결국은 꿈을 이루지 못하고 고문 후유증과 과로로 쓰러져 26세의 꽃다운 나이에 순국하였다.

3년간의 짧은 기간에 가르친 학생의 숫자도 미미하고, 시골 마을에서 학원 하나 건축하며 애쓴 것을 가지고 역사에 남을 위인으로 평가하기에는 부족하다는 사람들이 있다. 그들에게 언제 위인을 평가하는 기준이 눈에 보이는 것이었는지 되묻고 싶다.

진정한 위인, 인류의 스승은 눈에 보이지 않는 보다 본질적인 가치에 의해 평가되어 왔다. 예수는 3년간의 짧은 공생애 기간에 예배당도 없이 들판에서 제자 몇 명 가르친 게 전부였다. 페스탈로치란 사람도 시골에서 고아들을 데리고 몇 해 동안 교육한 게 전부이나 그의 교육 정신을 높이 평가하여 스승의 거울로 삼고 있다.

이처럼 최용신 선생도 일제 식민지 시대에 이타적인 사랑의 실천, 교육 정신, 사회 계몽은 모두 선구자적이었다. 선생의 진실에 한층 더 접근하면 할수록 인류에 남을 만한 위인의 업적에 조금도 부족하지 않다는 결론에 도달하였다.

예수, 페스탈로치, 슈바이처, 다미안 신부처럼 인류가 영원히 마시는 사랑의 샘물이 되었다. 그 진실을 널리 알리고자 이번 출판을 준비하였다.

부의 양극화, 물질 중심의 가치관, 갑·을의 차별 문화, 청년 실업 등 우리 사회의 여러 난제를 해결하는 열쇠로 최용신 선생의 상록수 정신이 큰 역할을 담당하기를 기대한다. 선생이 꿈꾸며 실천한 정신이 계승·승화되기를 바라는 마음 간절하다.

선생의 고귀한 정신을 평가할, 전달할 능력도 부족한 미천한 사람으로 평전 출판이 두려웠다. 그러나 20여 년 전에 80세가 넘은 고령의 증언자들이 한결같이 선생을 그리며 후대에 알리려고 애쓰던 모습이 자꾸 떠올랐다. 그 마음을 이어받아 선생의 숭고한 삶과 정신을 널리 알리는 노력에 동참하고자 필자가 운영하는 '최용신 추모 블로그'에 올렸던 여러 글을 정리하여 감히 선생의 평전을 내놓게 되었다.

선생의 일대기, 신문 보도 기사, 전기와 소설, 정신의 평가에서부터 기념사업의 진행과 논란이 되었던 여러 문제에 대하여 정리하였다. 진실에 충실하려 부단히 노력하였으나 필자가 부지불식간에 불편을 드린 분도 있을 것이다. 많은 양해를 구하며 지적과 토론이 이어지기를 기대한다.

끝으로 이번 출판이 가능하도록 기록과 증언을 남겨 주신 모든 분들께 깊은 감사를 드린다. 특히 감옥행을 감수하면서 최용신 소전을 출판하여 생생한 기록을 후대에 전해 주신 김교신, 류달영 선생님께 깊은 감사를 드린다. 또한 최용신 평전을 출판할 시에 최용신 소전의 기록을 인용하도록 생전에 허락해 주신 고 류달영 교수님께 깊은 감사를 드린다. 부친의 뜻을 이어 호학위공好學爲公의 정신 구현에 매진하는 성천문화재단의 유인걸 이사장님도 출판을 흔쾌히 허락해 주셨다.

해방 이후에 출판한 저작물의 기록을 인용할 수 있게 허락해 주신 홍석창 목사, 인주승 기자께도 깊은 감사를 드린다. 그리고 지금은 대부분 고인이 되었지만 고령의 연세에 성의를 다해 증언을 해 주신 류달영, 김근수, 홍찬의, 주의득, 유해엽, 김종규, 강일희, 홍수용, 안원순, 홍석필, 이상종, 당충상, 김우경, 한명진, 김영덕 루씨 어린이집 원장 등 여러 증언자 분들과 학술 논문으로 연구 발표하여 미진한 필자를 지도하신 여러 선생님들께도 깊은 감사를 드린다.

책 출판에 교정과 지도를 아끼지 않은 '책과나무' 양옥매 대표님께 이 자리를 빌려 감사의 마음을 전한다. 또한 교정을 담당한 조준경 님, 디자이너 이수지 님께도 감사를 드린다.

이 책이 최용신 영화나 드라마 등의 소재로 활용되어 인간 최용신의 정신과 생애가 국민의 가슴속에 감동으로 되살아나고 널리 알려지기를 기원한다.

2017년 3월
김 명 옥

*2*부 — 당시 언론 보도와 전기, 소설의 발간

3부 — 최용신 선생의 정신

4부 — 사후 기념사업과 제 문제

1

최
용
신

일
대
기

1. 이야기를 시작하며

최용신 선생

최용신 선생은 소설 『상록수』(심훈 작)의 여주인공 채영신의 실제 모델로 널리 알려져 있다. 하지만 실상은 소설보다 더 감동적인 삶을 살다 가신 선각자이다.[1]

1935년 1월 23일 최용신 선생이 과로로 쓰러져 순국하자 학부형, 지역 주민은 정성을 다해 '사회장'으로 장례식을 거행했다. 남존여비의 봉건적인 사고가 지배하던 시대에 처녀의 사회장 소식을 접한 「조선중앙일보」는 '수원군하의 선각자 무산아동의 자모, 이십 육세의 일기로 최용신양 별세'(1935년 1월 27일자) 부음 기사를 내보낸다.

충남 당진에 낙향하여 '필경사'라는 창작실을 마련하고 농촌계몽을 주제로 한 소설감을 찾고 있던 언론인이자 시인이자 소설가인 심훈 선생은 최용신의 부음 소식을 전하는 신문 기사를 접하고 뭔가 있겠다 싶은 작가적인 감에 이끌린다. 최용신 선생이 일하던 샘

---

1)   최용신(1909.8.12~1935.1.23) 독립운동가, 농촌계몽운동가, 교육자, 소설 『상록수』 여주인공 채영신의 실제 모델, 1995년 독립유공자 추서(건국훈장 애족장)

골 마을을 직접 방문하여 조사한다.

한 젊은 여성의 순수한 자기희생의 헌신과 시대를 앞서가는 이상에 크게 감동한 심훈은 자세한 행적을 취재하여「동아일보」가 발행하는 월간잡지「신가정」의 동료 기자에게 부탁하여 특집 기사를 내보낸다.[2]

편집자는 일제의 출판 검열을 의식하여 사상범으로 복역한 이력이 있는 심훈이란 필명 대신에 '일기자'로 한다. 충남 당진에 내려간 심훈 선생은 필경사에 틀어박혀 최용신 선생을 상록수 정신의 실천자인 여주인공 채영신의 모델로 소설『상록수』를 단숨에 탈고하여 발표한다.『상록수』는 이광수의『흙』과 쌍벽을 이루는 농촌계몽소설, 근대소설의 대표작으로 널리 읽혀진다.

소설『상록수』가 발표되자(1935년 6월), 샘골 주민과 최용신 선생의 지인들은 크게 반발한다. '선생의 눈물 나는 애국 애족의 헌신적인 생애를 한낱 남녀 간의 사랑으로 격하했다.'는 불만이었다.

당시에 민족의 독립을 염원하며 비밀 집회를 이어 가던 성서조선의 김교신, 함석헌, 류달영과 다석 유영모 선생의 민족 지도자들은 최용신 선생의 헌신적인 생애와 정신에 크게 감동한다.[3] '소설이 아닌 실재한 선생의 생애를 역사 기록물로 기록하여 후대에 민족의

---

2)   심훈은 충남 당진에 낙향하기 전에「조선일보」,「동아일보」사회부 기자로 일하였다.「신가정」35년 5월호 '영원불멸의 명주, 고 최용신 양이 밟아 온 업적의 길. 천곡학원을 찾아서… 1935년 3월 26일 일기자'
3)   류달영 서울대 명예교수 증언 (1911~2004, 성천문화재단 이사장실, 1996)

자산으로 남겨야 한다. 지금의 일제 식민지에는 쓰임이 없지만 해방된 조국을 번영시켜 나갈 후손들에게 반드시 알려 주어야 한다.'는 사명감에 1939년 『최용신 소전』(류달영, 성서조선사)을 발간한다.

당시는 태평양 전쟁의 광풍이 몰려오던 시기로, 최용신 전기 출판은 감옥행을 감수해야 하는 결단이었다. 실제로 전기 출판 이후에 성서조선 사건(1942년)으로 최용신 전기는 불온서적으로 모두 압수돼 불태워지고, 성서조선의 출판 관련자는 물론 장기려 박사 같은 독자들까지 모두 감옥신세를 지게 된다.[4]

최용신 선생의 일터였던 샘골에서는 일본인 오오야마가 주도하는 농촌 진흥회의 청년회를 중심으로 최용신 격하운동을 조직적으로 진행한다.[5]

해방 이후에도 오오야마에 영향을 받은 지역 친일 인사의 폄훼와 국민의 무관심으로 최용신 선생은 땅속에 밀봉되었다. 그러나 우여곡절 끝에 대한민국 정부는 1995년 광복 50주년에 최용신 선생의 헌신적인 농촌계몽과 정신적 독립운동을 높이 평가하여 독립유공자(건국훈장 애족장)로 추서한다.

국민의 80% 이상이 문맹이던 피폐한 일제 식민지의 시대에 최용신 선생은 양반 가문에 대학 교육까지 받은 대단한 금수저의 위치에 있었다. 그러나 최용신 선생은 자신에게 주어진 '슈퍼 갑'의 권

---

4) 류달영 서울대 명예교수 증언 (1996, 성천문화재단 이사장실)
5) 유해엽 증언 (1994, 안산 부곡동 자택)

리를 자신만의 안락과 평안을 위해서는 조금도 행사하지 않았다. 가장 소외받는 가난한 농촌을 살려서 나라를 구하겠다는 신념으로 벽촌의 농촌마을 수원군 반월면 샘골(현 경기도 안산시 상록구 본오동)에 들어가 사회적 약자인 주민에게 모두 나누면서 동고동락했다. 힘든 농사일도 함께 거들고 어린이는 물론 부녀자, 어른들에게 주야로 한글 교육을 실시한다.

'아는 것이 힘, 배워야 산다.'

교육의 중요성을 일깨워서 힘든 경제 사정에도 불구하고 온 마을 주민이 합심하여 번듯한 샘골 학원을 건립한다. 학원을 중심으로 온 주민이 단합하여 어린이는 물론 부녀자 노인까지도 문맹을 퇴치한다. 주색잡기 추방운동, 생활개선 사업 등의 정신 운동과 누에고치 치기, 감나무 같은 유실수 보급, 협동 조직인 구우계를 조직해 경제 향상 운동을 펼쳐 나간다.

하지만 일제는 한글 교육과 경제 개발, 의식 계몽운동을 정신적 독립운동으로 판단, 탄압을 시작한다. 최용신 선생을 반월주재소나 수원경찰서로 호출해 위협하면서 심한 구타를 가하고, 여성으로서는 감당할 수 없는 성 고문까지 자행한다. 이에 굴복하지 않고 밤낮없이 일하던 최용신 선생은 결국 과로로 쓰러져 26세의 꽃다운 나이에 창자가 썩어들어가는 장중첩증으로 절명하였다.

비록 샘골이라는 한 농촌 마을의 조그만 규모였지만 그 정신은 소설 『상록수』, 최용신 전기의 문학작품, 영화 〈상록수〉 등으로 승화되어 국민에게 큰 용기를 주었다. 최용신의 상록수 정신은 우리도 한번 잘살아 보자는 박정희 대통령의 새마을 운동으로 이어져 조국 근대화를 이루어 낸다.

최용신 선생의 순수한 사회애, 민족애, 그리고 협동의 공동체 문화를 오늘에 되살린다면 최근 불거지는 우리 사회의 부의 양극화, 갑을의 차별 문화, 물질중심의 가치관 붕괴를 바로잡는 초석이 될 것이다.[6]

진정한 '노블레스 오블리주'의 사표, 사회 정화의 지침으로 되살려야 한다. 또한 소설 『상록수』는 남한은 물론 북한에서도 공교육의 일환으로 청소년에게 널리 교육되고 있다. 상록수 정신은 남과 북이 공유하는 몇 안 되는 정신문화이다. 반드시 민족의 최대 과제인 남북통일의 소중한 자산으로 활용하자.

---

6) 차별문화는 부의 양극화와 비정규직, 갑을 관계, 청년실업 등의 차별을 당연시하는 우리 사회의 문화

2. 암울한 시대

임진왜란을 일으킨 도요토미 히데요시가 죽자, 일본 전역을 장악한 도쿠가와 이에야스는 에도(오늘날의 도쿄)에 막부를 수립하여 19세기 중반까지 전쟁이 없는 평화의 시대를 연다. 농업 생산성의 향상과 상공업 발달로 일본 경제는 크게 부흥한다. 도시화가 진행되어 에도는 인구 100만이 넘는 거대한 도시로 성장한다. 훗날 메이지 유신으로 막부가 권력을 잃게 될 때까지 265년간의 에도시대의 고도성장 덕분에 일본은 메이지 유신(1868년) 이후의 짧은 기간에 근대화에 성공할 수 있었다.

메이지 유신으로 천왕 중심의 입헌군주제 국가, 중앙집권체제를 완비한다. 서양 선진국에 사절단을 파견하여 보고 듣고 배워 온 제도를 곧바로 도입한다. 헌법을 공포(1889년)하고 제국주의 의회를 발족하는데, 이는 아시아에서 최초의 일이다.

신분제도를 철폐하고 세금제도, 군사제도(징병제 도입)를 개혁하였으며, 세상을 변화시키는 것은 교육이라는 인식하에 교육제도를 서양식으로 바꾼다. 근대식 학교를 설립하고 소학교[7]는 의무교육

---

7) 우리의 초등학교에 해당

을 실시한 것이다. 또한 서양의 새로운 기술을 도입하여 국가 주도의 근대 산업을 육성·발전시키기 위해 자본주의 금융제도(은행 설립)와 우편, 전신, 철도, 선박운수 등의 인프라도 정비한다. 광범위한 산업혁명으로 일본은 근대 산업 국가로 급속하게 발전한다.

안중근 의사에 저격당한 '이토 히로부미'는 한국인에게는 침략의 원흉이다. 그러나 일본에서는 젊은 나이에 국가 장학생으로 유럽에서 배워 온 근대 지식을 바탕으로 메이지 헌법의 초안을 마련하고 내각제를 실시하여 첫 번째 총리가 된 인물이다. 일본 근대화의 아버지요, 영웅으로 출간된 전기만 해도 수십 종에 이른다.

일본을 근대 국가로 변화시킨 메이지 유신의 성공 비결은 세계 흐름을 일찍 깨달은 지배층이 먼저 기득권을 내려놓고 변화를 주도한 위로부터의 개혁이었다는 데 있다. 이로 인해 사회적 혼란을 최소화하면서 단기간에 일본은 근대 국가로 발전했다.

이에 반해 우리나라의 사회 지도층은 형식적·관념적 유학과 사대주의 중화사상에 빠져 세계사의 흐름에 눈을 감은 채 오로지 자신들의 기득권 유지에만 몰두하였다. 시급한 사회 개혁을 단행하지 못하다가 일제에 나라를 빼앗긴 우리의 지배층과 조선 왕조를 생각하면 답답하기만 하다. 다시는 반복하는 일이 없도록 역사의 뼈아픈 교훈으로 삼아야 할 것이다.

근대 국가로 발전, 서양 열강과 어깨를 나란히 한 일본은 정한론을 앞세워 본격적인 침략에 나선다. 청일 전쟁(1895년)과 러일 전쟁(1905년)을 승리하여 한반도에서 중국과 러시아 세력을 밀어내고 한국 침략 계획을 치밀하게 진행한다.

미국과 1905년 7월에 카스라-태프트 밀약을 체결하고 8월에는 영국과 영일 동맹(일본의 한국 침략 동의)을 맺어 한국에서의 독점적 지위를 승인받는다.[8]

이와 같이, '한국 식민지화'의 국제적인 승인까지 받아 놓은 상황에서 1905년 11월, 일제는 고종을 협박하고 이완용 등의 매국노(을사오적)를 매수해 을사보호조약을 체결한다. 이로써 한국은 외교권은 완전히 박탈되어, 형식적인 국명만을 가진 나라로 전락하고 만다.

고종은 이와 같은 강압에 의한 을사보호조약의 무효를 선언하고 주권 수호를 호소할 목적으로 1907년 6월, 헤이그 평화회의에 특사를 파견하였다. 그러나 헤이그 특사파견 사실을 안 일제는 7월 20일, 조선에 파견한 통감 이토 히로부미로 하여금 배일 의식이 강한 고종을 강제로 퇴위시키고 대신 순종을 즉위하게 한다.

이후 일제는 한국에 통감부를 설치하고 군대를 강제로 해산한다. 경찰권, 사법권도 순차적으로 빼앗는다. 완전히 허수아비로 만들어 '한일병합조약'을 체결할 기회만을 노린다. 한편, 안중근(安重根) 의사는 1909년 12월 만주 하얼빈 역에서 대한 침략의 원흉 이토 히로부미를 총살, 한민족의 울분을 대변하였다.

결국, 일제의 간악한 계획을 이겨 내지 못하고 1910년 8월 28일, 강압적인 한일병탄조약으로 나라를 송두리째 빼앗기고 만다. 일제는 조선 총독부를 세워 한국 통치의 총 본산으로 삼았고, 데라우치

---

8) 카스라-태프트 밀약은 일본은 필리핀에서의 미국의 독점 권익을 인정하는 대가로 미국은 일본의 한국 침략을 묵인한다.

를 초대 총독에 임명한다.

　이토록 너무나 무기력하게 나라를 빼앗기던 암울한 시대인 1909년 8월 12일에 최용신 선생은 태어난다.

3. 어린이 시절

최용신의 집안은 원산 일대에서 뼈대 있는 양반 가문으로 주변 일대의 존경을 받았다. 한때는 집안 살림이 넉넉해 어려움에 처한 이웃에 식량을 나눠 주기도 하였다. 그러나 점차로 가세가 기울어 용신이 태어나던 때에는 집안경제가 그리 녹록지 않았다. 여기에다 남자가 아닌데다 첫째나 귀염을 받고 자랄 막내도 아닌 최창희 씨의 2남 3녀 중에 넷째의 어정쩡한 위치로 태어나 항상 어른들의 관심 밖에서 지내야 했다. 무슨 일이든 스스로 해결하고 일궈 가야 하는 신세였다.

당시는 남성 중심의 봉건적인 시대로 남존여비 사상이 뚜렷하였다. 설상가상으로 무서운 전염병인 천연두가 찾아온다. 고열로 사경을 헤매다 겨우 회복하나 불행하게도 얼굴은 물론 온몸에 심한 마마의 흔적이 남게 된다.[9] 예나 지금이나 여성에게 미모는 매우 중요한 문제인데 어린 나이에 얼굴이 박박 얽게 되었으니, 매일 거울을 들여다보는 그 심정이야 오죽했을까? 어린 나이의 용신에게는 감당하기 힘든 큰 충격으로 다가왔다.

---

9) 마마는 천연두 바이러스에 의해 일어나는 전염병으로 고열과 두창이 나타난다. 최용신도 고열을 앓다 회복하였으나 얼굴은 물론 정강이까지 곰보 자국이 심하게 남는다.

그러나 인생사가 불행만이 전부가 아니듯이 하늘이 준 큰 선물이 있었다. 그것은 출생지의 천혜의 자연과 지리적 환경이었다. 최용신이 태어난 함경남도 덕원군 현면 두남리는 숲과 바다가 잘 어우러진 그야말로 자연의 안식처였다. 해안을 따라 송도원(松濤園) 해수욕장과, 해당화로 유명한 명사십리(明沙十里)의 푸른 솔과 흰 모래가 드넓게 펼쳐져 있고, 어디를 가나 울창한 숲이 그 자태를 뽐내고 있었다.

또한 덕원군에는 해안선을 따라 크고 작은 섬들이 자연적인 방파

일제 강점기 원산항

원산 명사십리 해수욕장

제를 이루고 수심도 원만해 한국은 물론 동양에서도 뛰어난 원산항이 위치하고 있었다. 원산항은 1880년에 부산, 제물포와 함께 가장 먼저 개항되었다. 신문물이 드나드는 창구로서 일찍부터 상공업이 크게 발달한 곳이다. 서울과 평양, 그리고 함흥, 강릉 등과도 쉽게 통할 수 있는 지리적인 위치로 옛날부터 관북지방에 기근이 있을 때 구호를 위하여 준비하는 상평창(常平倉)이 있던 곳이기도 하

백년을 앞선 선각자 **최용신의 외로운 진실**

다. 실지로 경상도 방면에서 미곡을 들여와 저장하여 두었다.[10]

동해 바다가 보이고 원산 읍에서 10리 거리에 위치한 두남리는 우리나라의 근대 과수원으로 유명한 학농원이 위치해 있다. 또한 원산읍보다도 기독교가 먼저 들어온 지역으로 동네에 교회와 사립학교가 설립되어 있었다.

부잣집의 사내아이나 겨우 서당 교육을 받던 시대에, 용신은 교육 대상자가 아니던 여성으로서 10살이 되자 가까이에 위치한 근대 교육기관인 두남 학교에 입학한다.[11]

학교가 파하면 선교사들이 운영하는 마을 어귀의 교회에 나가 놀았다. 교회는 글을 배우고 새로운 세계를 접할 수 있는 곳이었다. 이렇게 일찍부터 신교육, 선교사들이 이끄는 신문화, 신사고를 접하며 자라난다.

선조들은 경주에서 대대로 살다가 12대조 때에 나라의 정변으로 인하여 원산으로 귀향을 오게 된 이후, 줄곧 원산에 눌러살아 오늘에 이르렀다. 할아버지 되는 분도 이 지방의 뚜렷한 유지이며 구한말 시절에는 사재를 털어 가면서 덕원에 학교를 세워 기울어져 가는 나라의 기운을 교육으로 일으켜 보고자 노력한 구국 교육가의

---

10) 관북지방은 함경남도와 함경북도를 아우르는 별칭
11) 1910년대에 여자 어린이가 근대교육을 받는 비율은 0.5%도 안 됐다. 정말 하늘이 준 선물이었다.(김형목 독립기념관 선임연구원, 제4회 최용신심포지움 논문발표 자료집 9쪽, 2016)

한 사람이었다.[12) 아버지는 덕원 공립학교 교사, 취성학교 교장으로 교육에 앞장섰고 신간회 덕원지회 부회장으로 1920년대 현지 민족운동과 문화 계몽운동을 주도한 분이었다.[13)

이처럼 나라와 민족을 먼저 생각하는 핏줄기, 근대 교육의 보급에 앞장선 교육자 집안에서 태어나 일찍부터 교육의 중요성을 보고 자란다. 또한 교회를 나가면서 모든 인간은 신분, 귀천, 외모 등으로 차별받는 존재가 아니라 누구나 하나님과 같은 귀한 존재라는 가르침을 받으며 곰보 얼굴이라는 외모 콤플렉스를 극복해 나간다. 어려운 이웃을 먼저 생각하고 배려하는 큰 아이로 성장한다.

---

12) 유달영, 최용신의 '생애 32쪽 (1998, 서울 성천문화재단)
13) 김형목, 제2회 최용신학술심포지움 논문집 20쪽 (2014, 최용신기념관)

4. 곰보 콤플렉스

최용신 선생 추모 블로그를 운영하다 보니 부족한 내용임에도 가끔 메일이나 전화로 자료를 요청받거나 감사와 격려를 해 주는 분들이 있다.[14]

얼마 전에 "최 선생의 연보에서 외모가 곰보였다는 사실을 삭제하면 안 되겠냐."는 연세가 지긋한 분의 간곡한 요청을 받았다. '최용신 선생을 매우 존경하여 영화〈상록수〉의 연기자 최은희 선생처럼 마음씨 곱고, 예쁜 미모로 항상 그리는 분인데 외모가 박박 얽은 곰보였다는 기록이 매우 거슬린다.'는 의견이었다.

실제 최용신 선생을 이야기하는 사람 중에 외모가 곰보였다는 사실을 숨기려는 경향이 있다. 그러나 유아기에 앓은 천연두의 후유증으로 얼굴은 물론 정강이까지 심하게 곰보 자국이 남게 되었음은 주지의 사실이다. 이는 선생의 생애를 좀 더 생생하게 이해하는 데 중요한 부분 중의 하나이다.

여성으로서 외모는 특히 사춘기 시절에는 감당하기 힘든 스트레스를 받았을 것이다. 그러나 남성 중심의 봉건적인 시대에 여성 차

---

14) 최용신 블로그 blog.naver.com/kmo21

별은 물론 여성으로서 감당하기 힘든 외모 핸디캡을 모두 극복하고 주변 사람들로부터 한없는 신뢰와 존경을 받았다. 여성 독립운동가, 여성 운동의 선구자, 교육자의 사표로 존경받는 업적을 남기는 데 역설적으로 숨기고 싶은 곰보 외모가 중요한 역할을 담당했다. 치열한 생애를 좀 더 리얼하게 이해하기 위해서는 있는 그대로를 연보에 기록하는 게 맞는다는 판단에서 요청을 정중히 거절하였다.

『최용신 소전』(1939, 류달영 작)에 보면, 약혼 문제에서 외모에 대한 심각한 고민과 외모로 인해 일찍부터 나라와 민족을 위해 온몸을 바치기로 결심한 사정이 상세히 기술되어 있다. 이렇듯 최용신 선생은 곰보 콤플렉스는 물론 당시의 모든 역경을 이겨 내고 강인하고 당찬 여성으로 몇 시대를 앞선 선구자로 추앙받고 존경받는 인물이 되었다.

5. 학창 시절

두남 학교에 입학한 다음 해는 1919년으로, 용신의 나이 11살이었다. 이때에 우리나라가 자주독립 국가임을 선언하는 거족적인 3·1 운동이 일어났다. 당시에 교회는 3·1 운동의 준비와 진행 과정에 전국적인 네트워크를 이루며 적극 참여하였다.[15]

교회 선생님을 비롯한 주변의 여러 사람이 '대한 독립 만세'를 외치는 것과 일제의 헌병에 처참하게 진압되는 광경을 목격하였다. 이때 처음으로 나라를 일본에 빼앗겼다는 사실을 알게 된 용신은 어린 나이에 나라를 되찾아야 한다는 생각을 하면서 일본에 대한 두려움을 느꼈다.

두남 학교를 2년간 다닌 후 1920년 4월 부모님의 배려로 보다 나은 교육을 받을 수 있는 원산 읍의 루씨 보통학교로 전학을 한다. 루씨 보통학교를 졸업하고 같은 계열의 루씨 여자고등보통학교에 입학한다.

미국 선교사 루씨 컨닝김(Lucy Cuninggim)의 이름을 따 세워진 현대식 시설을 갖춘 루씨 여고는 스키, 소프트볼 등 모든 학생들이 다

---

15) 김명옥, 잊혀졌던 역사 상록수와 최용신 선생, 청년부 안용성 목사 추천글 (1994, 제일청년문고)

양한 스포츠를 즐기고 취미 생활에 몰두할 수 있도록 자유롭고 자율적인 학풍을 갖춘, 당시로서는 대단히 진보적인 색채를 띠고 있었다.[16]

당시에 서울 구경 갔다 온 학생들은 '서울은 원산에 비하면 촌이고, 서울에 있는 학교의 학생들도 루씨 여고에 비하면 자신들의 학교는 아주 구식이다.'고 말할 정도였다고 한다. 배화, 이화, 호수돈, 숭의 여고와 함께 5대 사립여고로 손꼽히던 루씨의 졸업생들은 전부가 교사로 진출하거나 전문학교 등의 상급 학교로 진학하는 전국에서도 알아주는 몇 안 되는 명문 학교였다. 이렇게 실력을 갖춘 학교에서 용신은 항상 상위의 성적을 유지했고 최우등으로 졸업을 한다.

그동안 루씨 보통학교 시절부터 매일 10여 리(4km)의 험한 길을 걸어서 통학하였다. 아버님의 병환 등으로 집안이 빈곤해져서 학비는 물론 학창 시절 내내 점심을 챙겨 먹은 경우가 거의 없었다. 학비 마련을 위해 방과 후, 학교 도서관에서 요즘 식의 아르바이트도 시도했지만 별 도움이 되지 못하였다. 다행히 큰아버지가 마련해 준 학비로 어렵게 학업을 마칠 수 있었다. 이렇게 극심한 빈곤의 환경은 최용신을 더욱 굳세게 만들었다. 경제적 빈곤이 얼마나 고통스러운 현실이며 이 고통스런 현실을 극복하는 일이 얼마나 절실

---

16) 안산 루씨유아원 한명진 원장 증언(1994, 자택), 한 원장은 원산 루씨여고 동문이다.

한 문제인가를 골수에 박히도록 체험하였다.[17]

　방과 후 학교 도서관의 아르바이트는 많은 책을 읽을 수 있는 기회를 제공하였다. 교우들이 취미 생활로 즐거운 여가를 보낼 시간에 도서관 근무를 하면서 틈틈이 독서에 열중하여, 졸업할 때에는 도서관에 비치된 서적을 전부다 몇 번씩 정독한다. 이러한 상당한 독서량은 조선의 좁은 둘레를 벗어나 인식의 세계를 한층 넓혀 주었다. 훗날 '장례 문장가'로 언론에 소개될 정도로 상당한 수준의

---

17)　최용신의 집안은 가난했나? 2002년 샘골교회 '최용신 세미나'에 참석한 최군옥(4촌 동생)이 "집안이 가난하지 않았다."고 주장했다. 이후 먹을 것도 변변치 않은 시대에 대학교육까지 받았고, 샘골에 올 때는 시계 차고 구두 신었다. 2차 농촌실습을 다녀온 강원도 포항 옥마동에는 비싼 풍금도 기증하였는데 가난하다고 할 수 있는가. 류달영 작 『최용신 소전』의 가난한 어린 시절은 '가난의 환경을 극복한 의지를 강조하고자 꾸며낸 거짓이다.'는 주장까지 제기되었다. 필자는 전기를 출판한 류달영, 김교신의 인품으로 보아 소전에 나와 있는 어린 시절 가난의 기록은 오빠인 시항 씨와 교목 전희균 목사의 증언을 있는 사실 그대로 인용한 것으로 본다. 약혼자 김학준도 회고 글에서 학창 시절 점심을 먹은 일이 없을 정도로 매우 가난했다고 일관되게 기술하였다. 또한 일본 유학 중에 '용신 위독 즉래' 전보를 받고도 여비를 융통하느라 장례식 마지막 날에 도착하였다. 가난한 처지를 한탄하면서 '돈이 원수'라고 말하였다. 전희균 목사의 딸은 "어린 시절에 최용신이 잘 못 먹어 허약하니 어머니가 집에 데리고 와 자주 죽을 쑤어 먹였다."는 증언을 하였다. 여자 어린이가 근대교육을 받는 비율이 1% 미만이던 시절에 대학교육까지 받았으니 통계적으로 보면 대단한 부자 집안이 틀림없다. 그러나 1930년대에도 학교 생활기록부에 신분(양반, 상민)을 기록하는 칸이 있었다고 한다. 국민 전체로 보면 대단한 부자이지만, 대학교육까지 받을 수 있던 계층에서는 가난의 표현이 맞다. 또한 어린이 시절 아버지의 병환과 집안의 어려움이 겹쳐 일시적으로 아주 가난했다. 루씨여고 시절 학비도 큰아버지가 도와주었다. 어느 관점으로 보느냐에 따라 부자, 가난 주장이 모두 맞는 것 같다.

글을 여러 편 신문, 잡지에 기고하는 문필력과 '샘골 강습소' 건립을 호소하는 '명연설' 실력도 이때에 길러진 것이다.

루씨여자보통고등학교와 최용신 졸업사진(1928년) (앞줄 오른쪽 첫 번째)[18]

---

18) 해방과 함께 공산주의 정권이 들어서면서 루씨 여고는 부르조아 계급의 학교로 지목된다. 교육체제를 공산체제로 전환하면서 '원산 제3여중'이라 교명을 변경하여 명석동의 명석국민학교의 한쪽 교사(校舍)를 사용하도록 조치한다. 그리고 루씨 여고 교사(校舍)는 공산주의 교육자를 양성하는 사범학교로 전환한다. 이때 루씨 여고의 학생들은 "공산주의 교육자를 양성하는 사범학교로 이용되느니 차라리 우리 마음에 영원한 루씨로 간직하자."며 학교 건물에 방화를 한다. 방화범으로 체포된 루씨의 학생들은 북한 내무서원에 끌려가 피투성이의 고통을 겪는다. 이렇게 근대교육의 산실, 50년 전통의 명문 루씨 여고의 학교 건물은 소실되고 만다.

학창 시절부터 용신은 한번 결단하면 어떠한 난관에도 끝까지 그 일을 마무리하는 의지가 누구보다 강했다. 용신이 죽고 난 다음에 오빠인 시항 씨는 동생의 전기 출판 취재차 찾아온 류달영에게 "용신을 생각하면 생각할수록 가엾고 불쌍합니다. 그때는 너무나 가난하여서요. 지금만 같았어도……." 하면서, 그 학창 시절에 고생한 일을 말하였다. "용신이는 꼭 제 고집대로 살았어요. 나와는 싸움도 가끔 하였고 때려 준 일도 있었어요. 한번 옳다고 생각하면 무슨 일이 있어도 제 생각대로 했어요. 옳은 일에 대해서는 굽힐 줄 몰랐어요."라고 회고하였다.[19]

이러한 청소년기의 경험은 훗날 가난한 사람을 더욱 배려하게 만들었다. '이 겨레의 살길은 가난을 극복하고 경제적으로 자립을 이뤄 내는 것이다. 반드시 일제로부터 나라를 되찾아 힘 있고 잘사는 나라를 만들어야 한다. 그러려면 먼저 국민이 배워서 깨어나야 한다. 그 일에 이 한 몸을 바치겠다.'는 신념을 확고히 정립해 나간다.

기독교계 학교였던 루씨에서 20년간 성서 과목을 지도하던 전희균(田羲均) 목사는 "용신 양은 성서 시험에서 한 번의 예외도 없이 만점을 받았는데, 자기 평생에 이 같은 예를 보지 못했다."고 술회하였다.[20] 이 점은 그의 학업에 대한 우수성뿐 아니라 그 빈곤의 어려움을 신앙으로 이겨 나간 면을 엿볼 수 있다. 또한 남녀의 차별, 신분이나 빈부의 차별을 뛰어넘어 한 차원 높은 정신세계를 성경의

---

19) 류달영, 『최용신의 생애』 37쪽 (1998, 성천문화재단)
20) 류달영 『눈 속에 잎 피는 나무』 254쪽 (1978, 중앙출판공사)

가르침을 통해 가다듬어 나갔음을 짐작할 수 있다.

　루씨 여고 졸업을 앞두고 쓴 졸업 소감문 '농촌에 들어가 문맹 퇴치에 일생을 바치겠다.'는 당시에 그녀의 민족에 대한 강한 열정, 농촌 계몽에 헌신하고자 하는 의지와 결심이 잘 나타나 있다.

교문(校門)에서 농촌(農村)에[21]

　수일에 불과하여 중등 학업을 마치게 되니, 기쁨도 있으려니와 반면에 애연한 느낌도 없지 않다. 인연 깊고 정 쌓인 루씨 동산을 떠나게 되니 형편과 처지가 다 같은 우리들은 새로운 희망과 포부를 가졌으리라. 이제 우리는 교문을 떠나 사회에 발을 들여놓게 되었다.

　우리 앞에 길이 평탄하다고는 도저히 믿을 수 없는 바이다. 그것은 이 사회가 부족한 점과 결함된 곳이 많은 까닭이다.

　이 사회는 무엇을 요구하며, 또 누구를 찾는가?

　사회는 새 교육을 받는 새 일꾼을 요구한다. 더욱 현대 중등 교육을 받고 나오는 여성을 가장 요구하는 줄 안다. 이는 여성이 남성보다 우월하여서 그런 것이 아니라, 조선의 과거를 돌아보매 남성

---

21)　류달영, 『최용신의 생애』 39쪽 (1998, 성천문화재단), 남녀 양성의 사회 참여 주장은 지금 시대에는 당연한 내용이나 1920년대 시대상황에서는 몇 세대를 앞서가는 주장이었다. 문장 실력뿐 아니라 칼럼 수준이 대단하여 초창기 신문이던 「조선」, 「동아」, 「조선중앙」 일보의 기자들에게 깊은 인상을 남겼다고 전한다.

들의 다소의 노력과 활동이 있었으나 이는 큰 성과를 얻지 못하였다. 이것은 남성들의 노력과 활동이 부족한 때문만이 아니다.

원래 사회는 남녀 양성으로 이루어진 것이다. 예로부터 우리 조선 여성들은 5천 년 동안 어둠 속에 갇혀 사회의 대세는 고사하고 자기들의 개성조차 망각하고 말았다. 이로 보아 남녀 양성으로 이루어진 이 사회가 남성만의 활동과 노력만으로써 원만한 발전을 기대할 수 없음을 알 것이다. 여기에 교육받은 여성들이 자진하여 자기들의 책임의 분을 지고 분투한다면 비로소 완전한 사회가 건설될 줄로 믿는다.

중등 교육을 마친 우리들은 각각 자기의 이상을 향하여 각자의 최선의 노력을 다하지 않으면 안 될 것이다. 이제 그 활동의 첫 계단은 무엇보다 농촌 여성의 지도라고 믿는다. 나는 농촌에 자라난 고로 현 농촌의 상황을 막연하게나마 알고 있다. 그러므로 내가 절실히 느끼는 바는 농촌의 발전도 구경은 여성의 분투에 있다는 것이다.

오늘 교육받은 여성들이 북데기 쌓인 농촌을 위하여 몸을 바치는 이가 드문 것은 사실인 동시에 크게 유감된 바이다. 문화의 눈이 구여성만 모인 농촌으로 하여금 어둠 속에서 걸어 나오게 못한다면 이 사회는 어느 때까지든지 완전한 발전을 이루지 못할 것이다. 농촌 여성의 향상은 우리들의 책임임을 알아야 할 것이다.

중등 교육을 받은 우리가 화려한 도시 생활만 동경하고 안일의 생활만 꿈꾸어야 옳을 것인가? 농촌으로 돌아가 문맹 퇴치에 노력해야 옳을 것인가? 거듭 말하나니 우리는 손을 서로 잡고 농촌으로 달려가자.

(1928년 3월 5일 최용신)

위의 졸업 소감문은「조선일보(朝鮮日報)」1928년 4월 1일자에 사진과
함께 특집기사로 소개되었다.

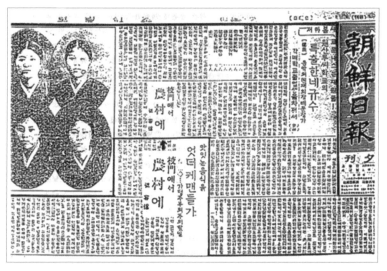

조선일보 1928년 4월 1일자

6. 문화 정치

　일제는 1919년 거족적인 3·1 만세운동이 일어나자, 그간의 통치가 실패했음을 자인하고 지금까지의 무단 통치 방법을 '문화정치'로 전환한다. 3·1독립운동이 몇몇 사람이나 외세의 영향에 의한 것이라기보다는 조선인의 독립사상은 뿌리가 깊고 오래전부터 쌓인 '독립 기운의 폭발'로 분석한 것이다. 이에 따라 절대적으로 독립 운동가를 아주 없게 할 수 없다는 결론을 내린다. 그 수를 감소시키고 분열을 조장해 아무 일도 못하게 하는 고도의 통치 방법으로 전환한 것이다.

　독립운동을 무력만으로 완전히 억압할 수 없다는 판단하에 한국인의 독립운동 기운인 애국 애족 정신, 저항 정신, 조직화 경향, 청년운동, 교육열 등을 역이용해서 식민 통치의 효율을 기한다는 것이 회유, 기만을 주요 내용으로 한 '문화 정치'의 실상이었다.[22] 그것은 문화라는 이름으로 그럴듯하게 포장하고, 총독부의 정책이라기보다는 3·1운동의 결과로 얻어 낸 하나의 성과물인 양 위장한다. 또한 3·1운동 이전과는 달리 한국인의 독립의지를 정면 거부

---

22)　홍석창, 상록수 농촌사랑 36쪽 (기독교문사, 1991)

하는 것이 아니라 오히려 먼 장래의 목표라고 공공연하게 선전하면서 독립을 이루기 위해서는 먼저 한국인이 정치적·경제적인 지위 향상을 꾀해야 한다고 그럴듯하게 선전한다.[23]

그러나 당시의 '통치 비화'는 일제의 일관된 식민지 정책의 본질을 보여 준다.

- 조선의 독립은 절대 허락하지 않는다.
- 조선의 자치를 허락하지 않는다.
- 재외 조선인에 대한 보호 단속의 방법을 세운다.

그러므로 그들의 선전은 3·1운동으로 조성된 현재의 독립 기운을 왜곡시키고 장기적으로 식민지 지배를 영구화하기 위한 고단수의 지배 술책이었다. 무력적인 통치 방법을 한층 고도화한 세뇌 공작, 허위와 기만에 찬 우회 전술이었다.

3·1 운동으로 실각한 '하세가와' 총독의 뒤를 이어 제3대 총독으로 취임한 '사이토 미노루'의 "총칼로 지배하는 것은 그 순간의 효과밖에 없다. 남을 지배하려면 철학, 종교, 교육, 문화를 앞장 세워서 정신세계를 완전히 지배해야 한다."는 취임 연설은 문화 정치의 실상을 구체적으로 표현해 주고 있다.[24]

문화 정치로 나타난 가시적인 변화의 하나가 헌병 경찰제도의 폐

---

23) 홍석창, 『상록수 농촌 사랑』 37쪽 (기독교문사, 1991)
24) 홍석창, 『상록수 농촌 사랑』 41쪽 (기독교문사, 1991)

지와 보통경찰 제도의 시행이다. 그러나 헌병과 그 보조원들이 군복을 벗고 평복으로 복장상의 변화만 가져왔을 뿐, 통계자료에 의하면 순사 수는 오히려 4배로 증가되어 사찰력은 종전보다 더욱 강화된다. [25)]

정치 선전에 있어서도, 선전 방법을 일본 관헌이 직접 하는 것은 가급적 피하고, 교묘하게 한국인 가운데 친일파를 기용하는 우회적인 방법을 이용한다. 이를 위해 민중에게 영향력 있는 저명한 민족주의자들을 간교한 술책과 압력으로 포섭해 정치 선전에 악용한다. 포섭 대상 인사에 토지 등을 하사하고 각 도(道)에는 도평의회를, 각 면(面)에는 면 협의회를 설치해 일제의 통치 체제에 끌어들인다. 이처럼 각가지 기득권을 제공하며 친일 세력을 확대해 나간다. 이와 함께 한민족 내부로부터의 분열을 획책하는 분할 정책을 한층 더 강화한다.

이 시대에는 국토의 90%가 농촌이고 국민의 80% 이상이 문맹으로 무지와 빈곤은 지속되는 한편 일제의 간교한 문화 통치는 우리의 말과 글, 정신까지 빼앗아 가고 있었다. 일본인으로 동화, 민족자체가 말살되어 가는 백척간두의 위기에서 독립사상을 교육하는 등의 교육과 계몽을 통한 극복 노력은 민족자존을 지켜 낼 수 있는 절체절명한 시대의 요구였다.

---

25)   홍석창, 『상록수 농촌 사랑』 43쪽 (기독교문사, 1991)

7. 약혼

학창 시절에 빼놓을 수 없는 또 하나의 사건은 약혼이었다. 약혼자인 김학준은 고향의 이웃에 살았다. 동네 교회에서 자주 만나는 사이였는데, 어느 날 김학준이 청혼을 해온다.

용신은 자신의 곰보 미모에 결혼하자는 청년이 어디에 있겠는가? 학창 시절에 이미 결혼 문제를 초월하여 가난한 농촌 어린이, 부녀자 교육 그리고 농촌 계몽운동에 온몸을 불사르기로 결심을 굳힌 상태였다. 나라를 구하는 일에 온몸을 바치겠다고 결심한 용신에게 청혼은 너무나 뜻밖의 일이었다. 그러나 애초의 결심대로 농촌에 들어가 일생을 바칠 계획으로 이미 결혼을 단념한 사실을 설명하고 가볍게 거절하였다.[26]

청혼에 바로 거절 의사를 분명히 하는 태도에 학준이는 머쓱하고 매우 난감하였으나 용신의 얼굴에는 가벼운 미소만 스쳐 지나갔다. 그러나 학준이는 날이 갈수록 용신의 당당함과 확고한 이상, 조국과 이웃을 위하는 아름다운 마음에 반해 함께 협력하여 활동하면 더 큰 성과를 낼 수 있다며 평생의 동지로 함께 나아가자고 끈질

---

26) 류달영, 『최용신의 생애』 46쪽 (1998, 성천문화재단)

기게 청혼의 승낙을 강요한다.

용신은 학준이의 끈질긴 청혼에 밤을 새워 가며 고민한다. 얼굴이 박박 얽어 여자의 매력이라곤 하나도 없는 자신에게 그토록 끈질기게 구원을 해오는 청혼자에게 문득 고마운 생각이 들었다. 물질이나 미모만을 추구하는 요즘의 세태에 참으로 별사람이다. 계속되는 청혼에 마음 깊은 곳에서는 그 중심이 몹시 흔들리고 있었다. 이웃에 살아 서로의 집안 사정은 물론, 자신이 바라는 속내도 속속들이 알고 있다. 또한 가정을 이루고 협력하면 뜻한 바 농촌 계몽운동에 더 큰 힘이 될 수 있다. 일시적인 감정이 아닌 많은 고민 끝에 '동지적 사랑'으로 함께하고자 하는 확고한 믿음으로 청혼한 것이라는 진심 어린 설득에 고민은 더해만 갔다.

'애초에 내 인생의 궁극적인 목표인 농촌 계몽을 위해 결혼을 단념했던 것은 안락한 삶이 아니라 고난의 삶을 살아가겠단 것인데, 요즘의 세태에 고난을 달갑게 받아들이고 얼굴까지 얽은 처녀에게 장가들 온전한 청년이 어디 있겠는가? 그러니 아예 결혼 같은 건 일찌감치 단념하자. 그게 속편한 일이다.' 그러한 심정이었다.

그런데 학준이의 태도는 사뭇 다르지 않은가? 놀이터의 시소처럼 이리 생각하면 청혼을 받아들이자, 또 저리 생각하면 아니다 거절하는 게 당연한 일이다, 하룻밤에도 시소는 몇 번이나 널뛰기만을 되풀이하였다.

약혼자 김학준 교수(1960년대 샘골학원 이사장으로 인사말)와 현재의 합장묘 27)

'그래, 뜻을 같이할 수만 있다면 혼자보다는 둘이 낫겠지.' 마침내 학준이와 함께 "나의 뜻한 바 '농촌계몽운동'에 더 힘 있는 능력을 가진 제물이 되어 보겠다."라는 결론을 내리기에 이른다.

청혼을 받아들이자, 이번에는 완고한 집안 어른들을 설득해야 했다. 용신의 집안에서는 그의 신분이 보잘것없다고 반대하였다. 전통적인 사고에 의하면 용신의 집안은 뼈대 있는 양반 가문이나, 학준이의 집안은 그렇지 않았다.28)

집안의 제일 큰 어른인 큰아버님을 직접 찾아뵙고 자신이 결혼을

---

27) 해방 이후 샘골을 찾아 약혼자의 뜻을 이어받은 샘골고등농민학교의 이사장으로 인사말을 하고 있다. 약혼 10년째 되던 해에 최용신 선생이 순국하자, 잊지 못하고 방황한다. 이후 길금복 여사와 결혼하여 2남 3녀의 자녀를 둔다. 마지막 유언으로 자신이 직접 구입한 땅에 약혼자 최용신과 나란히 묘소를 쓰고 자신의 묘소와 함께 최용신의 묘소도 정성껏 관리하여 줄 것을 부인과 자녀들에게 부탁한다. 그의 유언에 따라 길금복 여사가 주선하여 현재 김학준 교수와 최용신 선생 묘소는 나란히 있다.

28) 양반, 상민, 노비의 신분제는 갑오개혁(1894)에 폐지되었으나 관습은 계속되었다.

백년을 앞선 선각자 **최용신의 외로운 진실**

단념했던 사실과 청혼을 받아들이게 된 과정을 설명하고, 봉건적인 사고의 틀(신분)에 얽매이는 결정에 따라 약혼 문제를 결정하고 싶지 않다는 의사를 조리 있게 말씀드린다. 여러 난관이 있었지만 일찍 개화한 집안 어른들은 용신의 확신에 찬 설득에 흔쾌히 약혼을 승낙한다. 이때 용신의 나이 17살이었다.

조촐한 약혼식을 마친 두 사람은 좀 더 공부하여 농촌지도자, 어둠에 갇혀 있는 민족을 계몽할 수 있는 상당한 자격을 갖추어 농촌으로 들어가게 될 때까지 상당 기간 결혼을 미룬다. 이러한 약속에 따라 용신은 서울 협성신학교(현 감신대)에 입학하여 공부하다가 도중에 농촌(경기도 수원군 반월면 샘골)으로 들어갔고, 약혼자인 김학준은 보광학교를 졸업한 후, 현해탄을 건너 일본 유학길에 오른다. 이때부터 기나긴 이별이 시작된다. 용신은 그 어려움 중에도 약혼자를 위해 매달 얼마간의 학비를 보내 준다.

8. 대학 진학

고교 시절, 점심을 굶어 가면서 어렵게 공부해 모든 이들은 쉬운 교편생활을 하리라 짐작하였다. 그러나 그녀의 확고한 결심은 조국의 독립을 위한 농촌 계몽운동에 있었고, 그러한 생각을 실행에 옮기기에는 고등학교 졸업쯤의 지식만으로는 자신이 너무나 부족함을 느껴 또다시 어려운 진학의 길을 택한다.

처음엔 간호사 양성소에 뜻을 두었으나 오빠의 반대로 중지하고 전희균 목사의 격려에 의해 서울 협성신학교(현 감리교신학대)에 입학한다. 여기서 애국자요, 농촌운동가이며 콜롬비아 및 펜실베이니아 주립대학을 수료한 황에스더(愛德) 선생을 만나 큰 영향을 받는다.

협성신학교 전경(좌) 재학 시절 최용신(앞줄 우측에서 두 번째)

재학 1학년 때인 1929년 여름 방학을 이용해 황 선생의 지도로

백년을 앞선 선각자 **최용신의 외로운 진실**

황해도 수안군 천곡면 용현리로 농촌 실습을 나간다. 여기서 농촌 부락민의 인심을 얻지 못하고 별 성과를 올리지 못한다. 일차 농촌 실습은 실패[29]하고 돌아왔지만, 용신은 그러한 실패를 통해 그가 앞으로 해야 할 농촌 계몽운동의 방향을 설정하게 되었다. 즉, 시혜적인 태도와 단기적인 학습회로 끝나는 운동이 아닌 직접 농촌에 들어가 장기적으로 그들과 함께 동고동락하면서 문맹을 퇴치하고 실생활 속에서 악습, 무지를 계몽하여 농촌을 개혁해야 함을 알게 되었다. 또한 어린이와 부녀자 교육을 중심으로 시작해 농촌 사회 전체를 각성시키는 운동의 중요성을 인식한다. 그리고 일제가 금지하는 한글과 역사 교육, 성서에 나오는 모세와 같은 인물 교육을 통한 민족의식과 자아의식을 일깨우는 교육의 시급성도 깨닫는다.

다음 해인 1930년에는 두 번째로 강원도 포항(浦項) 옥마동으로 농촌 실습을 다녀왔다. 이곳에서의 활동 기간은 짧았으나 농민들의 신임을 얻어 성공적인 활동이 되었다.[30]

계획한 대로 충실한 대학 생활을 하던 중 3학년 때에 뜻하지 않는 교내 시위가 일어난다. 당시 교장이던 케이블(Cabule. E. M, Rev) 선생이 학생회의 자치 활동을 축소하고 학생들의 활동을 자주 문제 삼는 등 교내의 자유를 크게 억압한 것이다. 또한 조선 민족은 주

---

29) 농촌실습에 함께 간 김노득은 끝까지 남아 큰 성과를 거두었는데 몸이 허약한 최용 신은 매우 힘들어하였고 결국 견디지 못하고 중도에 포기하고 돌아왔다. (류달영, 장명덕 증언)

30) 류달영, 『최용신의 생애』 60쪽 (1998, 성천문화재단)

체성이 결여되어 있고 자유의식이 부족하다는 말을 자주 하였다. 이는 학생들의 심한 반감을 불러일으키고 있었다. 그러던 중 우연찮은 사건으로 학생들의 불만이 폭발하고 만다.

채플 시간에 눈을 뜨고 기도하는 학생을 감시하는 케이블 교장 선생에게 한 학생이 이의를 제기하자, 교장 케이블은 "예배 시간에 학생들이 자주 늦게 들어오기 때문에 이를 체크하기 위해서였다."고 설명한다. 그리고 "눈을 뜨고 기도하는 게 그리 중요한 문제인가. 조선인은 자신의 책임은 회피하면서 남을 비난할 생각만 하는 저급한 민족성이 있다. 그래서 식민지가 된 것이 아닌가."라는 민족의 자존심을 건드리는 발언을 전체 학생이 모인 공개 석상에서 한다.

이에 분괴한 학생들은 케이블 교장 선생의 민족 차별적 발언의 사과를 요구하며 수업 거부 등의 격한 시위를 일으킨다. 끝내 교장 케이블은 한마디의 사과도 하지 않았다. 그러나 이런 일 등이 겹쳐 결국에는 연희전문으로 전근을 가야 했다.[31]

이 사건의 여파로 시위 주동자의 한 사람이었던 최용신은 중징계 처분을 받는다. 여기에다 졸업 1년을 앞두고 약혼자(일본 동경 유학중)와 학비 문제 등의 어려운 사정이 겹쳐, 학업을 중단하고 1931년 10월, 23살의 나이로 수원군 반월면 샘골(현 경기도 안산시 본오동)에 온다.

---

31) 홍인애, 『한국독립운동사 연구회편』 89쪽 (1998)

9. 일터 샘골

　나라를 빼앗겨 일본 제국주의의 수탈과 차별의 대상으로 전락한 조국의 참담한 현실을 극복하는 데 식민지의 한 젊은 여성이 할 수 있는 일은 무엇인가? 용신은 고민 끝에 답을 얻었다. 식민지에서 가장 차별받는 가장 낙후된 농촌에 뛰어 들어가 그들과 생사고락을 나무며 문맹을 퇴치하고 농촌을 계몽하고 농촌 경제를 발전시켜야 한다는 것. 농촌을 구하는 것이 곧 나라를 구하는 길이기 때문이다.

　당시에 국토의 90% 이상이 농촌이고 전 국민의 문맹률은 80% 이상이었다. 이러한 농촌 계몽운동, 더 나아가 정신적 독립운동이 한 여성으로서 할 수 있는 가장 현실적이고 힘 있는 일이라는 생각에, 언제나 학교를 마치면 자신이 배운 지식을 바탕으로 가장 가난한 농촌에 들어가 그들과 동고동락하며 농촌 계몽운동에 한평생 바치겠다는 결심을 하였다.

　서울 협성신학교 재학 시에 Y연합회 제7차 총회에 협성 YWCA 대표로 참석하여 YWCA의 농촌사업과 인연을 맺는다. 이를 계기로, 잘 알고 지내던 조선여자기독청년회 농촌사업부의 김활란 여

사에게 적당한 계몽지를 택해 달라고 부탁을 한다. [32)

최용신 선생이 오기 이미 5년 전에 샘골 예배당 안에 단기 야학으로 수원구역 선교사 밀러가 샘골 강습소를 시작하였다. 그러나 밀러 씨는 한곳에 오래 주둔할 수 없는 바쁜 몸이고 순회하며 지도하는 단기 강습소만으로는 그 성과를 낼 수가 없다는 안타까운 소식을 밀러 씨로부터 전해 들은YWCA 농촌사업부는 즉시로 농촌사업 관계자를 현지에 파송하여 샘골을 시찰한다. 그리고 연합회 사업의 첫 대상 지역으로 샘골을 결정한다.

그리고 샘골의 적임자로 최용신 선생을 선정하여 교사로 임명해 파견한다. 이 사업의 재정적 후원은 미국 YWCA 농촌부 간사인 에디(Mrs. Sherwood Eddy)가 하였다. 이후 매달 30원의 후원금을 보낸다.

최용신 선생이 김활란, 황에스더, 쿨란 박사 등 YWCA 고위간부와 함께 샘골에 온 첫날 저녁, 온 동리가 비좁고 다 허물어져가는 초가집의 오막살이 학원에 다 모였다. [33)

최 선생의 첫인상에 주민 대부분은 우선은 '가냘픈 여성이 어떻게 열악한 이런 촌에서 견디며 아이들을 잘 가르칠 수 있을까?' 의아스러워 하였다. 한편 의지에 가득한 당당한 모습과 주위의 어느 누구보다 눈동자가 매우 밝아 보이는 모습은 공통된 느낌이었다.

먼저 김활란 박사가 "YWCA가 농촌 계몽 사업을 하는데 샘골을 제1후보지로 선정했고 신학 대학 고학년이면서 여러 번 농촌실습

---

32)   한국YWCA 70년사 58쪽 (1993, 한국YWCA연합회출판부)
33)   김종규 목사 증언 (1995년, 인천 자택)

을 다녀온 가장 실력 있는 최용신 선생이 이곳에 오게 됐으니 앞으로 동리와 지역사회에 큰 발전이 있기를 바란다."고 최 선생을 소개했다.[34]

큰 기관에서 추천했고 매우 활동력 있어 보여 한편으론 기대감도 없지 않았겠지만 '도회지의 저런 처녀가 이런데 와서 얼마나 견딜 수 있으며 과연 무엇을 할 수 있을까? 어디 얼마나 버티다 경성으로 줄행랑치는지 내기나 해 보자.'는 것이 주민들의 한결같은 반응이었다.

샘골은 주민이 20여 가구로 주변에서도 가장 작고 가난한 마을이었다. 핍박, 빈곤, 무지, 죄악, 슬픔이 긴 세월 뿌리박힌 굳은 성벽과 같아 보였다.[35] 샘골은 수원군인지라 서울과는 지척 간이기는 하나 우편물이 격일로 배달되는 산간벽촌! 여기가 바로 등하불명의 처녀지(處女地)였다.[36]

마을 사람들은 새로운 변화를 바라지 않고 오직 고난의 역사를 등에 메고 끊임없는 고역의 노정을 짐승처럼 걷고 있을 뿐이요, 큰 욕망, 새로운 용기도 없이 오직 숙명의 멍에에 체념할 뿐이었다. 한 가지 특이한 점은 이러한 태고연(太古然)한 마을 한가운데 조그만 오막살이 교회가 30년이나 전에 들어와 있었다는 점이다. 그럼에

34) 김종규 목사 증언 (1995년, 인천 자택)

35) 류달영 교수 증언 (1996년, 서울 성천재단 이사장실)

36) 「동이일보」 발행 신가정 기사 (1935년 5월호)

도 주민들의 완고한 태도는 여전했다.[37]

도착하자마자 최 선생은 주변의 지형, 민심 등을 주도면밀하게 상세히 살핀다. 무엇보다 바다와 산과 들이 잘 어우러진 샘골(현 경기도 안산시)은 해안을 따라 파란 바다가 펼쳐져 있고 주변에 숲이 우거진 쾌적한 환경을 이루고 있었다. 이는 고향인 함경남도의 두남리와 매우 흡사하였다. 또한 샘골은 지명이 의미하는 뜻 그대로 어디에서나 샘물이 잘났다.

샘골학원 건립 전까지 교사로 사용하던 초가집 샘골 예배당(1907년 설립)과 최용신 선생이 사용하던 샘골의 아랫우물(상단), 최용신 선생이 샘골에서 거주하던 초가집(하단), 안방은 최용신 선생 뒷방은 장명덕 전도사 거주

---

37) 류달영 교수 증언 (1996년, 서울 성천재단 이사장실)

백년을 앞선 선각자 **최용신의 외로운 진실**

허약한 몸에다 각기병 증세로 다리마저 불편한 몸으로 집 가까이에 있는 우물에서 쉽게 물을 길어다 먹을 수 있는 건 남들이 알지 못하는 큰 위안의 하나였다. 비록 모든 게 부족하고 열악한 농촌 마을이지만 마음만은 고향에 온 것 같은 포근함을 느꼈다.

　샘골은 이러한 자연환경 이외에도 잠복한 기저에는 역사적으로 여러 인문환경이 그 뿌리를 이루고 있었다.[38]

　오랜 역사가 흘러오는 동안에 순후한 인심과 여유로운 삶 속에서 축적되어 온 품격 높은 사대부 문화와 민중문화가 함께 어우러져 균형 잡힌 모습을 면면히 이어 오고 있었다. 특히 조선 후기에는 성호 이익(李瀷) 선생이 이곳 샘골 지역에서 평생을 야인으로 머물면서 실학사상과 민족사학을 집대성한 18세기 문예부흥의 중심지이기도 하였다.

　또한 표암 강세황(姜世晃)과 단원 김홍도(金弘道)의 예술창작의 산실이며 산수화, 풍속화의 새로운 경지를 개척한 곳이 바로 이 지역이었다. 투철한 사실의 눈과 조국애가 어울려서 조국 강산의 아름다움을 높은 예술로 승화시킨 산수화나 건전한 서민사회의 은은한 정서를 주제로 하여 익살스럽고 구수한 필치로 일종의 사회풍자를 곁들인 풍속화는 김홍도가 유소년기를 보내며 교육받고 자라난 안산의 자연 및 문화 환경에 적잖은 영향을 받았다.

---

38)　이희수, 『안산시사(上)』 522쪽 (1998, 안산문화원)

10. 사명의 시작

　먼저 샘골 일대를 두루 시찰한다. 주변에서 가장 높은 광덕산 정상에 올라서 멀리 넓게 펼쳐진 서해 바다의 비경을 한껏 감상한다. 반대편으로 장엄하게 펼쳐져 수리산, 관악산으로 이어지는 조국 산야의 웅장함을 보고는 탄성을 자아낸다. 그것도 잠시, 관악산 넘어 뒤쪽 어딘가에 자리 잡고 있을 조선 총독부를 생각하니 식민지 조국의 현실에 마음이 울적해 온다.

　'우선은 이 작은 몸뚱이를 태워 어둠에 갇혀 있는 이 태고연한 마을을 새롭게 하리라. 썩어지는 한 알의 밀알이 되겠다. 조국이 새

샘골을 방문한 황애덕 · 최용신 · 김활란

로 일어나려면 먼저 농촌이 일어나야 한다. 문맹을 퇴치하여 깨우치고 대대로 이어 오고 이어 가는 가난을 극복하겠다. 농촌 계몽운동에 한 마리의 불사조가 되겠다.'는 비장한 결심을 가다듬는다.

　최용신 선생은 즉시 지역 유지들을 방문하여 자신의 계획을 설명하고 후원을 요청한다. 그러나 대

부분은 마이동풍(馬耳東風). "가련한 여인인 주제에 이런 촌에서 무엇을 하겠다고……." 비웃음만이 뒤를 따랐다. 후에 가장 열성적으로 최 선생을 도왔던, 이 민족을 늘 염려하던 염석주(廉錫柱) 선생마저도 처음 최용신 선생을 만났을 때를 다음과 같이 회고할 정도였다.

"어떤 날 얼굴이 얽은 신여성 하나가 부인 몇 사람과 같이 찾아와서 자기는 지금 샘골에 있으면서 이 지방을 위하여 적은 힘이나마 바쳐 보고자 하니 부디 협력해 달라고 하였습니다. 나는 사회의 풍파를 많이 겪어 쓴맛 단맛을 다 보았고, 사업을 한다는 사람들에게 아주 실망을 한 참인데 더구나 세상 물정 모르는 젊은 여자 하나쯤에게 무슨 큰 기대를 가질 수가 있겠어요? 그저 내 지방에 와서 일한다는 사람이려니 하고 대접상 어물어물해 보냈습니다만, 실상은 속마음으로 날고 기는 놈들도 농촌에 와서 실적을 못 내는 이 시절에 너 같은 계집애가 무엇을 해 보겠다고 그러느냐 하고 경멸을 던졌어요."[39]

이렇게 지식이 있는 이는 그 지식으로, 완고한 이는 완고한 것으로, 무지한 이는 무지한 것으로 협력을 하지 않았다. 사람들은 만나는 대로 "자녀들을 가르치십시오. 가르쳐야 됩니다."라고 강권하면 어떤 이는 "돈이 있어야지요. 월사금 낼 돈이 없어서 못 가르칩니다."라고 대답하였다. "월사금은 안 받으니까 자녀들을 보

---

39) 류달영, 『최용신의 생애』 62쪽 (1998, 성천문화재단)

내기만 하십시오." 하면 "나무해 올 사람이 없는데 어떻게 보냅니까?"라고 대답하는 자도 있고, 어떤 이는 의아스럽게 생각하면서 "돈 안 받고 어떻게 가르칩니까?"라고 반문하는 이도 있었다.[40)]

또한 성인 대상의 야간반 학생 모집도 쉽지 않았다. 어떤 이는 "늙어서 못 나오겠다."고 하고, 어떤 이는 "새댁이 되어서 못 나오겠다."고 한다. 또 어떤 이는 "부끄러워서 못 나오겠다."고 한다. "이 나이에 글을 배워서 뭐하나, 남사스러워서 못 나가겠다."고도 한다.

---

40) 홍석창, 『상록수 농촌 사랑』 98쪽 (1991, 기독교문사)

백년을 앞선 선각자 **최용신의 외로운 진실**

11. 첫 사업

도착한 지 열흘가량이 지난 1931년 10월 11일, 학생이 몇 명 모이자 초가집의 샘골 예배당을 빌려 계몽의 첫 일을 시작한다. 한글, 역사, 산수, 초보적인 재봉, 수예, 가사, 노래, 성경공부 등을 오전반, 오후반, 성인 야간반으로 나누어서 밤늦게까지 가르친다. 처음에는 서울서 높은 학교 졸업하고 온 곰보 처녀 선생에 대한 이야깃거리나 얻어 볼까 하는 심정으로 순전히 구경꾼들이 삼삼오오 모여들었다.

최용신 선생은 포괄적으로 새 농사법이나 생활 개선에도 심혈을 기울였는데, 이에 대한 주민 대부분의 반응은 "제기, 파리 안 잡고도 파리 물려 죽은 놈 못 봤네. 책상물림 젊은 처녀가 무엇을 안다고. 모르는 것도 걱정이지만 아는 것은 더 걱정거리라네. 어린아이들에게 언문이나 가르치지, 무슨 쓸데없는 일을 하려고 하는가." 핀잔뿐이었다. 그뿐만 아니라 수업 시간에 의도적으로 딴전을 피우고 밖으로 나가 말썽을 부리는 등 처녀 선생에 대한 더벅머리 노총각 학생들의 짓궂은 호기심이 표출되기도 했다.[41]

---

41) 홍수용 할아버지 증언(1995년) 샘골학원 건축발기위원, 건축회계를 담당한 홍수득의 아들, 지금까지 가족전체가 교회에 출석하지 않는 집안으로 소개했다. 최용신을 적극 도운 주민 중에 비기독교인도 많았다.

시작이 중요하다는 생각으로 학생들을 정성껏 다독거리고 학부모를 설득한다. 부녀자 등의 성인 교육에도 열성을 다한다. 그녀의 지혜로움과 남다른 성실성에 대한 시골 사람들의 호감으로 점차 학생 수가 늘어나기 시작하였다.

이런 와중에 이 지방에서 다소 세력을 부려 오던 지주들은 자기들 권력으로 간단하게 움직이던 소작 농민들이 배움에 관심을 갖는 등, 점차 눈을 떠 가는 조그마한 변화의 조짐을 달갑지 않게 생각하였다.[42] 그래서 최 선생을 감시하며 자신의 소작농에게 압력을 행사하였다.

농민들은 지주 편을 들자니 자신의 자녀들을 가르치는 최 선생의 참된 열성을 배반하는 것 같고, 최 선생 편에 서자니 그나마 조그마한 소작농으로 겨우 입에 풀칠이라도 하는데 이나마 할 수 없게

---

42) 샘골학원 학부형 대부분은 소작농이었다. 당충상 할아버지 증언에 의하면 "당시의 도지세(소작료)가 7할 정도로 알고 있었는데 추수하는 날 보면은 보릿고개라 미리 꾸어다 먹은 장리쌀에 높은 이자 붙여 셈하면 쌀 한 톨 구경도 못한다. 추수 후 쭉정이나 몇 가마니 그것도 근중 달아 셈하고 가져오는 게 전부였다. 추수 날에는 지주가 방문하여 수확물을 빼돌리나 감시했다. 그거라도 해야 굶어 죽지 않으니 없는 살림에 닭 잡아 대접하고, 보지도 못한 뻘건 홍시 감을 구해서 대접하는 것을 보고 군침을 흘렸지만 어린 나이에도 부아가 치밀었다." 농촌 출신인 필자는 고향마을에 보면 집집마다 흔한 게 감나무요 감인데, 구경도 못한 홍시 감 증언에 의문을 제기하자, "집 담장 안에는 감나무가 전혀 없고 논에 있는 감나무 한 그루 본 게 전부였다."고 한다. 그러한 시대에 최용신 선생이 접붙여 키운 감나무 묘목을 나눠 주고 또한 씨앗을 구해 나눠 주며 유휴지 등에 농산물을 심도록 한 것은 굶주림을 해소하고자 하는 큰 사랑이었다. 주민에게 최 선생은 하늘이 보내 준 천사였다.

백년을 앞선 선각자 **최용신의 외로운 진실**

되면 하루아침에 거지 신세가 될까 봐 걱정을 하였다. 최 선생은 이 점을 많이 고민했으나 지주들을 정면으로 공격하지 않고 '가이사의 것은 가이사에게, 하나님의 것은 하나님에게'라는 태도로 지혜롭게 어려움을 극복해 나간다.[43]

사심이 없는 것보다 더 강한 것은 없다는 생활 태도가 큰 힘을 발휘했다. "진리의 싹이 땅을 뚫고 싹트려 할 때 생명을 위협하는 장애가 따르는 법이요, 혹독한 핍박으로 또는 달콤한 유혹의 모양으로 나타나고 이 초기의 험난을 극복하면 절반은 이룬 것이다."며 스스로를 위로하면서 최 선생은 용기 있게 이 모든 초기의 어려움을 이겨 낸다.[44]

---

43) 류달영, 『눈 속에서 잎 피는 나무』 (1978, 중앙출판공사)
44) 류달영, 『최용신의 생애』 68쪽 (1998, 성천문화재단)

12. 샘골학원의 건립

최 선생의 지혜 있는 행실과 실천궁행(實踐躬行)의 헌신적인 생활 태도는 의심의 눈초리로 늘 경계심을 갖고 있던 순박한 농민의 가슴에 점차 신뢰와 믿음을 심어 준다. 샘골에 온 지 석 달이 지나자 학생들이 몰려든다. 비좁은 초가집 예배당의 3부제 수업으로는 도저히 감당할 수 없게 된다.

근방의 공립학교에서는 학생들에게 점차 한글을 못 쓰게 하고 민족정신을 말살, 황국신민을 만드는 교육을 강화하고 있었다. '일제의 노예가 되어 버린 조국, 언젠가는 국권을 회복하고 나라를 구하는 길은 어른은 물론이고 어린이들에게 문맹을 면하게 하여 세계의 현상을 올바르게 인식할 수 있는 깨어 있는 인간으로 자라도록 해야 한다. 이들에게 문맹을 퇴치하여 희망을 주고 자신의 존재도 일깨워 줘야 하는데…….'

최 선생은 통 잠을 이룰 수가 없었다. 온갖 궁리를 다한 끝에 새로운 학원을 건립하겠다고 결심한 최 선생은 1932년 1월에 새 학원의 창설 인가원을 제출한다. 그러나 일제가 강습소 허가를 쉽게 내줄 리 없었다. 그 모습이 초라한 일개 여성이긴 하나 농촌에 미치는 영향이 너무 큰 것을 알았고, 최 선생이 다른 사람들처럼 교태

나 아첨으로 교섭하지 않았기 때문이었다.[45]

　최 선생은 "마소를 기르는 것보다 사람을 길러야 한다."며 지역 유지들을 찾아다니며 도움을 요청한다. 드디어 1932년 5월 중순에야 지역 유지들의 적극적인 도움으로 샘골학원의 인가를 어렵게 얻어 낸다. 동네는 새로운 활기를 얻고 새로운 희망에 불타게 되었다.

　그러나 당장은 학원 터도 문제였지만, 건축에 필요한 경비를 마련하는 일이 그리 만만한 것이 아니었다. 가난만이 계속되는 가운데 노예가 되는 우매화 교육만을 강요당하고 불쌍한 어린이들의 구만리 같은 장래를 생각하니 절로 눈물이 흘러내렸다. 최 선생은 불가능하다는 생각은 접고 어두운 밤을 비추는 등대처럼 기어이 새 학원을 짓고 말겠다는 굳은 결심을 가다듬는다. 그리고 이 소원을 달성하기 위하여 주야로 궁리한다. 자신이 믿는 신께 간절히 호소한다.

"전지전능하신 하나님!
우리 민족의 처지를 불쌍히 여겨 주시옵소서.
어둠에 갇혀 고통에 신음하는 동족의 참상을 살피소서.
기나긴 질곡의 터널을 벗어날 수 있는 지혜를 주소서.

---

45)　류달영, 최용신의 생애 70쪽 (1998, 성천문화재단)

저 어린 자녀들이 가난과 굴종, 노예가 아닌
주님의 귀한 생명들로 자라나게 하소서.
소망 가운데 희망의 미래를 개척할 수 있는
힘과 용기를 주소서.
민족의 앞길을 열어 인도하소서.

주여!
이 세상에서 가장 무서운 것은 가난도 일제도 아닙니다.
깨어나지 못하고 대대로 이어 온 우리의 무지(無智)입니다.
자자손손 이어온 우리의 정신, 혼을 빼앗기고도
민족은 말살되고 영원한 식민으로 전락한 처지에도
이기심으로 깨지 못하고 당장의 이익에 눈이 멀어
체면이나 염치도 없습니다.

주여! 어른들의 무지와 이기심 때문에
죄 없는 이 어린 자녀들이 언제까지 고통을 당해야 하나요.
자신의 정체성을 찾을 기회조차 영원히 빼앗겨야 하나요.

주여!
이 순진무구한 어린이들에게 희망의 길을 열어 주소서.
이 민족의 가엾은 아이들이 자신의 앞날을
스스로 개척해 갈 수 있는 튼튼한 터전을 허락하소서.

백년을 앞선 선각자 **최용신의 외로운 진실**

주여! 주여! 이 민족을 도우소서."

　최 선생은 학원 건물을 짓는 계기를 마련하기 위해 8월 한가위를 택해 성대한 어린이 놀이 잔치를 개최한다. 처음은 학부형을 이성적으로 설득하여 일을 시작하려 하였다. 그러나 그것이 여의치 못함을 깨닫고는 복안으로 그들 스스로가 깨우치도록 할 계획을 세운 것이다.

　한 달 이상을 준비하고 달 밝은 추석날 밤에 예배당을 이용하여 추석놀이 대회를 연다. 읍까지 오십 리, 성냥 하나를 사더라도 십 리나 걸어가야 하는 산간벽지에서 위안에 주린 동민들은 이 십 리나 되는 산길 논길을 마다 않고 '추석놀이' 구경을 온다. 공작새처럼 혼란스럽게 차린 어린이들이 나비처럼 납신납신 춤을 추고 손에 손을 맞잡고는 천진스럽게 부르는 노래! 학부형들은 비로소 호미와 지게와 오줌동이밖에 모르고 자란 자기네의 자녀들도 가르치면 된다는 신념을 얻게 된다.[46]

　이때 한 할머니는 어린 손자들의 저런 재롱도 못 보고 돌아간 영감 생각까지 하면서 옷고름으로 눈물을 닦기도 했다.

　'배우면 저렇게 되는 것을······.'

　이날 잔치에 참석한 주민들은 모두들 감격했다. 이 지방에선 천

---

46)　「신가정」(35년 5월호) 기사

지개벽 이후 처음 열리는 성대한 어린이 놀이 잔치였다. 마지막 순서로 최 선생이 연설[47]을 한다.

"저 어린이들이 잘 자라는 날에는 우리 자손들도 다른 나라 사람들 부럽지 않게 잘 살 수 있지 않겠습니까? 여러분의 자녀들인 이 어린이들은 세계 어느 나라에 갖다 놓아도 조금도 손색이 없는 아이들입니다. 다만 가르치지 못해서 흙 속에 묻힌 옥처럼 광채를 내지 못할 뿐입니다. 세상에 배우지 못한 탓으로 길가에 돌처럼 차이고 밟히고 굴러다니다가 일생을 마치는 인생이 얼마나 원통한 것입니까? 우리 겨레가 오늘 남다른 곤경에 처하여 있는 원인도 다른 나라 사람은 전 국민이 일찍이 배워서 눈을 떴는데 우리만이 깜깜함 속에서 잠을 자고 있다가 이 고통스러운 꼴을 당하고 있는 것입니다."

농민들은 옳다고 탄식하며 한마디씩 거들었다. "치마를 둘렀으니까 여자지, 저런 여자가 세상에 또 어디 있담." 최 선생은 연설을 계속했다.

"여러분의 자녀들의 행복을 위하여 길을 열어 줄 사람은 여러분 자신밖에 없습니다. 그러나 여러분의 자녀들이 무식해지기를 바라는 사람도 많이 있습니다. 그런 사람들 소원대로 되어 간다면 영원히 사람 꼴을 하고 살아 볼 날은 오지 않을 것입니다."

그녀의 연설을 듣는 농민들 가슴엔 불이 타오르고 있었다. 최 선

---

47)　류달영, 『최용신의 생애』 74쪽 (1998, 성천문화재단)

생은 목소리를 가다듬고 간단한 인사의 말로 마무리를 지었다.

"나오기 어렵던 학원인가도 나왔으니, 우리의 성의만 있다면, 적은 힘이라도 여럿이 합하면 집 몇 칸쯤 짓는 것이 불가능한 일은 아닐 것입니다. 저는 미숙하지만 여기에 뼈를 묻을 각오로 여러분과 일해 볼 결심입니다."

최 선생이 대단한 웅변가였음을 잘 드러내고 있는 이 연설에서 최 선생의 숭고한 정신을 엿볼 수 있다. 주민들은 학원 건립이 '남의 일이 아니라 자신들의 일이다. 미래의 자녀의 희망을 만드는 일이다.'는 인식을 하게 만든다.

샘골 구우계 회원과(왼쪽 첫째 최용신 선생) 샘골학원 학부형(왼쪽 세 번째 중간 최용신 선생)

이날 밤 부인 친목계인 구우계(求牛契)가 자진하여 수년간 저축한 기금 3백 원을 기부하겠다고 선언한다. 또한 김치영, 홍수득, 안종팔, 김순봉, 홍제구, 황종현, 그리고 샘골 구우계원, 학부형의 몇 사람으로 학원건축발기위원회가 조직돼 분위기가 그 어느 때보다 고조된다.

당시 수원군에서 농촌 경제 부흥을 위해 한 집에 계란 20개씩을 거저 주어 부인들로 하여금 구우계(求牛契)를 조직하게 하였다. 계란을 깨게 하고 그 병아리를 팔아서 모인 계돈으로 송아지를 사서 길러, 살림을 늘려 가는 부인 친목계였다.

최용신 선생이 부임, 계원으로 참여하면서 타 지역과는 대조적으로 형식적으로 운영되던 계가 더욱 활성화된다. 양잠(養蠶), 기타 부업 등으로 공동 기금을 늘려 갔다. 소도 여러 마리로 불어나 근동에서 샘골 사람들 부자가 됐다는 소문이 날 정도였다. 그러나 황소가 송아지 값도 안 되는 대폭락으로 인해 크게 실망하게 된다. 처음엔 큰 꿈을 갖고 시작했던 사업이 허망하게 되고 보니 얼마 안 되는 돈을 나눠 갖기보다는 뜻있는 일에 쓰자는 데 의견을 모았던 것이다.[48]

그러나 최 선생은 어떠한 생각을 했는지 그것을 다 받지 않고 그 중 150원 만을 받는다. 그때 최 선생의 나이 24세의 처녀의 신분임에도 구두도 벗어던지고 짚신이나 고무신을 신고는 오늘은 이 동네 내일은 저 동네, 산을 넘고 논길을 헤매며 집집마다 방문하여 푼푼이 건축기금을 모금하고 교육의 필요를 역설한다. 점심을 굶은 것은 일상사요, 저녁도 못 먹고 밤중에야 산을 넘어 집으로 돌아오기가 일쑤였다. 또 어떤 때는 지방의 부호 노인과 말다툼을 하다가 격렬한 토론 끝에 본의는 아니면서도 노인과 시비가 붙기도 했다.

---

48) 김종규 목사 증언 (1995년, 인천 자택)

외국 유학까지 한 돈 많은 집안의 청년을 거리로 끌어내어 멱살 다짐도 여러 차례 하였다. 처녀가 시집도 안 가고 요망스럽게 돌아다닌다고 비아냥거리는 한 청년의 뺨을 때린 일도 있었다.[49]

한동안은 근동 일대에서 최 선생에 대한 불평이 자자하였다. 돈을 한 몫 챙겨서 도망갈 사람이라는 악의적인 유언비어가 퍼지기도 하였다. 어떤 부자 노인은 최 선생을 위협까지 하였으나 그녀는 끝끝내 굽히지 않고 "조선을 위하는데 죄가 무슨 죄냐!"라는 굳은 신념으로 모금 활동을 계속하였다. 그러나 넉넉한 이들의 대부분은 "없는 놈들이 일이나 부지런히 할 것이지, 학원을 짓는다고? 글자 알면 일하나?" 그들의 공통된 말이었다. 이들에겐 끝내 한 푼의 후원금도 받아내지 못했다.

우선은 학원의 터를 마련해야 한다는 생각으로 근동의 부자이며 샘골 일대에 토지를 소유한 둔대 교회의 설립자인 박용덕 씨를 찾아갔다. 그는 최 선생의 학원을 짓고자 하는 이유와 계획 그리고 간절한 도움 요청의 말을 다 듣고 나서 한참이나 곰곰이 생각에 잠기더니 답변을 미룬다. 무엇을 생각했는지 며칠 내로 답변을 주겠다는 말을 되풀이한다.

그러더니 박용덕 씨는 자신의 소유인 샘골 일대의 토지를 두루 살핀다. 며칠 후에 원만한 구릉지로 샘골이 한눈에 내려다보이는 학원 터로 제일 적당한 장소의 땅 1,530평을 흔쾌히 기증하겠다고

---

49) 「신가정」 특집 기사 (1935년 5월호)

알려 온다.[50] 샘골 사람들의 안식처요, 평화의 동산(安山)이라 일컫는 곳에 극적으로 학원 터가 마련된 것이다.

또한 서울 YWCA회관에서 열린 제10회 Y 전국대회에서 그동안의 샘골 활동을 보고하고 학원 건축비를 요청하여 150원을 보조받는다. 그러나 건설비에 턱없이 부족함을 고민한 최 선생은 지방 유지인 염석주 씨를 찾아가 의논한다. 그는 신간회 지방 간부를 맡기도 했으며 민족의 장래를 늘 걱정하는 애국자였다. 또한 목장과 정미소를 운영하는 큰 부자였다. 최 선생은 그간에 모집된 건축비가 턱없이 부족한 여러 사정을 설명하고 도움을 간청했다.

"염 선생님, 가축을 기르는 것도 중요하지만 그보다 사람을 기르는 사업을 해 보지 않으시렵니까." 이 말을 들은 그는 최 선생의 강한 의지와 추진력, 이상에 감동하여 학원 건축비로 상당한 금액을 후원한다. 이후 학원 건축에도 적극 지원하겠다고 약속한다.

어느 정도의 건축 기금이 모였으나 계략적인 건축 비용에는 턱없이 모자랐다. 성경에 나오는 '오병이어'의 기적을 생각한 최용신 선생은 하느님께 간절한 기도를 올린 후 지체 없이 건축에 착수한다.

염석주 선생은 지역에서 소문난 두 명의 달인 목수를 소개한다. 건축 현장에도 말을 타고 자주 나와서 이것저것 도움을 주었다. 학원 건축에 재료가 모자란 것을 알고 자신 소유의 산에 가서 마음껏

---

50)　홍찬의 장로 증언 (1994년, 안산 샘골교회 앞에서)

재목을 베어다 학원을 짓도록 배려했다.[51] 그러나 건축에 필요한 자재와 인부는 자급자족해야 했다.

1932년 10월 27일, 정초식을 거행한 최 선생은 초인적으로 몸을 도끼로 쓰면서 집집마다 방문하여 농사일이 한가한 새벽, 밤 시간에 나와서 학원 건축을 도와 달라고 호소한다. 수수 철이라 품을 메워 일할 수 없으니 새벽과 밤으로 학원 일을 도우라는 성화였다. 그러나 동민이 샘골 학원의 건립에 자발적으로 참여하기 시작한 것은 집터를 닦기 시작한 어느 날부터였다.

10월 중순 덧없이 명랑한 달밤이었다. 최 선생은 처녀의 신분이라는 것도 잊은 듯이 팔을 걷어붙이고 버선을 벗어던졌다. 그리고는 남자들이 멍하니 서서 구경하는 앞에서 짚신을 신고 지게로 돌도 나르고 흙도 저다가 붓고 달구질도 손수 하였다. 기력이 다 떨어지면 지게 위에 앉아서 숨을 돌려 가면서 지게를 졌다. 이튿날도 그다음 날도 최 선생은 쉬지 않고 쓰러질 듯 계속 일을 하였다.[52]

흙과 돌을 저다가는 스스로 담도 쌓고 토역이니 대패질까지 손수 하는 것을 본 근동 사람들은 대학 교육까지 받은 꿈 많을 처녀의 몸으로 산새소리만 들리는 이런 벽촌에 홀로 들어와서 없는 사람들 공부시키겠다며 연약한 몸을 이끌고 헌신적으로 노력하는 모습에 감동할 수밖에 없었다. '저러다 최 선생 쓰러져 죽겠다' 하는 걱정도 되고 또 한편에선 감동의 눈물을 흘리며 자발적으로 홀홀 벗고

---

51) 안원순 할머니 증언 (1995년, 안산 본오동 자택)

52) 「신가정」(1935년 5월호) 특집기사

덤비어 학원 건축에 한두 사람 참가하기 시작한다.

그러던 어느 날, 산에서 주운 돌을 치마폭에 담아 오던 최 선생이 낭떠러지에서 미끄러져 무릎이 온통 벗겨지는 등 크게 다치는 사고가 발생한다. 이 일로 최 선생은 움직이기조차 힘든 몸이 되었음에도 불구하고 며칠 누워 있지 않고 일어나 그 아픈 몸을 이끌고 계속 건축에 필요한 돌을 주워 날랐다. 사내들도 엄두조차 못 내는 일에, 우리 자녀들을 공부시키겠다며 이토록 헌신하는 선생의 노력은 주변의 이웃 동네에까지 소문이 나게 된다.

그때부터 주변 일대의 모든 주민들이 너 나 할 것 없이 자신의 일로 여기고 자발적으로 학원 건축에 참여하기에 이른다. 극히 일부이긴 하나 남의 일에는 전혀 무관심하고 오르지 자신에게 돌아올 당장의 조그마한 이익만을 위해 사는 좀팽이 같은 주민들도 최 선생은 물론 학원 건축에 참여하는 이웃의 눈치를 보게 되었다. 눈치만을 살피던 그들도 '이렇게 바늘방석에 앉은 것 같이 불편할 바에야 차라리 일찍 나가서 기분 좋게 일하겠다.'는 생각을 하게 된다. 처음에는 '무'에서 '유'를 창조하는 것 같이 불가능해 보이기만 하던 학원 건축에 온 동네가 자발적으로 합심하여 참여하게 된 것이다.

건장한 청년들은 톱을 가지고 산으로 가서 재목들을 베어다 동감과 보감, 마루감 등을 준비하고 밤이면 횃불을 켜 들고 터를 닦았다. 부인들은 새끼를 꼬고 햇수수대를 베어다가 외를 엮고 어린 학생들은 치마로 돌을 주워 날랐다. 어린이에서부터 부녀자, 환갑을 넘긴 노인 할 것 없이 온 동네의 사람들이 열심히 일했다.

그 당시에 8세의 나이로 보자기와 자루로 자갈, 모래를 선생님과 함께 뛰 날랐던 제자 이상종은 다음과 같이 증언하였다.

"산에서는 자갈을, 냇가에 가서는 모래를 양동이에 담아서이고 오시던 선생님, 나이 어린 우리들이 잊어버릴까 '내일모레 가져오라' 이렇게 틀린 '모레'를 '모래'로 바르게 가르치며 강조하시던 선생님의 열성은 지금도 눈에 선하다."

일부 학부형 중에는 "어른들이나 시키지, 왜 우리 아이들을 고생시키오? 다시는 쓸데없는 일시키지 말아 주십시오." 항의하기도 했다. 아예 "학원은 무엇 하러가느냐, 천작하러 가느냐?"며 집에 붙들어 놓기도 하였다. 이럴 때마다 최 선생은 "우리 아이들이 배워야 앞으로 우리나라가 희망이 있습니다. 꼭 가르쳐야 됩니다. 아는 것이 힘이며 배워야 삽니다." 하며 강경하게 설득했다. 정 안 될 때는 눈물로도 호소했다.

공사는 예정보다 빨리 진행되어 갔으나 준비된 건축비는 다 떨어져 가고 있었다. 이때 회계를 본이가 홍수득 씨였는데, 이분도 여간 걱정한 것이 아니었다. 최 선생의 얼굴은 지칠 대로 지쳐서 주위의 사람들은 쓰러지지나 않을까 하는 걱정이 이만저만이 아니었다.

그러나 최 선생은 가르치는 일과 건축 공사를 한 치의 흐트러짐도 없이 진행시켜 나갔다. 그리고 끈기 있게 근동의 지주나 부자들을 찾아 사정을 호소하고 지원을 요청하였다. 그러나 별 성과를 얻지는 못하였다. [53] '부자가 하늘나라에 들어가는 것보다 낙타가 바

---

53) 류달영 서울대 명예교수 증언 (1996년, 서울 성천문화재단 이사장실)

늘구멍으로 빠져나가는 것이 쉽다.'는 성경 구절이 새삼 실감 났다.

한편 준비된 건축비는 동이 나고 공사의 빚은 늘어 갔으나 공사는 지체 없이 진행되었다. 드디어 정초식을 거행한 지 2개월여 만인 1933년 1월, 매서운 눈보라가 몰아치는 추운 겨울에 학원은 완공된다.

샘골의 제일 높은 동산 위에 우뚝 솟은 학원은 모든 동민들의 가슴속 깊은 곳에까지 기쁨과 자긍심을 불러일으키고 있었다. 기본적인 의식주조차 해결하지 못하는 찌든 가난 속에서도 온 동네가 자발적인 참여와 공동 작업으로 모든 난관을 이겨 내고 이렇게 번듯한 학원 건물을 완성했다는 것에 스스로들 놀라고 있었다.

지금까지 힘들었던 온갖 고생을 봄바람에 눈이 녹아내리듯 한순간에 사라지게 했다.

학원 앞마당에 넓은 운동장도 만들고 귀퉁이엔 철봉대도 설치했다. 아이들은 벌써부터 정신없이 운동장에서 뛰어놀고, 부인들은 솔과 황토냄새가 구수하게 나는 학원 교실의 마루에 둘러앉아 소곤대며 자신들의 아이들이 잘 정돈된 이 자리에서 공부할 모습을 상상하며 기쁨의 표정을 애써 숨기고 있었다. 서로들 학원 건축의 노고를 위로하며 대견스럽게 바라보고 있었다.

최용신 선생은 새로이 완성한 교실에 전체 아이들을 모아 놓고 신께 눈물을 흘리며 감사의 기도를 드렸다.

1933년 1월 15일은 샘골학원 완공 기념식이 열리는 날이다. 하늘도 축하를 하는지 맑게 갠 날씨에 따사로운 햇빛까지 비추었다. 겨울답지 않은 포근함을 느낄 정도였다. 저번에 성대하게 치러진 추석놀이 잔치의 소문이 아니더라도 지금껏 힘들어 완성한 학원의 모습을 보려고 주변 일대의 모든 마을에서 사람들이 모여들어 들끓었다.

오전 11시, 드디어 기념식이 시작되었다. 먼저 발기인 측에서 샘골학원이 완성되기까지의 경과보고와 수입 지출의 보고가 있었다. 아울러 최용신 선생을 비롯한 학부형, 동민은 물론 어린아이들까지도 형언하기 어려운 수고를 해온 것에 대하여 상세히 설명하였다. 그리고 학원이 우리에게 주는 중요성에 대해서도 역설하였다. 최용신 선생의 수기에 의하면 수입은 450원인데, 지출된 경비는 657원이었다.

최용신 선생과 주민들이 합심하여 완공한 샘골학원(왼쪽 세 번째 중절모가 일본인 오오야마)

건축비 경과보고[54]

수입부

01. 부인 저축계 보조금	150.00
02. 동민 및 학부형이 모은 돈	150.00
03. 서울 여자 청년회 보조금	150.00
합계	450.00

지출부

01. 재목	262.40
02. 철물	17.66
03. 목수 품값	90.00
04. 토역 품값	33.20
05. 운반비	17.37

---

54)　류달영, 『최용신의 생애』 82쪽 (1998, 성천문화재단), 류달영 증언 (1997) – 최용신 소전의 저작 취재차 샘골을 방문하였을 때 동생인 최용경 선생이 언니의 뒤를 이어 샘골학원을 경영하였다. 취재를 하는 며칠 동안 최용신 선생이 기거하던 방을 내주었다. 자신은 뒷방의 장명덕 전도사 방으로 옮겼다. 최용신 선생의 이불, 베개를 베고 잠을 자면서 추운 방에서 몸이 아파 가며 죽음에 이르는 선생을 생각하니 가슴이 터질 것 같았다. 얼마나 많이 울었을까? 나도 밤새 울었다. 건축비 경과보고 내용은 최용경이 보관하고 있던 것을 내주어 상세히 기록한 것이다.

백년을 앞선 선각자 **최용신의 외로운 진실**

06. 그 외의 인부 품값		127.80
07. 쌀값		10.81
08. 유리값		9.12
09. 종이값		9.74
10. 개초집과 벽재료		30.00
11. 난로와 연통		19.20
12. 숯		3.50
13. 낙성비 비용		17.67
14. 기타 잡비		8.42
합계		656.89
지출에 대한 부족금		206.89

이어서 2부 순서로 아동들의 춤과 노래 등이 오후 네 시까지 계속되어 모인 사람들을 열광케 하였다. 모든 순서가 다 끝난 다음에도 농민들은 떠나지 않고 자기들의 자녀를 위하여 최 선생이 얼마나 희생적인 활동을 해왔는가에 대해 이야기를 나누었다. 그리고 건축비의 부채에 대하여도 여기저기 모여서 서로서로 상의하기 시작하였다. 누구 할 것 없이 학원이 우리 모두의 것이라는 인식을 하게 된 것이다. 그리하여 농민들은 물론, 지금껏 무관심하던 분들까지도 호주머니를 털어서 돈을 모으기 시작했다. 심지에 구경 온 구

경꾼들조차 감동하여 가진 돈을 다 내놓았다.

그렇게 모인 돈이 217원 50전이었다. 당시에는 끼니 걱정 없이 한겨울을 넘기는 가정이 없는 초근목피의 사정인데도 쌀이 20가마니나 되는 큰돈이었다.[55] 당시에 쌀 한 가마니 가격은 10원 정도였다. 저들 스스로도 놀랐고, 고심참담하던 발기인 일동도 감격해 눈물을 흘릴 정도였다.

모두가 돌아간 새벽녘, 최 선생은 학원 교실에 조용히 앉아 '하늘은 스스로 돕는 자를 돕는다.'는 성경 구절 그대로 이루어짐을 실감하며 두 손을 모으고 감사의 기도를 올렸다. 최 선생의 눈에서는 눈물이 하염없이 흘러내렸다.

---

55) 류달영, 『최용신의 생애』 84쪽 (1998, 성천문화재단)

백년을 앞선 선각자 **최용신의 외로운 진실**

13. 감시를 강화한 일제

학원의 인가에서부터 건축에 이르기까지 물심양면으로 최용신 선생을 가장 열성으로 도왔던 염석주 씨는 최 선생이 샘골에 부임하기 1년 전인 1930년 11월 5일자로 총독부 고등과의 요시찰 리스트에 등재되어 있었다.[56] 당시에 신간회 수원지역 간부직을 맡기도 했으며 국내 비밀 연락책으로 독립군 착출과 군자금 조달의 지역 책임도 맡고 있던 숨겨진 독립지사였다.

그 당시 독립군 모집 국내 책임자이던 몽양 여운형(呂運亨)과도 친밀한 관계가 있어 여운형이 막고지(현 안산시 사동)에 수차 방문하여 비밀 회담을 자주 하였다.[57] 그러나 안타깝게도 염 지사는 이후 동지로 믿었던 독립군 출신의 임시정부 한 인사의 밀고로 전국에 지명 수배를 받고 체포된다. 서대문경찰서로 압송되어 심한 고문을 받다가 결국은 해방 한 해를 남긴 1944년 49세의 일기로 순국하였다.[58]

---

56) 『한민족 독립운동사 자료집 별집3』 592쪽, 고등계 요시찰 인물 염석주 등재
57) 유천형, 『안산문화』 4쪽 (1994, 안산문화원)
58) 염석주 선생의 조카 주의득은 증언에서 독립군 출신으로 임시정부에서 배신자를 감시 단속하는 부서에서 일하던 OOO이 국내에 들어와 일경에 붙잡혀 심한 고문과 협박에 못

1930년대에는 이런 염 지사의 활동을 총독부가 눈치채지는 못했으나 만주에 자주 들락거리고 신간회의 간부로 일한 전력으로 사생활까지 감시받는 요시찰 리스트에 포함하고 있었다. 더욱이 1928년 2·8독립선언에 적극 참여하였고, 1919년에는 파리 강화회의에 참가할 여성 대표의 비용을 마련하다 체포되어 6개월간의 옥고를 치르기도 한 황에스터의 제자로서 그의 영향권 안에 있고 학창 시절 몇 번의 농촌 계몽활동과 교내 시위를 주동하기도 한 최용신 선생이 샘골에 부임해 오자, 총독부는 샘골 일대의 감시를 더욱 강화하라는 특별 지시를 내리고 있었다. 경찰 반월주재소는 물론 주변 일대의 공립학교 일인 교장들에 의해서까지 최용신 선생의 일거수일투족은 철저히 감시되고 있었다.

그 당시의 국내 상황은 총독부의 토지수탈정책에 의해 대부분의 농민은 땅을 빼앗기고 소작농으로 전락, 농촌 경제는 피폐할 대로 피폐해져 있었다. 문화정치를 표방한 일제의 간악한 술책에 정신적·경제적으로 민족 전체가 말살되어 가던 참담한 시기였다.

한편에선 민족의 장래를 열어 갈 고등교육기관의 설립의 필요성을 절실히 느낀 민족지도자들은 민립종합대학을 세우기 위한 운동

이겨 일제의 밀정이 되었다. 그의 밀고로 외삼촌(염석주)이 일경에 붙잡혀 18일간 혹독한 취조를 받다가 돌아가셨다. 일경은 매장도 못하게 유족이 도착하기도 전에 시신을 서둘러 화장하였다. 그는 해방 이후 대한민국 정부의 고위 인사가 되었다. "원수를 갚아야 하는데 그러지 못해 한이 된다."고 하였다. 그는 유명하여 이름만 대면 누구나 아는 인사이나 증언뿐이고 증거를 정확히 밝힐 수 없는 입장에서 이름을 공개하지 않는다.

을 시작하였다. 이상재, 이승훈, 윤치호, 한국석 등의 제의로 수백
명의 유지들이 발기하고 민립종합대학설립을 위한 국민모금운동을
시작하였다.

곧이어 이 운동은 전국적인 반향을 일으키고 지방유지는 물론 관
공리까지도 호응해 많은 자금을 모금한다. 그러나 일제의 방해로
결국은 실패하고 해방되기까지 일본인을 교육하는 일제의 관립대
학이 아닌 민립대학은 하나도 세울 수가 없었다.

영국은 인도를 지배하면서 침략 계승 수단의 방법으로 대학을 설
치하고 교육을 했다. 자연과학 분야에서만 인도 사람을 수용하고
반항정신을 우려해 인문, 사회학은 전혀 가르치지 않았다. 이에 비
해 일제는 일본인 자기네 사람만을 위한 대학을 설치했을 뿐이었
다. 또한 일제는 식민지 백성은 지배받고 사역당하는 만큼 고등교
육을 받을 필요는 없다.[59] 만약 조선인들이 고등교육을 받게 한다
면 독립에 대한 욕구를 일으켜 위험하다는 생각을 하였다. 이런 이
유로 한국인 인재 양성을 전혀 하지 않았다. 이렇게 일제는 식민지
영구화를 위해 교육을 철저히 억압하고 일본인을 만드는 동화교육
이나 무지에서 벗어날 수 없는 교육정책으로 일관하고 있었다.

---

59) 중앙대 김근수 교수 증언 (1910~ . 서울자택, 1994) 독립유공자 추서 신청을 준
비하면서 당시에 보도된 월간지의 기사를 찾던 중, 서울 잡지박물관 관계자의 소개로 대
학로 근처에서 잡지박사로 알려진 김근수 교수를 집무실(학의 집)에서 만났다. 건물 뒤편
에 자택(기와집)이 있었다. 3일간을 책 먼지 마셔가며 산더미처럼 쌓여 있는 잡지를 뒤져
「신가정」(35년 5월호)을 찾았다. 김 교수는 최용신 선생 독립유공자 추서에 용기와 추서
청원서 머리글 작성에도 아이디어를 주었다.

1부 – 최용신 일대기

이러한 어두운 시대에 민족의 위기를 극복하기 위한 절실한 방편으로 민족 지도자들은 문맹퇴치운동과 브나로드운동을 종교기관, 사회단체, 조선일보, 동아일보 등의 언론사를 중심으로 전국적으로 펼쳐 나가고 있었다. "가르치자, 나 아는 대로, 아는 것이 힘! 배워야 산다."는 구호가 적힌 한글 원본이란 책이 배포되고, 문자보급가까지 공모해 배포하는 등 여러 가지 방법으로 이 운동은 전개되어 갔다. 그러나 이런 농촌 계몽운동은 주로 방학을 이용한 학생 계몽대가 중심이 되어 활동하다 보니 단기적이고 일시적으로 끝나는 경우가 많았다. 그럼에도 이는 문화정치를 표방한 일제에게는 무엇보다 두려운 저항이며 민족 독립운동으로 총독부를 바짝 긴장시키고 있었다.

그러한 시대에 종교 단체의 지원을 받고 산새 소리만 들리는 벽촌인 샘골에 눌러앉아 농촌 계몽에 초인적으로 활동하는 최용신의 일거수일투족은 총독부에 계속 보고되고 있었다. 총독부도 처음에는 나이도 어리고 일개 여성으로 그리 큰 문제를 일으킬 수 있겠는가 하는 안이한 대처를 하고 있었다. 그러나 염석주 같은 불온한 지역유지(독립운동)와 무지렁이 농민들과 협력하여 입는 것, 먹을 것조차 변변하지 않은 가난한 동네에서 민족 교육을 암암리에 표방하며 번듯한 학원 건물을 완공한 사실은 비록 규모는 작으나 적잖게 신경을 곤두세우기에 충분한 사건이었다.

일제에게 샘골에서 펼쳐지는 민족의식의 고양, 헌신적인 희생과 지역 주민의 협동, 교육과 개척의 정신은 식민지 정책에 정면으로 맞서는 장해 요인이었다. 이는 다분히 한 지역에서도 큰 문제지만 만일에 전국적으로 확대된다면 3·1운동 이후 고등전략으로 추진되던 문화정치에 가장 심각한 위협이 될 수 있다는 점을 인식한 총독부는 대책을 마련하기에 이른다.

직접적인 탄압을 가급적 피해 오던 일제는 샘골의 희생적인 협력과 그 정신을 붕괴하고 그러한 정신의 불씨가 더 이상 확대되지 못하게 할 계획을 세운다.

먼저 돈 많고 마음씨 좋은 일본인으로 위장한 오오야마는 샘골학원이 완공되기 직전, 샘골로 전입시켜 주변을 감시한다. 부인과 함께 온 오오야마는 샘골학원 바로 아래의 주택을 매입한다.[60] 염석주 씨는 비롯한 동네의 주민들은 일본인인 오오야마가 샘골에 들어오는 것을 그리 달갑게 생각하지 않았다. 그러나 정상적으로 거래되는 시세보다 몇 곱절이나 더 쳐 주고 이사 비용까지 얹어 주었으니 집구하기가 그리 어려운 문제는 아니었다.

샘골에 도착한 오오야마는 신방죽 저수지를 정비해 요즘식의 표를 파는 낚시터를 개장한다. 휴일이면 일본인이 문전성시를 이뤘다. 수원 등지에서 오는 인력거가 줄을 이었다.[61] 또한 동양척식주식회사를 통해 샘골 주변일대의 많은 토지도 사들인다. 오오야마는 샘골 학원의 낙성식에도 한 동네의 주민인 것을 보여 주고 학원의 동태, 주민들의 동향도 파악할 겸 부인과 함께 참석했다.

---

60)　김우경 장로 증언 (1994년, 자택)

61)　홍석필 장로 증언 (1995년, 자택)

14. 청석골(샘골)

봄이 되자, 얼었던 얼음도 풀리고 흙속에서는 새싹이 움터 난다. 샘골은 낙원처럼 평화롭다. 새로 지은 샘골 학원에는 어린 학생들이 장사진을 이루고 즐겁게 맘껏 뛰어놀고 있다. 머리가 하얀 할머니들은 아기를 등에 업고 새로이 이루어진 학원과 손자들의 대견한 모습을 지켜보기 위해서 아침 일찍부터 학원 앞마당의 그늘에 일찌감치 자리를 잡는다.

처음 체조를 가르치고 있을 때 "아니, 참 해괴하기도 하지. 계집애들도 고개를 끄덕거리고 가랑이를 일기죽거리는구려. 그게 글쎄 뭐란 말이여?" 이구동성으로 한마디씩 한다.[62] 젊은 부인들도 아이들의 명랑한 노랫소리가 학원 마당에서 들려오면 하던 일을 잠시 멈추고 조용히 듣는다. 아이들에게 이미 배워 가사 내용을 알고 있는 부인들은 흥겹게 흥얼거리기도 한다.

최 선생은 자기의 천직을 다하기 위하여 새로이 교재도 꾸미고 아동들의 가정, 성격, 취미까지 가정 방문하여 조사한다. 일일이 개인신상명부도 작성하였다. 주입식 교육을 피하고 아이들 스스로

---

62) 류달영, 『최용신의 생애』 85쪽 (1998, 성천문화재단)

의 자발적인 참여와 활동을 이끌어 내고 각자의 타고난 소질을 인내심을 가지고 찾아서 그 소질을 키워 주는 개성교육을 실시한다. 교실에는 벽마다 자신이 직접 쓴 글씨나 작문, 그리고 그림과 수예 작품들을 전시한다. 최 선생이 학교 다닐 때 만든 송학 자수도 전시했다. 그야말로 천사처럼 학생들을 지도하고 어루만진다.

그러나 최 선생의 사업은 이것뿐이 아니었다. 낮에는 교육의 천직을 다하고 밤에는 농촌의 부녀들을 모으기 시작했다. 오십 육십의 노인들도 책을 끼고는 학교로 몰려들었다. "난 안 올라다가 또 밤중에 와서 야단을 칠 테니 초저녁에 아주 때우는 것이 낫지!"[63] 노인들이 이런 말을 할 정도였으니 최 선생의 정성이 얼마나 가득했던가를 추측하고도 남을 것이다. 이리하여 샘골 근동에서는 거의 전부가 문맹 신세를 면하는 기적이 일어났다.

샘골에서 어린이 교육장면(사진 속 인물은 최용신 선생이 아니라 Y에서 파견한 보조교사이다.) 샘골에서 조금 떨어진 기와집을 찾아가 집안에서 사진 촬영을 사정하였으나 집 주인이 쫓아내서 집 밖에서 사진 촬영을 하였다고 Y관계자는 전했다.[64]

---

63) 「신가정」(35년 5월호) 기사

밤낮으로 이렇게 활동하는 최 선생이지만 일요일에도 쉬지 않았다. 몸소 벗고 나서서 농군들과 함께 논도 밭도 갈았다. 무엇보다 이 나라의 장례는 우리들의 어머니들이 깨어나는 데 달렸다는 신념으로 아녀자들을 위한 특별 프로그램도 마련한다. 한글과 조국의 초등 역사를 가르치고 생활조건 향상, 위생환경 개선을 위한 일반적인 방법은 물론, 시급히 개선해야 할 문제점을 토론하고 그 하나하나의 시정을 실천해 옮겨 나간다. 농촌 주부들의 지위를 향상시키고 그들의 마음을 넓게 바라보고 봉사할 수 있게 마음의 계발은 물론이거니와 새로운 요리법, 가정 관리법도 소개한다.

이때부터는 그냥 순응하며 지내오던 부인들도 잘못된 것은 마땅히 바로잡고 농사 이외의 부업을 찾는 등의 혁신적인 생활 태도를 갖추어 나간다. 일생을 부엌에서만 보내던 농촌 부인들도 지금은

---

64) 샘골의 최 선생 활동사진이 많이 남아 있는 이유가 YWCA 농촌사업에 후원금을 보내 주는 미국 선교단체에 활동사진을 주기적으로 보고를 해야 했기 때문이라고 전한다. 당시에 사진 촬영을 위해 샘골에 온 사진사가 "너무 더럽다."는 이유로 사진 촬영을 거부하기도 하였다 한다. 옷은 헐고, 씻지 못한 어린이, 집은 흙집에 다. 다 허물어져 가고 무슨 돼지 소굴 같다고 하였다니 당시에 벽촌 농촌마을의 환경이 어떠했는지 짐작이 갔다. 당시에 사진 촬영은 대행사였다. 아이들은 씻기고 옷도 일부는 서울에서 가지고 와 입히고 주변에서 깨끗한 집을 찾아가서 사진을 찍었다고 한다. 1994년 서울 YWCA에 자료 수집차 방문하였을 때 연세가 90이 넘어 보이는 한 할머니가 놀러 왔다가 필자의 요청을 듣고는 어느 책에서 가위로 오려서 준 사진이다. 할머니는 Y의 전직 고위 간부로 Y에서 파견한 샘골의 최용신 선생과 오고가던 여러 사정(후원금 지원과 끊김 등)에 대하여 자세한 증언을 하였다. '하느님의 뜻' 강연 논란 등으로 낙마한 국무총리 문창극 후보자의 당시 국내 환경에 대한 설명이 샘골과 비교하면 거짓이 아닌 것이었다.

논으로 밭으로 나오는 게 자연스러운 일상사가 되었다. 남존여비의 봉건적인 사고는 사라지고 남녀의 구별 없이 모두 다 농군이 된 것이다.[65]

최 선생은 포괄적으로 생활개선사업도 추진한다. 금주, 금연, 노름 안 하기, 미신 타파 운동 등도 학원을 중심으로 펼친다. 또한 농한기에는 부업을 주선하여 소득도 올린다. 부임하면서 학원 뒤에 심어 놓은 뽕도 예쁘게 피어나 누에를 쳤는데 성과가 좋아 약간의 수입이 생겼다. 이 돈으로 호미, 괭이, 낫 등의 농구도 장만하고 교실의 일부도 수리한다.

또한 감나무 접붙인 묘목도 그 성적이 좋아서 잎 등이 돋아났다. 학원이 위치한 동산 주위에 감나무를 몇 그루 심고 원근에 묘목을 나눠 준다. 그리고 집근처나 유휴 농토에는 과실나무 등을 심도록 적극 권장한다.[66] 이런 최 선생의 지혜 있는 행실과 헌신적인 생활 태도는 주민들에게 하나의 모범으로, 샘골에서는 없어서는 안 될 존재가 된다. 이제는 최 선생이 아이들, 온 동네 사람들 가슴속에 하늘이 보낸 천사 같은 모습으로 자리 잡게 된다.

어떤 이는 "최 선생이 제일인가?" 하며 시기의 뿔을 내밀려 했으나 도저히 표면에 낼 수 없었다. 왜냐하면 이 동네에서는 최 선생을 헐뜯어 보았다가는 이유 여하를 막론하고 사람대접을 받을 수 없을 정도가 되었기 때문이다. 닭 한 마리를 잡아도, 붕어 몇 마리

---

65)   홍찬의 장로 증언 (1994년, 교회 앞 향나무 옆 의자)
66)   류달영 서울대 명예교수 증언 (1996, 서울 성천문화재단 이사장실)

를 낚아 와도, 보리개떡을 찌더라도 그들은 최 선생에게 나눠 주지 않고서는 마음 편하게 먹지 못할 정도였다.[67]

어느 몹시 무더운 날에 아이들과 함께 깨밭에서 김을 매던 최 선생이 토사로 넘어져서 온 동네가 발칵 뒤집혔던 일과 그 깨를 팔아다가 회를 사서 손수 학원의 벽에 바르던 모습, 그리고 어느 날에는 모를 심다가 거머리에 물려 하얀 종아리에 보기 끔찍할 만큼 피가 흘러내려도 태연하시던 선생님의 모습은 지금도 잊을 수가 없다고 앞다투어 증언한다.[68]

---

67) 심지어는 잠자리에서의 밤새 부부 싸움조차도 새벽이 되면 최 선생을 찾아와 해결을 요구할 정도였다. 「중앙조선일보」 발행 「월간중앙」(35년 5월호) 특집기사
68) 「최용신기념비 제막식 행사 자료집」(1974.11.29.) 행사자료집 부록으로 '20대의 처녀로 순결한 사랑을 이 겨레에 바친 최용신 선생 일대기'를 기록물과 일화, 예화 등을 소책자로 정리하여 발표하였다.

15. 더해 가는 일제의 탄압

탄압을 주도한 오오야마(좌)와 최대 후원자 염석주 선생[69]

자신의 삶을 불태워 헌신하는 눈물겨운 노력에 일제의 감시와 핍박은 더해만 갔다. 샘골 학원과 최용신 선생이 거주하는 마을에 상주하기 시작한 오오야마는 샘골 주변 마을을 중심으로 이 지역에서 글깨나 아는 청년들을 많은 토지와 돈으로 회유하고 한편으론 위협과 협박으로 포섭한다. 그리고 포섭된 청년들을 중심으로 농촌진흥회를 조직한다. 우가키 총독의 지시로 1932년 7월부터 농촌의 극단적인 가난을 해결한다는 대책으로 전국적인 농촌진흥운동을 전

---

69) 좌편 오오야마 사진은 샘골학원을 배경으로 온 동네 주민이 모여 촬영한 사진에서 캡처한 것이다. 오른쪽 염석주 선생은 아드님이 제공한 사진이다.

개하고 있었는데, 이때 오오야마를 따르던 청년회를 중심으로 안산에도 농촌진흥회가 조직적인 체계를 갖춘다.

농촌진흥회는 청년들을 중심으로 경제의 자력갱생, 생활의 안정 등을 내용으로 생활개선사업, 소득증대방법으로 통배추 재배, 고구마순 재배법 등의 신영농 기술도 보급한다. 또한 오오야마는 샘골에서 10리가량 떨어진 곳에 간이 학교를 설치하고 야학도 실시한다. 이 야학당은 샘골 학원과는 달리 일본말만 가르쳤다.[70]

실상 농촌진흥사업은 농촌의 가난이 총독부의 토지수탈정책으로 땅을 빼앗기고 소작 빈농으로 전락해서 비롯됐음에도 오히려 이런 구조적으로 수탈당하고 있는 데서 오는 게 아니라, 농민이 게으르고 무식한 결과라고 세뇌하여 사회정치의식을 마비시키고자 한 것이었다. 스스로 자책감에 빠지게 하여 저항의식을 봉쇄하기 위한 전략이 숨겨져 있었던 것이다. 더욱이 세계 대공항 등의 여파로 일본 내의 식량 사정이 어려웠고 대륙 침략전쟁으로 턱없이 모자라는 군량미 등의 원활한 수급을 위해 조선 농촌의 병참 기지화가 필요했기 때문이다. 또한 농촌계몽운동을 친일적 관제운동으로 전환하기 위한 대책에 따른 것이었다.

이때 오오야마를 따르는 진흥회의 청년들은 샘골 학원의 감시는 물론 최용신 선생의 활동을 은밀히 방해하라는 지시를 받고 있었다. 또한 반월의 경찰관 주재소, 군청의 시학, 근방의 공립학교의

---

70) 유해엽 증언 (1994년, 안산 자택)

일본인 교장까지도 책임을 지고 최용신의 행적과 학원의 동태를 철저히 감시하라는 지시를 받고 있었다. 이 모든 것은 오오야마의 영향권 안에서 주도되고 있었다.

학원이 완공되고 봄이 되어 학생을 모집하니 110명이나 몰려 신축 건물의 수용 인원으로는 초만원이었다. 이렇게 한글을 가르치고 민족혼을 불어넣는 샘골학원을 일제가 그냥 두고 볼 리가 없었다.

7월 13일, 최 선생은 반월주재소로부터 돌연한 호출을 받고 출두한다. 일경은 폭력으로 위협하고 불온한 사상을 교육하는 것은 죽음을 자초한다는 점을 주지시키며 온갖 회유와 협박을 한다. 그리고 현재의 학원 설비로는 60명 이상은 수용할 수 없다고 명령한다. 한 사람의 문맹이라도 더 줄여 보려고 온갖 힘을 다하고 있는 최 선생으로서는 충격적인 통고가 아닐 수 없었다. 긴급히 학부형 회의를 열어 상의하고 지방 유지들과 협의한 후에 당국과 몇 차례의 절충을 시도해 보았으나 아무런 효과가 없었다.

군이나 경찰은 최 선생이 조선인으로서 일제에 거리낌이 있는 불온한 인물로 판단하여 태도가 강경하였다. 이상향을 꿈꾸는 모든 이에게 희망이었던 샘골 학원에는 불안이 넘쳐흐르게 되었다. '누구를 보내고 누구는 남는단 말인가? 볼수록 귀엽고 소중한 어린 학생들 중 누구는 보내고 누구를 남길 수 있겠는가. 어떻게 설명하여 학원 밖으로 몰아내야 한단 말인가?' 어쩔 수 없이 눈물을 머금고 50여 명의 아이들을 돌려보낼 수밖에 없었다. 이렇게 하여 선생과 아이들이 서로 붙잡고 해가 지도록 통곡하는 모습은 어느 하늘 아래서도 볼 수 없는 참경이었다. 끝내 50명의 학생을 집으로 돌려보낸 최 선생은 한때 실의와 좌절에 빠지기도 했다.

얼마 지나지 않아, 이번에는 관할 수원경찰서에서 오전 9시까지 출두하라는 통지서가 날아왔다. 그 당시 최용신 선생을 도와 학원 일을 함께했던 황종우 선생이 대신 출두했다. 그때의 상황을 황 선생은 다음과 같이 회고하였다.

"수원 경찰서에 9시까지 출두하려면 새벽같이 일어나 그것도 시간을 대기 위해 땀 흘리며 뛰어갑니다. 가 보면 10시가 되어도 그만, 오후가 되어도 그만, 담당이 없다고 기다리라는 거예요. 이른 새벽같이 사람 불러다 놓고 놀리는 겁니다. 저녁때가 되어서 한 놈이 와서 물어보아요. 무엇 때문에 왔느냐고, 샘골 학원에서 왔다고 하니까 다짜고짜 대나무로 후려치면서 왜 가르치지 말라는 조선어를 가르치며, 성경을 가르치냐는 겁니다. 그래서 다급하니 어떻게 합니까? 조선 여자기독청년회에 핑계를 댔지요. 일본인들은 참으로 악랄했어요."[71]

그 시절 처녀들은 머리를 묶고 다녔는데 최 선생은 뒤에 말아서 핀을 꽂고 다녔다. 뒷굽이 납작한 반구두에 까만 깡통치마를 입었고 학생들도 검정치마를 입게 했다. 일본 제품이 범람할 때 우리의 생산품인 인조견과 명주옷 차림으로 회색 아니면 밤샘 치마를 즐겨 입었고, 검소한 생활로도 민족 사상을 전개시켰다.[72]

성경 인물 중에 특히 모세를 강조하며 가르쳤다. 애굽의 종이던

---

71) 홍석창 『상록수 농촌 사랑』 106쪽 (기독교문사,1991)
72) 홍찬의 장로 증언 (1994, 샘골교회 앞마당 향나무 옆 의자)

모세가 살인을 하고 쫓겨 다니다 자기 민족의 통치자인 바로에게 믿음으로 나아가 동포의 해방을 선언하였다. 애굽 군대의 추격을 받으며 40년이란 긴 세월을 광야에서 방황하다 결국에는 젖과 꿀이 흐르는 가나안 땅에 인도, 이스라엘 민족을 해방시켰다. 자신의 신분을 속이고 왕궁에 유모로 들어가 모세를 양육한 친어머니 요게벳은 언제나 모세에게 민족정신을 심어 주어 조국 이스라엘의 자손임을 잊지 않게 하였다. 훌륭한 지도자, 어머니의 교육, 민족정신을 늘 강조했다. 조선의 역사도 많이 가르쳤다.[73]

최 선생이 활동하던 시절은 일제가 차츰 한글을 없애려고 할 때였다. 근방의 공립학교에서는 학생들에게 표(쪽지)를 나눠 주고 우리말을 할 때마다 서로 빼앗게 했다. 표의 분량은 시험 과목의 성적으로도 반영되고, 표를 많이 빼앗긴 학생은 상급학교 진학 시험에 불이익을 받았다.[74]

그러나 최 선생은 "우리나라는 조선어가 국어다. 일본 사람이 말하는 국어, 교과서에 나오는 국어는 일본말이다."라고 분명하게 가르쳤다. 그뿐만 아니라 무궁화가 그려진 샘골학원 마크를 모자 앞부분에 달고 다니게 했다.[75]

최 선생은 수업 중에 밖을 내다보며 항상 불안해하면서도 칠판에 태극기를 희미하게 그려 놓고 한글을 가르치기도 하였다. 오오

---

73) 홍찬의 장로 증언 (1994, 샘골교회)
74) 홍석필 장로 증언 (1994, 자택)
75) 최한익 장로 증언 (1995, 샘골교회 응접실)

야마와 경찰 하수인들이 가끔 감시하러 올라왔는데, 이때에는 재빨리 칠판을 지우고 수업을 계속하였다.

최 선생은 사랑할 일과 꾸짖는 일을 엄연히 구분하는 엄한 태도를 취했다. 그러면서 얼싸안고 달랠 땐, 압박받는 민족의 자녀들이 그래서야 되겠느냐며 같이 울었다. 선생이 어디 갔다 오면 먼빛만 보아도 아이들이 달려가 손목을 잡았고, 그땐 치맛자락으로 아이들의 코도 닦아 주었다.[76]

민족의 상이 움트는 샘골 강습소를 못마땅하게 생각한 일경은 샘골 강습소에 모이는 아이들을 강제로 이웃 국민학교에 데려가 왜곡된 역사와 일본말을 가르치기 시작하였다. 그러나 일제가 지은 반월 국민학교로 안 가고 학생들이 몰래 도망 나와 최 선생이 있는 샘골학원에 오곤 했다. 최 선생은 이들을 강제로 돌려보내지는 않았다.[77]

일본 경찰은 수시로 학원을 감시하며 무엇을 가르쳤냐고 한 주일에 한 번씩 신문조사를 하면서 온갖 탄압을 가했다. 그러나 최 선생의 애국 계몽정신이 골수에 박힌 어린이들이 샘골학원에 다시 모여들었다. 이에 당황한 일경은 학원의 허가를 취소하고 자기들의 간이 학교를 세우려는 계획을 세운다. 이에 최 선생은 일본말을 샘골 학원에서 가르치겠다고 약속하고 학원의 유지 허가를 겨우 얻어낸다. 이때부터 샘골 학원 아이들의 책보에는 일본말 책과 공책이 들어 있었다. 학원의 책상 위에도 일본말 책이 펼쳐져 있었다. 그

---

76)   홍찬의 장로 증언 (1994년)
77)   안종팔 증언 (「대한일보」 62.1.21 인터뷰 기사)

백년을 앞선 선각자 **최용신의 외로운 진실**

러나 아이들의 공책에는 한글만 줄줄 내려 쓰였다.

　일경만 나타나면 최 선생은 아이들에게 일본말을 가르치는 척하고 일경이 없으면 일제는 이렇게 악독하다는 것을 아이들에게 계몽했다. '삼천리 반도 금수강산에 하나님이 주신 동산 이 동산에 할 일이 많아 사람을 부르네.' 아침저녁으로 이 노래는 샘골학원에서 울려나왔다.

　그러다 최 선생이 시간표에 '일어'라고 쓰고 우리말은 꼭 '국어'로 쓰게 한 것이 발각돼서 수원경찰서로 붙들려 가는 사건이 벌어진다. 그때는 일본말이 국어였다. 우리말은 제2외국어인 '조선어'라고 불러야 했다. 그 전에도 몇 번 끌려가긴 했어도 이번에는 보통 심각한 문제가 아니었다. 학생은 물론 온 동네가 걱정으로 잠을 이룰 수 없었다. '별일 없이 무사히 돌아와야 할 텐데⋯⋯.'

　아니나 다를까, 이번에는 몇 날이 지나도 돌아오지 않았다. 여러 날이 지난 후에 돌아올 수 있었는데, 얼굴은 온통 시퍼렇게 멍이 들고 온몸이 피멍으로 걸음조차 제대로 걷지 못할 정도였다. 물리적인 육체적 고통은 물론 여자로서는 감당하기 힘든 물고문, 특수 제작한 고문 기구를 이용한 성 고문, 전기 고문을 당하여 몸이 온통 시퍼렇게 망가져서 돌아왔다고 당시에 최 선생의 방에 자주 놀러간 안원순 할머니는 눈물을 흘리며 당시의 상황을 증언하였다.

　이후에도 이러한 참담한 일은 몇 차례 계속되었다. 그 당시의 상황을 제자 이상종은 눈물을 감추며 다음과 같이 회고하였다

　"선생님이 일주일이나 지나서 학원에 나오셨는데 무슨 일이 있었는지 몸이 아파서 매우 고통스러워하시더군. 나중에 어른들이 수

군거리는 걸 몰래 들으니까. 수원 가서 죽도록 구타당하고 몹쓸 일도 당했다고 하더군. 그 소리를 들었을 땐 어린 마음에도 가슴이 아프고 너무 슬퍼 혼자 몰래 숨어서 엉엉 울었던 기억이 나는구먼. 이후에도 최 선생은 늘 감시당하면서 항상 불안해하고 초조해하셨어. 지금도 그런 선생님의 모습을 떠올리면 눈물이 나온다.”

이에 굴하지 않는 최 선생의 피나는 노력을 계속되었다. 세 반으로 나누어 아침 9시, 오후 3시, 6시까지 번갈아 가르치고 나면 목이 부어오르고 팔다리가 아파 주저앉고 싶은 심정이었다. 그리고 밤이 되면 그 피곤한 몸을 이끌고 또 동리의 부녀자들을 모아 놓고 ‘가갸거겨나냐너녀……’ 한글을 가르쳤다.

“여러분, 아는 것이 힘! 배워야 삽니다.”

그리고 수업이 끝나면 몇십 리 길인 야목리를 찾아간다. 출장 교육을 모두 마치고 돌아오면 새벽이 동터 온다. 눈을 붙이는 둥 마는 둥 하다가 일어나 새로이 오늘 해야 할 일들을 준비한다. 농번기에는 그 이웃에 흩어진 강습소들을 찾아다니면서 단기 교육을 시켰다. 야목리, 반월리, 둔대리, 초지리, 거모게, 삼거리……. 이곳은 샘골 학원에서 10킬로 이상 떨어진 지역이다.

이러한 일제의 탄압 속에서 좌절하지 않고 초인적으로 계몽 사업을 계속하는 최용신 선생은 학원 운영비 마련 등, 경제적인 측면으로 학원 앞마당에 심은 감나무 주변에 늘 푸르고 희망을 상징하는 향나무 등 상록수를 여러 그루 심는다. 지금도 최용신 선생 유적지인 상록수 동산에는 그때 심은 향나무, 감나무가 선생의 고귀한 정신과 함께 자라고 있다.

백년을 앞선 선각자 **최용신의 외로운 진실**

16. 감당하기 어려운 시험

오랜 지병으로 누워 계시는 아버지의 병환이 날로 위독해지고 있다는 소식 위에 오빠의 이혼 문제로 걱정이 태산 같다는 어머니의 편지는 과로한 최 선생에게 감당하기 힘든 정신적인 고통이었다.

오빠들이 집안을 이끌면서 경제 문제 등의 어려움이 해소되고 살림살이도 점차 안정되어 가고 있었다. 그러나 "시집도 안 가고 돈을 버는 것도 아니면서 그 시골에서 무슨 고생을 하고 있는지 모르겠다. 다 뜻이 있어 하는 일이니 말릴 생각은 없다. 뭐 말린다고 그만둘 것 같지도 않고, 허나 아버지도 나도 보고 싶으니 이 근처로 와서 그 일을 하면 안 되겠냐."는 어머니의 간절한 소원은 용신에게 적잖은 심적 부담이 되고 있었다.[78]

---

78) 장명덕 전도사와 같은 감리교 계열이라 자주 만났다는 군포 에덴기도원 원장 증언(1995년, 원장 숙소) 금식기도를 하다가 우연히 최용신 선생의 비하인드 이야기를 하는 원장님을 만났다. "장명덕 전도사와 오랜 기간 함께 지내면서 최 선생에 관한 증언을 자주 들었다. 처음에는 최용신이 몸이 허약하고 밭일, 논일에 서툴러 자주 넘어지는 등 힘들어하였다. 각기병이라 집에서도 콩, 보리, 팥 등의 밥을 별도로 혼자 해 먹었다. 내색을 안 해 남들이 모르지만 최용신은 들에서 먹는 거친 식사에 매우 힘들어하였다. 협성신학교 한참 후배인 최용신보다 나이도 많은 자신이 힘든 일은 더 많이 했다."고 이야기하다가 끝에 가서는 언제나 눈물을 보이며 후배 최용신을 칭송했다.

어려운 집안 사정에서도 고등 교육까지 마치도록 온갖 지원을 다 하고, 지금은 자식이 타지에서 고생하는 것을 생각하며 잠을 이루지 못하고 계실 부모님. 명절에는 눈이 빠지도록 기다리실 텐데 찾아뵙지도 못하는 그런 자신의 처지가 안타깝기도 하고, 한편으론 고향 산천과 보고 싶은 부모님을 생각하면 절로 눈물이 맺혔다.

'부모님에게 걱정만 끼쳐드리는 불효자. 나 같은 불효자가 또 있을까? 지금 하고 있는 일은 정말 옳은 일인데……. 부모님에 대한 효와 사회나 민족에 대한 효는 일치할 수 없는 걸까?' 그런 고민을 할 정도로 부모님에 대한 불효의 마음은 선생을 늘 괴롭혔다. 한편 그런 죄책감이 더욱 열심히 일하게 했다. 지금의 농촌 계몽에 더욱 열중하는 게 부모님께 드릴 수 있는 유일한 효도라는 생각에서였다.

그런데 지병으로 누워 계시는 아버지의 병환이 회복될 기미가 없고 오히려 악화되어 간다는 소식만이 전해 온다. 거기에다 오빠가 이혼을 하게 될 것 같다는 소식은 자신의 신앙이나 계몽 사업을 하고 있는 처지로서 용납할 수 없는 일이었다. 이 점은 더욱 선생의 마음을 아프게 했다. 여기에다 지난 겨울에 잠깐 현해탄을 건너와 새로 지은 학원을 보고 간 약혼자 김학준이 오히려 신앙과 신념이 흔들린다는 소문만이 들려오고, 자주 오고가던 편지도 뜸해지더니 이제는 몇 번을 해도 답장이 없다.

당시 일본에 유학 중이던 김학준은 약혼자 최용신과 편지를 주고받으며 타향살이 외로움을 달래고 있었다. 약혼자가 어렵게 학원을 완공하였다는 소식을 접하자, 학원 완공을 축하하고 사랑하는

백년을 앞선 선각자 **최용신의 외로운 진실**

용신을 만나기 위해 방학을 이용 잠시 귀국한다. 무엇보다 그 어려움 중에서도 얼마간의 용돈을 보내 주는 고마움과 농촌계몽운동에 헌신적으로 임하는 약혼녀의 열정은 크나큰 용기가 되었다.

그러나 시간이 지나면서 근대 국가로 발전한 일본의 실상과 점차 더해 가는 일본인의 멸시를 받으며 식민지 유학생의 처지가 너무나 서럽게 느껴졌다. 조국의 암담한 현실이 너무나 무력하게만 느껴질 땐 독립의 그날도 한없이 멀게만 느껴졌다. 그럴 때마다 사랑하는 용신의 눈물 나는 헌신을 생각하면 가슴이 짓눌리는 듯이 아파 왔다.

그 당시에는 조국의 유학생 중에는 근대화된 일본의 눈부신 발전에 놀라고 이와는 너무나 대조적인 식민지 조국의 현실에 좌절하여 방탕한 생활을 하는 이가 더러 있었는데, 김학준 또한 유학 생활에 마음과 육체가 하루하루 지쳐 가고 있었다. 그러던 중에 그 어려움 속에서 학원을 온 동리의 가난한 농민들과 함께 번듯하게 지었다는 용신의 편지는 큰 위안이 되었다.

방학을 이용하여 약혼녀를 만나고 정신도 새로이 가다듬을 겸 해서 잠시 귀국한다. 약혼자가 어렵게 일하리라고는 상상했으나 문화 혜택이 전혀 없는 새소리만 들리는 벽촌의 농촌 마을에서 이토록 처절한 희생, 외롭고도 고독하게 십자가를 홀로 짊어진 채 수척해진 사랑하는 약혼녀를 목격할 수밖에 없었다.

한편으론 자신은 감당할 수조차 없을 것 같은 순수한 열정, 초인적인 활동 그리고 조국, 동포에 대한 뜨거운 사랑은 감동으로 다가왔다. 그러나 암흑천지의 현실(일본이 너무 근대화되어 조국 독립의 그날은 불가능하게만 느껴지는)은 약혼녀의 그런 감동스런 삶이 오히려 주체할 수 없는 무력감이 되어 온몸을 감싸 왔다.

나무가 없어 아궁이에 불도 제대로 지피지 못하여 추운 용신의 좁은 방에서 사랑하는 약혼녀의 피멍이 든 몸과 거칠어진 손을 붙잡고 이러지도 저러지도 못한 채 한숨만 크게 짓다 일본으로 되돌아온 김학준은 '혹 떼려다 혹 하나를 더 붙인다.'는 옛말처럼 내적 평형은 무너지고 심한 좌절과 무력감 속에 빠져든다.

다수의 증언에 의하면 "김학준이 일주일 정도의 일정으로 샘골에 왔는데 도착한 날 저녁부터 최용신과 심하게 다투다 도중에 일본으로 돌아갔다."고 한다. 김학준이 "약혼 시에 함께하자고 맹세한 농촌계몽운동의 계획을 모두 접고 당장 결혼식을 올리고 일본으로 함께 가서 시대 흐름에 순응하면서 남들처럼 평범한 가정을 이뤄 편안하게 살자."는 간청을 하였고, 용신이 거절하자 파혼을 선언하고 일본으로 돌아갔다고 전한다.

이후 샘골에서 고생하는 약혼녀의 애처로운 모습만 자꾸 떠올리며 방황한다는 소식만 전해 오고, 하루가 멀다하고 오고가던 편지는 완전히 끊긴다.

약혼자에 대한 좋지 못한 소식이 들려올 때마다 최 선생에겐 남이 상상할 수 없을 정도의 커다란 정신적 고통을 가져다주었다. 최 선생이 젊은 나이에 요절한 큰 이유 중에 하나가 약혼자 때문일 거라고 말하는 이가 적지 않을 정도였다고 한다.

설상가상으로 최근에 절반의 어린이들을 돌려보내면서 심신이 극도로 지친 상태인데 YWCA에서 보조금을 절반으로 삭감한다는 통보까지 해온다. 이때 주민들의 잠자던 불만들이 폭발하기 시작한다. "YWCA가 언제는 돈 보내더니 우리들이 어렵게 고생해서 학원까지 세우니 이젠 절반으로 줄여? 농민들을 누가 그렇게 생각하겠어? 최 선생도 YWCA 청년 회원이라면서!"

최 선생은 일제의 핍박은 참을 수 있었으나 가장 사랑하는 동민들의 이런 태도는 참을 수 없었다. 자신의 민족을 모욕하는 애굽 사람을 거침없이 때려죽이고 쫓겨난 모세가 이역만리에서 동족의 싸움을 말리다가 자신의 동족에게 "이 살인한 자야! 왜 우리들 모두를 죽이느냐?" 욕설을 들어야만 했던 이유를 곰곰이 생각하면서 "주여! 십자가를 온전히 짊어질 수 있도록 힘을 주소서!" 기도하며 흘리는 최 선생의 눈물은 그칠 줄 몰랐다.[79]

---

79) 류달영, 『최용신의 생애』 94쪽 (1998, 성천문화재단)

17. 일본 유학

이즈음 최 선생이 힘들어서 샘골을 떠난다는 소문이 파다하게 퍼진다. "이불도 싸고 고리짝도 다 묶어 놓았대." 이런 대화가 마을 사람들 사이에 오고가곤 하였다. 최 선생이 없는 샘골을 상상만 하여도, 그것은 밤하늘에 별이 모두 사라져 버린 것 같은 삭막함이었다.

샘골의 모든 희망이 사라져 버릴 거라는 우려감을 느낀 농민들은 잠시 흥분한 점을 크게 후회하고 최 선생을 찾아온다. 시시비비를 떠나 선생을 붙잡고는 자신들을 버리고 샘골을 떠나지 말 것을 애원한다. 학원 이사들을 중심으로 극렬 활동하여 학원의 부족한 경비를 보충하도록 만들었다. 학원 이사장인 염석주 씨를 비롯하여 전재풍, 김순봉 씨 등 몇몇 유지들의 노력이 컸던 것이다. 불의에 일어난 샘골의 모든 물결은 이것으로 다시 고요해졌다.[80]

10월 15일에 새로 닦은 학원 운동장에서 처음으로 운동회가 열리게 되었다. 수고 많던 1년 중에서 이것은 이 일대의 가장 큰 기쁨이었다. 시설은 변변하게 갖추지 못한 운동회였으나 학생들의 재미

---

80) 류달영, 『최용신의 생애』 95쪽 (1998, 성천문화재단)

있는 동작과 학부형과 동네 유지들까지 함께 어우러진 달리기며 게임은 일 년 농사에 지친 동민들에게 큰 위안이 되었다.[81]

곡절 많던 한 해가 꿈처럼 지나가고 1934년의 새봄이 왔다. 학년 초라 분주함은 말할 수 없었다. 그러나 최 선생의 머릿속은 다시 복잡해지기 시작하였다. '일제의 식민지 영구화를 위한 간악한 술책은 날로 더해만 가고 있다. 이만큼 자리 잡은 샘골을 위하여 지금부터는 새로운 차원에서의 농촌 운동의 전개가 필요하다. 그러나 나의 얕은 식견으로는 감당하기가 어렵다. 만일 이대로 간다면 곧 침체되고 말 것이다. 아마도 이 모양조차도 유지해 가기가 곤란할 것이다. 일제의 식민지 지배를 위해 간악한 전략을 극복하기 위해서는 이곳을 한 개의 농촌운동의 도화선으로 만들어야 한다. 그러자면 새로운 지식과 구상이 필요하다.'

이렇게 밤잠을 설치며 고민하던 최 선생은 당시 농촌운동의 이상적 모델로 자주 거론되어 온 이상적 농업국 덴마크와 선각자 그룬트비를 머릿속에 그려 본다. 덴마크 사람들은 자신들이 세상에서 가장 불쌍한 사람들이라고 생각했다. 전쟁으로 기름진 국토를 대부분 빼앗긴 저들은 불모(不毛)의 황무지를 개척했다. 민족정신과 신앙으로, 도덕적인 협동으로, 교육으로, 과학과 지식으로 불과 반세기 만에 지상의 낙원을 만들어 놓았다. 그러나 우리 주위엔 모두 높은 담으로 막혀 있다. 다른 사람들의 걸어가는 모습을 바로

---

81) 류달영, 『최용신의 생애』 96쪽 (1998, 성천문화재단)

1부 – 최용신 일대기

보고 이해하여 갈 길이 없는 것이었다.[82]

'어떻게 하면 일제의 간악한 방해에 끄덕도 안 하고 편하고 넉넉하게 우리의 힘으로 우리의 삶을 개척해 갈 수 있을 것인가. 하루빨리 일본을 물리치고 자주독립의 국가를 이룰 수 있는가. 다시는 힘이 약해서 짓밟히는 약소민족의 서러움을 떨쳐버리고 세계에 우뚝 서는 나라, 평화적인 문화 국가의 기초를 다질 수 있을까?'

이처럼 독립된 조국, 세계 평화를 이끌어 가는 조국을 상상하니 기쁨에 절로 흥분이 되었다. 그러나 생각하면 생각할수록 어려운 문제였다. 결국은 사람이 문제인데…….

'미래를 내다보고 국민을 각성시켜 희망을 주고, 이끌 선각자의 사명이 그 얼마나 중요한가. 나 또한 남다른 신념으로 계몽 사업을 하고 있지만 그런 일을 제대로 해나갈 만한 능력과 자격을 갖추고 있는가?'

자나 깨나 무능력한 자기 자신의 문제를 되씹어 검토하기 시작하였다. 비록 능력은 부족하지만 할 수 있는 최선을 다하여 이 민족을 위해 아름다운 산 재물이 되겠다는 애초의 결심을 더욱 굳건하게 가다듬는다. 그리고 일본으로 건너가서 약혼자가 말한 일본의 발전된 모습도 직접 보고, 공부를 더 하고 세계의 견문도 넓히기로 마음먹는다.

자신이 없는 동안 샘골학원의 지속적인 교육을 위해 서울Y의 농

---

82) 류달영, 『최용신의 생애』 96쪽 (1998, 성천문화재단)

촌사업부에 교사의 지원을 요청한다. 그리고 얼마 떨어지지 않은 가까운 지역에 위치한 남다른 사명으로 농촌 계몽에 앞장서고 있는 우리나라 유일의 농업고등교육기관인 수원 고등농림(현 서울대 농대)을 방문한다. 지금까지의 샘골 활동과 일본으로 떠나는 이유를 설명하고 자신이 없는 동안에 샘골의 사업에 협조해 줄 것을 요청한다.

당시에 고등농림의 학생으로 농촌 계몽운동에 참여하였던 류달영 서울대 명예교수는 1933년 초가을에 처음으로 만난 그 당시의 최용신 선생을 다음과 같이 회고하였다.

"길찍한 흰 적삼에 짤막한 검은 치마를 입고, 양산을 꼿꼿이 세우고 약속장소에 나타나 인사를 나누며 명함을 건넸다. 지혜롭게 빛나는 두 눈 깊은 곳에 사랑과 정열이 불타고 있음을 느꼈고 이런 모습에서 여성으로서의 따뜻함보다는 굳은 동지애를 느낄 수 있었다. 몸은 중키에 날씬했고 화장기 없는 볕에 그을린 얼굴, 거친 손 등을 보고는 깊은 우정과 함께……. 나는 그녀가 고난을 겪어 온 사람이었고, 실력을 기르기 위해 일본으로 유학을 간다는 말을 들었을 때는 고난을 두려워하지 않는 인물인 것을 느꼈다."

봄이 되자 수원고농에서도 도움을 주고 새로이 교사도 부임해 오는 등, 여러모로 여건이 좋아지자 1934년 3월, 일 년간의 계획으로 일본 유학길에 오른다.

동네 노인들은 "세상에 모르는 것이라곤 없는 선생인데 공부는 또 무슨 공부람." 불만을 토로했으나 자기들이 나설 자리가 아닌

것도 알고 있어 동네 일동이 잠깐 동안의 작별로 생각하고 그 장도를 축원하였다.[83]

일본에 유학을 온 최용신 선생은 고베여자신학교 사회사업과에 입학한다. 그때에 일본에는 오빠인 시풍 씨가 상업을 하고 있었고, 여동생 용경 양도 그곳에 와 있었다.[84]

약혼자를 만난 김학준은 지난날 자신의 행동을 크게 반성하고 잃었던 마음의 평정도 되찾는다. 이때 김학준은 속히 결혼식을 거행하자고 간절히 요청한다. 약혼할 때 두 사람의 굳은 약속은 농촌계몽에 대한 상당한 자격을 갖추어 우리의 흙의 사명이 뜻대로 이루어지는 날 하기로 다짐하였었다. 그 뒤 10여 년이 다 되도록 줄기차게 순결한 애정을 지니고 서로를 아껴 왔다.

최 선생은 약혼자의 감정을 자극하지 않으려 조심하면서 "샘골과 약속한 것도 있는데 결혼해서 돌아가면 그것도 우스운 일이 될 것이고, 이제 조금만 참으면 학준 씨도 학업을 마치고 또한 우리가 계획하는 사업의 상당한 자격을 갖추게 된다. 우리들이 목표한 농촌 계몽사업을 함께할 수 있을 때가 이제 얼마 남지 않았으니 조금만 더 참자."고 설득한다.

---

83) 류달영, 『최용신의 생애』 97쪽 (1998, 성천문화재단)
84) 류달영, 『최용신의 생애』 98쪽 (1998, 성천문화재단)

백년을 앞선 선각자 **최용신의 외로운 진실**

일본 고베여자신학교 재학 시 최용신
선생(오른쪽 첫 번째)

　그리하여 학업을 마치고 귀국하는, 약혼한 지 횟수로 꼭 10년째
가 되는 내년 3월쯤에 결혼식을 올릴 것을 굳게 약속하고 양자 간
에 원만한 합의를 본다. 그리고 늦기는 했으나 약혼반지로 조그만
금가락지 한 쌍을 구입해서 서로의 손가락에 끼워 주며 깊은 애정
을 확인한다.[85]

　여기 일본에서 오빠를 만나고 동생인 용경 양을 만나 한없이 행
복했다. 그러나 학생으로서 3년간의 공백은 긴 시간이었다. 그럼
에도 불구하고 이국땅에서 이국인들과 어깨를 겨루며 공부한다는
것은 여간 힘든 일이 아니었다. 더구나 샘골에서 지친 몸이 채 풀
리지도 않았었다. 최 선생은 불행하게도 현해탄을 건넌 지 석 달
만에 걷지 못할 정도의 각기병이 악화되고 만다. 샘골에서도 각기
병 증상으로 고생은 했지만 생활하는 데 큰 지장을 받을 정도는 아
니었다.

---

85)　강일희 할아버지 증언 (1995년, 안산 자택)

한편 이즈음 샘골은 여러모로 뒤숭숭하였다. 새로 부임한 교사에 대한 불만과 비난은 날로 높아 갔고, 6개월 만에 7~8명의 교사가 이동하게 된다. 그래도 이곳 산골에 온 교사들은 남다른 신념과 의지로 가득 차 있었을 것이나 전임이 하던 일은 사람으로서는 도저히 감당해 낼 수 없었다. 이는 초인간적으로 활동하던 최 선생의 존재를 참으로 인식하는 계기가 되기도 했다.

최 선생은 안타깝게도 각기병이 더욱 악화되어 학업을 중단하고 요양을 해야 하는 처지가 되었다. 일본의 의학 기술로는 낫지 못할 그리 큰 병은 아니었다. 일정 기간만 쉬면서 집중적으로 치료를 받으면 완쾌할 수 있는 병이었다. 그러나 동경에서 자주 문병을 오는 약혼자도 문제였지만, 샘골에서 보내 주는 학비를 병 치료하는 데 쓸 수 없었다. 쉬고 있다 보니 경제적으로 정신적으로 많은 문제점도 발생하였다. 샘골에 두고 온 제자들도 아른거렸다.

결국, 유학 6개월여 만에 계획했던 학업을 중도에 중단하고 쇠약해질 대로 쇠약해진 몸을 이끌고 1934년 9월, 귀국길에 오른다.[86] 다행히 유학 당시에 학내의 교지에 기고한 '나의 소감문'을 통해 선생의 발전된 정신세계와 평화애호의 사상을 엿볼 수 있다.

---

86) 류달영 『최용신의 생애』 101쪽 (1998, 성천문화재단)

백년을 앞선 선각자 **최용신의 외로운 진실**

나의 소감문 (고베여자신학교 학내잡지 「푸른 하늘」)[87]

이 세상은 어디를 가 보아도 계급차별이나 민족차별이나 빈부차별로 인하여 비극이 발생하고 있습니다. 그러나 이 학교 안에는 이러한 모습의 계급(階級), 민족(民族), 빈부(貧富), 귀천(貴賤)의 사상(思想)을 초월한 그리스도 예수의 사랑이 발휘되고 있는 것에 감탄하지 않을 수 없습니다.

어떤 위대한 사람도 사랑을 갖지 못하면 결핍(缺乏)이 있고 개인(個人)에 있어서도, 가정(家庭)에 있어서도, 사회(社會)에 있어서도, 진실한 사랑을 갖지 않는다면 진정한 행복(幸福)은 없을 것입니다. 또 어떠한 행복한 가정이라도 사랑이 없는 가정은 언젠가는 불행을 초래하고, 어떤 강한 힘을 갖고 있는 민족(民族)도 사랑이 없는 민족은 멸망(滅亡)하게 되고, 어떤 문명사회(文明社會)도 사랑이 없는 사회는 부패(腐敗)하게 되고, 어떤 국제평화(國際平和)를 외쳐도 사랑이 없는 평화는 결코 성립되지 않을 것입니다.

그러므로 이 학교 안에서 수양하고 있는 저로서는 이러한 예수 그리스도의 사랑으로 개인의 행복을 위해, 사회의 안정을 위해, 세계의 평화를 위해 도처에 사랑을 실현하고 발휘하여 평화의 나라, 하나님의 나라가 이 우주에 임하는 것을 축원(祝願)합니다.

1934년 7월 20일 사회사업과 최 용 신

---

87) 홍석창,『최용신과 샘골 사람들』302쪽 (2010, 한국감리교사학회) 최용신 선생이 순국하기 6개월 전에 쓴 글로 차별 없는 사랑, 평화의 세상을 추구한 선생의 정신세계가 잘 나타나 있다.

처음엔 고향에서 요양하고 샘골로 돌아오려 했다. 그러나 샘골 사람들은 누워만 있어도 좋으니 샘골로 오라는 간절한 요청에 귀국 즉시 샘골에 오게 된다. 샘골 사람들은 좋다는 약은 다 구해 정성 껏 병간호를 한다. 돌아온 날부터 샘골은 안정을 되찾는다. 인격의 빛이란 사실 '존재'하는 것만으로도 주위를 크게 일하게 하는 것이라는 말을 실감케 했다.[88]

---

88) 류달영, 『최용신의 생애』 102쪽 (1998, 성천문화재단)

백년을 앞선 선각자 **최용신의 외로운 진실**

18. 교단에서 쓰러지다

어느 정도 걸을 수 있게 되자 최용신 선생은 예전에 했던 활동을 계속해 나간다. 무리한 활동에도 불구하고 최 선생의 건강은 빠른 속도로 회복되었다. 예전에 하던 대로 야학을 끝내면 몇 십리의 길을 걸어서 야목리, 거모리, 둔대리를 출장 지도한 후 으슥한 밤에나 돌아왔다. 또다시 군포 우편소, 수원에 볼일이 있으면 50여 리의 길을 걸어서 왕복하였다. 샘골에는 예전과 다름없이 학원을 중심으로 모두가 도와 가며 열심히 일하고 평화의 기운이 넘쳐났다. 이제는 건강도 완전히 회복되었다.

그러나 뜻하지 않게 반갑지 않은 소식이 전해 온다. 여자기독청년회가 재정난으로 더 이상 샘골을 돕지 못할 것 같다는 소식이 전해 오더니, 급기야 1934년 10월에는 YWCA가 샘골학원의 보조금을 완전히 끊게 됐다는 최후통첩을 해온다. 동민들은 너무 어려운 일이 자주 반복되다 보니 이제는 전과 달리 모두들 시들하였다. 너나 할 것 없이 어려운 살림들이라 서울의 보조금으로 근근이 학원을 유지해 온 터여서 충격은 클 수밖에 없었다. 그러나 누구도 최선생을 원망한다든가 하는 일은 없었다.

최 선생은 학원 이사와 동민들과 함께 대책회의를 여러 번 갖는 등, 여러모로 방책을 강구하여 보았으나 아무런 서광을 발견할 길이 없었다. 샘골학원은 경제적으로 최악의 위기에 봉착하게 된 것이다. 몇 날 밤을 지새운 끝에 최용신 선생은 이 급박한 형편을 전국의 사회 유지들에게 호소하고 후원금을 얻기 위해 당시의 월간잡지 「여론」에 '농민의 하소연'이란 글을 기고한다.

농민의 하소연[89]

(생략) 그리고 나는 내가 사는 동리의 현상을 여러분 앞에 내어놓고 싶습니다. 내가 사는 이 촌은 우리 조선에 있어서 두메라고 부를 만한 벽촌은 아니외다. 서울서도 멀지 않은 서해안의 작은 산골짜기랍니다. 이 촌을 가리켜 근방에서는 교촌(教村)이라고 부르니, 이 까닭은 이곳에 기독교가 들어온 지 20여 년이 되었고, 그 영향으로 인하여 학술 강습소가 마을 가운데에 제일 높은 곳에 있으므로, 이 촌을 가리켜 '문화촌(文化村)'이라고까지 부릅니다.

이 강습소에는 근방 십여 동네의 아동이 모여 오니 그 수가 백여 명이나 됩니다. 이 많은 아동의 가정 정도를 말씀하여 보면 호수가 1,400이나 되나, 그중에 1년 수입이 150원 이하의 호수가 910호나 되는 극히 빈한한 지방이므로, 이 강습소는 그 대중을 가르치는 데에 사명을 다하고 있습니다.

이렇듯 이 지방의 중요한 기관이 이 강습소나, 이것도 우리 농

---

89) 류달영, 『최용신의 생애』104쪽 (1998, 성천문화재단), 여론 제2권 11호(1934년 10월 3일)

민들의 손으로 독립 경영을 하지 못하고 사업가의 후원을 받아 왔습니다. 이것은 우리 농민의 여유 없는 생활이 이만한 기관 하나를 경영하지 못한다는 것을 증명하고 있습니다.

이런 현상 가운데서도 우리들은 좀 더 향상하고 좀 더 진보하려고 분투노력하고 있습니다. 그러나 문화촌이라는 이름을 듣고 교촌이라는 칭호를 받는 이 촌중에 비통한 울음소리가 하늘에 사무치고 땅을 울리오니 목석(木石)이 아니고야 어찌 볼 수 있사오리까.

이 비통한 울음은 다름이 아니오라 우리의 불쌍한 어린이들이 배우고 가르치는 강습소가 폐쇄된다는 원통한 울음이었습니다. 사업가의 열성도 경제도 제한이 있어 이제부터는 후원의 손을 끊는다는 소식이 들림에 우리들은 낙망의 눈물, 비통한 울음이 나오는 것입니다.

가르칠 줄도 알고 배울 줄도 알건마는 우리에게는 여유가 없습니다. 배움에 굶주린 우리 농촌 어린이들은 장차 어디로 가며 가르쳐주고 싶은 우리의 마음을 어디다 하소연하오리까?

조선의 부흥은 농촌에 있고 민족의 발전은 농민에 있다 하거든, 배우지 못하고 가르치지 못한 우리에게 무슨 발전이 있으며 늘어감이 있겠습니까? 오호, 우리 농민의 하소를 어찌 다 기필하오리까? 이 앞으로 이 긴긴밤에 잠 못 이루고 나오는 한숨과 흐르는 눈물에 땅이 꺼지지 마사이다.

도시의 여러분이여! 당신들은 얼마나 행복스럽고 얼마나 안락하십니까? 여러분 중에는 하루저녁 오라비와 한 벌 옷감으로 몇백 원을 쓴다 하시거든 우리 농촌의 어린이들은 자라기에 배가 고프고 배움에 목이 마릅니다.

여러분이여! 곡식을 심으면 1년의 계(計)가 되고 사람을 기르면 백
년의 계가 된다고 하였거든, 이 강산을 개척하고 이 겨레를 발전시
킬 농촌의 어린이를 길러 주소서.

뜻있는 이여! 우리 농촌의 아들과 딸의 눈물을 씻어 주소서.

1934년 10월 3일 최 용 신

그러나 이런 안타까운 호소에 아무런 반응이 없었다. 후원도 이
무렵 완전히 끊기고 말았다. 그리고 샘골과 여자기독청년회와의
관계도 이후부터 완전히 절연을 보게 되었다.[90]

그녀가 어려움이 있을 때마다 늘 찾아가서 의논하는 루씨여고 1회
졸업한 동문이자 고향 선배인 이화여고 교사였던 최직순 선생은 이
렇게 말한다.

"나는 그때 이화여고에서 교편을 잡고 있었거든요. 그런데 무슨
의논할 일이 있으면 이화로 찾아와요. 거기서는 이러저러한 애로
사항이 있다고 하면서요. 한번은 여자기독청년회에서 얼마씩 보
내 주었는데 그것을 쪼개고 쪼개서 샘골학원은 물론 근동의 야목리
교습소 등의 경비로도 충당해 왔는데 이제는 그것도 완전히 끊기
고 해서 경제적으로 매우 어려운 처지가 되었다고요. 먹을 것도 변

---

90) 류달영, 『최용신의 생애』 106쪽 (1998, 성천문화재단)

백년을 앞선 선각자 최용신의 외로운 진실

변히 않은 학부형들이 학원 경영 비용을 부담할 수도 없는 처지고, 그래서 여기저기 찾아다니며 후원을 요청하고는 있는데…… . 그때 도와주고 싶었지만 교사 월급으로 어떻게 할 수도 없고. 못 도와주니까 나도 마음이 참 아팠어요. 나중에 이야기를 들으니까 수원고농 학생들이 도와 그 일을 계속할 수 있었다고 하더군요."[91]

수원고농(현 서울농대)에서는 농촌의 정상적인 발전 없이는 이 겨레의 해방이 없다는 신념 아래 지하 운동으로 농촌 계몽을 돕고 있었다.[92]

그 당시 농촌은 사실상 전 국토와 국가 산업의 대부분인 90%를 차지하고 있었다. 이때 샘골의 실정을 자세히 알고 있는 학생은 별로 없었다. 그리고 학생 중에는 기독교를 좋지 않게 보는 이도 있었다. 사상적으로도 민족주의와 사회주의로 대변할 수 있는데, 진실한 기독교인은 극소수였다.

계몽 운동의 기금을 배정하는 날, 격렬한 의견 충돌이 있었고 샘골을 도울 수 없다는 기독교에 증오감을 갖고 있던 사회주의 계열 몇몇 학생의 주장이 초기의 분위기였다. 그러나 토론은 개인적 차원을 떠나 어디까지나 공평무사한 것이 돼야 한다는 반론이 제기된다.

이때 일본으로 떠나기 전에 수원으로 찾아온 최 선생을 호숫가에서 만나 본 일이 있는 R형이 샘골에서의 계몽 운동은 다른 어느 곳

91) 홍석창, 『상록수 농촌 사랑』 115쪽 (기독교문사, 1991)
92) 류달영 증언 (1996년)

보다도 열심히 전개되고 있고, 특히 그 지도자의 열심은 다른 곳에서 찾아볼 수 없는 헌신적이라는 것과 동민이 협조해 학원을 짓는 등의 많은 성과도 있었으나 지금은 경제적으로 대단한 어려움에 처하고 있는 사정을 조목조목 설명했다. 그리고 우리들의 원조가 겨우 터를 잡은 샘골에 현저한 향상을 가져올 수 있을 것이라고 논리정연하게 설득했다.

결국 샘골의 농촌계몽운동은 개인이나 사상, 특정 종교의 차원을 뛰어넘어 이 나라 이 민족을 위한 것이라는 결론으로 귀결, 샘골을 돕기로 결정한다. 이때 자기 의견이 뒤엎어지는 데 분개한 몇몇 사회주의 학생은 퇴장하기도 한다.[93] 이렇게 수원고농학생들의 도움으로 위기를 모면할 수 있었다.

수원고농 연극반, 학생들은 연극을 통해서도 독립운동을 펼쳐 나갔다. 수원고농은 고종황제가 설립한 당시에 조선최고의 고등교육기관이었다.

---

93) 류달영 증언 (1996년)

곡절 많던 한 해가 무사히 넘어갔나 싶더니, 그에게 감당할 수 없이 큰 시련이 다가오고 있었다. 일경에게 여러 번 당한 고문의 후유증에다 쉬지 않고 계속되는 인간의 한계를 넘어서는 무리한 활동, 최근의 학원 운영난에 일제의 감시와 탄압은 더해만 가고 학원의 장래와 식민지 농촌의 처지 등을 걱정하는 아픈 마음 등이 겹쳐서 최 선생의 건강은 몹시 나빠지고 있었다. 어려서 앓은 큰 병의 후유증에다 어려서부터 제대로 먹지 못해 원래 병약한 몸인데 샘골과 학원에 관한 열성으로 자신의 몸을 돌보는 데 너무나 등한시하였던 탓이었다.

건강은 급속히 악화되어 갔고 몸은 날로 야위어 갔다. 보다 못한 주민들은 날마다 찾아와서 "선생님, 그만 학교를 쉬시고 정양하시지요." 권했으나 최 선생은 그대로 고개를 흔들고 낮에는 주학, 밤에는 야학, 토요일 오후와 일요일에는 근동으로 돌아다니며 출장교수를 계속하였다.

"나의 심장이 멈추는, 그 순간까지!"

이것이 최 선생의 한결같은 맹세였다.

"내 몸뚱이는 샘골 – 조선을 위해서 생긴 것이다. 그 샘골, 조국을 위해서 일하다 죽었단들 그게 무엇이 슬프랴!"

최 선생은 찾아오는 사람을 붙들고는 이렇게 말하곤 하였다. 그러나 최 선생의 병세는 날로 날로 더해 가는 것이었다.[94]

---

94) 신가정(1935년 5월호) 특집기사

이제는 배가 아파 오기 시작하였다. 그러다가 차츰 식욕이 떨어져 음식을 먹을 수 없었다. "오늘은 그만 집에 돌아가셔서 좀 쉬세요." 하면 최 선생은 "학생들을 어떻게 그냥 돌려보낼 수 있습니까?" 하면서 아픈 배를 움켜쥐고 수업을 계속하였다. 수업 시간에 정 참을 수가 없을 때에는 자습을 시키고 밖으로 나와 자신이 심은 상록수를 붙들고 잠시 기도하며 진정시키곤 하였다. 이렇게 그의 병세가 악화되어 가다 결국에는 교단에서 쓰러지고 만다.

최 선생도 사람이다. 그 도에 지나친 노력과 병으로 병석에 눕고 말았다. 소식을 듣고 달려와 최 선생의 삼간초옥을 둘러싼 학부형. 은은히 솔폭에서 들려오는 학생들의 울음소리……. 이렇게 샘골의 천사가 쓰러진 그날 밤은 길어 갔다. 그러나 병석에 누운 최 선생은 벌써 중태였다. 견디다 견디다 못하니까 누운 것이다. 아니, 교단에 올려서도 더 이상 몸을 지탱할 힘이 없으니까 쓰러진 것이다.

"언니! 샘골을 어쩌고 죽어요?"

최 선생은 혼수상태에 빠져서도 샘골을 찾았다.

"수원 큰 병원으로 가 보면?" 하고 수십 차 권해 보았으나 그래도 최 선생은 고개를 흔들었다.

"아니! 아니! 난 샘골서 죽고 싶어!"

그러나 병세는 날로 더해 갈 뿐이었다. 이제는 안 되겠다 싶어 온 동리의 성원으로 급히 수원 도립병원으로 입원시키기로 결정하고 비용을 거금하였다. 학교 기금에는 모르는 체하던 사람들도 자진하여 치료비를 부담하였다.

그리하여 마을 사람들은 교대로 업어서 수원 도립병원으로 모셔

간다. 수원 의원을 경영하는 신현익 선생이 도립 병원의 김하등 박사와 협력하여 정밀하게 진찰한 결과, 당시의 의학 수준으로는 고치기 힘든 장중첩증이었다.[95] 더욱이 너무 시일이 지나 병세가 악화될 대로 악화된 상태였다. 굶주림으로 장이 비어 있는 상태에서 무리한 활동과 스트레스가 쌓여 창자가 창자 속으로 꼬여 들어가 곪은 것이다. 진찰을 한 의사는 "이렇게까지 악화되는 동안 어떻게 그 고통을 참을 수 있었을까?" 긴 한숨을 내쉬고는 수술 준비를 서둘렀다.

굶기를 밥 먹듯이 하면서 샘골 학원은 물론 밤늦도록 근방 50여 리의 구역을 출장 교육하는 등의 창자가 썩어 가는 고통 이상의 생활을 이미 해오고 있었던 것이다. 또한 일제의 탄압에 맞서 학원을 지키기에 온갖 신경을 써야 했다. 그러기에 처음에는 그리 대수롭지 않게 여겼던 것이다. 자신도 모르는 사이에 병세는 점차 악화되어 갔다. 이토록 병이 중하게 될 때에도 샘골은 물론, 원산 집안과 타곳의 근친에게도 전혀 알리지 않고 혼자 참아 왔다. 이것은 개인의 사정으로 인하여 여러 사람들에게 걱정을 끼칠 수가 없다는 최 선생의 고집에 의한 것이었다. 최용신 선생은 날로 악화되어 가는 자신의 병세를 스스로 알고 있음에도 자신의 계획을 포기하지 않았던 것이다. 민족을 위해 일하다 죽기를 소원하였던 것이다.

병세는 급성으로 화하여 분초로 악화해 가므로, 신현익 선생의

---

95) 류달영, 『최용신의 생애』 111쪽 (1998, 성천문화재단)

의견에 따라 급하게 수술을 하기로 결정을 하였다. 수술을 집도한 김하등 박사는 우리나라 외과수술의 명인으로 알려진 분이었다. 이때에 둘째 오빠인 시항 씨가 급보를 받고 원산에서 달려왔다. 의사들은 창자를 끊고 다시 잇는 수술을 끝냈다.[96]

모든 친지들과 학원 아이들까지 좋은 성과를 기다리는 마음이 참으로 간절하였다. 그러나 수술 결과는 그리 좋지 못했다. 몸은 숯불처럼 뜨거운데 마취에서 깬 후 심한 아픔과 살인적인 조갈의 고통을 참느라고 최 선생은 필사적인 노력을 하였다. 무의식중에 어린아이처럼 물을 조르다가는 정신을 잃고 혼몽해지고, 때때로 정신이 들면 "주님이시여! 아버지시여!" 하고 부르며 위대한 자비의 힘을 구했다.

간호하는 사람들도 애가 타는 모양이었다. 물에 적신 수건으로 입술을 적시고, 좀 나아지자 최 선생은 "10년을 기다리고 이제 3개월 후에 결혼식을 올리기로 약속을 했는데 이렇게 병석에 누워서 약혼자를 만날 수 없다."며 빨리 나을 수 있게 해달라고 의사에게 재촉했다. 그러나 신도 무심한지 병세는 점점 악화되어만 갔다.

---

96) 류달영, 『최용신의 생애』 112쪽 (1998, 성천문화재단)

19. 기도하는 마을

샘골 지방 일대의 온 동리가 최 선생의 입원으로 물 끓듯 끓고 있었다. 그러나 자기들의 생명처럼 아끼는 최 선생이 사람의 힘으로서는 회복하기가 어렵다는 것을 누구나 알게 되었다. 우리 선생님을 꼭 살려야 한다는 일념 외에 샘골에는 다른 아무것도 없었다. 그리하여 동민 일동이 총동원하여 새벽과 밤으로 간곡한 기도회에 모였다.

엄동설한인데도 학원과 교회당에는 밤새워 기도하는 이들로 언제나 불이 켜져 있었다. 그리고 매일 새벽과 저녁으로 마을 사람들이 50리의 수원 길을 이웃처럼 번갈아 드나들며 간호하고 시중하고 또 시시각각 병세를 각 곳에 알려 주었다. 언제나 50여 리 되는 수원 가는 길에는 학부형들과 샘골 주민들로 줄이 이어졌다. 누가 수원을 갔다 오기만 하면 시시각각으로 변하는 병세를 알아보기 위해 모여, 여기저기서 수근수근하며 근심 띤 얼굴로 서로들 이야기를 나누었다. 이때에 샘골과 수원의 길 사이에는 반달 동안이나 사람이 널려서 마치 장날 같았다고 수원 사람들의 화젯거리가 되기까지 하였다고 한다.[97]

---

97) 류달영 교수 증언 (1996년)

1부 – 최용신 일대기

남녀노소 할 것 없이 아무 일도 손에 잡히는 것이 없었다. "그 추운 겨울 날씨에 나이 어린 제자, 너 나 없이 선생님을 문병하러 수원까지 걸어서 갔다."며 팔순이 가까워 오는 최 선생의 제자 홍석필 씨는 당시의 상황을 회고하며 감회에 젖어 눈시울을 글썽이었다.

"최 선생이 아무리 오지 말라고 부탁하여도 이 말만은 들어 주는 사람은 아무도 없었어. 혹독한 추위에 어린이에서 늙은 할머니들까지 샘골에서 50리(20㎞)나 되는 거리인 수원의 도립병원에 안 다녀간 사람이 없었어."[98]

---

98) 홍찬의 장로 증언 (1994년)

20. 하늘나라로

최 선생은 극심한 고통으로 긴 한 주일을 보냈다. 수술 경과는 악화될 뿐이어서 도저히 희망을 가질 수 없게 되었다. 그래도 기적을 바랄 수 있는 마지막 방법은 2차 수술밖에는 없었다.

최 선생은 첫 번 수술 후에 계속되는 고열과 지독한 고통을 경험한 까닭에 재수술의 소리를 듣자 고개를 설레설레 흔들었다.[99] 그러나 그대로 방임해 둔다면 결국 절명은 시간문제이므로, 신현익 선생, 오빠인 시항 씨 그리고 가까운 친지들이 모여서 우선 인간의 힘이 자라는 데까지는 최선을 다해 보고 생사를 하나님께 맡기자는 데 의견을 모으고 최 선생에게 2차 수술을 간곡히 권고하였다.

그리하여 첫 수술 후 일주일 만에 장을 끊어내고 다시 잇는 재수술을 하였다. 이때 수원 도립병원장 김하등 박사와 수원 병원장 신현익 의사가 시종일관 성심 성의껏 최용신을 살리려고 애를 썼다. 그러나 재수술 후의 결과도 좋지 못하여 계속 고통을 겪었다.[100]

몸은 극도로 쇠약하여 때때로 정신이 혼미한 중에도 어린 학생들이 오랫동안 제대로 공부를 못하는 것과 마을 형제자매들의 심려하

---

99) 류달영, 『최용신의 생애』 115쪽 (1998, 성천문화재단)
100) 류달영, 『최용신의 생애』 115쪽 (1998, 성천문화재단)

고 수고함을 잠꼬대처럼 말하였다. 헬쑥한 볼, 고요히 감은 눈에서 흐르는 눈물이 베개를 적시며 "이 불쌍한 겨레를 사랑하는 하나님이여, 좀 더 수고할 수 있는 시간을 저에게 주십시오." 이렇게 거듭거듭 소원하기도 하였다.

환자의 몸이 걷잡을 수 없이 쇠약하여질 때에 의사들의 권고로 오빠 시항 씨가 자기의 피를 뽑아 다량의 수혈을 시험하였다. 몇 차례의 식염주사와 오빠의 수혈로 잠시 기운을 회복하고 문병 온 어린 제자들을 보자 "너희들이 이 추위에 이 먼 데를 또 넘어왔느냐, 가엾어라!" 하면서 손짓하여 아이들을 가까이 불렀다. 한 아이씩 손을 쥐어 보기도 하고 머리를 어루만져 주기도 하고 볼을 만져 보기도 하였다.

정신이 밝아진 최 선생은 제자들에게 찬송가 한 장 불러 줄 것을 부탁한다. 어린아이들 사이에 '선생님 창가'라는 별칭이 붙은 〈내 주여 뜻대로 합소서〉를 고요히 합창했다.[101]

내 주여 뜻대로 행하시 옵소서
온몸과 영혼을 다 주께 드리니
이 세상 고락간 주 인도하시고
날 주관하셔서 뜻대로 하소서

101) 류달영, 『최용신의 생애』 116쪽 (1998, 성천문화재단)

백년을 앞선 선각자 **최용신의 외로운 진실**

내 주여 뜻대로 행하시옵소서
큰 근심 중에도 낙심케 마소서
주님도 때로는 울기도 하셨네
날 주관하셔서 뜻대로 하소서

내 주여 뜻대로 행하시옵소서
내 모든 일을 다 주께 맡기고
저 천성 향하여 고요히 가리니
살든지 죽든지 뜻대로 하소서

최 선생은 두 손을 모으고 눈을 감은 채 고요히 찬송을 들었다.

1935년 1월 20일에 화농 복막염으로 이미 병은 더욱 악화되었다. 최 선생은 자신의 임종을 직감하였는지, 주위를 차례로 바라보면서 힘겹게 말문을 열기 시작하였다.

"만일 제가 떠난 후에라도 학원만은 잘 살려서 여러분의 손으로 훌륭한 학원을 만들어 주세요. 제가 약혼한 지 올해가 꼭 10년이에요, 올 4월부터는 두 사람이 힘을 모아서 농촌을 위해 일하자고 굳게 약속했어요. 그런데 이대로 떠나면 그 사람에게 너무나 미안해서⋯⋯. 효도 한 번 못하고 제가 늙으신 어머님보다 먼저 떠난다면, 그것도 죄송한 일이고, (처량한 얼굴엔 눈물이 계속 흘러내렸다) 제가 죽은 후에는 학원이 잘 보이는 곳에 종소리가 잘 들리는 곳에 묻어 주세요. 약혼자와 부모님이 놀라지 않게 나의 죽음을 알리지 마세요."

띄엄띄엄 한숨을 몰아쉬며 말을 이어 갔다. 이런 토막토막의 말들을 안홍팔 씨가 간호하면서 수첩에 기록한다. 이것이 마지막 부탁이 될 줄은 아무도 몰랐다.[102]

정월 22일 오후에는 병세가 갑작스럽게 악화되어 갔다. 이제는 정신도 나갔다 들었다 하며 혼수상태에 빠졌다가 깨어나기도 하였다. 사촌 오빠인 시복 씨의 피를 다시 수혈하여 보았으나 아무런 효과가 없었다. 이때 의사들은 화농 복막염이 되어서 임종이 멀지 않았음을 알려 주었다.

최 선생은 격렬한 고통 속에서도 "주여! 주여!"를 계속 불렀다. 그리고 학원 아이들의 이름을 거의 분명치 않은 목소리로 "종열아, 명희야, 숙자야……." 하고 여러 아이들의 이름을 연발해서 불렀다.[103]

그러다 23일 오전에 와서 완전히 의식을 잃고 말았다. 의식을 잃은 그동안에도 최 선생은 "샘골! 샘골!" 하고 샘골을 찾다가 23일 미쳐 날도 밝기 전에 26세를 일기로 그 생을 마감했다. 조용히 누워 있는 최 선생의 얼굴에는 모든 고통의 빛이 사라지고 평화의 빛이 떠돌았다.

1935년 1월 23일 오전 0시 20분. 최용신 선생은 이렇게 25년 6개월(9,300일)의 꽃다움으로 할일 많은 조국을 뒤로하고 하늘나라로 가셨다.[104]

---

102) 류달영, 『최용신의 생애』 119쪽 (1998, 성천문화재단)
「월간중앙」(35년 5월호)에도 최용신 선생의 유언은 상세하게 기록되어 있다.
103) 류달영, 『최용신의 생애』 120쪽 (1998, 성천문화재단)
104) 류달영, 『최용신의 생애』 120쪽 (1998, 성천문화재단)

21. 사회장

비보를 전해 들은 샘골은 이른 새벽부터 벌집을 쑤셔 놓은 것 같 았다. '그래도…….' 하고 믿고 있던 사람들에겐 청천벽력이었다. 부녀자들은 아침밥을 짓는 것도 잊고 우물가에 모여 슬픔에 잠겨 있었고, 마지막으로 최 선생을 위해 기도나 드리겠다고 예배당으 로 가는 이들과 이 소식을 유지나 학부형에게 알리려는 부산한 움 직임들로 샘골의 싸늘한 한겨울 아침은 어수선하기까지 하였다.

최 선생 주위의 여러 사람들은 초지일관 참되었던 그의 아름다운 생애를 회고해 보고 생전에 보다 몇 갑절 사모하고 그리워하였다. 저 거친 손, 야윈 볼의 시체 앞에서 저들은 의리와 사랑을 뼛속까지 스미게 느꼈다. 평화로운 얼굴의 다문 입은 선생이 살아 있을 어느 때보다 힘 있게 말하고 있는 것 같았다. 여러 사람들의 가슴에 그 의 전 생애가 크나큰 힘으로 스며들어 말씀하고 있음을 느꼈다. [105]

이제 샘골 사람들은 장례에 대하여 생각할 수밖에 없었다. 최 선 생의 친가가 있는 원산에서는 그녀의 시신을 고향으로 옮겨 선산에 다 장례를 치르겠다고 했다. 약혼자 김학준의 집에서는 이미 약혼

---

105) 류달영, 『최용신의 생애』 122쪽 (1998, 성천문화재단)

한 지 10년이 넘었으므로 내 집사람이나 다름없다 하여 자기들의 선산에다 묻을 것을 주장하고 나왔다. 그러나 샘골 사람들이 이를 허락하지 않았다.

샘골 지방의 사회장[106]으로 함이 가장 당연하며 또 그의 유언을 존중하여 샘골학원이 바라다보이는 근처에 분묘를 모시도록 함이 옳다고 진정으로 주장하면서 양보하려고 하지 않았다. 결국은 최 선생의 친가 쪽이나 시댁에서도 완강한 샘골 사람들의 주장에 승복하지 않을 수 없었다. 그리하여 샘골지방과 샘골학원이 연합해 사회장으로 장례를 치르게 되었다.[107]

즉일로 가장 힘 있는 동지의 한 사람이던 염석주 씨를 장례 위원장으로 선정하고 준비부, 예식부, 운구부, 공사부, 접대부, 안내부, 회계, 서기 등의 모든 부서를 정하였다. 각부의 부장과 부원들이 정성을 다하여 질서정연하게 준비를 진행하였다. 운구부는 청년들과 함께 시신을 모셔 오고 부녀자들도 밤을 새워 가며 장례 준비를 하고 어린이들은 종이를 사다가 상여에 달 꽃을 만들었다. 그리고 장년들은 꽁꽁 얼어붙은 땅을 파서 묘지를 준비하였다.

---

106) 류달영 증언(1996년)『최용신 소전』을 쓰기 위해 샘골을 방문한 류달영은 장례위원장 염석주, 장례위원, 지역 주민, 동생 최용경 등의 증언과 장의록 등의 기록물의 내용을 정밀 취재하여 소전에 기록하였다. 본 단행본의 장례식 진행 상황, 조사, 고별사 등은 『최용신 소전』 증보판(1998)과 류달영 교수의 증언을 바탕으로 하여 정리하였다. 류달영 교수는 1998년 소전 증보판을 발행할 시에 출판에 참여한 필자에게 이후에 내용을 계속 보강하여 최용신 전기 발행을 계속 이어 나가 줄 것을 당부하였다.
107) 류달영 『최용신의 생애』 122쪽 (1998, 성천문화재단)

이때 비보를 받고 달려온 이화여고의 최직순 선생[108]는 다음과 같이 그때를 회고한다.

"너무나 슬프더군요. 세상은 점점 어두워 가는데, 순수한 열정을 가진 용신을 데려가시다니. 다시는 볼 수 없다는 현실이 참 원망스럽고, 샘골 가는 동안 내내 울음이 나와서……. 그러면서도 이를테면 처녀가 죽었는데 큰 상이 난 것처럼 동민들이 왔다 갔다 하는 것을 보고는 너무 감격하고 감사하게 생각했어요."

너무도 뜻밖의 부음 소식에 어찌할 바를 모르던 약혼자 김학준은 급히 귀국, 새벽길을 달려 샘골에 도착한다.[109] 그는 도착하자마자 잠시 동안 소리 없이 침묵하더니 와락 달려들어 살짝 덮어 두었던

---

108)　최직순 선생은 최용신의 고모인가? 루씨 1회 선배로 1930년대에 서울 이화여고 교사로 재직 시에 최용신(루씨 2회)이 어려울 때마다 찾아가 상담을 하던 멘토였다. 미국 유학까지 다녀온 엘리트로 이화여대 교수 은퇴 후에 샘골을 찾아 와 전기도 들어오지 않는 집에 기거하며 샘골고등농민학원에서 영어를 가르쳤다. 1970년대는 루씨 동창회장을 두 번이나 맡으면서 사라져 버릴 위기에 처한 최용신 유적지 보존에 앞장섰다. 열성적인 모금운동을 전개하여 안산에 상록회관을 준공하였다. 1930년대에 완공한 샘골학원 부지에 들어선 상록회관에 유치원을 개원하여 농촌 어린이 무료 교육을 실시하였다. 고모. 조카 이상으로 가까운 사이여서 주변에서 '최용신의 고모'로 불리기도 했으나 친 고모는 아니다. 1998년 최용신전기 출판 시에 원고에 처음에는 고모로 표기되었으나 이후에 저자인 류달영 교수가 교정을 보면서 최용신의 아주머니로 바꾸었다. 필자도 개인적으로 운영하는 최용신추모블로그에 고모 표기를 수정하지 않다가 대부분의 기록물이 '고모'로 인용하는 것을 보고 수정하였다.

109)　최용신이 수원의 도립병원에 입원한 후, 매우 위독하다는 진찰 결과가 나오자 급하게 일본에 유학 중인 약혼자에게 '용신 위독 급래' 전보를 보냈다. 그러나 여비를 융통하느라 겨우 장례식 마지막 날에 도착하였다고 한다.

　　　　　　　　　　　　　　　　　1부 – 최용신 일대기

관 뚜껑을 열어젖히고 최용신의 시신을 끌어내리려고 하였다. 살아서 못다 푼 결혼의 원을 마지막 길에서나마 풀어 보자는 것이었다.

약혼자가 오면 마지막으로 보게 하기 위하여 관을 완전히 봉하지는 아니했지만 그렇게 시신을 밖으로 끌어내려고 할 줄은 몰랐다. 순간 지켜보던 이들이 당황하지 않을 수 없었다. 후에 김학준과 결혼했던 길금복 여사는 고 전재풍 목사의 증언을 다음과 같이 전했다.

"김학준 씨가 관 뚜껑을 열고는 최 선생 시신을 끌어안고 영혼결혼식이라도 해야겠다고 해서 말리느라 혼이 났어. 그때 간신히 말리고서야 장례식을 계속할 수 있었지."

동네 청년으로 수원에서 샘골까지 그 먼 길을 오면서도 관을 한 번도 땅에 내려놓지 않고 강습소까지 교대로 메고 왔다는 강일희 씨는 그때를 다음과 같이 회고하였다.

"상여에다 관을 올려놓고 줄로 묶으니까 마지막이라고 생각했던지, 약혼자가 관 위에다 입고 온 오버(코트)를 벗어 덮어 주더군. 그때 최 선생의 오라버니가 울부짖으며 '용신아! 용신아! 너 사랑하는 학준이가 너 춥다고 오버를 덮어 주는 것을 아느냐! 모르느냐!' 하니까 주위의 수많은 학생, 학부모, 동네 부인들이 울음바다를 이루고 말았지. 그때 학준이가 자신의 손가락에 낀 반지도 빼서 그대로 묻어 주었지."[110]

---

110) 강일희 할아버지 증언 (1995년 자택)

백년을 앞선 선각자 **최용신의 외로운 진실**

다음 장의록(葬儀錄)[111]의 일부를 보더라도 이 장례식이 얼마나 감격적이고 아름다운 장면이었나를 알 수 있다.

"운구부는 오후 두 시에 부장 홍수득 씨와 부원 여덟 사람이 영구를 모시러 출발한다. 임시 사무소를 목사 주택으로 정하고 위원 전부가 모여서 만전의 준비를 마치니라. 장일로 지정한 25일은 닥쳐왔다. 오전 세 시에 준비부원이 인솔한 청년 여덟 사람이 운구에 출영하고 위원 일동과 교우 일반은 긴장되어 잠을 이루지 못하고 이곳저곳에서 눈물 흘리고 있더라. 미명 다섯 시에 영구가 도착됨에 남녀노소를 물론이고 출영하면서 슬피 울어 샘골 산천을 움직이더라. 살아서 지어 놓으신 교사(校舍)에 마지막 오셔서, 칠판 앞에 누우신 영구 앞에 입참한 동지들은 최 선생의 과거의 발자취를 돌이켜 생각하며 무량한 감개를 금할 수 없더라. 홍제구 씨의 안내로 일본에서 떠나온 약혼자 김학준 군과 오빠 시항 씨와 사촌오빠 시복 씨가 영구 앞에서 비절 하는 광경은 더욱이 보는 이의 마음을 아프게 하더라. 처량한 종소리 울리매 위원일동과 학원아동 전부와 친족 제씨가 예배당에 모여 위원장의 지시를 받고 각기 장장(葬章)을 달고 존영을 앞에 뫼시고 교정 예식장에 나감에 어린 학생 아이들의 울음소리와 위원 일동의 눈물의 행렬은 몽경(夢境)인 것 같더라. 학원 아동과 위원들이 착석하고 영구를 식장에 뫼시니 일동이 좌정

111) 류달영, 『최용신의 생애』 123쪽 (1998, 성천문화재단)

1부 – 최용신 일대기

하다. 장명덕 전도사의 조종(弔鐘)으로 식을 거행하다.

찬송가 '내주를 가까이'로 순서를 진행할 새 장명덕 전도사의 간곡한 기도에 선생의 영혼이 천국에 계심을 알게 하더라. 위원장이 다시 등단하여 식사를 말하였다. 최 선생의 공적은 벌써 사회 일반이 다 아는 바이니 긴 말씀은 안 합니다. 생전에 사회사업인 어린이 교육과 농촌교화운동과 생활 개선에 헌신하신 공적으로 중망에 의하여 오늘 사회장의 의식을 거행하게 되었습니다. 원로를 불관하시고 혹은 가사의 분망을 돌보시지 않고 이와 같이 많이 참여하여 주심은 위원 일동을 대신하여 감사함을 마지않습니다. 식사가 끝나자 아동일동의 조가로 정든 선생의 가시는 길을 위로하니, 회장은 소리 없는 눈물바다를 이루더라."

25일이 되었다. 염석주를 장례 위원장으로 해서 샘골 지방과 샘골 학원이 연합해 사회장으로 장례는 치러졌다. 이날 안홍팔이 최용신의 양력을, 전재풍 목사가 유언을 낭독하였다.[112] 내빈은 물론이요, 위원일동도 감격이 복받쳐 식이 얼마 동안 중단되었다. 얼마 후에 겨우 진정하여 묵도로 식은 다시 계속되었다.

선생의 생전에 제일 촉망을 받고 자라난 이종렬(李鍾烈) 군의 고별사[113]가 있어 천여 조객을 소리쳐 울게 하였다. 그 일절을 기록해 보면 다음과 같다.

---

112)   류달영, 『최용신의 생애』 124쪽 (1998,성천문화재단)
113)   류달영, 『최용신의 생애』 125쪽 (1998,성천문화재단)

"눈물과 땀과 성력으로 이겨 지어 놓으신 교사는 선생님의 자애로우신 음성을 눈물지어 기다리옵나이다. 기울여도 기울여도 못 들을 그 음성, 뵈려도 뵈려도 못 뵈올 그 사랑이 넘치시는 얼굴, 아! 선생님은 영원히 가시었나이까? 생각하면 생각할수록 이 가슴이 무너지외다.

선생님이 평소에 부탁하시던 그 눈물 머금으신 그 말씀 저희들의 연한 마음에 깊이깊이 새기었사오니 안심하시고 가소서. 하나님이 예비하신 천국의 집, 신비로운 낙원에 영원을 누리소서. 빛나는 면류관을 받으소서.

선생님, 선생님과 영원한 이별을 짓는 이 자리에 이 슬픈 마음을 누를 바 없어 눈물로 이 글을 선생님 영전에 바쳐 고별을 지으려 하는 어린것들의 심장이 터지려 하나이다."

종교계의 대표자와 교육계 사람들의 조사도 이어졌다. 특히 일본인 오오야마의 진심에서 우러나오는 조사도 일반의 주목을 끌었다. 학원이 난관에 처하였을 때 이것을 구하려고 여론 지상을 통하여 발표하였던 유고를 야목리에서 몸 바쳐 함께 일하던 윤홍림 양이 낭독하였는데, 농민들이 가장 슬퍼하였다. 그의 사랑하는 제자 신명희 양의 고별사[114] 중 일부를 다음에 옮긴다.

---

114)　류달영, 『최용신의 생애』 126쪽 (1998, 성천문화재단)

　　　　　　　　　　　1부 – 최용신 일대기

"아, 선생님, 오늘 이 자리를 당할 줄은 참으로 천만 꿈 밖이외다. 전일 정신없는 말씀으로 손목을 만지시며 추운데 어떻게 넘어왔느냐? 하시기에 '여기는 샘골이 아니라 병원이올시다.' 하고 대답하였더니, 이 말씀을 최후로 영원한 이별을 지으셨나이다.

청명하던 하늘로부터 불시에 내린 은빛 눈발은 선생님의 과거의 일생의 행적이 눈빛같이 정결하다는 의미를 표하였나이다. 나의 장래를 위하여 무한히도 염려하시더니, 오늘이 마지막이외다.

깊고 얕은 모든 정을 다 버리시고 영원히 가셨나이까? 그리고 저의 가슴속에 남아 있는 것은 선생님이 부어 주신 깨끗한 생명수로소이다. 끊임없는 이 생명수 내 마음에 흘러 영원히 빛나는 선생님의 가신 길을 밟으리외다."

이어서 루씨여고 선배이며 선생의 멘토였던 최직순 선생의 조사[115]가 이어졌다.

"얼마 전에 아픈 다리를 겨우 끌고 나를 찾아와서 하던 말, 아직도 기억에 새롭다. 나는 참 그들을 떠날 수가 없어, 죽든지 살든지 그들과 같이 있어야지 하던 말, 과연 네 말대로 하였도다. 너는 이곳을 위하여 하나님께서 보내 주신 천사인 줄로 믿노라. 네게 있는 것을 바치되 마지막 핏방울까지 하였도다."

---

115) 류달영, 『최용신의 생애』 127쪽 (1998, 성천문화재단)

용신 양의 병환을 위하여 주야로 고심하고 지성껏 돌보와 주신 신현익(申鉉益)선생의 조사[116]에는 이런 말씀이 있었다.

"대체, 있어야 할 사람은 없어지고 없어도 좋을 사람은 있게 되니, 이 땅에는 슬픔만이 있으란 말입니까? 우리가 그대를 슬퍼함은 그대를 위한 슬픔보다는 우리 스스로의 슬픔이며, 그대를 통곡함은 그대를 위한 울음보다 우리 스스로의 울음입니다. 우리는 한갓 슬퍼하고 통곡함보다 그대의 이상에 따라 사업을 일으키고 노력함이 도리어 그대의 소원이요, 만족일 것입니다. 그리하여 그대의 땀과 피가 헛되지 않게 하는 것이 그대를 위하여 위자(慰藉)의 만일일까 합니다."

이외에 상인들, 지방유지들, 또 각지 친지들의 많은 조문이 있었다. 그 가운데는 세속적인 형식을 떠나 진심에서 보내온 소박한 조사들이 많았다. 영구는 친지와 아이들의 어깨로 발인하였다.

숨을 걷기 전 자기를 '샘골'에 묻어 달라는 유언대로 최 선생은 일백 십여 명의 제자와 천 명이 넘는 조객의 앞에 서서 학원이 마주 보이고 아침저녁으로 종소리와 아이들의 노랫소리가 잘 들리는 샘골학원 뒷동산으로 향한다.[117]

장지에 도착해 겨울 짧은 해에 늦는다고 해서 곧 하관식을 거행

---

116) 류달영, 『최용신의 생애』 128쪽 (1998, 성천문화재단)
117) 「신가정」(35년 5월호) 특집기사

하려고 하였다. 이제는 마지막이라고 생각하니, 어린 학생들이 관을 붙들고 울기를 그치지 않았다. "선생님, 나는 어떻게 하라고 돌아가셨어요? 선생님, 나는 선생님 없이는 살 수가 없어요. 선생님이 보고 싶어요." 마치 어머니를 잃은 초상집 아이들 같았다.

부녀자들도 같이 울었다. "방학이 되면 이 집 저 집 찾아다니면서 밭을 매 주시던 선생님이 왜 돌아가셨습니까? 고단하신 줄도 모르고 밤마다 우리에게 글을 가르쳐 주시던 선생님이 어이 세상을 떠났습니까? 거머리에 물리면서도 우리 논에 와서 모를 심어 주시던 선생님이⋯⋯."라고 하면서 말을 잇지 못했다. 목이 메도록 흐느끼는 농부도 있었다. 우는 아이들을 억지로 뜯어말리고서 하관식은 거행되었다.[118]

---

118) 홍석창, 『상록수 농촌 사랑』 121쪽 (기독교문사, 1991)

22. 이후의 샘골

장례식이 끝난 이후에도 애도와 애절함은 한참 동안 계속되었다. 수업 시간의 어린 학생들, 부엌에서 요리를 하는 아녀자들, 밭일을 하면서도 논에 모를 내면서도 심지어 감나무의 감이 자라는 것을 보면서도 생전의 최 선생을 생각했다.

애도의 마음을 갖기는 샘골 사람 누구나 마찬가지였으나 그중에서 전혀 다르게 특별한 심정에서 애절해 하는 사람이 있었는데, 그가 바로 최용신을 늘 감시하며 핍박했던 일본인 오오야마였다. 비록 식민 지배라는 현실에 최 선생을 감시하고 잡아다 혹독한 성고문, 전기고문을 가하도록 배후 조종을 하였지만, 누구보다 최용신 선생의 자기 자신을 초월한 사랑과 그 실천적 삶을 잘 알고 있었던 그로서는 한 인간의 숭고함에 애절한 마음을 가눌 수가 없었다. 한 인간의 무구 지순한 사랑 앞에서 지배와 피지배의 세속적인 관계를 초월하여 감동할 수밖에 없었던 것이다. 장례식에 참석해 진심에서 우러나오는 조사를 하고 이후에도 남이 보지 않는 데서 자주 눈물을 흘리기도 하였다고 전한다.[119]

---

119)   유해엽 증언 (1994, 자택)

아직 마르지도 않은 벌건 흙의 최 선생의 묘소에는 취재차 들른 서울의 신문기자, 보도된 신문잡지의 기사를 접하고 찾은 참배객들이 끊이지 않고 이어졌다. 그중에는 눈에 띄게 선생의 행적을 세심하게 조사하여 수첩에 기록하는 멀리 충남 당진에서 찾아온 소설가 심훈 씨도 있었다.[120]

최용신 선생의 사랑하는 아우인 용경(容璟)양이 루씨 여학교를 졸업하고 멀리 언니의 유업을 잇겠다고 샘골에 찾아왔다. 샘골 사람들은 그의 가륵한 뜻에 감동하였고, 최 선생과 닮은 용경 양을 반갑게 맞았다. 그들은 최 선생이 보고 싶어 견딜 수 없을 때에는 용경 양을 찾아가 보고 가기도 하였다.

최용신 선생의 기일을 맞아 묘소를 참배하는 제자와 학부형, 지역 주민들

YWCA(여자기독청년회)에서는 최 선생의 무덤에 비석을 세운다. 그러나 비에 새겨진 "農村事業家 崔容信之墓"(농촌사업가 최용신의 묘)라는 비문(碑文)은 두고두고 시빗거리가 된다. 그저 보통의 생각으론 '농촌사업가'의 표현이 그리 문제될 사항은 아니겠으나 최용신 선생의 생애를 잘 알고 있고 또 정

---

120) 류달영 교수 증언 (1996년, 성천문화재단 이사장실)

백년을 앞선 선각자 **최용신의 외로운 진실**

성을 다하여 장례를 치러 준 사람들로서는 매명(買明)의 사업가가 많은 세상에 '사업가'라는 말이 마음에 내키지가 않았다.[121]

샘골 유지들과 만주에서 잠시 들른 염석주 씨, 박승극 씨 그리고 최 선생의 수술을 집도한 수원의 김하등 박사, 신현익 선생 등은 비문의 내용을 보고는 한결같이 '비문은 잘 아는 근친의 사람들이 세워야 하는데…….' 마음 같아서는 당장에 비문을 없애 버리고 새로이 세우고 싶었으나 일제의 감시를 의식하지 않을 수 없었다.

최용신 선생은 단순한 사업가가 아니라 민족의 선각자요, 애국자요, 가엾은 어린이들의 스승이요, 민족 계몽의 횃불로서 순사(殉死)한 지사(志士)이다. 그들은 조국이 해방이 되는 그날에 비문을 새로이 세울 것에 동의하면서 비문의 내용조차 자유롭게 선택할 수 없는 현실을 안타까워할 뿐이었다.

---

121) 류달영, 『최용신의 생애』 138쪽 (1998, 성천문화재단)

1부 – 최용신 일대기

2

당시 언론 보도와 전기
소설의 발간

1. 소설『상록수』와『최용신 전기』의 발간

1935년 4월 1일「동아일보」는 창간 15주년 기념사업으로 상금 5백원을 걸고 농·어촌을 배경으로 하는 장편소설을 공모한다. 당시소 한 마리 값이 60원 정도였으니 이 돈은 꽤 큰 금액이었다.

이때 심훈(沈熏, 1901-1936)은 경성 고등보통학교 4학년 재학 중이던 1919년 3·1운동에 가담했다가 퇴학당하고, 이후「동아일보」,「조선일보」기자를 거쳐 경성방송국 문예 담당으로 일하기도 했으나 결국 사상관계로 일자리를 잃고, 양친이 사는 충남 당진으로 낙향해 있는 중이었다. 창작에 몰두하기 위해 손수 집을 짓고 '글을 쓰는 집'이란 의미로 이름도 필경사(筆耕舍, 붓으로 밭을 일군다는 뜻)로 짓는다.

소설의 재료를 찾던 중 경기도 수원군 반월면 샘골(현 경기도 안산시 본오동)에서 헌신적인 농촌계몽운동을 하던 최용신이 죽었다는 신문의 부음 기사를 접한다. 샘골을 직접 방문하여 조사한 심훈은 최선생의 생애에 눈물을 흘리며 깊이 감동한다. 최용신의 숭고한 생애도 생애이지만, 샘골에서의 상황은 자신이 찾고 있던 이상적인 민족의 모습이었다. 여운형 등이 중심이 되었던 좌·우 합작의 신간회에 정신적으로 사상적으로 많은 영향을 받은 심훈은 신간회의 해체를 안타까워하고 있었다. 근데 샘골에서는 이념의 장벽을 넘어 민족구성원 모두가 협력하고 협동하였던 것이다. 도저히 어울리지 못할 것 같은 기독교인과 사회주의자의 협력…….

최 선생을 가장 열성으로 도운 염석주 선생은 사회주의 사상을 갖고 있었다. 실제로 염 선생은 해방 직전에 서대문 교도소에서 순국하였지만, 그의 지인인 박승극 등은 해방 후 북한의 고위인사로 북한 정권의 주역을 담당하였다. 또한 신분의 높고 낮음, 남녀노소, 빈부의 차이, 봉건적인 전통……. 이 모두를 초월하여 일심동체로 협력하였다.

샘골의 협동과 그 정신, 최용신 선생의 생애 그 자체는 너무나 훌륭한 소설감이었다. 그러나 당시는 일제의 검열을 통과해야 했다. 검열의 한계 내에서 소설을 구성할 수밖에 없었다. 결국 심훈은 최용신 선생을 여 주인공 채영신으로, 샘골은 민족의 유토피아를 그리는 청석골로 소설을 구성한다. 남자 주인공 박동혁은 일본 동경에 유학한 실재의 약혼자 김학준과의 애절한 사연을 밑바탕으로 하여 그 당시 자신의 장조카인 심재영이 주동이 되어 충남 당진에서 12명의 젊은이들이 모여 벌이고 있던 '공동경작사업'(소설『상록수』의 한 곡리의 농우회 공동답)을 참조한다.

여기에다 실제로 샘골의 최 선생과 손잡고 농촌운동을 벌인 수원고농(현 서울농대)의 류달영 학생을 모델로 삼아 약혼자를 고농 학생으로 설정한다. 최 선생를 가장 잘 도운 사회주의자 염석주 선생과 그가 세운 만주의 경흥농장122)을 모델로 하여 박동혁의 사상을 사회

---

122) 평화농장, 추곡농장 등 여러 이름이 있었다.

주의로 설정한다. 소설 속에 두 남녀 주인공의 교제에 YWCA의 총무인 백현경이 등장하는데, 실제로 최 선생의 농촌운동을 지원한 YWCA의 농촌사업부 황애덕, 김활란 박사와 연관된다.

「동아일보」 지면에 공모 당선작 발표(1935년)

충남 당진시 심훈기념관의 필경사(위)와 소설 속의 두 남녀 주인공 채영신과 박동혁(아래)

이처럼 소설 『상록수』는 샘골의 최용신 선생과 민족주의, 사회주의 세력 간의 협력 정신, 애국계몽, 농촌계몽운동을 그 중심으로 삼았으나 검열의 한계 내에서 각색되었다. 그러다 보니 핵심적인 내용인 최용신 선생의 애국애족 정신이나 일제의 혹독한 탄압 부분

백년을 앞선 선각자 **최용신의 외로운 진실**

은 빠진 채 기독교인 채영신과 사회주의자 박동혁과의 사랑으로 치우칠 수밖에 없었다.

이 소설은 공모에 당선된 후 35년 9월 10일부터 36년 2월 15일까지 총 127회에 걸쳐「동아일보」에 연재된다. 심훈은 이 소설의 제목을 달기 전에 생명선(生命線), 상청수(常靑樹), 상록수(常綠樹) 등 세 가지 표제를 놓고 고심했다고 한다.[123] 그러던 중 학원 앞마당에서 잘 자라고 있는 최 선생이 직접 심고 정성껏 가꾼 향나무 등의 상록수를 보고는 제목을 상록수로 정하였다고 전한다.

영화감독이기도 했던 심훈은 1936년에는『상록수』를 영화화하려고 계획했으나 일제의 방해로 좌절된다.[124] 『상록수』소설을 영화화하기 위해 시나리오 작성에 고심하던 심훈은 더욱 강화되는 언론 출판 검열로 인해 표현할 수 없는 답답함에 과로와 감기까지 겹쳐 앓다가 끝내는 몹쓸 병(장티푸스)을 얻어 대학병원(현 서울대 부속병원)에서 소설『상록수』발표 다음 해인 1936년 9월 16일 오전 8시, 36세의 일기로 생을 마감한다. 해방 후에 몇 편의 상록수 영화가 제작된다.

『상록수』소설 발표 3년 후인 1939년에는 류달영 박사(서울대 명예교수)가『최용신 소전』이라는 제목으로 최용신의 전기를 성서조선사에서 발간한다. 당시 성서조선사는 김교신이 주필로 함석헌, 송두

---

123) 인주승,『상록수와 최용신의 생애』(1992, 홍익재)
124) 인주승 증언 (1995년, 안산 본오동 자택)

용, 정상훈, 유석동, 양인성과 동인지로 부족한 최용신 소전의 출판 비용은 전국 각처의 독자들의 정성스런 모금을 통해 마련하였다. 이때 유영모, 함석헌, 노평구 등, 뜻있는 많은 인사가 거금하였고 제2차 세계 대전이 발발하기까지 짧은 기간에 무려 4판을 발행하였다.

그러나 성서조선사건으로 이 전기는 일제에 의해 모두 압수되어 소각된다.

필자인 류 박사를 비롯한 많은 관련 인사들은 서대문 교도소 등에서 옥고를 치른다.[125] 당시의 작가 심훈은 최용신을 모델로 펴낸 소설 『상록수』로 돈방석에 앉았다면, 자신은 최용신 전기를 쓰고 옥살이라는 대가를 치르는 아이러니한 일이 한 시대에 이뤄졌다고 류달영 박사는 당시를 다음과 같이 회고하였다.

"소설 『상록수』가 발표되자, 샘골 주민들은 사랑으로 잠 못 이룬 인물로 최 선생을 왜곡시킨 데 분격, 반발이 심했다. 이때 '소설은 어디까지나 소설이다.'고 샘골 주민들을 직접 설득하기도 했다.

이후 개성 호수돈 여고에서 교사로 재직 중이던 25세 때, 스승인 김교신 선생에게 최용신의 고귀한 생애를 밝히고 이 정신과 활동이 정확하게 기록되어 후세에 아주 유익한 자료로 남게 해야 한다고

---

125) 류달영 교수 증언 (1996년)

건의했다. 김교신 선생이 "같이 도와주고 활동했으니 사정을 잘 아는 자네가 직접 써서 한국 여성사를 밝혀야 하겠다."라고 해서 최용신 전기를 쓰게 됐다. 방학을 이용하여 샘골 마을, 최 선생의 고향인 원산 등지를 두루 답사 취재해 전기를 완성했다.

취재 도중 혼자 자취를 하던 최용신이 살던 방에서 잠을 자기도 했다. 전기를 쓰면서 죽음에 임박했을 때를 대하며 마음속 깊이 많이 울었다. 먹을 것 제대로 못 먹고 제 몸 하나 제대로 간수하기 힘듦에도 불구하고 남을 위해 희생하다 창자가 꼬여들어 발병된 장중첩증으로 인해 죽음에 이르렀고 그 마지막 순간까지 농촌계몽을 이을 것을 신신당부하는 등 희망을 버리지 않고 떠났기 때문이다. 아마 21세기를 향하는 현재에 최 양이 살았더라면 반드시 사회와 국가 발전에 헌신하는 선각자가 됐을 것이다.

김교신 선생은 내 원고를 읽으며 눈물이 그치질 않았고 눈물이 계속 떨어져 눈물 밥을 먹을 정도였다. 나라 없는 시절의 참상은 오늘의 감정으로 이해할 수 없다. 해방 이후 반세기의 긴 세월 동안 최용신이 세상에 밝혀지지 않은 것은 사실이지만, 반드시 국내에서 일생을 마친 애국자로 재조명되어 시대의 등불로 재평가되어야 한다."

2. 『최용신 전기』의 머리글 모음[126]

『최용신 소전』 초판(1939, 성서조선사), 『최용신 양의 생애』(1956),
마지막 발간된 증보 9판(1998,성천문화재단)

1939년 발행 초판 서문

1939년 정초에 동계(冬季) 성서 강습회로 북한산록에 모였을 때에
담론(談論)이 고 최용신 양의 생애에 미친 일이 있었다. 그 귀한 생
애의 토막토막을 들은 우리들은 그 일생을 상세히 정확하게 기록하
여 두는 것이 많은 유익을 후세에 전하는바 될 것이며, 또한 동시

---

126) 『최용신 소전』(류달영, 성서조선사, 1939)의 추천사, 해방 이후 증보판, 그리고
1998년 필자도 참여한 증보9판의 머리글 모음.

대에 같은 때에 살던 동포의 다해야 할 의무로 절실히 느낀다는 데에 의견이 일치하였다.

그 전기출판을 성서조선사에 기대받게 되매, 여배(余輩)는 그 집필자로 류달영 군을 선택하였다. 그것은 동군(同君)이 수원고등농림학교에서 배웠으매, 고 최 양의 일터 천곡(泉谷)과는 지리적으로 거리가 가장 가까웠다 할 뿐만 아니라 수원고농 내의 조선인 학생단체의 일을 통하여 최용신 양의 생전에 적지 않은 교섭을 가졌던 것도 우리 중에는 류 군이 오직 일인자인 까닭이다.

더욱 류 군은 현재 호수돈 고등여학교에 재직하여 조선 여성교육의 제일선에 나가서 쇄골 진력하는 열성을 가진 교육자요, 그 호수돈 고등여학교는 이미 세인이 널리 아는 고 방애인 양의 모교인 관계로 하여 방양의 소전이 증판될 때마다 그 신판에 가장 많은 관심을 가지고 가장 큰 노력으로써 그 소전을 지우간(知友間)에 전승하여 오던 것도 류 군인 것을 우리가 잘 아는 바이다. 가지(加之)에 류 군의 문장은 중학 시대로부터 시험제이며, 그 성격이 또한 전기 집필과 같은 중대한 책임을 부담하기에는 가장 적임자인 까닭이다.

과연 류 군은 이 중책을 맡은 후로는 수차 고 최용신 양의 사업지인 수원 샘골 지방을 답사하였을뿐더러 그의 고향인 원산과 그의 모교인 루씨고등여학교를 방문하여, 사실과 일화를 수집하며, 처처에 산재한 그의 친우들을 역방(歷訪)하고는 그 생애의 비의(秘義)를 찾고자 노력하였다.

한편으로 나도 샘골을 심방하여 노인들의 빙증과 고 최 양의 동생 용경 양이 처녀답게 또한 동생답게 그 비범한 언니의 기사 신문

도린 것, 잡지 조각 등, 모아 둔 귀중한 재료를 양도받아서는 이것을 류 군에게 전했고, 고 최 양의 오빠 시풍 씨, 시항 씨의 형제분께 전기출판의 승낙을 얻었을뿐더러 골육지친으로서 기억하는 사실을 청취 필기하여서는 이를 류 군에게 전달하여 그 재료를 보첨(補添)케 하였다.

이리하여, 우리의 힘을 다하여, 고 최 양 일생의 사실을 정확하게, 상세하게 그리고 간결하고 용이하여 누구나 그의 일생에서 하나님의 영광을 볼 수 있도록 하기 위하여, 필사적 노력으로 급속히 된 것이 이 책이다.

류 군 자신도 말한 바와 같이, 고 최 양의 전모를 그린 것으로서는 아직도 완벽이라 할 수는 없으나, 그러나 가장 요긴한 골자는 전하고도 남았다 할 것이며, 특히 '빛나는 생애의 열쇠'라는 일편 같은 것은 전기 기자의 예민한 제육감의 활동이 없이는 찾아낼 수 없는 귀한 문자이다.

이미 천국의 안식에 있는 최 양도 이와 같은 통찰의 힘을 가진 전기 기자를 얻은 일을 깊이 만족해할 줄로 우리는 믿는다. 이 전기가 되기까지의 유래를 간략하게 기록하여 책머리에 붙인다.

1939년 국추(菊秋) 북한산록에서 김 교 신

광복 후 발간한(1956)『최용신의 생애』머리글

1939년 가을에 이 책의 초판이 나왔고, 다음 해 봄에 다시 3판까지 인쇄되어 우리나라 청년들 사이에 널리 읽혔다. 세계의 풍운이 나날이 험해 가는 중에 중국 본토를 권석한 일본 사람들은 날로 교만해져서 우리 겨레의 민족의식조차 말살하고자 악랄한 핍박의 손을 뻗쳐 오게 되었다. 나라를 잃어버린 우리 겨레의 최종적인 민족의 위기가 목전에 도달했음을 느끼고, 뜻있는 사람들은 젊은 세대의 가슴속에 불굴의 민족정신을 심어서 육성하고자 전력을 기울이지 않을 수가 없었다. 이 책은 이러한 환경 하에서 쓰여진 것이다.

1939년 여름에 전고에 없는 무서운 가뭄으로 새들과 짐승들이 산골짜기에서 죽어 넘어지고 큰 나무들이 8월 한여름에 단풍이 들어 분분히 낙엽 지는 천재(天災) 속에, 조급한 마음으로 이 책은 집필되었다. 일인 경찰들의 검열이 점점 가혹해지므로 미구에는 발간의 가망이 전혀 없게 될 것을 알았기 때문이다.

학교 일과 잡지 편집으로 촌극(寸隙)이 없으신 김교신 선생께서 몸소 샘골을 답사하시면서 자료를 수집해 주시고 각처의 동지들은 출판비를 갹출하는 등 열성이었다. 그리고 이미 고인이 된 조윤희 양이 밤을 이어 나를 도와 원고를 정리해 주었다. 강철 같은 의지를 가진 조양은 무의촌에 들어가 일생을 바쳐 볼 결심으로 경성여의전을 졸업하고 당시 내과의 권위인 경성제국대학의 이와이 교수 연구실에서 연구하다가 장지를 펴 보지도 못한 채 세상을 떠난 이다.

소박한 옷으로 간소한 혼례식을 마치자마자 부부가 곧 평양 근처 중화로 가서 소작농으로부터 출발하여 밭을 매며 양을 먹이면서 농촌계몽을 진지하게 전개하다가 요절한 박정숙 여사며, 우리나라 여성의 거울이라고 생각하는 고 이경숙 여사 등이 비상한 열심으로 직접 · 간접으로 나를 도와 수고한 이들로, 이 책의 집필 당시를 회고하면 감개무량하다.

1942년에 김교신, 함석헌, 송두용 선생들을 비롯한 여러분과 함께 나는 서대문 형무소에 투옥되었을 때에, 이 최용신 양의 전기도 불온서적으로 지목받고 전국적으로 압수당하여 소각(燒却)되었다.

(중략)

일제의 혹독한 탄압 아래서도 확고한 이념을 굽히지 않고 농촌에 뛰어 들어가 아름답게 눈부신 젊은 한생을 살고 간 최용신의 생애는 반드시 우리나라 젊은이들의 가슴속에 있는 뜨거운 정열에 도화선이 되어야 한다. 용신 양의 생애의 의의는 이런 데 있는 것이다. 그러므로 그 귀한 정신이 이 새 시대에서 땅속에 그대로 밀봉(密封)되어 있을 수는 없다.

끝으로 최용신 양은 고 심훈 씨의 야심작인 소설 『상록수』의 모델로 채택되었다. 소설에 다루어진 인물보다 훨씬 아름답고 숭고한 생애를 가진 사람인 것을 말해 둔다.

1956년 1월 12일
서울대학교 농과대학에서
쓴 이(류달영 교수)

1998년 『최용신의 생애』 증보 9판을 내면서

지금 우리는 IMF 관리체제라는 어려운 역사적 고비를 맞고 있다. 그동안 우리나라는 한강변의 기적을 이룬 국가로 일컬어져 왔다. 참으로 놀라운 급진적 발전을 해왔다. 교육, 경제, 산림녹화 등의 업적은 인류사에서 다시 찾아보기 어려운 발전이었다.

한때 우리나라는 문맹률이 90%를 훨씬 넘었던 시대, 1인당 GNP가 몇 십 달러에 지나지 않던 가난, 그리고 빨간 북덕산의 처량한 나라였다. 특히 일본의 식민통치를 받았고, 6·25전쟁이라는 동족상잔의 비극을 겪었으며 최근에는 빚더미에 올라선 IMF시대라는 시련에 접어들었다. 이 3대 시련의 원인은 모두 국민의 정신적 바탕이 약한 때문이었다. 오늘날 국가 파산을 앞에 두고 갈팡질팡하는 정치계, 국민윤리가 바탕부터 흔들리는 인간 소외의 현실을 바라보면 참으로 걱정스럽다.

우리 국민들의 대부분은 오늘의 IMF 시련은 돈을 벌어서 빚만 갚으면 해결될 것으로 생각하고 있다. 그러나 이것은 극히 피상적인 사고이다. 오늘의 이 시련은 정치·경제·사회 모든 분야에서 윤리의 바탕이 부패해 빚어진 결과의 필연적 산물이다. 그러므로 시련을 극복하는 근본 문제는 국민 윤리를 바로잡는 데 있다.

'독일 국민에게 고함'이란 명강연으로 유명한 피히테의 말처럼 오늘의 우리들은 무수한 조상들이 눈물을 흘리면서 내려다보고 있고 또 아직 태어나지도 않은 수많은 후손들이 올려다보고 있는 것이다. 우리는 피히테의 이 경고를 가슴에 되새겨야 하겠다. 이런 뜻에서 이 나라의 흥망성쇠를 결정하는 중요한 시기에 활로의 열쇠를 일본통치시대의 최용신(崔容信) 양의 희생봉사정신에서 찾아보고자 한다.

올해는 내가 1939년 최용신 전기를 쓴 지 60년이 되는 해이다. 이 해에 다시 증보 9판의 『최용신의 생애』를 발간하는 까닭은, 우리 모두가 극난극복을 위해 무수한 조상과 미래의 후손을 위아래로 바라보면서 최선을 다하자는 것이다.

또한 이번에는 제2부로 최용신기념사업회 회장 김명옥님과의 대담을 첨부하였다. 김 회장은 최용신의 정신을 오늘에 되살리기 위해 성심성의로 봉사해 오고 있는 독지가(篤志家)이다. 그는 아울러 이 책의 출판을 크게 도와주었다. 대담의 내용은 안산시의 발전은 물론, 온 국민이 '인간 상록수' 최용신의 희생, 봉사의 애국정신으로 역사적 시련을 해결하자는 것이다.

이 증보 9판을 성천문고로 내면서 우리 국민이 역사적 시련을 극복하고 눈부시게 발전하여 세계의 거울이 되기를 두 손 모아 기원한다.

1998년 11월 1일

성천(星泉) 류달영

『최용신 전기』 집필[127] (나의 인생노트)

서울의 북한산 기슭에 김교신 선생이 개천의 돌을 주워 모아서 집과 서재를 짓고 거기서 양정 고보까지 자전거로 통근하면서 『聖書朝鮮(성서조선)』을 10년간 발간하였다.

그 집에서 겨울 방학에는 전국의 독자들이 모여서 약 1주일 동안 합숙하면서 성서 공부와 함께 일본에 병탄된 이 나라의 장래를 연구하고 토론하였다. 밤에 토론이 끝날 무렵 내가 농촌운동의 선구자인 샘골(泉谷·천곡)의 최용신 양의 생애를 전기로 남겨두기를 바란다는 제의를 했다. 김교신, 함석헌 선생은 좋은 의도라고 찬성하였고 자리를 함께했던 多石 柳永模(다석 유영모)선생도 고개를 끄덕이면서 찬의를 표했다.

집회를 끝내고 내가 개성으로 돌아온 후에 김 선생께서 소설『상록수』의 모델 최용신 양의 전기를 집필할 것으로 믿고 있었는데, 여름방학 직전에 뜻밖에 김 선생의 편지를 받았다. 최 양의 전기는 대단히 중요한 작품이니 최 양과 직접 관계가 깊은 나더러 방학 동안에 원고를 써서 보내라는 명령이었다.

신중을 기해야 하는 전기를 아무런 자료의 수집도 없이 단시일에 쓸 수는 없는 일이지만 스승의 명령을 거스를 수가 없어서 다음 날 그의 출생지인 원산으로 찾아가서 그가 졸업한 루씨여고를 방문하

---

127) 「문화일보」 1997년 2월 3일자 칼럼

고 재학 시절의 성장 과정과 학창 생활 등 자료를 조사했다. 그리고 그가 함께 자란 오빠 시풍 씨도 만나서 어린 시절의 고통스러운 생활 과정도 상세하게 알아냈다.

그리고 다시 최 양의 활동 무대였던 수원군 샘골에 가서 최 양을 도우며 함께 일하던 여러 동지들과 밤을 새우며 그의 활동에 관한 이야기를 들었다. 내가 샘골에 자료를 수집하러 갔을 때에는 최 양의 바로 아래 동생인 최용경 양이 용신 양의 뒤를 이어 아이들을 가르치고 있었다. 나는 최 양이 쓰던 방에서 먹고 자면서 업적을 조사할 때에 최 양의 목소리를 직접 듣는 듯하였다.

개성으로 돌아와 혹독한 더위에 밤낮을 이어 글을 썼다. 전기의 스타일은 누구도 시도해 본 일이 없는 편지체로 썼다. 조선의 딸에게 써 보내는 장문의 절절한 소원을 담은 편지로 썼다.

지금은 고인이 된 나의 담임반 졸업생 趙允禧(조윤희) 양과 李景淑(이경숙) 양 두 사람이 박물실에서 철야하며 나를 도와주었다. 무의촌에서 일생을 바치려던 조 양은 경성제대 의학부 연구생이었으며, 이 양은 교육자로 제2의 최용신이 되려던 나의 동지들이었는데 모두 젊어서 고인이 되었다.

내가 2주일 만에 집필을 끝내고 원고를 가지고 김 선생을 찾아뵈었더니 전기의 처음 부분을 다시 쓰라는 분부였다. 그 까닭은 검열을 통과해야 출판이 될 터인데 통과가 될 가망이 없다는 것이다. 그리하여 처음 부분을 다시 썼다.

김교신 선생의 일기에는 최용신 전기의 교정에 관한 글이 여러 번 나온다. 손수건으로 눈물을 씻으며 교정을 했고 식사하면서도 교정을 했는데 눈물 말이 밥이 가장 맛이 있었다고 했다.

　김교신, 유영모, 함석헌등 여러 스승과 친구들이 출판비를 갹출하여 출판, 그해에 4판이 나갔었다. 그러나 42년에 초판서부터 전국적으로 불온서적으로 지적되어 몰수되었다. 이 책은 나의 처녀작이다.

류달영 서울대 명예교수

3. 소설『상록수』줄거리

2001년 봄, 제주시 노형동에서 소설『상록수』(심훈 작)를 읽고 요약한 내용이다. 당시 인터넷에 '최용신추모홈페이지'를 운영하였는데 상록수 독후감을 보내달라는 여러 학생의 메일을 받았다. 그러나 실상은 필자도 소설『상록수』를 읽어 본 지 꽤 오래됐고, 그래서 큰 맘 먹고 시간을 냈다. 읽은 김에『상록수』독후감 숙제에 바쁜 학생을 위해 요약을 했다.

『상록수』를 읽으면서 푸른 바다가 펼쳐진 외딴곳의 해변에다 글을 쓰기 위한 집(필경사)을 짓고 홀로 기거하면서 한 자, 한 자 집필을 하였을 심훈 선생이 모델이 된 최용신의 행적을 어느 누구보다 정확하게 파악하고 있었음을 알 수 있었다. 최용신의 생애를 채영신으로 바꾸는 작업 과정에서 한 줄 한 줄 검열을 의식해야 했던 고뇌와 작가 심훈의 뜨거운 정신이 그대로 녹아 있음도 느낄 수 있었다.

한편으론 정말 인간적이면서 숭고하고 희생적인 채영신을 보면서 그의 모델이 된 최용신의 활동지인 샘골(청석골-현 경기도 안산시)의 주민들이 우리의 최용신 선생을 '한갓 사랑으로 잠 못 이루는 인물로 왜곡시켰다.'며 분격해서 격렬하게 항의했다는 당시를 생각할 때 채영신보다 훨씬 담대하고 희생적인 삶을 살다간 최용신 선생의 생애와 정신에 이루 말할 수 없는 경의가 표해졌다.

완연하게 느껴지는 제주의 봄기운을 느끼며 오랜만에 따뜻한 마음을 가져 본 것 같다. 참고로 내가 읽은 소설『상록수』는 고향이 충남 당진시인 인주승 기자가 심훈과 상록수를 취재하면서 초판 원고를 엮어 출판한 단행본(심훈 지음, 인주승 엮음, 홍익재, 1992)이다. 저자의 허락을 얻어 요약본을 기재한다.[128] 총 14편으로 구성된 소설 상록수의 줄거리는 다음과 같다.

(1) 쌍두취행진곡(雙頭鷲行進曲)

○○일보사 주최의 학생 계몽운동 참가자를 위로하는 다과회로부터 소설은 시작된다. 첫 번째 체험담을 발표하는 ○○고등농림의 박동혁 군, 농촌운동에 있어서는 민중 속으로(이론이 아닌 농촌의 현장에 직접 들어가야 한다), 그리고 그들에게 희망의 정신과 용기를 길러줘야 함을 강조한다. 마지막 순서의 ○○여자신학교 채영신이 나와 박동혁 군의 의견에 전적으로 동감한다는 의견을 발표하면서 두 사람의 첫 만남이 시작된다.

다과회가 끝난 늦은 밤, 우연히 같은 전철에 올라탄 두 사람……. 용신의 학교 기숙사가 문을 닫아 하룻밤 신세를 질 여자기독교연합회 총무 백현경의 집까지 바래다주고 둘은 헤어진다. 첫

---

128) 요약본 기재에 대하여 인주승 기자의 승낙을 받았다. 2001년 봄, 제주시 노형동에 거주할 때 요약한 내용으로 당시 인터넷 추모 홈에 올렸던 내용이다. 초창기의 원고로 당시에 쓰던 용어를 그대로 옮겼으나 일부는 현대어로 변환했다.

만남에서 둘은 서로 반한다.

고향에 부모님이 정해 둔 정혼자가 있던 용신은 동혁에게 편지를 띄워 백현경의 집에서 열리는 농촌운동 토요 토론회에 초대한다. 동혁도 편지를 받고 기뻐서 경성의 서울법전과의 축구 시합이 끝나고 가겠다는 답신을 보낸다. 용신은 동혁의 축구시합에 응원을 나가고 저녁에는 백현경의 집, 토론회에서 만난다.

화려한 백 선생의 집안 환경을 두루 보고 못마땅한 동혁은 자신에게 발언권이 주어지자, 어째 오늘 저녁엔 서양으로 유람이나 온 것 같다며 농촌의 현실과 동떨어진 농촌 운동가의 화려한 모습을 비꼰다. 농촌운동가의 간판을 내걸었으면 말과 생활이 일치되어야 한다는 의견을 제시하고 바쁜 일정을 구실로 집은 나온다. 이때 채영신도 다른 핑계를 대고 뒤따라 나와 둘은 조용히 데이트를 하게 된다.

서로의 고향 시골의 어려운 환경……. 크리스천인 영신, 막스주의자인 동혁, 서로의 생각들을 나누다 농촌계몽운동의 이상에 동지임을 서로 확인하고 손을 굳게 잡는다. 그리고 둘은 학교도 그만두고 농촌으로 내려가자는 결심을 하게 된다.

(2) 일적천금

이후 박동혁은 고향인 한곡리로 채영신은 기독교청년회 연합회 농촌사업부의 특파원격으로 경기도 두메산골인 청석골로 내려온다. 둘은 피차 사업의 기초가 어느 정도 잡히기 전에는 만나지 말자는 언약을 하였고, 편지만이 조그만 가방으로 가득할 정도로 왕래를 한다.

한곡리에 심한 가뭄이 들어 곡식들이 메말라 가고 박첨지(박동혁의 아버지)는 농촌회나 강습회에만 관심이 많은 동혁을 못마땅하게 생각한다. 박동화(박동혁의 동생)는 강도사네 작은 아들이 대학교육을 받고 온 것 등을 시기하며 매일 술만 먹고 불만이 가득하다.

그러던 중 영신으로부터 뜻밖의 소식이 온다. 과로로 몸이 쇠약해져 요양을 할 겸 또 의논할 것도 있고 해서 곧 한곡리로 내려가겠다는 편지였다. 동혁은 해변의 조그만 오막살이 방 한 칸을 빌어 정성껏 도배를 하고 영신을 맞는다. 영신이 도착하는 날 반갑게도 가뭄을 해소하는 단비가 온다.

사립학교 교원으로 ○○사건에 앞장서 이태 동안 콩밥을 먹고 나온 농우회의 선전부장격인 건배(동혁의 막역한 동지)로부터 한곡리의 어려 형편을 자세히 듣는다.

(3) 기상나팔

동혁이 부는 기상나팔 소리가 새벽 공기를 가르며 울려 퍼진다. 조기회원들이 운동장 잔디밭에 가득 모인다. 하나, 둘, 셋, 체조를 하고 애향가를 제창한다.

○○만과 ○○산이 마르고 닳도록
정들고 아름다운 우리 한곡 만세

(후렴) 비바람이 험궂고 물결은 사나워도
피와 땀을 흘려 가며 우리 고향 지키세!

❷
우리들은 가난하고 힘은 아직 약하나
송백같이 청청하고 바위처럼 버티네!

❸
한 줌 흙도 움켜지고 놓치지 말아라
이 목숨이 끊어지도록 북돋으며 나가세!

이 광경을 보는 영신은 감격에 흐느낀다.

건배 씨 집에 식사 초대되어 씨암탉 한 마리를 얻어먹고 농우회원 열두 명이 협력해서 도지를 짓는데 그 수확을 적립했다가 회관을 지을 계획 등의 여러 이야기를 듣는다. 영신도 청석골에서 지금 빌려 쓰고 있는 강습소 겸 공회당이 워낙 비좁은 데다가 주일날 삼일 날에는 쓸 수 없어 회관을 시급히 지어야 하는데 예산이 부족하다는 것을 말한다.

동혁은 공동답, 이용조합, 씨앗, 일용품 등을 싸게 쓰거나 이발조합, 술 담배 끊고 그 절약한 돈을 저축하는 것은 반드시 회관하나 짓기 위한 것이 아니라 정신적으로 통일을 얻고 또는 육체적으로 단련을 받고 단결력을 기르기 위함도 설명한다. 영신도 고개 끄덕이며 "나도 동감이야요." 하며 청석골의 부인친목계를 소개한다.

(4) 가슴속의 비밀

이 동네에선 돈 안 얻어 쓴 사람이 없는 고리대금업자인 강도사의 둘째아들 기만과 마주친다. 기만은 동경에서 대학을 다니다 신경쇠약에 걸렸으나 이 근처에선 제일 공부를 많이 한 사람이다. 지금은 강도사의 큰아들 강기천이 살림을 도맡아 하는데 기천 또한 고리대금업을 하고 있다. 기천은 동혁의 일에 최대의 반대자이며 훼방꾼으로 참 골칫거리라는 말을 듣는다.

며칠 후 영신은 건배의 아낙을 앞장세워 동네에 말귀 알아들을 만한 여인네들을 모아 놓고 일장 연설을 한다. 영신은 건배 아내를 회장으로 추대해 한곡리 부인근로회를 조직한다.

(5) 해당화 필 때

영신이 떠나는 날, 아무리 기다려도 동혁은 오지 않는다. 달 밝은 밤, 영신은 바닷가 해변을 거닐다 백사장에 앉아 손풍금을 뜯는다. 그러다 "하나님, 일과 사랑과 두 가지 중에 한 가지를 택하여 주시옵소서." 독백을 한다. 아니, 호소를 한다. 이때 동혁이 등 뒤에서 다 듣고 있다. "그 곡조 한 곡만 더 타 주세요⋯⋯."

둘은 백사장에 다정히 앉는다. 이때 영신은 자신의 속마음을 털어놓는다.

"고향 한 동네의 김정근과는 부모님들 간에 약혼을 한 그런 사이인데 고향 부모님도 그와의 결혼을 강요하고 김정근이도 휴가를 내어 찾아와서는⋯⋯. 사랑한다고, 결혼하자고. 그러나 나의 맘은……."

서로의 사랑을 확인한 영신과 동혁은 뜨거운 키스와 포옹을 한
다. 그리고 "앞으로 3년만 더……." 피차 일터가 단단해지면 결혼
을 하기로 굳은 약속을 한다.

(6) 제3의 고향

청석골로 돌아온 영신은 동혁이 보약을 지어먹으라고 어렵게 꾸
어서 봉투 속에다 넣어 준 10원으로 종을 사서 학원 앞마당에 내다
건다. 한곡리는 자신의 '제3의 고향'이라는 내용의 서신을 동혁에
게 보낸다. 그리고 고향의 어머니와 아버지가 혼인을 정해 둔 금융
조합에 다니는 김정근에게도 결혼할 사람은 따로 있으니 단념하라
는 최후통첩을 보낸다.

영신의 열심으로 점차 학생들이 몰려들어 130명에 이른다. 이때
영신의 신변을 늘 주목하던 순사로부터 내일 주재소로 출두하라는
명령을 전달받는다. 주재소 주임은 학원이 비좁아 학생 80명 이상
은 단 한 명도 더 수용이 불가하고 기부금을 내라고 강제 비슷이 청
하면 법률에 저촉된다는 점을 주지시킨다.

나머지 50여 명의 학생을 돌려보내야 하는 영신의 마음은 째져질
듯 아프다. 영신은 반드시 새 학원을 짓고 말겠다는 결심을 한다.
영신은 밥도 굶은 채 눈, 밭길을 지나 수십 키로나 떨어진 이 동리,
저 동리 한 푼 두 푼 기부금을 모으러 다닌다.

주변 일대의 부잣집 '한낭천'이라는 부자는 만나 주지도 않는다.

영신은 "어디 누가 못 견디나 보자" 하고 극성맞게 쫓아가서는 기어이 주인을 만나 급한 사정을 말하였다. 그가 한 푼도 낼 수 없다며……. "무신 학원, 웃기는 소리하지 말라."고 하자, 영신은 참다 못해 서 속으로 "에에끼 제 배 떼기밖에 모르는 놈 같은 이, 그래도 술 담배 사 먹는 돈은 있겠지." 하고 침을 탁 뱉고 돌아설 때도 있었다.

근처 동리의 소위 '재산가 계급'에는 인심을 몹시 잃었다. 그와 동시에 주재소에서도 기부금을 간청한다고 다시 말썽을 부리게 된다.

(7) 불개미와 같이

한곡리의 강도사 집보다 몇 배나 부자인 '한낭천'의 환갑잔치가 열렸다. 주변 일대의 각 기관장들이 초대되고 풍악대까지 흥을 돋우는 큰 잔치다. 얼마 전인가 한낭천은 체면에 못 이겨서 취중에 자기 손으로 기부금 50원을 적은 일이 있었다.

잔칫날인지도 모르는 용신은 이 돈을 받으러 한낭천의 잔칫집에 간다. 약속한 기부금을 요구하자, 한낭천 "기부금에 걸신들렸나?" 하면서 돌아서려고 든다.

이때 영신 많은 사람들 앞에 나아가 "여러분 이런 공평치 못한 일이 어디 있습니까? 어느 누구는 자기 집 환갑이라고 이렇게 질탕히 노는데 배우는 데까지 굶주리는 이 어린이들은 비바람을 가릴 집 하나 없어서 그나마 길바닥으로 쫓겨났습니다. (중략) 여러분, 양심이 아프지 않습니까?"

한낭천, 어느 틈에 안으로 피해 들어간다. 그날 저녁부터 일주일 동안이나 영신은 경찰서 유치장 마루방에서 새우잠을 잔다. 본서까지 끌려가서 구류를 당하던 경과며, 그 까닭은 오직 독자의 상상에 맡길 뿐이다.

한곡리의 동혁은 회원들끼리 거의 3년 동안이나 농사를 지어 모은 것과 술 담배 끊어 모은 돈, 이용조합 등등의 비용과 회원들의 협력으로 '농우회관'을 완공한다. 기천의 시기심으로 낙성식을 치르지는 못하나 대신에 회관 앞마당에 전나무, 향나무, 사철나무 같은 상록수를 심는다.

강기천은 자신이 면협의원, 금융조합 감사, 학교 비평 의원인 관계로 면장이 나와서 한곡리에 진흥회를 만들어서 자신이 그 회장이 되도록 해 보라고 권고를 하고 갔다며 동혁을 불러다가 여러 가지 회유를 하며 회관을 인수하여 진흥회의 사무실로 쓰려 한다. 그러나 동혁은 단호히 거부한다.

(8) 그리운 명절

영신은 기부금 모금이 어렵게 되자 궁리 끝에 추석날을 이용하여 학예회 같은 잔치를 계획한다. 어린이들의 재롱잔치가 열리고 부인 친목계 회원들이 조석으로 마련한 푸짐한 음식……. 주변 일대의 많은 사람들이 몰려들어 성대한 추석잔치가 열린다. 모두들 어린이들의 현란한 재롱에 감동한다. 아이들의 합창으로,

삼천리 반도 금수강산

하나님이 주신 내 동산

일하러 가세! 일하러 가!

노래가 끝나자, 부인 친목계 회원들은 270원을 기부한다고 쓴 백지를 무대 정면에 붙인다. 즉석에서 늙은이들까지 모금을 한다. 그게 7원이었다. 단돈 7원이지만 몇 백 명의 그네들이 갖고 있는 돈의 전부였다.

용신은 270원의 반만을 받고는 15키로나 떨어진 곳에까지 가서 관청 등의 큰 공사를 맡아 본 경험이 있는 꽤 유능한 젊은 목수를 찾아내고 무작정 청석골로 데리고 온다. 그리고 턱없이 부족한 공사비와 학원을 짓는 목적을 설명하고 간절히 설득한다. 끝내 젊은 목수의 동의를 얻어낸다.

학원 터는 땅 부자인 어느 교인의 소유로 3백 평이나 되는 것을 사뭇 강제로 빼앗다시피 하여 마련한다. 용신은 다리를 걷고 버선도 벗어 던지고 덤벼든다. 주춧돌을 메고 목도질을 해오면서 어깨의 뼈가 으스러지도록 학원 일을 한다. 이를 본 동네의 주민들이 적극적으로 협동을 하여 청석학원의 문패를 걸게 된다.

낙성식에 동혁을 초대하는 편지를 띄우고 기다리는데 '좋은 일에는 마가 든다.'는 것을 보여 주는 것처럼 영신의 고향에서 '모친 위독 즉래' 급한 전보가 온다. 영신은 고향행 전철에서 '어머니가 돌아가시는구나.' 하며 하염없는 눈물을 흘린다.

고향에 도착하자, 옛날 약혼자인 김정근이가 마중을 나와 있다.

어머니에게로 갔더니 누워 있기는커녕 영신에게 줄 푸짐한 음식을 준비하고 계셨다. 정근이와 영신의 어머니가 영신을 설득해 보려고 꾸민 일이었다.

"원체 사랑이라는 건요, 한편쪽에서 강제할 수 없다."며 영신은 정근이의 간절한 구혼을 뿌리치고 자신은 이미 약혼한 사람이 있다고 말한다. 어머니도 단호한 영신을 보고는 단념한다.

영신은 낙성식에 늦지 않게 서둘러 청석골을 향해 기차에 오른다. 기차가 떠나려는 순간, 어머니는 차창으로 치맛자락을 들치고 다 떨어진 주머니를 영신에게 건넨다. 그 주머니 속에는 생선 광주리를 이고 다니면서 푼푼이 모아 놓은 돈이 묵직하게 들어 있었다.

(9) 반가운 손님

청석학원 낙성식에 참석하는 동혁은 여비 10원이 없어 근 3백 리나 되는 길을 걸어서 청석골에 도착한다. 낙성식이 열리고 동혁은 교단 벽에 붉은 잉크로 영신이가 써 놓은 몇 조각의 슬로건을 쳐다본다.

갱생의 광명은 농촌으로부터
아는 것이 힘 배워야 산다.
우리의 가장 큰 적은 무지다.
일하기 싫은 사람은 먹지도 말라.
우리를 살릴 사람은 결국 우리뿐이다.

백년을 앞선 선각자 **최용신의 외로운 진실**

영신은 백여 원으로 시작한 공사에 들어간 돈이 7백 원이나 된다며 조목조목 공사비 내역을 발표한다. "여러분, 그 나머지 6백 원의 빚은 조선의 어린아이들이 졌습니다. 외상 일을 시킨 이 채영신이가 물론 책임을 집니다만……." 그렇게 발표하다가 영신, 그 자리에서 고꾸라지듯이 엎어졌다.

"노빈혈이군……." 한마디 하고 동혁은 사지를 쭉 늘어뜨린 영신의 다리와 머리를 번쩍 들고 사무실 방으로 들어간다. 냉수를 얼굴에 뿌리고 인공호흡을 시키고 아랫도리를 가만가만 주물러 주었다. "휘유!" 영신, 깨어난다. 동혁, 영신의 배를 여러 군데 만져보고 맹장염임을 직감한다.

학부형이 급히 추렴한 돈으로 병원에 입원한다. 의사의 진찰 결과 급성맹장염이었다. 수술을 마친 의사는 "혼났쇠다! 맹장이 썩두룩 내버려뒀으니, 까딱했다면……. 그 수술만 같으면 문제가 없지만 대장하고 소장이 마주 꼬여서 간신히 제 위치로 돌려났는데……. 아아히! 여자가 무슨 일을 창자가 비꾀도록 하게 내버려뒀더란 말씀요?" 하고 주변 사람들을 나무란다.

다행히 수술 경과는 좋았다. 학원의 빚도 학부형들이 모두 갚는다. 동혁은 영신을 정성껏 간호하고 병실의 긴긴밤……. 영신은 난산을 한 산모같이 동혁이 옆에 없으면 허수해서 못 견뎌 한다.

"저렇게 잠시 잠깐두 떨어지지 못허면서 이때까진 어떻게 따루따루 지냈다우?" 주변 사람들 한마디씩 한다. 밤새도록 영신과 동혁은 신앙, 사상, 철학 등의 주제에서 사소한 것까지 많은 정담을 나눈다.

동혁: 죽두룩 일헌 상금으로 베까진 쨴 거 다 하나님 덕택이쥬.

영신: 저리 가세요! 자기나 안 믿으면 그만이지, 왜 그렇게 비방을 해요?

동혁: 권세에 아첨을 하고 물질과 타협을 허다 못해 돈 있는 놈의 구주가 되는 그런 놈들 앞에 내 머리를 숙이란 말씀요? 그따위 교회에 다니다간 정말 지옥에 가게요.

영신: 교회 속은 직접 관계한 내가 누구보담 속속들이 잘 알아요. 루터 같은 분이 나와서 큰 혁명을 일으키기 전에 조선의 예수교회두 이대로 가다간 멸망을 당허구 말 거요. 나는 그리스도가 인류를 위해서 십자가에 피를 흘리신 그 정열과 희생적인 봉사의 정열을 숭앙하고 본받으려는 것뿐이니까요…….

동혁: 익숙한 선장은 폭풍우를 만나면 억지로 풍력에 저항하려는 어리석은 짓을 하지는 않으나 그렇다고 미리 절망을 해서 배가 풍파에 뒤집히도록 내버려두지도 않아요. 항상 굳은 자신과 성산을 가지고 최후의 순간까지 온갖 지혜와 갖은 능력을 다하여 살아나갈 길을 열려고 노력하죠. 아무리 약한 사람이라도 그 전력을 단 한 가지 목적에 기울여 쏟을 것 같으면 반드시 성취할 수 있다는 카알라인이란 사람의 말이 나의 신앙이에요…….

동혁, 영신에게 요양차 고향에 가든지 해외로 나가 보라고 권고한다.

백년을 앞선 선각자 **최용신의 외로운 진실**

⑽ 새로운 출발

한곡리의 아우 동화로부터 급한 편지가 온다. 형님 안 계신 동안에 강기천이 회원들을 회유해 회관을 빼앗으려 하고 건배 씨도 여러 날째 종적을 감췄으니 즉시 오라는 내용이다. 영신의 퇴원 며칠을 앞두고 아쉬움과 섭섭함을 뒤로한 채 동혁은 급하게 한곡리로 내려온다. 술을 곤드래 퍼먹어 눈동자가 빨갛게 충혈된 아우 동화로부터 그간의 사정을 듣는다.

강기천이가 12명의 회원들의 빚을 갚아 준다고 회유하고(강기천이 소작 안 해먹고도 살 수 있게 만들어 준다) 건배는 빚은 모두 갚아 주고 또 월급 30원을 받는 군청의 서기로 취직을 시켜 준다고 꼬드겨 또 회칙을 교묘하게 악용해 새로이 회장이 되었다는 것이다. 이삿짐을 꾸리던 건배는 자신을 찾아온 동혁에게

"목구멍이 포도청이니 어떡하나? 나야 굶지만 어린 새끼들은……."

그간의 사정을 모두 들은 동혁은

"결국 한 그릇의 밥이 인간의 정신을 지배한다."

이제부턴 표면적인 문화운동에서 실질적인 경제운동으로…….

동혁은 지금껏 회원들이 강기천에게 빚진 것을 계산한다. 그리고 지금껏 농우회가 저축한 돈을 전부 셈한다. 이자까지는 안 돼도 빚의 본전만은 다 갚을 수 있는 돈이었다.

셈을 마친 동혁은 강기천이를 찾아간다. 이때 강기천이는 금융조합에서 찾아온 5백 원의 돈을 동생인 기만이가 훔쳐서 서울로 도망

가는 바람에 화가 잔뜩 나 있었다. 또한 회장이 된 데 불만을 품은 회원들이 자신의 다리를 분질러버린다고 하는 것도 잘 알고 불안해하고 있었다. 동혁은 교묘한 수를 써서 강기천이에게 술을 잔뜩 퍼먹이고 빚을 갚으러 왔다고 말한다.

강기천이 "이자 한 푼 없이 본전만 받으라고 이게 뭔 헛 수작이야……." 하고 거절하자, 동혁은 "아! 그래. 회장 체면에 회원들로부터 고리 대금업을 하실렵니까?" 하고 회유하고 한편으론 "불만인 회원들이 술만 퍼먹고 미쳐서 돌아다닌다."며 은근히 협박한다.

강기천은 동생 기만이 5백 원을 훔쳐 달아나는 통에 돈이 궁하기도 했고 또 회원들의 불만도 잘 알고 있어 본전만 받고 모든 빚을 청산한다.

본전만 챙기며 빚을 청산해 주는 강기천의 한마디. "오입해 없앤 셈만 치지……."

(11) 이별

이후 동혁은 인심을 얻고 칭송도 대단하다. 그러나 동화는 겨우 이자를 안 받는다고 회장을 계속시켜……. 불만이 가득하다. 또한 강기천이 회장으로 있는 회관의 자물쇠를 감추고는 내놓지를 않는다.

이때 청석골의 영신과의 편지는 자주 오고 간다. 영신은 자신이 조만간 정양도 할 겸해서 몇 해 동안 일본으로 유학을 가게 될 것 같다는 편지를 한다.

그동안 강기천이는 누워 있었다. 자신의 집에서 머슴살이를 한 용준의 아내 옥화를 주막터에서 욕보이려다 용준에게 들켜 실컷 얻어맞아 앓아누운 것이다.

　　그러다가 면역소의 지휘로 한곡리 진흥회의 발회식이 열린다. 동화도 동혁의 설득으로 회관의 자물쇠를 내어놓는다. 이른바 근처의 유력인사들이 참석한 가운데 새로이 창립된 동네진흥회의 회장을 선거한다. 강기천 67표, 박동혁 38표. 강기천이가 회장에 당선된다.

　　얼마 전 새끼를 낳다가 염불에 빠져죽어 누가 돈 주고 사려고 하지 않는 큰 돼지고기를 유권자에게 나누어준 게 강기천이가 표를 얻는 데 큰 힘을 발휘했다. 이때 동혁은 썩은 돼지고기가 투표를 한 거라고 항의하고……. 동화는 "주막거리 갈보년하구 상관을 하다가 머슴 놈한테 얻어맞은 놈이 회장은 무슨……." 강기천이 살살 피하나 참석한 유력자들의 지지로 몇 번 사양에 못이기는 체하고 회장의 자리에 나간다.

　　차점자인 동혁은 농우회 회원들의 대다수를 간부로 채용하는 조건으로 서기 겸 회계를 받아들인다. 동혁은 많은 사람이 모인 그 자리에서 강기천이가 이자를 한 푼도 안 받고 빚을 탕감해 주었던 일을 상기시키며 이번에 회장 당선 기념으로 채권까지 모조리 포기하실 거라는 점과 앞으론 강기천 씨가 회장이 된 만큼 고리대금도 없어질 것이라 공표하듯 말한다.

　　그날 저녁, 동화는 강기천이가 회장이 되어 자신들이 피땀 흘려 지은 회관을 빼앗았다며 술을 잔뜩 먹고 회관에 불을 지르려 한다.

다행히 동혁이 발견하고 불을 모두 끄고 동화를 말린다.

영신은 동혁에게 편지를 해도 답장도 안 오고 일본으로 떠나면서 마지막으로 보려고 한곡리에 온다. 영신은 한곡리의 그간의 내막을 듣는다. 동화의 방화가 기천에게 알려지고, 귀가 반짝 뜨인 기천은 즉시 경찰에 신고를 하고 방화범을 잡으러 나온 순사들은 도망간 동화를 숨겼거나 도망시켰다며 동혁을 경찰서로 잡아갔다는 것이다.

어렵게 동혁을 면회한 영신은 눈물을 흘리고 동혁은 유학 잘 다녀오라는 인사를 나눈다. "우리 일터에서 만나지요. 한곡리허구 청석골 허구 합병을 해놓고서 실컷 맘껏 만납시다." 하며 수척해진 영신의 손을 꼭 잡는다.

⑿ 이역의 하늘

영신은 차마 발길이 돌아서지 않는 것을 하는 수 없이 조선을 등지고 떠났다. 기다리는 동혁의 소식을 오지 않고 음식도 안 맞아 많은 고생을 한다. 몸은 점점 쇠약해져 각기병에 걸리고 만다. 밤마다 보이는 동혁의 얼굴 그리고 청석골. 몸은 점점 쇠약해지고 영신은 '죽더라도 내 고향에 가서 묻히자.' 또 자신의 건강을 생각하면서 '내가 그이를 진정으로 사랑한다면 그이에게 결혼을 단념시키는 게…….' 그런 생각도 한다.

이런저런 고민은 영신을 더욱 힘들게 했고, 드디어 귀국을 결심한다. 떠나는 날, 기숙사 사감과 동료들이 나와 배웅한다.

"사요나라, 오다이지니(잘 가요, 몸조심하세요)."

청석골로 돌아온 영신은 동혁에게 편지를 하여도 소식은 없다. 동혁이 감옥에서 고생하는 걸 생각하며 더욱 열심히 가르친다. 점점 몸이 안 좋아지자 학부형들이 쉬라고 지성으로 말린다.

'난 기왕 청석골의 백골이 되려고 결심한 사람이다. 다시 쓰러지는 날, 그때 그 시기까지는 손끝 맺고 앉아 있을 수는 없다…….'

그러다가 천만뜻밖에 ○○형무소의 도장이 찍힌 동혁의 편지가 온다.

"이제야 조사가 끝나 편지를 할 수 있게 됐다. 편지를 어제야 받을 수 있었다. 오직 건강에 각별히 주의하고 조만간 갈 테니 부디 혈색 좋은 얼굴을 보여 주십시오. 동혁으로부터…….."

영신은 몇 번이고 먹이 입술에 묻도록 편지에 키스를 한다. "혈색 좋은 얼굴! 혈색 좋은 얼굴!" 하고 혼잣말을 하며 손거울을 들여다본다. 마음도 흥분되고 몸도 불편한 영신은 학생들에게 자습을 시킨다. 그리고 창가를 거닐며, "영영 만나지나 말았으면 그이가 나오면 이 얼굴 이 몸뚱이를 어떻게 보이나. 그렇지만 혈색 좋은 얼굴을 보여 주지 못하더라도 앓아누운 꼴이나 보여 주지 말리라." 하고 입술을 깨문다.

그러다가 어느 날 밤, 학부형 회의를 밤늦도록 하고 학원의 유지 방침을 의논하다가 별안간 심장의 고동이 뚝 그치는 것 같아서 원재에게 업혀 내려온다. 내려와서는 턱 쓰러지며 고만 정신을 잃었다.

⑬ 천사의 임종

이튿날 저녁에야 공의의 진찰을 받는다. 영신은 혼수상태였다. 진찰을 한 의사는 "각기가 심장까지 침범한 것만 해도 위중한데 원체 수술을 완전히 하지 못한 맹장염이 재발됐습니다. 염증이 대단허니 손을 쓸 수도 없고……. 몸 전체가 허약하니 수술을 하기도 그렇고……. 왜 일찌감치 서두러 안 왔냐?"며 한탄한다. 의사는 죽음이 임박했다는 진단을 전한다.

깨어난 영신은 "살지 못허겠다."는 말을 듣고는 "어머니에게 소식 전하지 말아 달라. 우리 어머니한테 마지막 가는 효도는 내 이 꼴을 보여 드리지 않는 것이다."고 부탁한다.

학부형들 밤낮으로 기도를 한다. "주여! 그는 청춘입니다. 열매도 맺어보지 못한 순결한 처녀입니다. 주여! 그에게 생명수를 뿌려 주소서……."

영신은 "문 열어요. 동혁 씨 왔나 봐." 하고 잠꼬대를 한다. "저어기 저것 좀……." 이번에는 머리맡에 놓인 책상 서랍을 입으로 가리킨다. "어머니 사진요." 이번에는 "동혁씨 편지요." 동혁과의 추억이 주마등처럼 스쳐 가는지 눈물이 맺히며 조심스레 편지에 입을 맞춘다.

"동혁 씨! 난 먼저 가요. 한곡리허구 합병도 못해 보구……. 동혁 씨! 조금도 슬퍼하지 마세요. 당신 같으신 남자는 어떤 경우에서든지 남에게 눈물을 보여선 못씁니다." 하고는 숨을 헐떡헐떡하면서 원재 어머니를 보고는 "그이가 오거든요. 지금 헌 말 꼭 전해 주세요."

때마침 새벽이 오고, '꼬끼요' 하고 암탉이 운다.

영신은 간호하는 원재에게 "원재, 내가 가드래두 우리 학원은 계속해요. 응, 청년들끼리……." 마지막 부탁을 한다. 울먹이며 간호하는 사람들을 보고는 "청석골의 여러 형제들을 두고 내가 어떻게 가우……." 영신은 사사 삼천리 찬송가 한 곡 부탁하고 듣다가 "억!" 소리와 함께 고개를 젖히고는 뒤로 덜컥 넘어졌다.

청석골은 온 통 슬픈 구름에 휩싸였다. 많은 사람들이 조상을 하고 영신이를 도와 학원을 지은 젊은 목수는 학원의 기둥을 붙잡고 "내 손으로 관까지 짤 줄 누가 알았더란 말요?" 군청과 면사무소에서도 조상을 나왔고 영신의 모든 일정을 감시하고 말썽을 부리던 주재소 주임까지 나와서 관머리에 모자를 벗었다. 영신의 손때가 묻은 물건은 하나도 남김없이 주변의 모두가 챙겨 가져간다. "우리 선생님 보듯이 두고 볼 테다." 고인의 유언대로 청석학원이 보이는 곳에 묏자리를 잡는다(공동묘지의 구역 밖인데도 면소에서 묵인을 해 주었다).

전보를 받은 동혁은 "엉! 이게!" 하고 외마디 소리를 질렀다. '거짓이었으면…….' 하고 바라면서 청석골에 도착한 동혁은 원재로부터 그간의 소상한 이야기를 듣는다. 사랑하는 사람에게 전해 달라던 유언과 감옥에서 나온 편지를 가슴속에 품고 갔다는 것이며…….

동혁은 현관 앞에 허옇게 모여선 조객들의 주목을 받으며 현관 앞에 세워 놓은 "우리의 천사 채영신지묘"라고, 흰 글씨로 쓴 붉은 명정 앞까지 와서 모자를 벗었다. 동혁은 눈 한번 꿈적이지 않고 관을 바라보며 대 여섯 간통이나 걸어온다. 관머리까지 와서는 꺼

먼 장방형의 나무 궤짝을 뚫어질 듯이 들여다보는 그의 두 눈! 얼굴의 근육은 경련을 일으킨 듯이 실룩거리기 시작한다. 어깨가 떨리고 이어서 온몸이 와들와들 떨리더니 그 눈에서 참고 깨물었던 눈물이 터져 내린다. 무쇠를 녹이는 듯한 뜨거운 눈물이 구곡간장으로부터 끓어오르는 것이다.

"여, 여…… 영신 씨!"

그는 무릎을 금세 꺾어진 것처럼 꿇으며 관머리를 얼싸안는다. 그 광경을 보자, 식장 안에서는 다시금 흑흑 흐느끼는 소리가 여기저기서 들린다.

⑭ 최후의 일인

"영신 씨, 안심하세요. 나는 이렇게 꿋꿋하게 살아 있소이다. 내가 죽는 날까지 당신이 못다 하고 간 일까지 두 몫을 허리다." 이렇게 결심한 동혁은 조상 나온 사람 전체를 향해서 외친다.

"여러분! 이 채영신 양은 연약한 여자의 몸으로 농촌의 개발과 무산아동의 교육을 위해서 너무나 과로한 일을 하다가 둘도 없는 생명을 바쳤습니다. 완전히 희생했습니다. 즉, 오늘 이 마당에 모인 여러분을 위해서 죽은 것입니다. 지금 여러분에게 바친 채 양의 육체는 흙 보탬을 하려고 떠나갑니다. 그러나 이분이 끼쳐 준 위대한 정신은 여러분의 머릿속에 살아 있을 것입니다. 저 아이들의 조그만 골수에도 그 정신이 박혔을 겁니다. 여러분, 조금도 설워하지 마십시오. 이 채영신 선생은 결단코 죽지 않았습니다. 살과 뼈는 썩을지언정 저 가엾은 아이들과 가난한 동족을 위해서 흘린 피는 벌써 여러분의 혈관 속에 섞였습니다. 지금 이 사람의 가슴속에도 그 뜨거운 피가 끓고 있습니다."

이튿날 동혁은 산소로 올라가서 참배하고 한곡리로 향한다. 건배를 만나 주막으로 들어간다. 먼저 건배가 "아! 신문에까지 났데만 영신 씨가 온 그런……." 동혁은 말을 막는다. 그리고 그동안의 한곡리의 소식을 듣는다. 강기천이가 죽었다는 것이다. 연전에 주막 갈보에게 올린 매독을 체면상 드러내 놓고 치료를 못하다가 술 때문에 갑자기 더쳐서 짤짤매던 중, 그 병에는 수은을 피우면 특효가 있다는 말에 수은을 구해 콧구멍에 피우다가 중독이 되어서 온몸이 시퍼래 가지고 저 혼자 방구석에 머리를 틀어박고 이빨만 빠드득 빠드득 갈다가 죽었다는 것이다.

건배는 월급 푼에 목을 매느니 정든 내 고장에서 동네 사람이나 아이들의 종노릇을 하는 게 얼마나 맘 편하고 사는 보람이 있는 걸 이제야 절실히 깨달았다고 진정을 토한다. 동혁은 건배의 손을 잡고 "그럼 우리 일터에서 다시 만나세!"

동혁이 동네 어귀에 들어서자 회관 낙성식에 심은 상록수들이 동혁을 반긴다. "오오, 저희들은 기나긴 겨울에 그 눈바람을 맞구두 싱싱허구나! 저렇게 싯푸르구나!" 고향 산천을 향하여 상록수는 그들을 향하여 뚜벅뚜벅 걸었다.

[특종] 소설 『상록수』의 작가 심훈 가상 인터뷰

기자: 먼저 공모에 당선된 걸 축하드립니다. 집필을 마치고 당선될 거라는 예상은 하였는지요?

심훈: 솔직히 기대가 없지는 않았습니다. 그러나 예술을 하는 사람으로서 이만한 작품을 만들어 낸 것에 대해서 스스로 만족하였습니다. 그게 제일 큰 기쁨이죠. 당선되니까 더욱 좋은 것도 사실입니다만······.

기자: 공모가 6월(1935년) 말일로 기한이 정해져 있었죠. 기한에 쫓겨 불과 50여 일 만에 탈고한 걸로 아는데······. 요즘처럼 컴퓨터가 있는 것도 아니고 원고지에 일일이 펜으로 쓰고 또 펜으로 교정하였을 텐데······. 이 짧은 기간에 무리는 없었는지요. 어떻게 이토록 빨리 이만한 작품을 쓸 수 있었는지 궁금합니다. 선생님의 작품 세계에 대해서도 듣고 싶습니다.

심훈: 1901년 비교적 유복한 양반가문에서 태어나 무리 없는 학창 시절을 보내던 저에게 큰 전환점이 있었습니다. 그것은 3·1운동에 가담하였다 일경에 체포되어 길지는 않지만 감옥 생활을 하면서 민족의 삶을 나 자신의 삶으로 받아들이게 되었죠. 이때부터 본격적인 문학 활동이 시작되었다고 볼 수 있을 것입니다. 감옥에서 어머니께 몰래 보낸 편지 『어머니께 드리는 글월』이 저의 첫 작품이었죠.

어머니!

어머님께서는 조금도 저를 위해서 근심하지 마십시오.

(중략)

저는 어머님보다 더 크신 어머님을 위하여 한 몸을 바치려는 영광스런 이 땅의 사나이외다. 어머님보다 더 크신 어머니 조국과 민족을 위하여 몸을 바치려는 영광스러운 이 땅의 사나이…….

출옥 후 중국으로 유학을 떠나 많은 시를 썼습니다. 귀국하여서는 카프(조선 프롤레타리아예술동맹) 등의 급진적인 단체에 가입하여 활동하였고 몇 편의 시나리오를 썼습니다. 그중에 「먼동이 틀 때」는 감독을 맡아 단성사에서 개봉까지 하였죠. 사실 저의 주 무대는 시나리오 작가나 영화감독이었고 창작은 주로 '시' 분야였습니다.

「조선일보」기자로 일하다 사상 관계로 그만두고 경성방송국에 문예담당으로 취직하였으나 여기서도 같은 이유로 그만두고 실업자가 되었죠. 이 시절엔 돈벌이가 없으니 경제적으로 참 어려운 생활을 할 때였습니다. 궁리 끝에 양친이 계시는 충남 당진의 부곡리로 낙향을 하였습니다. 이때부터 창작에만 몰두를 할 수 있었죠.

『영원한 미소』를 탈고하여 「조선중앙일보」에 연재하고, 『황공의 최후』를 탈고하여 「신동아」에 발표하였습니다. 이때 「조선중앙일보」의 학예부장으로 취직, 상경하여 잠시나마 일하다 그만두고 다시 낙향하였습니다. 아마 직장생활에는 연이 없었나 봅니다.

이후 1934년『직녀성』을 기고「조선중앙일보」에 연재하였고, 이 게재분의 고료로 받아 평상시 구상하던 창작을 위한 작업실을 만들었

죠. 그 이름도 글을 쓰는 집이란 뜻으로 '필경사'라 지었습니다. 외
딴곳의 바닷가 근처의 조용한 곳에다 집을 지은 거죠. 오로지 창작
에만 몰두하기 위해 요즘식의 구조로 건물 내부에 화장실도 만들고
방도 용도별로 여러 개 만들고……. 『상록수』는 이 집에서 구상되
어 쓰인 것입니다.

정신적으로나 사상적으로 몽양 여운형 등이 중심이 되었던 신간
회에 많은 영향을 받았습니다. 『동방의 애인』이나 『불사조』 등을 쓰
면서 나의 이념을 펼쳐 보고자 하였으나 검열이라는 외적 제약과
역량의 한계로 말미암아 늘 완성도가 문제였습니다. 그런데 『상록
수』는 뚜렷한 모델이 있었습니다. 내가 바라던 민족의 바른 모습을
현장에서 실천하는 모델을 통해 발견한 거죠. 평상시의 이념, 꿈꾸
던 이상을 찾아낸 겁니다. 실제 한 모델을 통해서요. 그래서 비록
짧은 기간이었지만 큰 무리는 없었습니다. 검열의 제약에도 불구
하고 나의 문학적 역량을 유감없이 발휘할 수 있었습니다.

기자: 그럼 선생님이 추구하던 이상과 소설 속의 모델이 된 실제
인물에 대해 들려주세요?

심훈: 당시 당진에 나의 장질 심재영이 주동하는 공동경작이 있
었는데, 그것을 보고 남자 주인공 박동혁이 이끈 한곡리 농후회의
모델로 삼았다고 하는 사람들이 있는데 엄밀하게 말하면 그건 틀린
추론입니다. 심재영과 동혁이 추구하던 공동경작은 그 성격이 아주
다른 거였죠. 모델이라고 하기에는 좀 그렇고, 동기는 되었습니다.

기자: 잠시 전에 심재영 씨를 만나 "자신이 소설 속의 박동혁의 모델이라고 생각하십니까?"라고 질문하였더니 의외로 심씨는 "소설 속의 박동혁은 소작농이고 나는 대지주였다. 야학당도 겨울철에만 운영하는 사랑방 같은 비상설기구로 소설 속의 나오는 야학당 같은 건 설치한 적도 없었고 또한 나는 전국에서 일 년에 한 열 명 정도밖에 들어가지 못하는 고종황제에 의해 설립된 조선 제일의 명문 고등교육기관인 '고등농림' 출신도 아니다."며 "도대체 박동혁의 모델이 누구일까?" 오히려 반문하더군요.

심훈: 음…… 그랬을 겁니다. 한참 소설을 구상하고 있을 때 경기도 수원군 샘골(현 경기도 안산시)의 두메산골에서 젊은 처녀 하나가 헌신적으로 농촌 계몽운동을 하다가 죽었다는 감동적인 신문기사를 보았습니다. 그래서 친분이 있던 경성의 기자에게 전보를 하여 물었더니 대단한 내용을 전해 주더군요. 수많은 조문객이 참석하여 사회장을 치렀고, 그녀의 생애가 너무나 감동적이라 온통 울음바다를 이뤘다고…….

처녀 하나의 죽음을 가지고 사회장. 당시에는 사회장이란 게 좀처럼 없었거든요. 또한 당시는 지독한 남성 중심의 봉건적인 사회인데 두메산골에서 일하다 죽은 한낱 처녀의 죽음인데……. 뭔가 있겠다 싶은 필이 확 왔습니다. 작가의 직감 같은 거 말이죠. 그래서 오랜만에 경성 구경도 할 겸, 소설의 재료도 얻을 겸해서 상경했습니다.

샘골을 방문하여 최용신 양의 묘소도 찾고 학원을 운영 중인 동생 최용경, 교사로 최용신과 함께 일한 장 양, 탁 양 등을 만나 상세한 내막을 듣고 또한 농촌부녀회원, 학부형, 동리주민, 사회장 장례위위원장을 맡은 염석주, 일본인 오오야마, 농촌진흥회의 회장, 회원들……. 정말 많은 사람을 만났습니다. 수술을 집도한 수원의 의사들도 만나고. 정말 상세하게 취재를 하였지요.

한 일주일 동안 샘골에 머물면서 취재를 하는 도중 그 많은 취재원의 태도가 한결같더만요. 모두가 애처로워하고 그리워하며 눈가에 눈물이 맺히니 말입니다. 저 또한 정말 감동을 받았습니다. 20대의 한 젊은 처녀 최용신은 샘골 주민에게는 세상적인 추모의 벽을 넘어 '천사'로 기억되고 있었습니다. 일제 식민지라는 시대적 환경 속에 주변엔 온통 봉건적인 사고와 지독한 가난과 무지만이 가득한 오지의 마을에서 인텔리 여성이 희망을 안고 인간적 한계를 넘나드는 고통을 달게 받으며 사랑을 실천하였거든요

저 또한 취재하면서 참 많이도 울었습니다. 내가 이렇게 울보였던가 하는 생각이 다 들더군요. 이미 그걸로 충분히 한 편의 소설이 완성된 거나 다름없었습니다. 경성에 들러서는 당시에 보도된 신문 잡지의 기사도 모조리 모으고, 잡지 등에 취재한 내용을 직접 기사화하기도 하였습니다. 그렇게 정리한 자료를 가지고 당진에 내려와 『상록수』를 집필한 겁니다.

너무나 뚜렷한 모델의 활동과 정신을 바탕으로 일제의 검열의 한계 내에서 각색한 게 바로 소설 『상록수』입니다. 작가로서 그런 훌륭한 재료 감을 찾은 건 정말 행운이었지요.

기자: 좀 더 구체적인 설명을…….

심훈: 그러니까 최용신을 채영신으로, 샘골은 민족의 이상향을 상징하는 청석골로 바꾸고, 남자 주인공 박동혁은 당시 실제의 약혼자로 일본 동경에 유학 중이던 김학준을 바탕으로 하여, 최용신과 손잡고 일한 수원고농의 류달영 학생을 모델로 고농학생으로 설정했지요. 그리고 그들을 연결하는 Y의 총무 백현경은 당시에 최용신을 후원한 경성 YWCA의 간부, 해방 후 이화여대 초대 총장을 지낸 김활란과 연관이 된 거지요.

기자: 그럼 박동혁의 사상을 사회주의자로 설정한 특별한 이유가 있습니까?

심훈: 이 부분에 중요한 상징성을 담았습니다. 사실 기독교인과 사회주의자는 지금도 그렇겠지만 당시에도 친한 사이가 아니었습니다. 당시 일제는 좌우 합작으로 추진되던 민족운동 단체인 신간회를 해체하는 등 민족말살정책을 추진하면서 한민족 내부의 분열을 더욱 조장하고 있었습니다. 무엇보다 민족의 독립을 위해 이념과 사상을 초월한 협동단결은 일제에겐 가장 큰 위협이 되었으니까요.

그런데 아무도 관심이 없을 것 같은 오지 중의 오지마을이던 샘골에서는 무지렁이에서 지식인, 남녀노소, 봉건적인 문화, 이념, 종교의 장벽이 모두 허물어졌어요. 참으로 놀라운 모습이었습니다. 그 점에 난 매우 감동하였지요.

　사실 최용신을 가장 도운 이가 염석주였는데, 그는 급진적인 사회주의 사상가였습니다. 염 씨는 당시 수원 일대에서 대단한 부자였는데 막대한 재산으로 만주에 많은 토지를 사들여 경흥농장이라는 협동농장 비슷한 걸 만들었어요. 그리고 그 소출을 모아 만주일대의 독립군의 군자금을 대주는 숨겨진 애국자였지요. 염 씨를 보고 동혁의 사상을 사회주의자로 설정하였고 민족주의를 대표할 만한 기독교인 영신과 사랑을 나누는 연인으로 설정한 것이지요.

기자: 정말 흥미로운 내용들인데요. 비록 영신의 죽음으로 둘의 동지적 사랑이 미완성으로 끝났지만 보이지 않는 또 다른 세계에서는……. 현재의 남북의 분단 상황에서 이념의 장벽을 넘어 조국통일로 나아가야 하는 민족적 사명에 시사하는 바가 크다고 느껴집니다. 그럼 소설에 나오는 한곡리의 오입쟁이 강기천이나 청석골의 부자 한낭천 같은 인물도 특별이 모델이 있었습니까?

심훈: 당시에 보도된 「신가정」(1935년 5월호) 기사를 자세히 보면 알겠지만, 소설 『상록수』가 얼마나 사실을 바탕으로 각색되었나 잘 알 수 있을 겁니다. 근데 어쩌죠. 제가 이만 바빠서……. 다 이야기하면 별로 재미도 없을 것 같고 다음기회로 미루죠.

기자: 한 가지만 더 확인하고 싶습니다. 한간에는 상록수 작가 심훈이 샘골을 전혀 방문한 적이 없고 오르지 신문, 잡지 기사만

참고하여 소설『상록수』를 완성하였다고 하는 주장이 있는데요.

　심훈: 그건 작가적 소양을 전혀 모르는 난센스입니다. 상록수 같은 당대에 뛰어난 한 작품을 구상하고 완성하는데, 모델이 된 인물의 활동지를 방문도 안 하고 이게 대충 되겠습니까? 정말 혼을 불어넣는 작업입니다. 사실은 시간적 제약 때문에 샘골을 여러 번 방문하지 못했습니다.

　취재 및 자료 수집을 마치고 당진에 내려와 며칠 만에 목차까지 구상을 모두 끝냈지요. 이제 써 내려가기만 하면 되는데……. 뭔가 부족한 듯 계속 신경이 쓰이는 대목이 있어 재차 샘골을 다녀왔습니다. 그건 숨겨진 일화나 예화 같은 거 말이죠. 최용신의 인간적인 모습 등을 정밀 취재하였고, 내려오자마자 필경사에 틀어박혀 『상록수』를 단숨에 탈고하였습니다. 그게 프로 작가의 모습입니다.

　기자: 오늘 참 고마웠습니다. 근데 상금으로 받은 거금 500원은 어디다 쓰실 건지요. 워낙 유명하셔서 시간 내기가 어려울 텐데 참 아쉽습니다. 꼭 다음에 인터뷰를 계속할 수 있는 시간을 내어주시길 부탁드립니다. 감사합니다.

특별취재: 김명옥 기자, 2001년 제주 노형동

4. 당시 언론에 보도된 주요 기사

「조선중앙일보」 35년 1월 27일 자

수원군하의 선각자

무산아동의 자모

이십육 세의 일기로 최용신 양 별세

사업에 살든 여성

【水原】 최용신 양(崔容信壤)은 금년 二十三歲로서 우리 농촌 개발과 무산아동의 문맹을 퇴치코저 一九三一년 十월에 수원군 반월면 사리(水原君 半月面 四里)에 다가 천곡 학술강습소(泉谷學術講習所)를 설립하고 농촌 부녀들의 문맹 퇴치와 무산아동 교육에 만흔 파란을 겪으며 로력 중이던 바 불행하게도 우연아 장중첩증(腸重疊症)에 걸리어 신음하다가 지난 九일에 도립수원의원(道立水原醫院)에 입원하야 개복수술을 받고 치료 중이던 바 지난 二十三日 오전 령시 二十분에 쓸쓸한 병실에서 최후로 유언 몇 마디를 남겨 노코 영원한 세상으로 돌아가고 말았

다 한다(사진은 崔容信壤). [129] 23세는 26세의 오보이다. 조선중앙일보
는 일제치하 사회주의 계열의 신문으로 「동아일보」, 「조선일보」와
함께 당시 중앙 3대 일간지의 하나이다.

「신가정」35년 5월호[130]

영원불멸의 명주(永遠不滅의 明珠)

고 최용신 양이 밟아 온 업적의 길

천곡학원(泉谷學院)을 찾아서… 일 기자(一 記者)

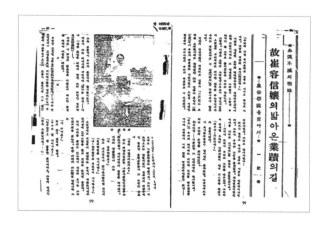

---

129) 23세는 26세의 오보이다. 조선중앙일보는 일제치하 사회주의 계열의 신문으로
「동아일보」, 「조선일보」와 함께 당시 중앙 3대 일간지의 하나이다.
130) 「신가정」은 「동아일보」가 1933년 1월에 출간한 여성종합잡지이다. 신가정은
통권 45호로서 1935년 9월 1일에 이른바 손기정 선수 일장기 말소 사건에 연관되어
그 최후를 다한다. 원문 그대로 옮긴다.

「우리의 가장 무서운 적은 영국도 아니요. 독일도 아니다. 그것은 대중의 무지(無智)다!」

이것은 십 년 전 모국의 혁명당 수령이 십만 대중 앞에서 토한 기염이지만은 그 십 년 전의 말이 오늘날 우리에게 꼭 그대로 들어맞음을 우리는 발견한다.

그렇다. 이것은 모국의 그때 현상으로 보아 명언이었듯이 오늘날의 우리에게도 커다란 감격을 주는 명언이다. 우리는 무엇보다도 이 강적 「무지」를 격퇴시켜야 할 것이다. 인간의 집단생활이 영위되고 인류가 「사회」라는 조직을 보게 된 이래로 반만년간 세계 민족의 흥망사(興亡史)에서 우리가 배운 것도 이것이었고 오늘날 생생한 현실 속에 치어나면서 우리가 깨운 것도 이 진리였다.

배워야 한다. 그리고 알아야 한다! 세기가 변하고 역사가 변해도 이것은 언제까지나 진리다. 그러나 우리는 그것을 몰랐었다. 반만년간이란 긴 역사를 가지고 이 진리를 깨닫지 못했던 것이다.

그러나 드디어 우리도 그것을 깨우쳤다. 그리하여 허다한 우리의 선각자들이 먼저 깃발을 든 것이 「배우자! 가르치자!」의 운동이었다. 이 브나로드 운동이 일어난 지 불과 五년. 그동안에도 우리는 수만의 문맹을 퇴치하였다.

최용신 양. 이분 또한 그 선각자 중의 한 사람이다. 무지가 우리의 적이라는 커다란 진리를 깨우쳤을 뿐 아니라 생명까지 이에 받힌 정령의 주인공인 최 양. 그는 모름지기 우리가 본받아야 할 사람이었다.

더욱이 그는 처녀기의 여성이다. 꽃다운 반생, 아니 일생을 조선을 위하여 받힌 그의 위업인 천곡학원(泉谷學院). 기자는 이 최 양의 밟은 길을 더듬고저 따스한 봄날을 택하여 서울을 떠났다.

수원군 반월면 천곡동(水原郡 半月面 泉谷同)! 기자는 철도 연변에서 三십분 정도의 거리려니 쯤만 생각하였으나 수원군의 지도를 얻어 보고야 교통이 불편한 데 더욱 놀랐다. 가장 가까운 수원역에서 오십리. 군내 지도에도 이름조차 없는 벽촌이다.

그러나 지도만으로는 알 길이 없어 천곡리의 배달구역인 군포장 우편소를 찾아 그 노정을 물으니 「천곡 어딜 가시는지요?」하고 배달부인 듯한 나글나글한 인상을 주는 젊은 사람이 자기네끼리 얼굴을 쳐다본다. 기자의 말을 듣더니 그는 「아, 천곡학원요 ?」하고 자기 집이나 찾아온 사람처럼 반긴다.

「천곡학원을 아십니까?」

「네, 알구 말구요. 격일해서 가니까요!」

오늘날에도 격일해서 배달하는 구역이 벽촌도 아닌 수원 지방에 있다는 말을 듣고 기자는 또 한 번 놀랐다. 위선 다리를 좀 쉬고 있노라니 자상해 보이는 그는 이것저것을 묻는다. 대강 기자가 가는 뜻을 말하니까 그는 「아, 최씨요?」하고 몹시 감격해 한다.

「최씨도 잘 아시나요?」

「알구 말구요 참 훌륭한 분이시지요. 그렇게 인자한 사람은 못 봤습니다.」

이렇게 실마리를 풀어놓자 마침 시내 배달을 끝내고 들어온 배달부까지 섞여서 주거니 받거니 최 양의 칭찬이 자자하다.

「바로 작년 겨울이군요. 소포가 많아서 밤늦게야 우편을 가지고 가니까 한사코 들어오라더니 밥을 데우고 국을 끓이고 해서 먹으라고 하겠지요.」

한 사람이 꺼내자 또 한 사람이 맞장구를 친다.

「나두 여러 번 당했는걸. 그래서 어떤 때는 미안해서 편지 받으십시오! 하고 고함을 치고는 달아 나오기도 했었어!」

반월장터에서 차를 버리고 인수(仁川 - 水原間) 가도를 따라가다가 언덕 밑으로 내려서니 거기서부터는 산길 논길이다. 춤을 추듯 논두렁길을 건너서 약 삼십七분, 七마정은 실히 되는 듯하다. 앞에서는 산, 좌우로는 논밭. 길을 잃고 한참 헤매다 보니 산모퉁이 밭에서 나물 캐는 아이들이 한 떼가 보인다. 기자는 그들을 찾아가서 천곡학원을 묻다가 기자는 여기에서도 최 양의 밟은 길을 엿보았다.

「최 선생님 학교요?」 하고 나물 보구니 속에 든 나물을 개리고 있든 열두엇 된 계집아이가 뭇는 것이다.

「그래, 너희들 선생님 댁이 어디 있니?」

무심코 이렇게 뭇는 말에 작란구러기처럼 저고리 앞섶이 흙투성이가 된 머슴애가 「저-기요!」 하고 마즌편 산을 가르킨다.

「저-기 어디냐?」

「아 저 안예요. 모이 많은데 벍언 흙!」

아이들이 까르르 웃어 제친다. 그 아이가 가르킨 것은 공동묘지에 아직 잔디도 안 입힌 무덤이었던 것이다.

「예이 자식두! 이놈아, 그것 최 선생님 모이지야!」

기자는 그 아이의 대답이 하도 재미있어서 머리를 쓰다듬어 주고 나도 밭머리에 털벅 주저앉아서 아이들의 이름도 뭇고 집도 뭇고

하려니까 산기슭에서 엿장사의 가위소리가 난다. 기자는 엿장사를 불러서 엿 십전어치 열세 개를 받아서 아이들하고 나누어 먹었다. 처음에는 양복쟁이라고 경계하는 눈치가 어린아이들에게도 보이더니 그러는 동안에 숙친해서 묻는대로 고분고분히 대답을 한다.

「그래 너희들 최 선생님보고 싶지 않으니?

이렇게 묻는 기자의 말에 그들은 일제히 대답한다.

「보구 싶어요!」

「지금 계신 선생님들은 최 선생님만 못하시니?」

「안예요」

「그럼?」

「……」

아이들의 이야기를 종합하야 보고 나는 최 양의 심지가 얼마나 아름다웠던가를 짐작했다. 그들은 최 양을 마치 저의들 동무처럼 이야기한다. 그리고 산모퉁이에서 소꿉질을 할 때 최 양이 질그릇 조각에 흙을 파서 밥이라고 이고 다니던 이야기며 각시놀음을 하면서 글을 배워 주던 이야기 같은 것을 듣는 동안에 기자의 눈 속은 뜨뜻해 오는 것 같았다.

나이 이십을 넘은 처녀가 새소리밖에 안 들리는 이런 산간벽촌에 와서 아이들과 소꿉질을 하며 한 자 한 자 글자를 가르치던 그 정성을 그려 보며 기자는 다시 한 번 최 양의 무덤을 건너다보았다. 은연중 머리가 숙는다.

아이들에게 길을 물어서 산잔등을 넘으니 아담스러운 새집 한 채가 보인다. 넓다란 운동장이며 유리창. 언뜻 보기만 해도 그것이

학교라는 것을 짐작할 만 하였다. 비록 초가일망정 깨끗하고 아담하다. 운동장 넓이로 오백 평은 됨직하고 운동장 구석에는 철봉까지 시설해 놓았다.

사무실 문을 두드리니 마침 휴가 중이라 최 양의 후임으로 온 탁 양(卓孃)의 집을 찾으니 탁 양도 마침 촌에 나가고 천곡학원의 경영체인 천곡예배당의 전도부인 장 양이 대신 맞아 준다. 기자의 온 뜻을 듣고는 「이처럼……. 이처럼…….」하고 몹시 감사해 한다. 장 양은 최 양의 손을 맞잡고 천곡학원을 위하여 노력하던 동지의 한 분이다.

학원의 책임자는 없었지만은 최 양이 밝은 길을 장양 입에서 누에실 뽑히듯 흘러나왔다. 이제 장양의 이야기를 듣건대 원래 천곡학원은 五년 전에 선교사 「밀러」씨가 천곡 예배당 안에 야학으로 시작한 것이다. 그러나 밀러 씨는 원래 한곳에 오래 주둔할 수 없는 바쁜 몸이므로 그 사업이 뜻과 같이 진행되지 않아서 초초하던 때에 그야말로 하느님의 사자처럼 천곡에 나타난 한 여성이 있었으니 그가 바로 최용신(崔容信) 양이었다.

최 양이 천곡에 나타나기는 四년 전 十월이었다. 그러나 최 양이 오기까지는 사람이 없어 사업의 진전을 보지 못하든 것이 경비의 일체를 보조해 오던 여자기독교청년회도 본국의 보조 삭감으로 천곡학원까지 돌볼 겨를이 없게 되자 천곡학원은 일시 비운에 빠져 폐문을 하게 되어 최 양은 한동안은 경성에 돌아가 있었다.

그러나 남들은 행복된 결혼과 유학 출세, 이런 아름다운 꿈을 꾸고 교문을 나설 그때부터 깨달은 바 있어 농촌 계몽을 자원한 사람이다. 일시 재정 곤란으로 중지는 하였으나 조선을 사랑하는 그의 정렬은 식을 줄을 몰랐다. 그는 드디어 다시 결심을 하고 그 이듬 해 이른 가을에 홀연히 천곡에 나타나서 천곡학원의 재생을 위하야 일생을 바치기로 한 것이다.

천곡은 수원군인지라 경성과는 지천간이기는 하나 산간벽촌. 여기야말로 등하불명의 처녀지(處女地)였다. 처음의 최 양은 학부형을 설복시키어 일을 시작하랴 하였으나 그것도 여의치 못함을 깨달은 그는 다시 복안을 변하여 그들 자신이 깨우치도록 할 계획을 써 왔다.

최 양이 처음으로 취택한 계획은「추석노리」였다. 최 양은 월여를 허비하여 추석 달 밝은 기회로 음력 八월 十四일 밤에 예배당을 이용하야 추석놀이 대회를 연 것이다. 읍까지 오십 리 성냥 한 푼어치를 사재도 오마정이나 나가는 산간벽지에서 위안에 주린 그들은 이십 리나 되는 산길을 넘어「추석노리」구경을 왔다고 한다.

공작새처럼 혼란스럽게 차린 어린이들이 나비처럼 납신납신 춤을 추고 손에 손을 맞잡고는 천진스럽게 부르는 노래! 호미와 지개와 오줌동이밖에 모르고 자란 그들은 여기서 비로소 자기네의 자녀들도 아르키면 된다는 굳센 신념(信念)을 얻게 된 것이었다.

「우리들의 자식들도 원래가 농군이 아니다. 아르키고 배우고 하면 되지 않느냐?」

이리하여 부인친목계(婦人親睦계)가 자진하여 수년간 거금 저축한 기금 삼백여원을 희사하였다. 그러나 최 양은 어찌 생각함이 있든지 그것을 다 받지 않고 그중의 반인 백오십 원을 기초로 하여 매일 산길을 넘어 가가호호 방문을 하여 기금을 모집하였다. 그때 최 양의 나이 二十四세건마는 최 양은 구두도 벗어 던지고 짚신이나 고무신을 신고는 오늘은 이 동리 내일은 저 동리 산은 넘고 논길을 헤매며 푼푼이 기금 모집을 하였다.

점심을 굶은 것은 항다반이오, 어떤 때는 저녁도 못 얻어먹고 밤중에야 산을 넘어 집으로 돌아오기도 하였다. 또 어떤 때는 그 지방 부호 노인과 말다툼을 하다가 격렬한 토론 끝에 본의는 아니면서도 노인에게 욕도 여러 번 하였고 외국 유학까지 하였다는 모 청년을 거리로 끌어내어 봉변을 주었다고 한다.

한동안은 근동 일대에서 최 양에 대한 불평이 자자하였다. 어떤 부호는 최 양을 위협까지 하였으나 그는 끝끝내 구기지 않고 「조선을 위하는데 죄가 무슨 죄냐!」라는 굳은 신념으로 활동을 계속하였다. 십 전, 오십 전, 일 원……. 이렇게 모인 돈이 七백 원에 달하자 최 양은 학교의 기지를 닦고 정초식을 거행하였다.

그러나 동민이 최 양의 사업에 진심으로 공명한 것은 집터를 닦기 시작한 그날부터라고 한다. 十월도 중순 덧없이 명랑한 달밤이었다. 최 양은 처녀의 몸임도 돌보지 않고 팔을 걷고 버선을 벗어 던지었다. 그리고는 남자들이 멍하니 서서 구경하는 앞에서 지게로 돌도 나르고 흙도 저다 부었다. 기진하면 지게 우에 앉아서 숨을 돌려가지고 또 지게를 졌다.

이튿날도 최 양은 그러나 쉬지 않았다. 흙과 돌을 저다가는 스스로 담도 쌓고 토역이니 대패질까지 손수 하는 것을 본 근동의 사람들은 여기서 비로소 깨우침이 있어 훌훌 벗고 덤비어 교사 역사에 참가하였던 것이다.

이리하여 七백여 원의 건축비로 기공한지 이 개월 만에 천곡학원의 낙성연을 베풀었던 것이다. 이리하여 학생을 모집하니 당일로 육십여 명이 운집하였다. 최 양은 자기의 천직을 다하기 위하여 교재도 꾸미고 아동들의 가정성격 취미까지 참작하야 그야말로 천사처럼 어린이들을 지도하고 어루만지고 했다.

그러나 최 양의 사업은 이것뿐이 아니었다. 낮에는 교육의 천직을 다하고 밤에는 농촌의 부녀들은 모으기 시작했다. 오십 륙십의 노파들도 책을 끼고는 학교로 모여들었다.

「난 안 올라다가 또 밤중에 와서 야단을 칠 테니 초저녁에 아주 때우는 것이 낳지!」

그들의 입에서 이런 말을 듣게 된 것을 보아도 최 양의 정성이 얼마나 가득했던가를 추측할 수 있다. 이리하여 천곡 근동에서는 거의 전부가 문맹을 면하였다고 한다. 밤낮으로 이렇게 활동하는 최 양이건만 일요일에는 몸소 벗고 나서서 논도 매고 밭도 갈아서 부엌에서만 일생을 보내던 농촌 부인들도 지금은 모다 농군이 되었다고 한다.

이러기를 만 四년! 그 뉘 최 양의 위엄을 잊을 수가 있으랴? 그러나 최 양은 늘 자기의 무지를 슳어하였다고 한다. 말끝마다 「더 배워야 할 텐데!」 하고 완전한 교육을 하기 위해서는 좀 더 공부를 해야 한다고 하더니 마츰내 작년 삼월에 일 년간의 예정으로 천곡학원을 동무에게 맡기고 신호(神戶)로 유학의 길을 떠났다. 이것만으로도 최 양이 얼마나 양심 있는 사람이라는 것을 엿볼 수가 있는 것이다.

최 양은 일즉에 원산루씨여자고보(樓氏女高普)를 마추고 경성신학교(神學校)를 거쳤건만 완전한 교육은 완전한 인격과 학식으로만 가능한 것이라고 생각한 데서 다시 신호신학교에 입학한 것이었다. 최 양이 떠난 후 학생들이 빨리 돌아오시라는 편지가 매일 가듯 싶이 했다는 것만으로도 천곡학교에서의 최 양의 신망이 엿보인다.

그러나 이 큰 뜻 밑에 떠난 최 양의 스타―트가 죽엄의 길이 될 줄이야 그 뉘가 뜻하였으랴? 신호 간 지 육 개월 만에 최 양은 각기를 얻어 경성으로 돌아왔다. 그러나 병을 치료하는 동안에도 최 양은 천곡을 잊지 못했다. 그리하야 다시 천곡으로 돌아와서 병을 치료하면서도 그는 단 하루를 쉬지 않고 교단에 섰었다.

「나의 맥박이 끄칠 그 순간까지!」

이것이 최 양의 맹세였다.

「선생님, 그만 학교를 쉬시고 정양하시지요.」

날마다 학부형이 찾아와서 권했으나 최 양은 그대로 고개를 흔들고 낮에는 주학, 밤에는 야학, 토요일 오후와 일요일에는 근동으로 돌아다니며 출장교수를 하였다.

「내 몸뚱이는 천곡 ― 조선을 위해서 생긴 것이다. 그 천곡! 그 조선을 위해서 일하다가 죽었단들 그게 무엇이 슲으랴!」

최 양은 찾아가는 사람을 부뜰 고는 이렇게 말하였다.

「신」이라는 것이 있기만 했다면 우리는 그 신을 원망했을 것이다. 천사 같은 어린이들의 그 가륵한 기원(祈願) 학부형들의 그 정성스러운 간호! 그러컨만은 최 양의 병세는 날로 날로 더해 가는 것이었다. 최 양도 사람이다. 그 도에 지나친 노력과 병마로 하여 드디어 병석에 눕고 말았다. 최 양은 병석에 눕던 바로 그날 밤까지 교단에 섰었다.

최씨의 삼간초옥을 둘러싼 학부형, 은은히 솔폭에서 들려오는 학생들의 울음소리……. 이리하여 그날 밤도 길어갔다. 그러나 병석에 누울 그때의 최 양은 벌써 중태였다. 견디다 견디다 못하니까 누운 것이다. 아니, 교단에 올려서도 더 몸을 지탱할 힘이 없으니까 쓰러진 최 양이었다.

「언니! 샘골을 어쩌고 죽어요?」

최 양은 혼수상태에 빠져서도 샘골을 찾았다. 샘골이란 천곡(川谷)의 속칭이다.

「수원으로 가 보면?」하고 수십 차 권해 보았으나 그래도 최 양은 머리를 흔들었다.

「아니 아니 ! 난 샘골서 죽고 싶어!」

그러나 병세는 날로 더해 갈 뿐 아니라 학부형들은 도립병원에 입원시키기로 결정하고 비용을 거금하였다. 학교 기금에는 그럴 듯이 모르는 체하던 샘골 사람들은 자진하여 치료비를 부담하였다. 그리하여 도립병원으로 옮겼으나 때는 이미 늦었었다.

최 양은 금년 一월 二十二일 오전에 와서 완전히 의식을 잃고 말았었다. 의식을 잃은 그동안에도 최 양은

「샘골! 샘골!」

하고 샘골을 찾다가 二十三일 미처 날도 밝기 전에 二十六세를 일기로 그 짧막한 인생을 마추었던 것이다.

숨을 걷기 전 최 양은 자기를 샘골에 묻어 달라고 유언을 하여 최

양의 유언대로 일백십여 명의 제자와 천 명을 넘는 동민의 앞을 서서 천곡학원 뒷산에 묻히었다.

이렇게 이야기를 마춘장 씨는 살짝 외면을 한다. 눈물을 감추렴이 아니든가?

기자는 장 씨의 집을 나와서 학교로 갔다. 벽에 칠한 회가 아직도 새하얗다. 그러건마는 최 양은 벌써 갔는고? 하니 인생의 덧없음이 새삼스러이 가슴에 사모친다.

장 씨의 안내로 교실 안을 일순했다. 맨 마즌편 벽에 「송학」(松鶴) 자수 한 틀이 걸려 있다. 최 양의 솜씨였다. 솔과 학! 어느 것이나 그렇듯이 짧은 천명을 하고 만 것이 아니 것만 그 솔과 학을 수놓은 최 양은 이미 간 지 오래다. 그러나 이 자수가 남아 있으니 최 양이 남긴 그 큰 뜻은 언제까지나 이 샘골을 지켜 줄 것이다.

「저기 뵈는 것이 최 선생 산소올시다.」 이렇게 가르키는 쪽이 바로 아까 아이들이 일러 주던 곳이다. 최 양의 비석도 거의 다 되어서 일간 추도식을 겸하여 식을 베풀리라 한다.

최 양이여! 그대의 샘골이 영원토록 빛나게 지키고 있으랴!

기자는 그의 무덤을 건너다보고 있는 동안에 은연중 머리가 숙여졌다.

一九三五年 三月 二十六 一 記者

백년을 앞선 선각자 **최용신의 외로운 진실**

「월간 중앙」 35년 5월호[131]

샘골의 천사 고 최용신 양의 반생

지난 1월 23일, 수원서 조금 더 드러가는 반월면 천곡리 샘골이라는 곳에서 농촌사업을 하든 고 최용신 양이 세상을 떠난 사실이 잇다. 새삼스럽게 내가 여기 붓을 드는 것은 그가 세상을 떠낫다는 애도의 의미에서나 또는 더욱이 이십삼 세(원래는 26세)라는 꽃다운 시절에 꺽이었다는 애달픈 감정에서만이 아니다.

일적이 세상에는 사업을 한다는 사람도 많았고 그중에서도 헌신적으로 하겠다는 사람들도 많엇스나 고 최용신 양 같이 참으로 여기에다 제 피를 기울어 붓고, 제 뼈를 부서 넣은 사업가는 아마도 듬으리라고 생각되는 동시에 아직껏 그의 사업의 향기를 맡어보지 못한 분과 이 향기를 나누며 더욱이 농촌사업의 희생된 이 선구자의 닦아 놓은 길을 계승할 미래의 사업가들을 위해 그의 빛나는 공적을 다시금 살펴보라는 것이다.

최 양은 본래 원산 태생으로 일즉이 고향에서 루씨여자보통학교를 제1호라는 우수한 성적으로 졸업을 하고 남다른 포부를 가슴에 색이며 경성에 올라와 우선 남을 사랑하고 봉사하는 정신을 닦으며 신학교에 입학하얏스니 여기서도 그의 존재는 별 같이 빛나고 잇섯

---

131) 「월간 중앙」은 사회주의 계열의 「조선중앙일보」가 발행한 월간지다. 한자는 우리말로 바꾸고 한글 표기는 원문 그대로 옮긴다.

다. 신학교에서 농촌으로 실습을 나가는 때는 물론이려니와 방학 때가 되어 남들이 피서를 가느니 원산 해수욕 가느니 하는 무더운 여름이나 치운 겨울에도 최 양만은 쉬지 않고 언제나 그는 외로이 발길을 농촌으로 돌렷다 한다.

이와 같이 재학 시절부터 남달리 그 젊은 정열을 오로지 이 땅을 위해 일해 보겠다는 일편단심을 가진 그는 여기저기 농촌사업을 많이 하다가 신학교를 나오게 되자 경성 여자기독교 청년연합회의 파견을 받어 가지고 1931년 봄에 경기도 수원군 샘골이라는 곳으로 그 사업의 발길을 옮기게 되엇다.

시골은 어듸나 다를 것 없겠지만 등잔 밑이 어둡다는 격으로 문화의 도시 경성서 불과 얼마를 떨어지지 않은 그곳이엇으나 문명의 혜택에서 벗어나 샘꼴이라는 데는 문자 그대로 미개(未開)한 상태엿다고 한다.

처음에 그가 여기를 들어섯슬 때에는 우선 천곡리 교회당을 빌려 가지고 밤에는 번가라가며 농촌 부녀들과 청년들을 모아 놓고 가리키고 낮이면은 어린이들을 가리킬 때 배움에 목말라 여기에 모이는 여러 아동의 수효가 백여 명에 달하고 보니 경찰 당국에서는 팔십 명 더 수용해서는 안 된다는 제재가 잇게 되자, 불가불 그중에서 팔십 명만을 남기고는 밖으로 내보내야 하는 피치 못할 사정인데 이 말을 듯는 아이들은 제각금 안 나가겠다고 선생님 선생님하며 최 양의 앞으로 닦아 앉이니 이 중에서 누구는 내보내며 누구는 둘 것인냐?

그는 여기서 뜨거운 눈물을 몰래 몰래 씨서 가며 억일 수 없는 명령이매 할 수 없이 팔십 명만 남기고는 밖으로 내보내게 되니 아이들 역시 울며 울며 문 밖으로 나갓스나 이 집을 떠나지 못하고 담장으로든 넹겨서 보며 이제부터는 매일같이 이 담장에 매달려 넹겨다보며 공부들을 하게 되엿다.

이 정경을 보는 최 양은 어떠케든지 해서 저 아이들을 다 수용할 건물을 지어야겠다는 불같은 충동을 받게 되자 그는 농한기를 이용하여 양잠(養蠶)을 하고 양계(養鷄), 기타 농가에서 할 수 있는 부업을 해가지고 돈을 좀 맨들어서 집을 짓게 되었으니 여름 달 밝은 때를 이용하야 그는 아이들과 들것을 들고 강가로 나가서 모래와 자갯돌들을 날려다가 자기 손으로 흙을 개며 반죽을 해서 농민들과 가치 천곡학술강습소를 짓게 되었든 것이다.

이것을 짓고 계산을 해 보니 약 팔백 원이 드려서야 할 것인데 돈드린 것은 사백 원밖에 되지 않았다 한다. 그리하야 이 천곡강습소의 낙성식을 하면서 그 집을 지며 고생하던 이야기를 최 양이 하자마자 현장에 모여든 사람 중에서 수백원의 기부금을 얻게 되어 그동안 비용 든 것을 갚을 수 있게 되었다.

이리하야 여기서 사업의 자미를 보는 최 양은 밤이나 낮이 나를 헤아리지 않고 오로지 농민들을 위해 일하다가 천곡리에 흙이 되겠다는 구든 결심 아래서 연약한 자기 몸도 돌보지 않고 그들과 같이 나가 김을 매고 모낼 때면 발을 벗고 논에 드러가 모를 내는 일까지 다 했다고 한다. 그뿐 아니라 그는 이 샘골의 의사도 되고 때로는 목사, 재판장, 서기 노릇도 다 겸햇섯다고 한다.

그래서 동리에서 싸홈을 하다가 머리가 깨져도 최 선생을 찾고 부부간에 싸흠을 하고도 최 선생을 찾으리만큼 최 양은 그들에게서 절대 신임을 얻게 되며 과연 샘골 농민들에게 잇어 그의 존재는 지상의 천사(天使)와 가치 그들에게 빛낫든 것이다.

최 양은 여기서 좀 더 배워 가지고 와서 그들에게 더 풍부한 것을 주겠다는 마음에서 그는 작년 봄에 신호신학교(일본고베)로 공부를 더하러 떠나게 되엿섯다. 그러나 의외에도 각기병에 걸려 가지고 더 풍부한 양식을 준비하러 갓든 그는 건강만을 해처 가지고 작년 가을에 다시 조선을 나오게 되엿을 때 병든 다리를 끌고 제일 먼저 찾아간 곳은 정든 이 샘골이엿다.

최 양을 보자 이곳 농민들은 "최 선생 앞아서 누워 잇어도 이곳에서만 계서주면 우리의 생활은 빛납니다." 하며 절대 정양을 요구하는 최 양의 몸임에도 불구하고 붙잡고 노치를 않음으로 여기서는 기적적 정력을 얻어 가지고 다시 그들을 위해 일하게 되엿다.

과연 최용신 양이 이곳에 온 지 만 4년 동안에 천곡리 일대의 인심이나 그 생활에도 놀랄 만한 향상과 진보를 보게 되엿든 것이다. 그래서 최씨가 온 후로 갑자기 변한 이 샘골을 보는 그 근방에 잇는 야목리라는 곳에서 하로는 청년들이 최씨를 찾아와 저의 동리도 좀 지도해 달라는 애걸을 하엿다 한다. 그러나 이때 마츰 경성연합회에서는 불가불 경비문제로 한 달에 삼십 원을 주든 것조차 앞으로 못 주겟스며 따라서 여기여기 농촌사업을 그만두게 되지 않으면 안될 형편이 되고 또 최씨 건강도 점점 쇠약해 감으로 그는 사업을 중지하고 고향으로 도라가랴 하엿다.

그러나 이 농민들의 앞날을 다시 한 번 생각할 때 그는 발길을 참아 돌리지 못하고 이리저리 주선한 결과 중지 상태에 잇든 천곡리 농촌사업을 다시 계속하는 동시에 수원고농 학생 유지들에게서 야목리를 위해 한 달에 십 원씩 얻기로 되어 그는 두 군데 일을 맞게 되었다.

여기는 그의 약한 몸은 기름 없는 기계와 같이 군소리를 내기 시작햇으니 맹장염을 얻어 가지고 남몰래 신음하다가 원체 병이 중태에 빠지매 수원도립병원에 입원을 하곤 복부수술을 하고 보니 소장이 대장 속으로 드러간 이상한 병(病)이엇다 한다. 이때에 촌민들은 이·삼십 리 밖에서까지 드러와서 가라가며 밤을 새워 간호를 했다니 최 양이 그들에게서 얻은 인망(人望)은 가히 짐작하고도 남을 것이다.

병이 위독해짐을 보고 고향에 기별을 할랴고 농민들이 무르니 최 양은 끝까지 "이것은 내 개인의 일이니 여러 사람의 일에 방해가 잇으면 안 되겟소." 하며 편지를 못하게 함으로 우둔한 촌 부인들은 아모데도 이 소식을 알리지 않고 잇슬제 그의 은사 황애덕 씨가 이 소식을 풍문에 듣고 내려와서 일이 글른 것을 알고 친지들에게 기별을 하니 최 양은 이때 의사의 말에 의하여 최후 수단으로 뼈만 남는 그 몸을 다시 수술대에 오르게 되엇스나 만약(萬若)이 무효로 최 양은 그여코 1월 23일(1935년) 예수가 십자가에 목 박히시며 최후로 하시든 말씀 "주여! 나를 바리시나잇가?"를 연발하며 몇 마듸의 유언을 남기고 그는 애석히도 괴로운 숨길을 모으고 마럿스니 그가 최후로 남기신 말은 이러하였다.

❶ 나는 갈지라도 사랑하는 천곡강습소를 영구히 경영하라.

❷ 김 군과 약혼한 후 십년 되는 금 4월부터 민족을 위하야 사업을 가치 하기로 하엿는데 사라나지 못하고 죽으면 어찌하나.

❸ 샘골 여러 형제들을 두고 어찌 가나.

❹ 애처러운 우리 학생들의 전로를 어찌하나, 애처러운 우리 학생들의 전로를 어찌하나.

❺ 어머님을 두고 가매 몹시 죄송하다.

❻ 내가 위독하다고 결코 각처에 전보하지 마라.

❼ 유골을 천곡강습소 부근에 묻어 주오.

최 양! 어찌 눈을 감엇스랴. 이러듯 못 잇는 샘꼴 농민들을 두고 어찌 갓스며 십 년을 두고 남달이 사괴엿다는 마음의 애인을 마지 막 하직하는 그 자리에서도 보지를 못햇스니 엇지 눈을 감고 어이 갓스랴! 최 양이 원산루씨여고를 마칠 때 그에게는 원산 명사십리 을 배경으로 하고 싹트는 로맨스가 잇섯스니 명사십리에 흰 모래를 밟으며 푸른 원산의 바다를 두고 그들의 미래는 굿게 굿게 약속되 엿든 것이다.

그러면 최 양의 마음의 연인은 과연 어떤 사람이 엇든가? 그 남 자 역시 원산 사람으로 최 양과 한 동리에서 자라난 장래 유망한 씩 씩한 청년이엿다. 그들이 친구의 계단을 발버서 미래의 일생의 반 려자가 될 것을 맹서한데는 오날 보통 청년 남녀들에게는 보기 드 문 진실성과 빛나는 것이 잇섯스니 그들은 오직 이 땅의 일꾼! 우리 는 농촌을 개척하자는 거룩한 사업의 동지로서 굿게 그 마음과 마음의 악수가 잇섯든 것이다.

그리하야 십 년 동안 0000오면서도 그 사랑은 식을 줄을 몰르고 한 번도 감각적 향략에 취해 본 적이 없엇다는 것이다. 언제나 대중을 위하야 몸과 마음을 밧치자는 것이엿다. 그들 역시 젊은 청춘이어늘 웨 남만큼 젊은 가슴에 타는 정열이 없엇슬 것이냐마는 이 사업을 위해서 이것을 이긴 것이 얼마나 훌륭하고 장한 일이냐!

특히 작년 봄에 최 양이 신호로 공부를 다시 갓슬때 현금(現今) 그곳에서 모 대학에 다니고 잇는 그 약혼자는 최 양에게 올해에는 우리도 결혼을 하자고 청햇다고 한다. 그러나 여듸까지 이지적이며 대중만을 생각하랴는 최 양의 말은 "공부을 더 한다고 드러와 가지고 결혼을 하고 나간다면 이것은 너무나 나 자신만을 생각하는 것이 아니요." 하며 거절을 하엿으나 약혼자에게 반항하는 미안한 마음에 그러타고 결혼하자니 사업에 방해가 될 것 같은 띠렐마에서 그는 무한히 번민햇다고 한다.

이번에 최 양이 위독하게 되었을 때 물론 그 약혼자에게도 전보를 첫다. 이 급보를 받은 K군 인들 오죽이나 뛰어나오고 싶엇스랴! 그러나 원수의 돈으로 사라 생전에 나오지를 못하고 천신만고로 로비를 변통해 가지고 이 땅에 다엇슬때는 임이 애인 최 양은 관 속에 든 몸이 되엿섯다 한다.

이를 본 K군은 단지(斷指)를 하고 관을 뜨더 달라고 미칠 듯키 애통하엿으나 때가 임이 늦엇으므로 하는 수 없이 죽은 그 얼굴이나마 보지를 못하고 묘지를 향하게 되엿슬 때 그의 애통하는 양은 사람의 눈으로 볼 수 없었다. 자기의 외투나마 최 양의 관우에 덥혀 달라고 해서 이 외투는 최 양과 함께 무덧다고 한다. 그 남자가 최 양의 무덤을 치며 목메어하는 말.

"용신아 웨 네게는 여자들이 다 갓는 허영심이 웨 좀 없엇드란 말이냐!" 하며 정신을 일엇다고 한다.

최 양이 세상을 떠낫다는 소문을 듣자 사·오십리 밖에서 들까지 촌(村)사람들이 모여들어 그의 상여 뒤에는 수백 명의 군중이 뒤를 따라 묘지에까지 갓섯다고 한다. 그리고 평소에 최 양이 만지든 물품들은 저마가 갓다 두고 "우리 최 선생 보듯이 두고 보겠다."고 하며 제각금 울며 빼서 가서 나중에는 그의 욧닛, 벼개닛 신발까지도 눈물 바든 치맛자락에 싸가지고들 부모상이나 당한 것처럼 비통에 싸여서 끝일 줄을 몰랏다고 하니 세상에 천사가 아니고 무엇이엇스랴.

과연 최 양은 미증유의 농촌사업가라고 해도 과언이 아닐 것이다. 이십삼 세(26세 오타)라는 그 젊은 시절을 오로지 조선의 농촌을 위해 그 피를 기울리고 훌륭한 사업의 열매를 매저 노앗스니 그는 과연 땅에 떨어진 한 알의 밀알이니 그는 여기서 반드시 새싹을 낼 것이다. 오로지 샘골의 농민들을 위하여 마음과 정신을 다 바치고 육신(肉身)까지 바첫것만 그 마음에 다 못 것이 남어 잇슴이엿든가? 제가 죽으면 천곡강습소 바루 마주 보이는 곳에다 무더달라고 유언한 대로 강습소 바루 마진편에 무치엿스니 만일 그의 망령이 잇다면 언제나 이 천곡강습소를 위해 축복의 손길을 거두지 못할 것이다.

고 최용신 양 그대는 갓다고 하나 그대의 끼처 준 위대한 정신이 잇스니 어찌 몸이 없어졌다고 그대를 갓다고 하며, 인생백년에 비하야 이십삼 년(26년)은 짧은 것이겠다. 그러나 최 양의 위대한 사업이 잇거든 그대의 일생을 어찌 짤벗다 할 것이냐!

中央 1935년 5월호 노천명

김교신 선생 일기에서 최용신 선생 기록 발췌[132]

김교신 기념사업회가 발족(2016년)되어 위기의 '한국 개신교, 한국 교육'의 길을 김교신에게 찾자는 운동이 활발하다.

1935년 2월 13일 (수)

水原 通信 如下(수원 통신 여하)

水原(수원) 半月面(반월면)에서 無産兒童(무산아동)의 교육과 농촌 婦女

---

132)   성서조선에 발표된 내용을 편집 발행한『김교신 전집』5~6권에서 발췌 (제일출판사, 1991), 원문을 그대로 옮긴다. (한자는 괄호 안에 한글로 표기함)

(부녀)의 문맹퇴치에 노력하는 최용신 양이 二十六歲(26세)의 젊은 나이로써 세상을 떠난 기사가 中央日報 1월 27일자 신문에 「水原郡下의 先覺者(수원군하의 선각자)」라는 제목 하에 보도되었나이다.

젊은 여성으로서 더구나 處女(처녀)로서 모든 핍박과 고난 속에서 오로지 주의 복음을 전하기에, 조선 민족의 어둔 눈을 띄우기에 일생을 보낸 최 양. 그의 아름다운 고귀한 일생을 회고하고 스스로 기도와 뜨거운 눈물을 금하지 못하겠나이다.

썩어진 이 세상에서라도, 惡(악)의 덩굴이 온 地球(지구)를 휩싸고 뻗어 가는 이때에라도 사람의 사랑과 고결한 心情(심정)이 귀하고 아름다운 것이라는 時代錯誤(시대착오)의 관념을 가지는 이가 있다면, 그에게는 확실히 최 양도 세상에서 귀하고 아름다운 보배외다.

運動競技(운동경기)에 세계기록을 깨뜨리는 것만 갖고 떠들기에 분주한 이때, 다른 나라 돼지우리만도 못한 농촌에서 피었다 지는 귀하고 아름다운 최 양의 기사를 감격에 읽는 이가 몇이나 있으리까? 있다면 이 또한 認識不足(인식부족)한 자요, 時代錯誤者(시대착오자)가 아닐는지요? 조선에도 인식부족과 시대착오의 어리석은 이가 좀 더 좀 더 나오기를 기도하지 아니치 못하겠나이다.

주판을 놀 줄 모르는 어리석은 이도 좀 더 좀 더 나오기를 기도하지 아니치 못하겠나이다. 그러나 이 같은 어리석은 이가 간혹 세상에 나왔다가도 혹은 일찍 세상을 떠나고 혹은 병상에 누웠으니 좁은 소견과 옅은 신앙으로 오직 슬퍼할 따름이올시다, 라고.

과연 조선적 영웅은 一日 飛行士(비행사), 二日 마라톤 선수, 三日 권투선수, 四日 스케이팅 선수 등등. 심지어 여학교 生徒(생도)들까지가 右記(우기) 최 양과 같은 선배를 본받고자 하는 것이 아니라, 日夜(일야)로 某選手(모선수)의 姓名(성명) 석자를 베끼고 앉아더라고 하니 寒心(한심) 또 寒心(한심).

1939년 2월 19일 (일)

소설 『상록수』를 讀了(독료)하다.

학원 경영에 참고될까 하여 多大(대대)한 희생이나 하듯이 아까운 시간을 들여 통독하였다. 끝이 될 수록 감동이 깊었다. 최 양 같은 선생이 있다면 학원경영도 매우 쉬운 일일 듯하다. 그러나 소설의 여주인공 최용신 양의 신앙이 그 정도뿐이었는지 혹은 작가 심훈의 사상이 그 정도에 지나는 것이 없었는지 알 수 없으나 요컨대 '일 하러 가세'라는 찬송가 이외의 아무 깊은 것도 높은 것도 없어 보이다.

1939년 2월 28일 (화)

인쇄소에 들르고 오전 열 시 차로 수원행

고농 k군의 안내로 천곡에 고 최용신 양의 事蹟(사적)을 심방하고자 함이다. 오후 1시에 천곡에 도착. 언덕 위에 덩그런 학원은 고 최 양이 창자가 꼬여지도록 애써 지은 건물이라 함에 널 한쪽, 흙한 줌도 무군 신성한 건물 같아 보인다. 형의 희생된 자리에서 그 동생이 수업하는 자태도 눈물겨움이 없이는 볼 수 없는 광경이었다. 학원을 바라볼 수 있는 언덕 위에 고 최 양의 묘소와 비석이 보이는 것은 사실이나 상록수의 기사와 사실과는 매우 차이가 있음을 알다. 상시의 광경을 목도한 노인 한 분이 고 최 양의 事蹟(사적)을 말하려 하매 감탄과 눈물이 條理(조리)를 혼란케 하는 모습을 보면 최 양의 감화가 얼마나 심대하였던 것을 짐작하기 어렵지 않다.

십 년이나 지난 옛날이야기건마는 듣는 자로 하여금 어제까지도 최 양이 그 고개를 오르내렸고 그 학원에서 종을 쳤던 같은 느낌을 준다. 참으로 산 자는 단 하루를 살았어도 영생한 것이다. 동생인 최용경 선생에게서 그 형님의 事實片片(사실편편)을 얻어듣고, 불원에 상경하리라는 그 오빠와 회담 할 수 있기를 부탁하고 辭退(사퇴).

이 학원도 인가 문제로 한 달 후에는 폐쇄하게 되리라 하니 冷心(냉심)뿐이랴?

1939년 3월 8일

某君(모군)의 편지에 「今朝(금조)까지에 상록수를 讀了(독료)했습니다. 어서 속히 고 최 양의 전기가 나왔으면 합니다.」라고 했는데, 마침 동시에 천곡학원에서 현재 가르치고 있는 고 최용신 양의 동생 최용경 선생으로부터 來信(내신).

고 최 양의 전기재료와 사진 등을 보내주어서 깊이 고마웠다. 폐쇄하리라 던 천곡학원도 금년 일 년만 더 연장된다니 반가운 소식이다.

1939년 3월 21일 (화)

수원 샘골학원의 고 최용신 님의 媒氏(매씨, 동생 최용경) 최 선생이 北漢學園(북한학원)을 來訪(내방)하여 밤 열한시가 지나도록 학원 경영의 辛酸苦楚(신산고초)를 이야기할 수 있었음은 多大(대대)한 學問(학문)이었다.

1939년 3월 22일 (수)

고 최용신 양의 오빠 최시풍 님의 來訪(내방)을 얻어 고 최 양의 어린 시절에서 임종까지의 정확 상세한 사실을 많이 알게 되다.

최 양의 전기 자료가 점차 형성되어지는 일 감사, 고인의 전기 발간에 대하여도 대체로 贊同(찬동)을 얻다.

1939년 5월 11일 (목)

授業(수업) 후에 全在豊 牧師(전재풍 목사)로부터 年會(연회)에 참석하였던 도중인데 최용신 양의 事跡(사적)에 관하여 면담하자는 전화 있어, 鐘路靑年會館(종로청년회관)에서 面會(면회), 유익한 자료에 대해 듣다.

氏(씨)는 崔(최)양과 함께 2個年(년간) 넘어 泉谷(천곡)에서 敎役(교역)하였고 최 양의 장사까지 손수 치른 후 수년간 타지방에서 목회중이다가 금번에 다시 천곡으로 파송을 받아 赴任(부임)할 터이라 하매, 천곡에는 심히 깊은 인연을 맺은 어른인 것을 알다.

1939년 8월 16일 (수)

류달영 군이 탈고된 최용신 양의 전기를 품고 내방하여 반가움을 측량할 수 없다. 지난 冬期集會(동기집회) 때에 그 전기의 출판의 간절한 요구를 류 군에게 부탁했던 이후로 군은 자료 수집과 현지답사를 마친 후에도 이미 썼던 원고를 찢어버리기 오륙 차, 격렬한 敎務(교무)도

일달락된 금 팔월일일 이후로는 때로 새벽 두세 시까지 거의 일 야를 連(연)하여 펜을 달린 결과로 이 일편 삼백여 매를 이루었다 한다.

군은 마치 大患(대환)을 치른 사람처럼 창백한 얼굴로 이 원고 뭉치를 가져왔다. 붓을 농락함으로서 業(업)을 삼는 文士(문사)들에게는 원고 삼백 매라 하면 가소로울는지 모르나 군과 같이 農學(농학)을 전공하고 博物學(박물학)을 가르치는 문필계의 素人(소인)에게는 이 일이 결코 적지 않은 대사업이었던 것을 우리는 잘 아는 터이다. 그러나 고 최 양도 그 일생의 가장 중요한 점을 看過(간과)치 않은 전기 기자를 얻었음을 못내 만족해할 것이다.

1939년 9월 4일 (월)

柳兄(유형)의 崔孃(최양) 傳記(전기) 脫稿(탈고)

1939년 9월 7일 (목)

歐洲戰運(구주전운)은 점차 확대되기만 하는 모양.

牧者(목자)의 消息(소식)에, 「(前略전략) 오직 답답한 것이 스스로 미끄러져 떨어지며 不足(부족)을 아나 고칠 힘 없음을 가슴에 안을 때 마음은 끝없이 흔들리이나이다. 그리고 고 崔容信孃 傳記 發刊(고 최용신 양 전기 발간)에 대한 出資方法(출자방법)을 下敎(하교)하여 주십시오.」

(출판비용은 다석 유영모, 함석헌은 물론 성서조선 독자들이 십시일반 찬조하여 마련함, 출판비 찬조자 명단은 아래 김교신 일기에 기록함)

1939년 10월 3일 (화)

새벽 잔월을 밟으며 산골짜기에 올라가 기도. 등교 수업.

유 군이 쓴 최용신 전기의 일부를 뒤져보다가 손수건 한 장이 다 젖도록 울다. 요셉이 동생을 만나을 때처럼 울고 나서 세수하고 또 수업. 유 군의 문장은 문장도 훌륭하지마는 최 양 전기는 아무리 拙筆(졸필)로 썼을지라도 사람의 눈물을 짜내고야 말 것이다. 生涯(생애) 자체가 눈물 자아내는 生涯(생애)였기 때문에.

1939년 11월 24일 (금)

밤늦도록 교정. 최 양 소전의 교정까지 엎치고 덮쳐 보통 「奔忙(분망)」이라는 정도는 훨씬 지났다.

1939년 12월 6일(수)

저녁에 최 양 소전의 최후 교정.

몇 번씩 읽었지만 눈물이 교정 능률을 방해함이 심하다. 내가 특히 눈물 헤픈 사람인가, 최 양의 생애가 특히 눈물을 자아냄인가 분간할 수 없다.

1939년 12월 7일 (목)

인쇄소에 들러 최 양 소전을 교정.

벌써 일주일 전에 발행 예정이었던 것이 이제 겨우 교정되었고 제본까지는 아직도 약 일주일을 요하리라고.

1939년 12월 11일 (월)

새벽에 山上(산상)에 기도

原稿(원고)를 印刷所(인쇄소)에 전하고 최 양 전기의 인쇄공정을 또 한 번 독촉하고 등교 수업 네 時間(시간).

1939년 12월 19일 (화)

틈틈이 최 양 소전 및 舊號(구호)의 發送 事務(발송 사무).

1939년 12월 21일 (목)

최 양 소전의 讀後感(독후감)에,「…… 故 方愛仁傳(고 방애인전)과 같이 조선 성자라는 字句(자구)를 冠(관)씌우지 않은 것이 무엇보다도 기뻤습니다. 내용에 있어서는 '信者(신자)로서의 단점도 좀 더 구체적으로 명기했었더라면 좋을 것을……' 하였습니다. 云云(운운)」

1939년 12월 22일 (금)

저는 三學年(3학년) 때 『상록수』를 읽고 불신의 마음으로도 농촌으로 가고자 결심하였나이다. 그 후 늘 「農村(농촌)을!」하고 있던 중 五學年(5학년)이 되면서부터 농촌으로 가자, 不遠(불원)하여 취직을 해도 농촌에 가서 하리라고 결심하였나이다.

그러는 중 저의 가슴에는 한없는 농촌에 대한 흥미와 동경이 타오르고 있던 중 일전 최 양의 소전을 읽고는 저는 아주 최 양의 靈(영)에 포로당하고 말았습니다. 저는 보고 울었습니다. 日讀(일독)하다 울음을 不禁(불금)하여 낭독하였으나 소용없이 저의 목소리는 떨리었나이다.

저는 결심하였나이다. 농촌으로 가리라고 ……. 저의 결심이오니 일기에 의하여 아래 쓰겠나이다.

그는 女子(여자)다. 나는 男子(남자)이다. 丈夫(장부)로다. 그는 實地人(실지인)이요, 妄想(망상)의 文士(문사)의 붓끝으로 그려진 것이 아니다. 나는 그의 생애를 부러워한다. 그는 여자가 남자의 步調(보조)에 발맞추어야 한다. 그래야 사회는 개척되고 개량 진보한다고 말하였다. 그러나 그는 혼자 고척하게 걷고 말았다. 나는 농촌으로 가리라. 농촌은 나의 인생의 준비 터이다. 지상 사역터이다.

朝鮮(조선)이 興起(흥기)함에는 盲人(맹인)의 눈을 띄우고 벙어리에 말을 가르쳐 우러러 하느님을 뵈옵고 입을 열어 기도드리게 해야 한다. 이것을 위함이 나의 天職(천직)일까 하오니 主(주)여 허락하소서. 하나님은 기다리신다.

1940년 1월 6일 (토) ~ 1월 20일

[東京(동경) 등에 다녀온 사이에 쌓였던 音信中(음신중)]

1. 부인양성학교의 선생님을 찾아뵈옵고 全生徒(전생도)가 읽을 수 있도록 희망하며 『최용신 소전』을 한 권 기증. 그 선생님이 초면이면서도 반갑게 決諾(결낙)……. 어떻게 했으면 그 소전을 좀 더 이 땅의 젊은 남녀들이 많이 읽을 수 있을까 하고 이리 저리 생각하고 있습니다. 최 양의 기막힌 고생도 마음으로 동정하나이다.

2. 귀하의 著作(저작)인 『최용신 소전』을 읽다가 어찌 감격되었는지.

53면에 이르러서는 사뭇 눈물 중에 읽었사오며, 단숨에 전권을 다 읽었습니다. 나는 이러한 생명 있는 서적을 귀하와 같은 신앙의 人(인)을 통해 이 땅에 내어놓게 하신 하나님께 감사의 기도를 드렸나이다. 일꾼을 부르는 이 땅에서 앞으로 일해 보려는 학생에게 많은 지도와 편달을 비나이다.

3. 최 양의 오빠 時恒(시항)씨의 단신

拜啓(배계) 貴體(귀체) 萬安(만안)을 仰祝(앙축)하오며 매월 보내 주신 잡지는 유일의 친우로 알고 애독합니다. 그리고 故(고) 妹弟(매제)의 전기 발간에 대하여는 아무런 실행도 없는 저에게 그렇게 전하여 주시니 오히려 兄(형) 된 자로 부끄러울 뿐이외다.

4. 『최용신 소전』은 참 고맙습니다. 그 신앙, 그 사랑은 그만두고라도 초인간적인 그 勞動(노동)에는 참 눈물 아니 흘릴 수 없었습니다. 이제껏 육체가 약하다고, 수족이 불구라고, 시력이 충분치 못하다고 꾀만 부리던 것이 참 부끄럽습니다.

5. 『최용신 소전』 제일 먼저 보내신 一책은 소생의 눈물로 벌써 더러워졌지만 언제까지든지 보관하려 합니다. 『최용신 소전』을 읽고는 아니 울 수 없었습니다. 方先生(방선생)님처럼 우리 同患(동환)에게 직접 관계는 없으나 육체적으로 볼 때 그 일생이 너무나 불행하였습니다. 최 선생의 생애도 그렇거니와 柳(유)선생님의 글과 精神(정신)에도 아니 울 수 없었습니다. 저희들의 일생도 의미는 다르나 퍽 불행합니다.

그래서 잔뜩 곪긴 상처는 건드리기만 하면 터진다더니 자칫하면 울음이 나옵니다. 최 선생은 그렇게 불행하였지만 그 불행이 그를 참 幸(행)으로 옮겼습니다. 우리도 이것이 없다면 일시인들 살아 있을 수 있겠습니까?

어떤 형제는 말하기를, 건강하신 분도 이렇거늘 하물며 病人(병인)이 내가 하고 생각할 때 그만 울음이 터져 책을 다 적시도록 울어 옆의 형제에게 조롱을 받았다고 합니다.

1940년 1월 24일 (수)

선생님.

최용신 양의 小傳(소전)과 또 「聖朝(성조) 誌(지)」 다 잘 받아 보았습니다. 소전은 감격에 사무쳐 밤이 깊어 가는 것도 모르고 하룻밤에 다 읽어 버렸습니다. 그같이 아름다운 信仰(신앙)에서 저같이 고귀한 일생을 보낸 여성이 일찍 우리 땅에 있었다건만 저는 이날 이때까지 모르고 있었으니 慙愧(참괴)의 精(정)을 금할 수 없는 동시에, 이 전기가 출판된 것을 감사하지 않을 수 없었습니다. 이 땅의 모든 청년 남녀에게 이 귀한 서적이 읽혀지리다.

1940년 2월 13일 (화)

최 양 소전의 第三版(제3판) 印刷(인쇄)를 부탁하다.

1940년 3월 4일 (월)

崔孃(최양) 小傳(소전) 一二五冊(125책)을 철도편으로 원산 樓氏高女(루씨여고)로 발송하다. 최 양의 母校(모교)에서 第二(제2), 第三(제3)의 최 양이 나기를 잔뜩 기대하면서…….

1940년 5월 4일 (토)

水原君(수원군) 泉谷學院(천곡학원) 소식을 듣고 XX某(모-오오야마)의 所行(소행)에 분개함을 마지못했으나 학원으로 사용 못 되어도 최용신 기념예배당으로 보관된다 하니 一安(일안).

『書簡(서간)- 편지』

柳達永君(류달영군)

보내 준 常綠樹(상록수)는 흥미 있게 讀了(독료).

끝으로 갈수록 感動(감동)이 深且大(심차대).

단, 崔孃(최양) 自身(자신)의 탓이었는지 作者(작자)의 信仰(신앙)의 높이와 깊이를 맛볼 수 없음이 遺憾千萬(유감천만).

常綠樹(상록수)에서 常綠樹(상록수) 以外(이외)의 것, 以上(이상)의 것을 찾지 못할 것은 물론이지만⋯⋯.

1937년 2월 21일 金 敎 臣(김 교 신)

柳達永君

崔時豊(최시풍-최용신 큰오빠)씨는 釋王寺(석왕사) 京城旅館(경성여관)에 留宿中(유숙중)이라고 通知(통지) 왔나이다.

面談輿否(면담여부)는 君(군)의 意向(의향)에 의하여 決(결)할 것이나 최용신양의 전기는 만사를 除(제)하고라도 今夏休中(금하휴중)에 脫稿(탈고) 되기를 鶴首待望(학수대망)하나이다⋯⋯.

1939년 7월 18일 金 敎 臣

柳達永君

　15일이 監理教神學校(감리교신학교)의 冬期(동기) 休業日(휴업일)일인 故(고)로 李貞燦君(이정찬군)에게 70권을 배달하는 것을 先頭(선두)로 하여 발송하도록 約束中(약속중).

　左記(좌기) 諸氏(제씨)가 協同(협동) 贊助者(찬조자)인데, 그 분들에게는 내가 여기서 각각 進呈(진정)하겠으므로 중복되지 않도록 하라. 단, 趙允禧(조윤희)양은 現在(현재) 開成(개성)에 가 있으니 君(군)으로부터 進呈(진정)하라.

20圓(원)
朴晶水(박정수)　金鳳國(김봉국)

10圓(원)
趙允禧(조윤희)

5圓(원)
咸錫憲(함석헌)　申瑾撤(신근철)　金憲植(금헌식)

3圓(원)
朴碩鉉(박석현)　盧平久(노평구)

2圓(원)
孫楨均(손정균)　朴允東(박윤동)　劉善導(유선도)

1圓(원) 50錢(전)

柳永模(다석 유영모)   李元銓(이원전)   趙成震(조성진)

1圓(원)

鄭泰時(정시태)   閔炯來(민형내)   宋　薰(송　훈)

趙瓊姙(조경임)   尹一心(윤일심)   金重冕(김중명)

文明錄(문명록)   李種根(이종근)   崔　熙(최　희)

李弼鉉(이필현)   趙聖祉(조성지)   李成彬(이성빈)

金相延(김상연)   申亨均(신형균)   李再和(이재화)

내가 進呈(진정)할 것은 上記(상기) 諸氏(제씨)에게만 限(한)하니 某
外(모외)에 崔氏(최씨) 兄妹(형매)를 위시하여 樓氏高女(루씨여고)와 水
原(수원), 泉谷(천곡) 等地(등지)에 著作(저작) 材料(재료) 그 밖에 신세진
자리는 君(군이)이 분별하여 적당히 처리하라.

단, 감리교신학교 교장에게는 李貞燁君(이정엽군)을 통하여 일부
를 進呈(진정)케하고 추천서에 署名(서명)을 얻도록 부탁하였노라.

20부에 限(한)하여 著者(저자)가 無代(무대)로 쓸 수 있으나 소위 친
구라는 이들에게 好意進呈(호의진정)는 거의 徒勞(도노)일 뿐이니 될
수 있는 대로 代金(대금) 받고 주라.

内容(내용)을 精讀(정독)하게 하는 데는 代金(대금) 받는 것이 유일의
방법이다. 出判部數(출판부수)를 잘 記帳(기장)하여 둘 것은 勿論(물론).

1939년 12월 13일 夜 金敎臣

백년을 앞선 선각자 **최용신의 외로운 진실**

주)태평양전쟁이 발발하기 직전으로 출판통제는 날로 강화되어 류달영 군으로 하여금 급속히 탈고케 하였다. 류 군은 최용신 선생이 일한 수원군 샘골과 가까에 위치한 수원고농 재학시절에 농촌사업비를 지원하면서 손잡고 일하던 관계였다. 그리고 전기의 출판비는 성서조선 독자 유지들이 처음으로 모금하였다. 이 전기는 전쟁 전에 단시일에 4판을 거듭했고, 「성서조선」 사건으로 저자와 독자들이 다수 전국적으로 구속되었을 때에 전기는 모두 압수되고 출판이 금지되었다.

◇ 金敎臣(1901~1945)

함경남도 함흥 사포리 출생. 1916년 함흥공립보통학교 졸업. 1919년 일본 동경 정칙영어학교에서 사이또오 밑에서 영어 수학. 1927년 동경고등사범학교 이과 졸업, 귀국하여 함흥 영생 고등 보통학교에서 교편 잡음. 우찌무라 간조(內村) 문하의 동지 함석헌, 송두용, 정상훈, 유석동, 양인성과 함께 「성서조선」을 동인지로 발간.

1928년 서울 양정고등학교로 전근.
1929년 남강 이승훈과 사귐. 기독교 원로인 김정식, 오산고보의 교장을 지냈던 류영모, 신앙 문제로 상의를 청한 춘원 이광수, 창조적 개척정신을 청년에게 심어 준 김주항, 일본인으로 전쟁 중 동경대학에서 추방당했다가 해방 후 동경대학의 총장이 된 야나이바라 다다오 등과 교분 맺음.
1930년 「성서조선」 제16호부터 책임편집 간행, 서울에서 경성성서연구회 개최 이후 매년 일주일간의 동기 성서집회와 함께 10여년 계속함. 함석헌의 「성서적 입장에서 본 조선 역사」도 이런 집회에서 집중 발표된 것임.
1939년 제자 류달영을 시켜 『최용신 소전』을 쓰게 하여 성서조선사에서 발행.

1942년 「성서조선」 권두문 조와(弔蛙)가 발단이 되어 '성서조선 사건'으로 전국 수백 구독자와 검거되어 함석헌, 송두용, 류달영등 12인과 1년간 미결수로 옥고 치름.

1944년 함경남도 흥남 일본질소비료회사 입사, 강제 징용당한 5천 한국노무자의 복리를 위해 전력.

1945년 4월 25일 발진티푸스에 감염 급서

2010년 8월 15일 대한민국정부 독립유공자(건국포장) 추서

3

최
용
신
선
생
의
정
신

1. 최용신 선생의 정신[133]

왜 그토록 소중하고 현 시대가 절실히 요구하는가? 그리고 반드시 교육되어야 하는 중요한 이유 7가지를 파헤쳐 보자.

첫째, 최 선생은 그 당시에 대학을 졸업한 엘리트 신여성으로 시대 조류에 타협하면 편안한 삶을 살 수 있었으나 나라와 민족의 아픔을 먼저 생각하고 죽어가기까지 순수한 희생으로 헌신했다.

둘째, 여성을 천시하던 봉건적인 사고와 싸우며 여성의 사회참여에 큰 모범으로 근대 여성운동사의 횃불이 아닐 수 없다. 그 시절에는 가장 진보적인 교회 예배당마저도 남녀가 따로 앉도록 구분돼 있었다. 그러한 시대에 최 선생은 처녀의 몸으로 주민들을 설득해 학원을 세우고 일제는 물론 봉건적인 사고와도 맞서 싸운 것이다.

「신가정」(1935년 5월호)에 "근동의 부호노인과 말다툼을 많이 하고 본의는 아니지만 욕도 여러 번 했다. 어떤 때는 유학까지 한 젊은 이를 길거리로 끌어내어 봉변을 주기도 했다."의 보도 기사를 보면서 최 선생의 굳건했던 심지를 짐작할 수 있다.

---

133) 1994년에 '최용신 정신이 무엇일까?' 고민하다 정리한 글이다. 이후에 최용신 정신을 정리한 여러 책자, 안산 교육청의 교육자료 등에 원문 그대로 인용되고 있어 감사하다.

셋째, 최 선생은 그 당시로써는 등하불명의 처녀지인 샘골마을에 와 주색 안 하기, 투전 안 하기 등 정신개조운동을 펼치고 협동체와 같은 계를 활성화한다. 또한 새 농사법 등 과학적인 영농을 추진하면서 생활개선사업도 병행했다. 이는 근대 새마을 운동의 뿌리라고 할 수 있다.

넷째, 정신적 독립운동을 펼친다. 1919년 3·1운동 이후 일제는 식민지 지배를 영구화하기 위해 온갖 방법으로 우리의 글과 말 정신을 말살하려 했다. 이에 최 선생은 정면으로 맞서 우리의 글과 말, 혼을 숨어서 가르치고 잃어버린 조국을 언젠가는 되찾아야 한다는 독립정신을 교육했던 것이다. 이것은 문화정치를 실시했던 일제에게는 가장 두려운 저항으로 최 선생 사후 조직적인 왜곡 노력을 하게 만든 요인이었다.

다섯째, 교육의 정신적 측면에 큰 교훈을 제공하고 사도상의 사표로 남아 있다.

'아는 것이 힘! 배워야 산다.'

그 당시 국민의 80%가 문맹으로 무지와 빈곤은 지속되었다. 그때에 우리의 어머니인 아녀자를 불러 모아 교육하고 '마소를 기르는 것보다 사람을 길러야 한다. 미래의 희망을 담보하는 것이 교육이다.'라고 주민들에게 깨우쳐 주고 나무하러 가는 어린이들을 모아 '가갸거겨' 글을 가르쳤다.

여섯째, 상록수 정신이다. 순수한 자기희생에 사랑, 봉사, 개척의 정신 그리고 애국애족, 나라사랑 정신, 선각자 정신…… 물질만능주의와 이기주의가 팽배한 이 시대에 꼭 필요하고 요구하는 정신이다. 세계적인 사회단체 등과 비교해 부족한 것이 하나 없는 소중한 우리의 정신적 문화적 유산인 것이다. 오히려 YMCA, 로터리 등 모든 정신을 포함하고 있다는 생각까지 든다. 지난 1961년 8월에는 전 세계 11개국 90명의 청년 대학생이 상록수 정신을 배우러 안산에 몰려들기도 했다.

일곱째, 일제 암흑시절에 어린 처녀의 몸으로 계몽정신을 선포한 역사적 의의가 있다. 일제는 식민지 영구화를 위해 무지와 빈곤을 지속시키는 한편, 교육을 장악하고 거짓을 가르친다. 하나의 예로 근방의 공립학교에서는 쪽지(표)를 나눠 주고 한글을 사용하면 서로 빼앗게 해, 쪽지를 빼앗는 학생은 훌륭한 일을 하는 것으로 큰상을 주었고 상급학교 진학에도 반영했다.

무엇보다도 최 선생이 이러한 거짓을 극복하고 올바른 정신을 심어 주려고 했다는 것이다. 다시 말해, 정신을 계몽해 올바른 길을 추구하는 것이 열심히 일하는 것의 바탕이 되어야 한다는 것이다. 즉, 열심히 일하는 것도 중요하지만 노예가 되는 일을 열심히 할게 아니라 옳은 방향을 찾아 일하는 것이 더욱 중요하고 소중하다는 것이다. 이는 우리 역사상 계몽정신을 선포한 역사적 의의를 부여하고 있는 것이다.

『잊혀진 최용신 선생의 생애와 정신』
자료집에서(1995년 4월 4일, 김명옥)

2. 최용신의 상록수 정신[134]

한 세기를 마감해야 하는 지금, 극단적 이기주의와 물신주의 가치관은 팽배하고 사회적 윤리와 정신문화는 피폐했다. 결국 천민자본주의의 모순으로 아이엠에프사태라는 6·25 이래 최대의 시련을 겪고 있다.

아우구스티누스는 '시간의 화살은 과거에서 현재로 다시 미래로 날아가는 것이 아니라, 미래에서 현재로 다시 과거로 날고 있는 것이다.'며, 현재를 낳는 것은 과거가 아니라 오히려 미래라고 주장했다. 현재의 우리는 남북통일을 이루고 인류에 공헌하는 조국의 모습, 21세기 '국가의 미래상'을 갖춰야 할 때이다.

그러한 이유에서 인간 상록수 최용신 선생의 순수한 희생과 봉사정신, 교육정신, 계몽정신, 개척정신 그리고 희망과 사랑은 절체절명의 시대적 요구이다.

인간의 신체에 비유해 한 예를 들면, 우리 국토의 외로운 섬 '독도는 보균(保菌)이다.' 왜냐하면 국력이 약해지면 머리를 쳐들 것이기 때문이다. 같은 비유로 최용신의 상록수 정신은 우리의 생명을

---

134) 필자의 「한겨레신문」(1999년 1월 6일자) 독자 칼럼 기고문

지켜 줄 '항체'이다.

그럼에도 최 선생의 활동무대였던 경기도 안산시는 무관심하고 국민들은 그 사실조차 모른다. 안타까운 현실이다.

20세기 냉혹한 민족사의 교훈은 새로운 천년을 준비해야 하는 우리에게 남다른 역사 인식을 요구하고 있다. 덴마크 그룬트비의 정신운동 등 국난극복 역사를 교훈삼아, 상록수 최용신 정신을 공감대로 해 지역의 구심점·정체성을 확립하고 점차 전국적으로 확대해 21세기의 국민정신과 청소년의 정신문화를 창달해야 한다.

3. 상록수 정신의 탄생

1919년 3·1운동 이후 일제는 고단수의 지배 전략으로 문화정치를 표방하면서 민족주의자나 독립 운동가를 더욱 혹독하게 다루었다. 온갖 회유와 협박으로 그들을 굴복시키고 식민지 영구화 선전에 앞장세웠다. 일제의 정책에 따라 초기에 민족의식을 일깨우며 독립운동에 앞장서던 민족주의자도 국내에 거주하는 한, 본의든 타의든 간에 일제의 계략에 의해 친일로 돌아설 수밖에 없는 시대 상황이었다.

1930년대 중반에 들어서면서부터는 소위 대동아 공영권의 새 이데올로기가 사회를 지배하기 시작하면서 일본의 대륙 침략이 동양의 평화를 위한 당위적인 가치로 믿게 되었고, 다수의 지식인들이 여기에 동조하는 분위기까지 형성되었다. '우리 민족의 살길은 일제에 협력하는 것뿐이다.'는 주장이 민족주의 지식인들에서조차 서서히 나오기 시작했다. 세계적인 경제 대국, 아시아 근대화의 상징으로 발전한 일본을 보고 돌아온 유학생이 중심이 된 사회 지식인층에서 일기 시작한 민족개조론과 실력양성론을 앞세운 민족개량주의가 점차 확대되어 간다.

이런 암흑의 시대에 최용신 선생은 대학 교육을 받은 개화된 신여성으로 일제에 협력하는 자신의 타협적인 선택에 따라서는 평안한 삶이 보장된 특권층이었다. 그러나 먼저 시대 상황과 자신의 존재에 대한 정확한 인식을 한 다음, 자기 자신을 초월하는 순수한 사랑으로 조국의 독립과 더 나아가 새로운 희망의 국가를 건설하는 일에 세계 평화를 지향하는 삶을 고통스럽게 선택한다.

상록수 정신을 형상화한 전 생애

어려서부터 충분치 못한 영양 섭취로 병약한 몸에다 얼굴은 마마로 박박 얽어 남들 앞에 나서는 것조차 쉽지 않았다. 자신의 불우한 환경을 원망하거나 회피하지 않고 현재의 처한 상황을 바탕으로 스스로 개척해 나간다.

공익적 신념으로 등화불명의 처녀지, 문명의 혜택을 전혀 받고 있지 않는 산간벽촌에 홀로 들어와 가난한 농민들과 동고동락한다. 아예 정착을 한다. 농촌을 계몽의 대상으로만 여기지 않고 섬기는 지도자의 자세로 실천궁행의 모범을 보이고 이를 본 농민들 스스로가 각성케 하는 방법을 택한다. 비효율적인 구습을 타파하고 생활 개선 사업과 경제적 자립을 위한 노력을 진행한다. 이론만이 아니라 자신이 직접 손발을 걷어붙이고 밭과 논으로 나간다.

삶의 향상은 남성만의 힘만으로는 불가능하다는 것을 인식시키고 남녀 양성으로 이루어진 사회이기 때문에 여성도 능동적으로 활동해야 한다는 점을 실천적으로 주지시키고 이끈다. 당시에 봉건적인 사고로 집안에만 갇혀 있던 여성들을 모두 경제활동의 주역으로 이끌어 낸다. 또한 암울한 현재의 고통과 질곡을 벗어나려면 먼

백년을 앞선 선각자 **최용신의 외로운 진실**

저 자신들이 처해 있는 역사와 현실을 직시할 수 있도록 조선의 지리와 유구한 역사 그리고 성경의 인물 모세를 가르친다. 모세는 40세에 이르러 애굽의 식민지 민족인 자신의 존재에 대한 정확한 인식을 하고 젖과 꿀이 흐르는 축복의 땅으로 자신의 민족을 구출할 수 있었음을 강조한다.

당시에 일제는 식민지의 영구화를 위한 정책에 따라 실업교육에 치중하고 반항정신을 우려하여 고등교육을 철저히 억압하였다. 동화교육이라는 미명하게 한글 교육을 점차 없애고 일본어만을 가르치고 있었다. 민족의식 자체를 말살하고 있었다. 이런 우매화 교육에다 민족 경제의 자립을 철저히 막는 정책에 맞서 최용신 선생은 경제적 자립과 교육을 통한 각성운동을 병행 추진한다.

이에 당황한 일제는 일본인 정보원 오오야마를 샘골에 상주시켜 철저한 탄압을 가한다. 근방의 일경은 물론 공립학교 교장들도 최용신 선생의 활동에 대한 철저한 감시를 지시받았다. 여기에다 일제에 포섭되어 지시를 받는 지역 청년들의 방해 또한 심했다. 반월 주재소나 수원경찰서로 호출하여 심한 고문을 가하기도 한다.

그러한 핍박을 받으면서도 한 치의 동요도 없이 헌신적인 실천궁행으로 주민을 자발적인 협력자로 이끌어 낸다. 샘골학원 건축에 있어서도 강압적인 방법을 동원하지 않았다. 처녀의 몸임도 돌보지 않고 동민들이 보는 앞에서 지게도 지고 돌도 나르고 달구지도 끌었다. 지치면 지게 위에서 잠시 쉬었다. 또 지게를 졌다. 그것을 본 동민들이 자발적으로 학원 건축에 참여했던 것이다. 자기 자신을 초월한 희생과 헌신, 그리고 인간의 진실에 대한 감동이 아니고는 불가능한 일이다. 샘골학원의 완공은 당시의 샘골의 경제 사정으로 볼 때에 '무에서 유'를 창조한 것이다.

더욱이 샘골의 농촌운동이 한 지역에만 머무를 게 아니라 전국적으로 확대하고, 더 나아가 덴마크 그룬트비의 농촌 계몽운동의 성공을 교훈삼아 민족을 각성시켜 독립을 이루고 더 나아가 경제 문화대국의 꿈을 이루기 위한 운동을 실천해 나간다. 그러한 원대한 꿈을 안고 더 배우기 위해 현해탄을 건넌다. 장기적으론 무력의 힘에 의존한 평화의 불안전을 인식하고 민도(民度)를 한없이 드높여 조국의 독립을 이루고 더 나아가 세계 평화를 이끄는 조국의 미래상을 한없이 그린다. 그러나 불행히도 일본 유학 중에 걷지 못할 정도로 각기병이 악화되어 중도에 귀국한다.

되돌아온 조국은 더욱 암담해져 가고 있었다. 칼날 같은 일제의 식민정책은 더욱 첨예화되어 가고 샘골학원은 경제적으로 최악의 상황에 직면하게 된다. 그러한 극한의 상황에서도 희망을 결코 포기하지 않는다. 계속해서 자신의 사명을 수행하다 결국에는 교단에서 쓰러진다. 이미 창자가 꼬여 들어가 썩을 대로 썩어서 인간적인 정신으론 지탱할 수 없는 육체적인 한계 상황에 이르렀던 것이다. 죽음을 앞두고도 샘골학원을 계속 이어 줄 것을 신신 당부하는 등 희망을 잃지 않고 떠나간다.

최용신 선생이 남기고 간 창자가 꼬여지도록 애써서 지어 놓은 샘골학원을 현재의 물가고인 돈으로 따지면 얼마나 되겠는가? 가르친 부녀자와 코흘리개 더벅머리 아이들의 수효는 몇이나 되겠는가? 그러나 최 선생 생애의 참 가치는 건물이나 깨우친 샘골의 규모나 가르친 아동의 수나 지식의 깊이에 있는 것이 아닐 것이다.

자기 자신을 초월한 순순한 사랑, 뜨거운 사회애, 민족애 그리고 어떠한 탄압에도 굴복하지 않는 담대한 의지, 거짓과 불의를 거부하고 진리와 정의의 길로 초지일관 전진하는 늘 푸른 정신, 극한의 상황에도 포기하지 않는 희망의 정신, 모든 난관을 뚫고 나아가는 개척의 정신과 더불어 신앙으로, 도덕적인 협동으로, 교육으로, 과학으로, 각성으로 경제를 진흥하고 조국독립을 이루자. 더나아가 경제 대국, 문화대국, 세계평화를 이끄는 조국에 대한 미래상…… 이러한 정신적인 본질과 최용신 선생이 실천궁행한 전 생애가 하나로 응축되어 '상록수 정신'을 형상화하였다.

그녀는 잠들었지만 썩어지는 한 알의 밀알이 되었다. 결코 꺼지지 않는 등불로 우리 민족사 위에 '상록수 정신'으로 영원히 승화되어 부활하였다. 싱그러운 상록수 되어 지금도 민족의 가슴에 살아 숨 쉬며 미래를 지도하고 있다. 그녀가 그토록 사랑한 민족의 역사 위에 앞으로도 영원히 계속될 것이다.

위대한 정신적인 지도자 슈바이처, 페스탈로치, 다미안 신부처럼 인류가 영원히 마시는 '사랑의 샘물'이 되었다. 인류의 정신세계를 맑고 깨끗하게 정화하고 있다.

일제하 처절했던 민족 수난기에
나라의 광복 위해 모든 것 버리고
농촌 계몽의 선구로 불사조 되어
이 고장 이 마을에 생명을 바쳤네

영원히 역사에 푸르른 얼이여
꽃다운 처녀 싱그러운 상록수여
민중의 가슴속에 뿌리 깊이 잡아
지금도 쉬지 않고 사랑으로 자라네[135]

1995년 추운 겨울밤에 김명옥

---

135) 류달영 씀. 최용신 유적지의 '최용신 선생을 기리는 기념비'에 새겨져 있다.
1974년 11월 29일 류달영 교수, 최직순 루씨동창회장, 루씨동문, 이병희 장관, 이숙종
여사, 전의철 박사, 지역 주민 등 500여 명이 참석하여 성대한 기념비 제막식을 가졌
다. 마지막 순서로 루씨 동문인 김자경 오페라 가수의 노래로 합창하였다.

백년을 앞선 선각자 **최용신의 외로운 진실**

4. 최용신 상록수 정신의 역사적 의의

대망의 21세기를 맞으며[136]

우리는 격동의 20세기를 역사 속으로 보내고 희망의 새 천년, 대망의 21세기를 맞이하고 있다. 새로운 천년을 준비하는 지금. 우리 민족은 반세기의 분단을 극복하지 못하였다. 물질 중심의 가치관은 더욱 팽배해졌다. 정신적 바탕이 매우 빈약한 어려움에 처해 있다. 문화의 세기, 새로운 패러다임의 지식정보의 시대, 격변(激變)의 시대에 우리 민족은 새로운 도전을 요구받고 있다.

우리 민족은 20세기를 준비하던 구한말에 세계사의 흐름인 '근대화와 사회개혁'에 실패하였다. 19세기 말, 혼돈과 혼란 속에 준비 없이 맞이한 20세기는 국권 상실이라는 민족 최대의 비극을 가져다준다. 그 연장선에서 우리의 의지와는 상관없이 미·소를 양대 진영으로 한 세계 냉전구조의 희생양으로 한반도는 분단의 비극을 맞게 된다. 곧이어 1950년 6·25의 전쟁으로 전 국토는 초토화된다. 수백만 명이 죽거나 다치는 세계사에 그 유례가 없는 동족상잔의 대참화를 겪는다. 1953년 정전(휴전) 협정 이후 지금껏 평화를 위

---

136)　1999년 12월 마지막 날, 두서없이 쓴 글이다.

한 어떠한 돌파구도 찾지 못한 채 휴전선에는 세계에서 가장 많은 군대와 화력이 첨예하게 대치하고 있다.

한때는 광활한 만주 벌판을 달리던 고구려가 우리 민족의 문화와 국경을 지키고 있었다. 그러나 외세에 의존한 신라의 삼국 통일로 민족적 위축이 시작된다. 만일에 고구려에 의한 삼국 통일을 이루었다면 만주까지 포괄하는 큰 나라가 되었을 것인데 안타까운 일이 아닐 수 없다. 그렇게 평화를 사랑하는 우리 민족이 아시아의 중심이 되었더라면 세계의 역사도 달라졌을 것이다.

이후 우리 역사는 한반도에 국한되고 그러한 웅비한 이상을 회복하는 데 실패한다. 거란, 몽고 등의 중국 대륙으로부터 많은 침략을 받아 오는 동안 민족의 이상은 약화되고 중국의 변방으로 자인하기에 이른다. 우리의 고유한 문화를 스스로 격하하고 자유정신마저 점차 잃어 간다.

조선 후기에 이르러서야 우리 역사나 우리 스스로를 찾고자 하는 생각을 시작한다. 형식적·관념적이 아닌 실제적인 견지에서 나라의 부흥의 길을 찾고자 한 각성은 실학(實學)으로 나타난다. 그러나 19세기말 실학사상의 계승자인 개화세력은 미처 성숙할 기회를 갖지 못한다.

한편에선 사회 평민, 일반 대중의 각성 운동이 시작된다. 민중이 깨어난 것이다. 이런 자주민본의 동학(東學)세력도 뿌리를 내리기도 전에 제국주의 침략적 정략의 희생물이 되고 만다. 그러한 연장선에서 결국은 19세기를 마감하였다.

민족이 깨고, 세계에 깨고, 시대에 깨어야 하는 절박한 역사의 요청에 부흥하지 못한 채 어떠한 준비도 없이 맞이한 20세기, 민족에게 어두운 그림자가 드리운다.

미국 대통령 데오도로 루스벨트(Roosevelt)는 1905년에 육군대장 태프트(Taft)를 일본에 비밀히 보내서 일본수상 가쓰라와 비밀 협정을 맺게 한다. 이 협상으로 미국은 일본의 한반도 지배와 만주 진출을 승인하는 대신에 일본은 미국의 식민지인 필리핀에서의 권익을 보장한다는 소위 '태프트-가쓰리 비밀 협약'을 맺는다. 결국, 1910년 8월 28일 한일합병으로 나라를 송두리째 일본에 빼앗기고 만다. 5천년 역사 이래 처음으로 우리가 길러냈고 가르쳐 온 일본에 의해 나라란 이름이 아주 없어진다. 남의 한 개 식민지가 된 것이다.

이러한 역사의 뒷걸음의 근본 원인은 무엇일까?

무엇보다 국민이 깨닫지 못한 데 있었다. 가장 급하고 가장 중요한 건 민중이 깨어나는 것이다. 이러한 노력에는 누구보다 지식인, 사회 지도층의 활동과 노력이 필요하다. 먼저 깨달은 자의 자기희생의 헌신을 철저하게 요구한다. 과거 유구한 민족의 역사와 현재 식민지 민족의 처절한 자각을 통한 조국의 독립을 향한 투쟁 그리고 미래 조국에 대한 희망을 요구하고 있었다.

민족의 운명이 풍전등화인 그러한 절박한 시대에, 오천년 역사 이래 가장 암울하던 시대에 안타깝게도 사회의 지도층, 리더들은 시대적인 사명보다는 자신들의 안락만을 추구하였다.

어린 나이의 최용신 선생도 교육받은 엘리트 신여성으로 현실에 타협하는 자신의 선택에 따라서는 안락한 삶을 누릴 수 있는 기득권을 가지고 있었으나 국가와 민족의 사명에 온전히 희생했다. 가장 처절하게 나라 사랑의 정신을 일깨워 주었다. 선각자의 희생과 봉사의 중요성, 참 의미를 일깨워 주었다. 최용신 선생은 일제 암흑기에 어린 처녀의 신분으로 정신적 독립과 국민적 자각 운동을 온몸으로 실천하면서 **우리 역사 위에 무엇보다 소중한 '계몽정신'을 선포한 것이다.** 이는 역사적으로 큰 의의를 가진다.

1919년 3·1운동 이후 일제는 식민지 지배를 영구화하기 위해 온갖 방법으로 우리의 정신과 문화를 말살하려 했다. 이에 선생은 정면으로 맞서 우리의 글과 말, 혼을 가르치고 모두가 깨어서 잃어버린 조국을 언젠가는 되찾아야 한다는 독립정신을 교육했다. 이것은 문화정치를 실시했던 일제에게는 가장 두려운 저항으로 선생의 사후에 조직적인 격하, 왜곡 운동을 하게 만드는 요인이었다. **유관순 열사가 무단정치 시대에 국내의 대표적인 여성 독립 운동가이면 최용신 선생은 문화정치 시대에 국내에서 정신적 독립운동을 펼친 대표적인 여성 독립 운동가이다.**

벽촌의 농촌마을에 들어와 주색 안하기, 투전 안하기 등 정신개조운동을 펼치고 협동체와 같은 계를 활성화한다. 또한 농한기에는 부업을 통해 소득을 증대하고 부녀자들을 모아 가정 관리법, 신 요리법, 위생 환경 개선 방법 등을 교육한다. 신 농사법 등 과학적인 영농을 추진하면서 생활개선사업도 병행한다. 이는 **건전한 시**

민운동의 정신적인 뿌리로 실제로 근대 새마을 운동을 태동시켰
다. 더욱이 공동체의 기금으로 어린이는 물론 성인, 노파에 이르기
까지 문맹퇴치 교육은 물론 실생활에 유용한 교육도 병행 실시하였
는데, 이는 **의무교육, 평생 교육의 이념을 구현한 것이었다.**

'아는 것이 힘이다. 배워야 산다.'
 그 당시 국민의 90% 이상이 농민이며, 국민의 80% 이상은 문맹
으로 무지와 빈곤은 지속되었다. 그러한 때에 오지의 농촌에 들어
가 우리의 어머니인 아녀자를 불러 모아 교육하고 "마소를 기르는
것보다 사람을 길러야 한다. 미래의 희망을 담보하는 것이 교육이
다."라고 주민들을 깨우쳐, 나무하러 가는 어린이들을 모아 '가갸
거겨' 글을 가르쳤다. 또한 아동들이 각자의 취미며 가정 상황까지
파악하여 개성 교육을 실시하였다. 이처럼 자신의 모든 안일과 평
안을 거부하고 굶주림을 참아 가며 한 아이, 한 글자라도 더 가르치
기 위한 몸부림은 교육의 정신적 측면에 큰 교훈을 제공하고 있다.
 진정한 교육의 참 의미를 일깨운 **최용신 선생은 '사도상의 사표'
이다.** 이는 교육의 참 정신, 교육자의 참 모습으로 영원히 숭상하
고 기억하여야 할 것이다.

 의식주조차 해결 못하는 가난한 주민들이 십시일반 모금하고 어
린이부터 늙은이, 남녀노소 구분 없이 지역 주민 모두가 자발적으
로 합심하여 밤낮없이 일하여 샘골학원을 완공한다. 이는 단순한
눈에 보이는 학원 하나만을 세운 것이 아니다. 공동체와 협동의 중

요성을 일깨우고 운명 타개 의식을 북돋워 민족에 희망을 제시한 것이다. 이는 **지도자의 가장 강한 리더십의 전형**[137]**을 보여 준 것이다.** 더 나아가 한 지역의 틀을 넘어서 국민적 자각과 어둠에서 깨어나는 민중의 힘으로 조국 독립을 이루고 장기적으론 부강한 문화국가를 이루려 한다. 당시에 농촌 계몽운동의 모범사례로 거론되던 덴마크의 '그룬트비의 재건운동' 같은 새로운 지식과 구상을 얻기 위해 현해탄을 건넜다.

온 동리가 합심하여 농촌 마을에 조그만 학원을 하나 완공한 것이나 그 뜻과 정신적 본질은 최용신 선생의 자기희생의 사회애, 민족애, 늘 푸른 정신, 신앙으로, 도덕적인 협동으로, 교육으로, 과학으로, 개척정신으로 조국독립을 이루고 더 나아가 경제대국, 문화대국, 세계 평화를 이끄는 조국에 대한 미래상 등이 하나로 어울려져 **숭고한 '상록수 정신'을 탄생시켰다.** 선생의 육체는 죽었으나 한 알의 밀알로 썩어서 '상록수 정신'으로 부활한 것이다.

상록수 정신은 물질만능과 이기주의로 찌든 사회를 윤택하게 변화하는 데 무엇보다도 요구되는 정신문화이다. 또한 민족의 최대

---

137) 차혜영 한양대 교수는 '최용신 탄생 100주년 학술 발표(2009)'에서 최용신을 '돌봄의 리더십'으로 접근했다. 권위적인 리더가 아니라 리더가 부하를 섬기고, 목표를 공유하고, 부하가 정신적으로 육체적으로 지치지 않도록 도와주며(환경 조성), 자발적인 참여를 이끈다. 공동 목표의 달성이 곧 부하의 성장도 도모하는 서번트 리더십(servant leadership)의 전형을 보여 주었다. 최용신의 상록수 정신과 최용신 리더십의 학술적인 정리가 요구된다.

숙원 과제인 남북통일과 부강한 국가, 강한 문화를 소유한 국가를 이루기 위해 요구되는 필요 불가결한 정신적 바탕이다. 세계적인 사회단체 등의 설립 정신과 비교해 보더라도 부족함 없는 소중한 우리의 정신문화의 큰 유산이다. 오히려 YMCA, 로터리 등의 세계의 사회단체가 추구하는 모든 이상과 정신을 내포하고 있다. 지난 1961년 8월에는 전 세계 11개국 90명의 청년 대학생이 최용신 선생의 상록수 정신을 배우러 안산에 몰려들기도 했다.

세기의 변화와 더불어 정보통신기술의 혁신적인 발달은 이윤의 극대화를 쫓는 자본의 이동은 보다 손쉽게 하여 준다. 국경을 초월한 기업의 흡수 합병 등 정글의 법칙은 더욱 강해질 것이다. 수많은 실업자를 양산하며 부의 양극화는 더욱 심화되고 풍요 속에 빈곤은 극대화될 것이다.

이처럼 우려되는 자본주의 무한폭주의 역기능을 통제할 장치가 없다면, 결국에는 한 나라의 문제를 넘어 인류 전체가 위기에 직면할 것이다. 이러한 자본의 무한정한 자유는 인간의 정신적 가치에 의해 통제를 받을 수밖에 없다. 경제 정의나 민주주의의 실현이라는 과제를 안게 되는 것이다. 앞으로 극복해 나가야 하는 수많은 인류의 난제에도 상록수 정신은 그 해답을 찾는 데 정수를 제공할 것이다.

한 지역에서 발원된 상록수 정신, 민중이 깨어남이야말로 식민지 지배의 일제에게는 가장 두려운 저항이 되었다. 일제는 최용신 선생 사후 최용신의 '상록수 정신'의 파급을 우려한 나머지 조직적 왜곡, 격하운동을 펼친다. 샘골 지역에서 영향력이 막대한 철저한 일본이 오오야마는 지역의 청년회를 중심으로 최용신 선생의 생애를 철저하게 폄훼한다. 오오야마는 샘골학원, 샘골교회에 사명당이라는 신사를 차린다.[138] 이때부터 교회는 강압에 못 이겨 신사참배를 실시한다. 최용신 선생과 연관된 자료나 유품 등을 개인이 소장하다 발각되면 불온한 사상으로 처벌받는다고 공표한다.

몇 차례에 걸쳐 유품은 물론 최용신과 연관되는 조그만 자료 하나하나까지 전부 자진 반납토록 한다. 샘골학원 앞마당에서 모두 모아놓고 주민들이 지켜보는 가운데 공개적으로 소각한다. 이에도 모자라 샘골학원을 빼앗아 충성스런 신민을 만드는 일본 군국주의 교육기관으로 전락시켜 버린다. 당시에 전국의 관청, 학교, 교회, 회사 할 것 없이 아침마다 황국신민서사(皇國臣民誓詞)라는 것을 외어야 한다.

"우리는 황국의 신민이다. 충성을 다하여 군국에 갚으리라."

이것을 해방 전까지 샘골학원의 어린이는 물론 어른까지, 유식자든 무식자든 알고도 모르고도 무조건 외어야 했다. 안 하면 비국민이다. 그러면 감옥에 가야 하고 죽어야 한다. 열두 시가 되면 무슨 일을 하다가도 길을 가다가도, 아마 그들의 뜻을 따르려면 똥을 누다가도 벌떡 일어나 묵도를 하기 위해 나무 등처럼 서야 한다. 가는 데마다 일장기를 붙이고 그걸 보고는 절을 해야 한다. 신사에 가서 절을 해야 한다. 이름마저 전부 일본어로 개명하여야 했다.

이제 우리 민족은 과거의 아픈 역사를 교훈 삼아 남다른 역사 인

---

138) 샘골학원과 샘골교회는 별도의 건물이 아니라 한 건물이었다.

식과 자세를 갖추고 희망의 새 세기를 열어 가야 한다. 현재의 우리는 남북통일을 이루고 세계의 선진 대열에서 인류에 공헌하는 조국의 모습, 21세기 '국가의 미래상'을 갖춰야 한다.

국가는 건전한 국민의 정신과 문화에 의해서 번영하고, 사회윤리의 타락과 함께 멸망한다는 것을 동서고금(東西古今)은 수없이 증명해 왔다.

우리 민족이 통일을 이루고 발전하기 위해서는 경제적 부흥과 더불어 50년 동안에 이질화된 남과 북의 사상, 이념의 통합이 그 무엇보다 중요한 난제일 것이다. 남과 북을 하나로 이어 줄 그 무엇? 그건 바로 한 민족이라는 동질성과 이를 이어 줄 문화적인 접근이 우선일 것이다. 이러한 고민에 '상록수 정신(샘골정신)'은 많은 시사를 하고 있다.

북한 사회를 대표할 만한 사회주의자와 남한 사회를 대표할 만한 기독교인이 이념과 사상을 초월, 민족의 해방을 위해 협동 단결한 1930년대의 샘골의 정신과 상록수 정신. 비록 정권 안보 차원에서 제약되긴 하였으나 실제로 그 정신은 남한의 경우 새마을 운동으로 이어지는 등 조국 근대화에 많은 공헌을 한다. 북한의 경우도 마찬가지였다. 최용신의 상록수 정신은 남과 북을 하나로 이어 주는 정신과 문화로 승화 · 발전시켜 나가야 할 것이다.

대망의 2000년을 맞으며

김명옥

참고서적: 함석헌 선생의 『뜻으로 본 한국 역사』, 류달영 선생의 『조국의 미래상』

3부 – 최용신 선생의 정신

5. 빛나는 생애의 열쇠

꿈 많을 20대의 처녀로 자신의 어떠한 평안이나 이익을 초월한 이토록 헌신적인 실천궁행(實踐躬行)의 삶은 어디에서 비롯된 것일까? 결코 짧지 않은 3년간의 헌신적인 생애를 당시의 증언, 신문, 잡지, 평론 등의 기사를 통해 사실로 확인하면서 의문은 더해만 갔다. 일체의 사심이 없는 사랑의 실천, 이처럼 귀하고 아름다우며 이토록 처절한 민족을 위한 삶, 극한의 환경에서도 결코 좌절하거나 포기하지 않는 힘, 숨이 끊어져 가는 순간에도 사업을 계속 이어 줄 것을 신신당부하는 그런 희망의 원천은 무엇인가?

이 비밀의 열쇠를 류달영 교수는 최용신 선생이 직접 기록한 학창 시절의 새벽 기도문에서 찾았다고 밝혔다. 최 선생이 세상을 떠난 뒤에 그러한 삶을 가능케 한 힘의 비결을 엿볼 수 있는 일기장 같은 선생의 기록물들은 모두 태워졌다. 당시에는 세상이 너무나 험악해서 그의 심정의 가림 없는 기록이 뜻하지 않게 여러 사람들에게 폐를 끼치지 않을까 하는 우려 때문이었다. 대수롭지 않은 일기나 편지가 불시로 수색하는 일본 경찰의 손에 들어가면 뜻하지 않게 감옥에서 고생하는 사람들이 무수히 많았기 때문이다. 그러나 다행스럽게도 학창 시절에 기록한 일기장의 다음의 글을 발견하

고는 선생의 헌신적인 삶의 기저를 짐작할 수 있었다.[139]

새벽종 소리에 따라 울리는 기도.[140]

(생략) 이 거룩한 종소리 몹시도 신비롭고 처량히 울릴 때, 침상에 의지하였던 이 몸은 무한한 감응의 충동을 받아 방문을 열고 나와, 한 걸음 한 걸음 발길을 옮겨 층층대까지 나오게 되었다.

아직도 어둠의 검은 막이 그대로 남았고 종소리 또다시 울린다. 온 우주는 침묵에 깊이 잠들었고 창공에 수 없는 별만 반짝이는 그 아래, 혼자서 기쁨을 이기지 못하는 나는 고요히 머리를 숙이고, 무릎을 꿇어 대주재 여호와께 감사를 올리게 되었다.

"전능하신 여호와의 능력이 아니면 어찌 이 아름다운 새벽이 있으며, 하나님의 은혜가 아닌들 어찌 나로 하여금 이 기쁨의 동산을 보게 하였으리요. 하나님은 홀로 하나이시니 전능하시도다. 하나님의 은혜는 무한하시니 내 감사하는 바로다. 여호와의 이름을 만세에 높이고 여호와의 성호를 영원히 찬양하리로다.

오, 하나님 계신 이 동산에 하나님이 지으신 이 새벽에 이 아름다운 자연 속에서 나로 하여금 뛰놀게 하시고 노래하게 하셨으니, 주여 그 은혜 감사하는 바로소이다. 아버지 하나님이시여, 이 고요하고 맑은 새벽같이 이 마음도 맑고 고요하게 하여 주소서. 이 아침

---

139)   류달영 증언 (1997)

140)   류달영 『최용신의 생애』 증보9판 140쪽 (1998, 성천문화재단)

공기가 새로움 같이 이 정신도 더욱 새롭게 하여 주소서.

아버지 하나님, 들려오는 거룩한 종소리 같이 이 몸을 강하게 해 주시며, 이 입으로 나오는 말이 모든 사람의 정신을 일깨우게 하여 주소서. 저 종소리는 거룩합니다. 그 속에는 아무 시기와 질투와 거짓이 없습니다. 오, 주여! 이 마음속의 모든 불의한 생각을 내버리게 도와주소서. 주여! 내가 저 종소리를 들음과 같이 이 죄인의 기도 소리를 들어주소서.

거룩하신 주여, 이 몸을 주님을 위하여 바치나이다. 여호와여, 이 몸은 남을 위하여, 형제를 위하여 일하겠나이다. 여호와여, 살아도 주를 위하여 살고, 일하여도 의(義)를 위하여 일하옵고, 죽어도 다른 사람을 위하여 죽게 하소서.

여호와여, 이 몸을 주께 바치오니 이 아침 공기가 신성하고 깨끗함 같이 내 마음을 새롭게 하소서. 오, 주여 오늘 하루를 기쁘게 하여 주소서.”

이와 같이 자연의 침묵 속에서 맛보는 신성하고도 결백한 이 맛은 홀로 나에게만 있는 듯싶었다. 울리는 종소리가 넘어가는 달빛을 따라 은은히 사라지려 할 때, 건너편 동네에 개 짖는 소리 고요한 새벽을 깨친다. 얼마 안 되어 다시 신성스러운 생의 무대는 열리기 시작하였다. 단잠을 깨인 동무들의 발자취에 이 발걸음도 다시 침방으로 돌렸다.

1929년 4월 2일 최용신

새벽 기도의 모습을 직접 기록한 이 기록에서 우리는 선생의 전 생애가 이 기도 대로 살아간 것이요, 또 기도대로 이루어진 것임을 알 수 있었다. 학창 시절부터 최 선생은 이런 새벽기도의 생활을 하루도 빠지지 않고 해 왔다고 한다. 루씨여고 후배인 전진은 전하길,

"용신 언니는 남 앞에서 '내가 독실한 기독교 신자다.'라는 태도를 보이지 않는 성미였어요. 그러므로 그가 참으로 기독의 가르치는 정신 그대로 살아 보겠다는 사람인 것을 알지 못하고 그저 열심히 생활하는 사람으로만 알기 쉬워요. 그는 세상 사람들이 겉으로 보는 것보다 훨씬 높고 깊은 건실한 신앙을 가진 사람이었어요. 용신 언니는 루씨여고 재학 시절, 하루도 빠지지 않고 새벽기도를 하였어요. 서울 협성신학교에 가서도 샘골에서도 이 새벽기도의 생활은 계속되었지요. 샘골학원을 방문한 저에게 언니는 나에게도 늘 근실한 믿음을 잃어버리지 않으려거든 '새벽기도를 계속해야 한다.'고 말을 하였어요."[141]

최용신 선생은 독실한 기독교 신자였고, 자신의 신앙적인 양심에 따라 고통받는 이웃, 민족을 외면할 수 없었고 이러한 신앙과 생활이 일치되는 삶을 온전히 실천한 것이었다.

사랑의 구체적 대상인 이웃의 실제적인 삶의 공간인 농촌은 고통과 무지의 땅이었다. 무지의 근본 원인은 세계를 제대로 인식하지 못함에 있다. 그래서 먼저 할 일이 글을 가르치는 일이었다. 글을

---

141) 류달영 『최용신의 생애』 142~144쪽 (1998, 성천문화재단)과 류달영 교수의 증언을 바탕으로 정리함

가르친다는 것은, 자신의 존재를 일깨우고 세계의 현상을 바르게 인식할 수 있는 깨어 있는 사람으로 변화시켜 나가는 일이다. 단지 깨어남으로써 모든 게 이루어지는 건 아니었다. 정신적 자립을 바탕으로 경제의 자립을 하여야 완전한 자립을 이룰 수 있다. 개개인의 완전한 자립은 자연히 민족의 자립으로 이어진다.

고통과 무지의 속박에서 한 인격체로서 완전한 해방을 이룰 수 있다. 더 나아가 더 이상 쓰러지지 않을 완전한 자주독립 국가를 세울 수 있다. 그러한 이웃과 민족에 대한 사랑의 실천은 철저하게 자기희생을 통한 헌신을 요구한다. 그러한 요구, 믿음을 회피하지 않고 죽어가면서도 초지일관 계속 실천한 것이다. 신앙인(信仰人)의 구도적(求道的)인 자세, 매일매일의 새벽기도에서 나오고 힘을 통하여 초인적으로 그러한 모든 활동을 감당한 것이다.

1930년대 일제 식민지의 시대에 최용신 선생은 신실한 기독인이었고, 그러한 자신의 신앙과 신앙적 양심에 따라 민족에 대한 뜨거운 사랑을 불태우다 짧지 않은 생을 마감한 것이다. 모두 어둡고 고통받는 땅에 태어나, 그가 살고 있는 땅을 아름답고 살기 좋은 곳으로 만들려고 애쓰다가 죽어 간 것이다.

민족 독립 운동이라는 목표는 같으나 접근하는 과정은 각자의 신념이나 종교적인 신앙, 처지에 따라 다를 수 있다. 그러나 그 지향점, 애국애족, 희생과 봉사, 사랑의 정신은 결국 똑같은 것이다.

1995년 12월, 김명옥

백년을 앞선 선각자 **최용신의 외로운 진실**

4

사후 기념사업과 제 문제

1. 역사의 왜곡

서구 열강의 식민지 지배가 식민지의 고유한 민족문화를 인정하면서 사회경제적 수탈을 목적으로 한 것이라면, 일제의 한반도 식민지 정책은 한국인을 일본의 이등 국민으로 영구한 사회·경제적 수탈을 목적으로 한 것이었다. 아예 한국 민족을 지구상에서 소멸하려고 한 것이다.

일제는 1910년 조선 총독부를 설치하고 총독에게 한국인의 모든 생사여탈을 자의로 결정할 수 있는 특별 권한을 준다. 한국인의 독립운동을 신속히 철저하게 탄압하도록 조치한 것이다. 헌병 경찰과 일본 정규군을 전국에 배치하여 폭압적인 무단통치를 실시한다. 행정관원은 물론 학교 선생님도 제복에 긴 칼을 착용한다. 전국적인 토지조사사업을 실시하여 글을 몰라서 신고하지 못한 토지나 증빙서류 미비 등을 빌미로 대부분의 토지를 빼앗아 국유화한다. 반봉건적인 지주제도는 더욱 강화되고 일반 농민은 더욱 열악한 소작농의 처지로 전락한다.

일제는 조선교육령을 공포하여 민족말살과 일본에 순종하여 충성을 다하는 신민을 만드는 교육을 더욱 강화한다. 또한 회사령을 공포하여 한국인은 회사설립을 막아 민족 산업을 고사시킨다. 주요 산업은 일본인 소유로 독점하여 자원과 산업은 약탈하고 착취한다.

백년을 앞선 선각자 **최용신의 외로운 진실**

그러던 중 1919년 3·1만세운동이 일어나자, 일제는 무력으로 진압한 뒤에 강압통치만으로는 식민 지배가 불가능하다는 것을 깨닫고 이른바 문화정치로 전환한다. 거족적인 3·1운동에 큰 충격을 받은 일제가 유구한 문화와 전통을 지닌 한국인의 독립정신은 뿌리가 깊다는 점을 간파한 것이다. 강압에만 의존한 식민통치는 더 이상 불가하다. 한국인의 독립운동전선을 이간, 분열시키고 동시에 가혹한 식민지 통치를 은폐하여 영구히 식민지 지배를 계속 이어가려는 야비한 술책이었다.

이에 헌병 경찰제를 보통 경찰제로 전환하고 언론 통제를 완화하여 「조선일보」, 「동아일보」의 창간을 허가한다. 그러나 헌병이 경찰관으로 전환되었을 뿐 오히려 경찰관의 수를 대폭 증가한다. 사상범을 전담하는 고등계형사를 대폭 증원하여 독립사상에 대한 사찰을 더욱 강화한다. 언론 통제 완화도 실제는 한국인의 언론을 분열시켜 통제하려는 교묘한 수단으로 취해진 조처였다. 또한 한국인에게 참정권을 허용할 것처럼 선전한 것도 친일파와 자치운동파를 육성하여 독립운동을 약화시키고 독립운동전선을 분열시키려는 책동에 불과한 것이었다.

일제는 1931년 만주 침략 이후부터 조선 주둔 일본군을 2개 사단에서 5개 사단으로 증강하여 탄압 무력을 강화한 다음 민족말살정책을 적극 강화한다. 1930년대에 들어오자 관청에서는 한국농민의 민원도 일본어를 사용할 경우에만 접수한다. 사립학교에서의 한국어 교육과 사용도 엄금하였다. 또한 1935년부터는 한글을 농민들에게 가르치는 학생들의 하기 계몽운동을 총독부령으로 금지한다.

1937년 중국침략 때부터는 한국인들의 일상 사회생활에서의 한국어 사용을 금지시키고 일본어만 사용하도록 명령한다.

일제는 심지어 철모르는 국민학교 학생들이 부지불식간에 한국어를 사용하는 경우에도 매질을 하고 벌칙을 적용하였다. 그리고 한국어로 간행되는 신문과 잡지로는 1936년에는 「신동아」를 폐간시켰으며, 1940년에는 「동아일보」, 「조선일보」 등 모든 한국어 신문들을, 1941년에는 「문장」, 「인문평론」 등 모든 한국어 잡지들을 폐간시켜 버렸다. 일제의 한국어 말살과 일본어 전용정책이 한국인들의 저항으로 진전되지 않자, 그 씨를 없애야 한다며 1942년에는 조선어학회 회원과 학자들까지 체포, 투옥하였다.

또한 일본식 이름을 짓도록 하는 이른바 '창씨개명'을 1937년부터 본격적으로 강행한다. 일제는 '창씨개명'에 응하지 않은 한국인에 대해서는 자녀의 학교 취학을 못하게 하고, 학생들에게 매질을 가하고, 직장 취업을 못하게 막는다. 심지어는 우편물 수송까지 금지시켰으며, 경찰관 주재소로 호출하여 응할 때까지 무기한 구류해 두고 박해를 가하였다. 이에 불응하고는 정상적인 사회생활을 영위해 나갈 수 없었다.

일제는 또한 전부터 날조해 오던 식민주의 사관을 더욱 본격적으로 발전시켜 1932년부터 『조선사(朝鮮史)』를 간행하기 시작하여 1940년에는 전 37권을 완간하였다. 그뿐만 아니라 신사참배를 강요하고, 1937년부터는 매일 일본천황이 있는 동쪽을 향하여 경례를 강제하는 이른바 '동방요배(東方遙拜)'라는 것을 강요한다. 또한 한국인이 아니라 일본천황의 신민임을 맹세하고, '황국신민서사(皇國臣民誓

詞)'라는 것을 날마다 외워 맹세하도록 강제하였다. 그들은 이러한 방법으로 한민족을 말살하여 일본제국의 천민(賤民)을 만들 수 있다는 망상으로 무한한 고통과 박해를 가해 나간다.

일제는 1937년 중일전쟁을 도발하여 인력이 부족하자 징용, 징병, 근로보국대, 근로동원, 여자정신대 제도를 만들어 한국인의 인력을 강제 수탈한다. 중일전쟁 이후인 1939년에는 '국민징용령'을 공포하여 한국의 청·장년들을 강제 연행하여 노동력을 수탈한다.

일제는 태평양전쟁 이후 징용영장에 의한 징용이 뜻대로 이루어지지 않자, 트럭을 농촌에 몰고 가서 들에서 일하는 농부들을 강제로 실어다가 징용에 보내는 만행을 예사로 자행하였다. 이렇게 해서 1945년 8월까지 146만 명의 한국인 청·장년을 징용하여 광산, 토목공사, 군수공장에 투입하여 무보수 노예노동을 시켰다. 군사기밀에 관한 공사에 투입한 경우에는 기밀 유지상 필요하다는 이유로 공사가 끝난 뒤에 징용당한 한국인 노무자들을 집단 학살하는 만행도 수없이 자행하였다. 일제는 또한 1943년 '학도 지원병 제도'를 실시하고, 1944년에는 '징병제도'를 실시하여 패전 때까지 20만 명의 한국 청년들을 침략 전쟁의 총알받이로 강제 동원하여 내몰았다.

일제는 중학생은 물론이고 초등학생까지 '근로보국'이니 '근로동원'이니 하여 날마다 군사시설 공사에 강제로 동원하였다. 또한 여기에 그치지 않고 1944년 '여자정신대근무령(女子挺身隊勤務令)'을 제정·공포하여, 12세부터 20세까지의 한국인 처녀 수십만 명을 강제로 징집하여 일본과 한국내의 군수 공장에서 사역시키고, 중국

과 남양 지방의 전선에 군대 위안부로 내모는 천인공노할 만행을
자행하였다.

이러한 일제의 치밀한 민족말살의 식민지 지배 정책은 1930년대
에 최용신 선생이 농촌계몽운동을 펼친 오지 벽촌의 샘골 마을도
예외는 아니었다.

농촌진흥사업

일제는 농촌계몽운동을 탄압할 목적으로 1932년 7월부터 농업진
흥정책 또는 자력갱생운동을 일으켰다. 전국적으로 농촌진흥위원
회를 설치하고 민족적 농민운동을 친일적 농민운동으로 그 방향을
돌리기 시작했다.

그때 수원군 샘골(현 안산시)에서도 일본인 오오야마(大山綱擧)[142]의
주도하에 농촌진흥회가 조직돼 최 선생 활동을 암암리에 방해한
다. 이때 농촌진흥회에 참가해 일제의 지시에 따라 최용신 선생을
핍박하고 방해했던 친일 인사들이 계속 안산의 유지로 남아 일부는

---

142) 오오야마(大山, おおやま)는 일본에서 흔한 성씨이다. 당시에 오야마 혹은 대산
으로 불렸다. 당시에도 오오야마 성씨를 가진 일본인은 경기 지역에 많았다. 그러다 보
니 동명이인으로 오오야마 성을 가진 다른 인물과 샘골로 이사 온 오오야마(大山綱擧)
와 구별하지 못하고 혼동하는 연구자가 있다. 오오야마는 샘골에만 집이 있었던 게 아
니다. 주변에도 여러 채의 가옥이 있었다. 당시만 해도 부자들은 정 부인과 후실 부인을
여러 명 거느리는 게 일반적이었다. 염석주 선생도 본가의 정 부인은 수원 율전동이었고
안산 막고지에서는 후실과 살고 있었다.

최용신의 정신을 계속 왜곡하고 평가 절하하였다.

안산신도시 개발이 추진되면서 1978년 12월, 경기도의 위촉에 따라 문화재 관리국, 서울대, 경희대 등의 6개 조사팀으로 구성된 '반월지구유적발굴조사팀'이 구역별로 9~10월에 걸쳐 조사 사업을 실시해 작성한 보고서에 어찌된 일인지 최용신 유적지가 제외된다. 그 이유는 반월출장소에 의해 1984년 4월 13일 **'반월문화재발굴위원회'**가 설치돼 상록수 유적화 문제가 제기됐을 때 잘 드러난다.

최용신 선생의 평가에 대한 위원들 간의 의견이 분분했고 일제에 협력하면서 최 선생을 괴롭혔던 친일 인사들이 지역유지로 위원회에 참가하면서 반성은커녕 오히려 최용신 선생을 냉대하고 그 정신을 격화하였다. 심지어는 개통되는 **전철 역사의 '상록수역' 지정도 결사반대한다.**

일제 시절에는 오오야마를 추종하였고, 해방 이후에는 지역유지로 안산문화원 설립에 앞장선 한 원로의 고백으로 숨겨진 진실의 속내를 알 수 있었다. 한때는 반월문화재 발굴위원회의 핵심위원으로 참여하기도 했으나 1994년 필자의 인터뷰 시에 연세가 90세가 넘어 거동을 할 수 없어서 자리를 펴고 누워 있었다. 그럼에도 주로 정치소설 등을 쌓아 놓고 탐닉할 정도로 정신은 맑아 보였다.

처음에는 오오야마의 사람됨을 칭송하고 최용신 선생의 진실을 외면하다가 인간적인 설득 끝에 이름만은 비밀로 해 줄 것을 부탁하고 진실을 털어놓았다. 이 인터뷰를 남기고 얼마 후 그는 별세하였다.

인터뷰 1

최용신을 실제로 여러 번 만났다. 처음은 원산서 못된 짓하고 쫓겨서 피난 와 가지고 조그만 판자대기 집에서 야학하고 있을 때에 오오야마하고 갔는데 자꾸 피하기만 하지, 자기의 포부를 말하지 않더군.

그 시절에는 농촌 진흥회라는 청년운동이 활발했는데 나도 적극 앞장서 농촌 진흥회를 조직하고 청년운동을 했다. 10살이나 위이던 오오야마가 많이 도와주었고 오오야마하고는 무척 가깝게 지냈다. 오오야마가 실시한 농촌개발운동으로 통 배추가 재배되고 고구마를 온돌 저장해 겨울에도 먹을 수 있었다. 또한 야학도 실시했다.

최용신 강습소하고 다른 점은 최용신이 숨어서 한글을 가르친 야학이라면 우리는 일본인들의 적극적인 지원 속에서 일본말을 주로 가르쳤다는 점이다. 이후에 농촌 운동을 할 때니 무슨 이야기나 들어 볼까 하고 몰래 혼자 찾아갔었다. 이때도 최용신은 자꾸 피하기만 하지, 자기의 의사를 표시하지 않더군. 그래서 옹졸한 사람이라는 생각을 했고 별로 좋게 보지 않았다.

심훈의 소설(상록수)이 히트를 치니까 류달영이도 그녀를 모델로 최용신 소전을 썼는데 과장, 허위로 일관돼 있어 매우 못마땅하게 생각하고 있다. 역사는 위장, 조장돼서는 절대로 안 된다.

1984년 경기도 반월지구 출장소가 반월문화재발굴 위원회를 만들었는데, 이 위원회에서 나는 지역의 유지로서 중요한 역할을 담당했다. 이때 상록수 유적화가 제기됐고, 최용신을 몇 번 만나 잘 알고 있고 또한 지역의 문화를 책임지고 있는 나로서는 최용신을 부각할 아무런 이유가 없다고 결사반대했다. 전철 '상록수역' 명칭 지정 때에도 불만을 표출했다. 대부분의 위원들도 동조했다.

류달영 박사 고증(최용신 소전, 1939) 발표에도 국민들이 의아해할 것이라고 주장했다. 그 후 "우리 고장에 그런 인물 말고 소개할 것이 없다."며 묵인해 달라는 시민들의 간곡한 요청을 받고는 통 언급을 안 했다.

필자: 당시에 최용신이 안산에서 도둑질을 한 것도 아니고 무슨 피해를 준 것도 아닌데, 오로지 순수한 열정 하나로 대학교육까지 받은 분이 이런 촌에 들어와 이타적인 삶을 살다가 돌아가셨는데 평가가 너무나 야박한 것 아닌가. 강한 항의와 최용신 선생의 헌신적인 농촌계몽운동 과정은 당시의 신문 잡지에도 많이 보도되었다. 이젠 연세도 드셨고 젊은 사람들을 생각해서라도 진실을 이야기해 달라.

이 같은 요청에 기존의 평가와 정반대의 진실은 털어놓았다.

이 나이에 살면 얼마나 더 산다고……. 사람이 사는 목적이 무엇인가? 잘 죽기 위해서는 진실 되게 살아야 하는 건데……. 죽을 날이 얼마 남지 않으니 민족에 대한 속죄의 마음뿐이다. 그러나 절대 이름만은 넣지 말아 달라.

지금껏 최용신에 대한 언급은 언제나 이처럼 부정되게 말하거나 아예 언급을 회피해 왔다. 나 이외에도 최용신을 실제 증언할 수 있는 대부분의 인사가 나와 같은 태도를 취했다. 실제로 일제와 오오야마의 영향이 계속되었던 것이다. 오오야마와 함께 청년운동, 야학을 실시하면서 암암리에 최용신을 많이 괴롭히고 방해했다. 그 당시 안산에는 농촌진흥회가 활발한 활동을 하고 있었다.[143]

당시 우리 청년회에서는 오오야마의 지시에 따라 최용신 야학을 못하게 방해했다. 오오야마도 최용신이 학원을 완공하자, 최용신 집 근처로 이사 가서 살았다. 오오야마는 일본경찰이 상전 모시듯 하고 수시로 경성(서울)도 갔다 오곤 했다. 그 당시에 그는 이 지역에서 대단한 세력을 행사하고 있었다. 자신을 따르는 친일 인사들을 위로하며 많은 토지를 하사하기도 했다. 아마 이 일대를 감시하는 특수임무를 맡고 있었던 것으로 보인다.

최용신 야학이 그런 방해를 받으면서도 계속됐다는 것 이외는 내세울 게 없다는 생각도 했었다. 그러나 아무리 과소평가해도 그 당시 일경의 감시와 혹독한 탄압을 받아 가며 한글을 가르치며 민족교육을 하다니……. 목숨을 내놓지 않고는 할 수 없는 일이다. 지금 생각해도 보통으론 상상도 할 수 없는 일이다.

---

143)　당시 농촌진흥회의 실상은 1930년대 세계 대공황 등의 여파로 식량이 매우 부족했던 일본 내의 식량 조달과 만주 침략으로 더욱 다급해진 군량미의 원활한 조달을 위해 국내에서 더 많은 쌀 증산을 위한 목적이었다. 또한 일제에 땅을 빼앗기고 소작농으로 전락한 피폐한 농촌의 현실과 문화정치를 표방한 일제의 간악한 술책에 민족 전체가 말살되어 가는 참담하던 시기, 문맹퇴치운동과 브나르드운동으로 이러한 상황을 극복하려는 민족지도자들의 농촌계몽운동을 탄압하고 민족적 농민운동을 친일적 농민운동으로 그 방향을 돌리기 위해 일제가 주도한 식민지 영구화를 위한 관제 운동이었다.

최용신 사망 후에도 우리 청년회에서는 글깨나 아는 이 지역의 청년들을 중심으로 조직적인 최용신 격하 운동을 펼쳤다. 이때부터 최용신이란 이름 석 자는 이 지역에서 거북스런 존재가 되었다. 그 누구도 그녀를 우호적으로 말할 수 없었다. 자신에게 주어질 어려움을 감내하기가 그리 쉬운 일이 아니었다. 그게 굳어져 해방 이후에도 계속되어 온 것이다.

오오야마 영향을 받은 사람이 얼마나 많았던지 해방이 된 지 반 세기가 지난 지금까지도 오오야마의 노력은 한 지역의 유훈(遺訓)처럼 계속되고 있다. 역사가 이렇게 이기적인 이유로 오랫동안 왜곡될 수 있다는 것에 섬뜩함마저 느껴진다.

근데 실상은 인간 최용신을 가장 존경한 이가 바로 오오야마이었다. 그는 사회장으로 치러진 최용신의 장례식에도 참석하여 진실된 마음의 조사도 하였다. 남이 보지 않는 데선 피도 안 나올 것 같은 사람이 몰래 눈물을 흘리기까지 했다. 비록 식민지라는 현실에 지배와 피지배의 정면으로 맞서는 관계를 설정했지만, 자기 자신을 초월한 순수한 사랑 앞에선 한 인간으로서 감동할 수밖에 없었던 것 같다. 8·15 해방이 되기 3~4일 전, 오오야마는 아무도 모르게 조용히 짐을 꾸려서 일본으로 갔다.

한때는 일본인들로 해서 개량 발전된 것 같다는 생각을 했었다. 일제에 착취당하고 말려 들어간 우리가 나쁘지 일본인들 욕할 필요는 없다는 생각도 했다. 그러나 지금은 사회에 아무것도 기여하지 못한 것만 같다. 그 당시에 일본 놈에게 착취당하고 땅 빼앗기지 않은 사람 어디 있느냐? 돈 모으려면 착취 안 하고 가능한가.

교육이라는 게 글 가르쳐 주는 것만이 목적은 아니다. 교육은 정신을 심어야 완전한 교육이라고 말할 수 있다. 일본 놈들 우리 야학에서는 절대로 한글을 못 가르치게 했다. 우리는 자랑스러운 일본의 신민이라는 교육만을 했다. 우리 민족이 아예 없었진 것이다. 최용신도 한글을 못 가르치게 방해토록 했다. 그 당시 한글은 나라 정신이었다.

아마 최 선생 사후 5년 후인 1940년에 학원을 빼앗아 오오야마가 샘골학원의 이사장을 맡았다. 그리고 이후 오오야마의 감시 하에 샘골학원의 졸업생은 물론 근동의 청년들은 전부 일등으로 징병에 나아가야 했다. 장정은 징용으로 끌려갔다. 요즘 사람은 상상할 수도 없는 그런 험악한 세상에 그런 감시와 핍박, 푸대접을 받아 가며 우리 고장에서 대의를 위해 그토록 일하다 여기서 굶주림과 병으로 죽었다는 것은 기록에 꼭 남기고 그 정신을 널리 선양해야 마땅하다.

해방 전에는 양반 상놈, 적자 서자 구분이 심했다. 일제, 양반, 관에 착취당하고 빼앗기는 사람은 대부분이 서민이었다. 그래서 오히려 거짓말은 서민이 한다는 것을 인습화하는 것이다. 그러나 못된 것은 양반이었다. 얼마 남지 않은 여생에 젊은이들이 온전히 깨어서 역사를 올바로 평가하고 훌륭한 나라를 만들어 주길 바랄 뿐이다.

인터뷰 2

문화재 발굴위원회에 상임위원로 참가해 최용신 선생 유적화를 적극 주장하고 류달영 교수가 1939년에 발간한 『최용신 소전』을 소개하기도 했던 또 다른 위원은 당시의 위원회 분위기를 다음과 같이 털어놓았다.

위원회는 안산문화원이 생기기 전까지 안산의 문화 유적지에 대한 자료를 조사·정리해 경기도, 상공부, 청와대 등에 건의하는 활동을 했다. 이때 '안산시'의 명칭도 건의 시행됐다. 이후 이 위원회가 중심이 되어 안산문화원이 창립되었다.

10여 명이 모이는 이 위원회에서 최용신 선생 유적화에 대한 의견은 분분했다. 나는 안산의 원주민은 아니고 서울서 이사 와 살고 있었다. 그러니 최용신 선생의 실제의 활동과 당시의 상황을 증언할 수 있는 입장은 아니었다. 그럼에도 최용신의 농촌 계몽운동은 역사의 큰 맥을 잇는 가치가 있다고 주장했다. 그 정신을 평가하고 당시의 활동 무대와 관련된 시설물을 반드시 유적으로 보존해야 한다고 주장했다.

그러나 발굴 위원장을 비롯한 이 모 씨 등 안산에서 태어나 최용신 선생을 직접 증언할 수 있고, 안산에서 유지급되는 분들이 적극적으로 반대하고 나섰다. 후에도 계속 이의를 제기했으나 그들의 눈에는 '최용신은 학문적 깊이도 없고 여자가 야학한 것 가지고……' 애들 장난 정도로 우습게 보는 것 같았다. 그뿐만 아니라 교회도 유적지가 지정되면 교회를 짓거나 변경을 못한다는 생각을 했던지 유적지 지정에 적극적이지 않았다.

성호 이익 선생은 그들이 적극적으로 건의해 경기도 유적지로 지정됐다. 그때 최용신이 여자라는 것 때문에 평가 자체를 격하하려는 편협함이 논의 과정에서 적나라하게 드러나기도 했다. 만일 그당시의 위원회에서 상록수 유적지의 유적화가 합의됐다면 이후 많은 혼란과 시행착오를 겪을 필요가 없었을 것이다. 이미 당시의 신도시계획법에 따라 일사천리로 추진되었을 것이다. 그렇게 됐으면 지금처럼 비좁지도 않을 넓은 공간으로 『상록수』의 최용신 선생 유적지가 잘 조성되었을 것이다. 너무나 안타까운 일이 아닐 수 없다.

　안산의 유지라는 사람 중에 일제시절에는 일본 사람, 또 6·25 때는……. 시대적으로 굴복하고 양반 사회 전통으로 최용신 활동을 밑바닥일 정도로 우습게 보는 것 같았다.

　1935년 최용신 선생이 세상을 떠난 뒤에 선생의 일기장은 모두 태워졌다. 대수롭지 않은 편지나 일기가 불시로 수색하는 일본 경찰들의 손에 들어가 뜻하지 않게 감옥에서 고생하는 사람이 무수히 많았기 때문이다.

　최용신 선생을 감시하고 핍박하던 일본인 오오야마와 지역의 친일 인사들은 일제의 식민지 정책에 따라 최 선생이 순국한 이후 글좀 아는 근방의 청년들을 중심으로 최용신 폄하, 정신 격하운동을 조직적이고 대대적으로 펼친다. 이때부터 그 누구도 최용신 선생의 정신과 진실을 입 밖으로 이야기할 수가 없었다. 그 정도가 얼마나 심했는지 최용신 선생의 중매로 선생이 가장 아끼던 제자 신명희 씨와 결혼하여 만주로 이주한 주의득 씨의 증언을 들어 보자.

1995년 남양주 주의득 씨 자택에서 증언 청취

아내는 최용신을 친언니 이상으로 대했어. 그런데 만주에서 아내가 "꿈속에서 죽은 언니(최용신)가 나타나서 춥다고 자꾸만 방에 들어오려고 하지 뭐예요. 그래서 못 들어오게 막았지요." 하고 말하며 그런 꿈을 몇 번 더 꾸었는데 한 번도 방에 못 들어오게 했다고 했어. 그 이후에는 그런 언니에게 그러면 안 되는데 후회하면서 몇날을 끙끙 앓다가 결국 아내는 하늘로 갔어. 최용신이 내 마누라를 데려갔구나 하고 생각했어.

당시에 아내는 이국땅에 와서 적응을 못하고 향수병에 걸린 것 같아. 근데 최용신 선생에 대한 일제와 오오야마의 핍박이 얼마나 심했는지 만주까지 이주해 와서도 잔뜩 겁이 들었던 거야. 그러니 그 추운 날씨에도 방에 못 들어오게 문고리를 걸어 잠근 거지. 그 마음은 얼마나 아팠을까? 그때는 그 정도였어.

최용신 선생이 돌아가시고 다들 선생을 못 잊어 선생의 유품 등을 하나씩 챙겼어. 근데 그것도 나중에는 다들 버렸어. 최 선생 사후인 1935년 이후에는 시대가 점점 험악해져서 최용신과 조금이라도 연관이 되면 득 될 게 없었거든. 또 오오야마와 농촌진흥회의 청년들…….

아무튼 그때부터 '최용신은 원산서 못된 짓하고 쫓겨 와서 판자대기 집에서 얻어먹고 살다가 안산에서도 인심을 잃고 일본으로 도망가 일본에서 죽었다.'고 다들 그렇게 이야기하더군. 참, 거짓을 진실인 양 이야기해야만 하는 때였거든.

최용신 선생이 돌아가신 이후 지역에서 조직적으로 펼쳐진 최용신 선생 폄하 왜곡 운동에 대한 증언은 한결같았다. 그중 안원순 할머니의 증언은 지금도 마음에 깊이 다가온다.[144]

샘골교회와 안산시가 샘골교회 교육관 철거 문제로 갈등을 빚던 1994년에 교회 앞 향나무에서 주일날 오후 늦은 시간까지 서성이며 여러 생각에 잠겨계시던 홍찬의 장로님이 계셨다.[145]

최용신 선생에 대해 조금씩 알아 가니 궁금한 게 많아졌는데 홍찬의 장로님이 돌아가셨다는 소식을 접했다. 하는 수 없이 홀로 계

---

144) 안원순 할머니의 남편은 홍찬의 장로님. 최용신 선생과는 친자매, 친 오라비 이상으로 매우 각별한 사이였다. 아들은 『최용신과 샘골마을 사람들』의 저자로 오랜 기간 최용신 선생을 연구하신 홍석창 목사이다. 홍 목사의 딸 홍인애는 최초로 최용신 석사 학위 논문을 썼다. 3대에 걸쳐 최용신 선생과 각별한 인연이 있다.

145) 홍찬의 장로님을 처음 뵌 건 1994년 4월에 샘골교회 이전 문제로 처음 샘골교회를 방문할 때이다. 주일 예배가 끝나고 모두가 돌아간 시간에도 깔끔한 양복을 입고, 교회 앞의 제일 큰 향나무 주변에 서 계셨다. 다음 주일에도 계속 서 계셨다. 한번은 주일날 늦은 오후에 샘골 교회를 방문했는데 그때까지 계속 서 계셨다. "장로님! 왜 집에 안 가고 계속 계세요. 힘드실 텐데 의자에 앉아 계시죠(향나무에 둥그런 나무 의자가 있었다). 혹시 최용신에 대해서 잘 아세요?"질문 드렸더니 웃으시며 여러 이야기를 계속 하였다. 그때는 필자가 최용신을 잘 모르던 때라 알아듣지를 못하니 답답해하였다. 이후 최용신이 꿈에도 나타나고 어느 정도 윤곽을 파악한 터라 제대로 들어야겠다는 마음으로 찾았을 때는 안 계셨다. 돌아가시고 장례까지 마쳤다는 소식을 전해 들었다. 전에 신문 인터뷰, 샘골교회 자료에 등재된 장로님의 사진을 보고 놀랐다. 교회 앞 향나무 주변에서 뵌 모습과는 너무나 달랐기 때문이다. 아마 죽음을 준비하고 계셨던 모습으로 가장 편안하고 자상한 얼굴이었다. 골육지친처럼 가까웠던 최용신 선생 이야기를 그렇게 하고 싶어 하셨는데, 몰라도 계속 들어줘야 했는데……. 죄송한 마음이 든다.

백년을 앞선 선각자 **최용신의 외로운 진실**

시는 미망인 안산시 본오동에 거주하는 안원순 할머님 댁을 자주 찾아갔다. 할머니께서도 장로님(남편)이 돌아가시고 매우 적적해 하셨는지 필자의 방문에 아주 반가워하였다. 점차 친해지자 할머니께서는 젊은 사람 기호를 생각해서 커피도 사다 놓고 손수 끓여 주었다.

당시 샘골에는 두 개의 우물이 있었다. 홍석필 장로님 집 근처에 있던 아래 우물을 사용한 최용신 선생님과 각 가정의 경제 사정 등 소작농과 머슴 생활의 고단함으로 대변되는 샘골의 여러 분위기와 최용신 선생의 활동, 그리고 사후에 펼쳐진 폄하 왜곡운동 등, 여러 증언을 장시간에 걸쳐서 자세히 들려주었다.

최용신 선생이 성고문을 당하고 초죽음이 되었던 이야기며 이후의 신사참배와 이후 전시총동원령의 폭압적인 분위기속에서 징병, 징용으로 끌려간 이웃 이야기, 다들 최 선생을 기억하고자 가장 소중이 보관하고 있던 최용신 선생의 조그마한 유품도 공개적으로 모두 모아서 여러 번 소각한 이야기 등을 정말 현장감 있게 들려주었다. 몇 날은 듣는 동안에 가정사에서 이웃들의 이야기까지, 직접 목격한 이야기에서부터 간접적으로 들은 이야기까지, 정말 눈물 나는 이야기에 시간 가는 줄 몰랐다.

평상시와 다름없이 다음 날도 할머니 집에 방문했는데, 밤새 우셨는지 눈이 퉁퉁 부어 있었다. 매우 깔끔하신 분인데 몰골이 말이 아니었다. 어젯밤에 도둑이 들었나.

"도대체 무슨 일 있으셨어요?"

할머니께서는 냉정하게 말하였다.

"다시는 오지 마세요."

최용신 선생에 대해 알고 있는 이야기는 다 말씀드린 것 같고, 하지 말아야 할 말까지 모두 다 했으니 더 이상 할 이야기도 없으니 오지 말라는 것이었다. 평상시와 다른 할머니의 태도에 놀라서

"아니, 1930년대에 농촌이야 뭐 다 흙집이고 너 나 할 것 없이 보릿고개요. 먹을 것이란 없었고, 도둑놈, 노름꾼도 많고 싸움질도 흔하고 특히 일제 식민지라 더 말할 것도 없는데……. 교회의 신사참배야 1930년대 후반 이후에 전국적으로 안 한 교회가 하나도 없는데……. 그런 이야기를 했다고 그러세요."

할머니께서는 더 이상 이야기를 하지 않으셨다.

당시에 대학까지 나온 처녀가 이런 시골에 와서 다 쓰러져 가는 흙집에서 제대로 먹지도 못하고 방에 불도 제대로 못 지피며 밤낮으로 그렇게 농촌계몽사업에 힘들게 실천하다 돌아가셨는데, 사후에 일제와 오오야마 주도로 어쩔 수 없이 행해진 최용신 왜곡, 핍박의 내용과 해방 이후에도 대변할 수 있는 힘 있는 인물들이 모두 안산을 떠나서 최용신 선생에 대한 대접을 제대로 못했다는 이야기며…….

특히 전날에 지금껏 지역에서 금기시해 온 이야기에서부터 최용신 선생의 가장 중요한 사건에 대한 이야기를 모두 하고 나니 밤새 생각나고, 잠도 못 이루며 밤새 힘들어하신 것 같았다. 최용신 선생의 가장 충격적인 사건은 할머니뿐 아니라 누구나 증언하는 내용이었다.

제자 이상종은 증언하기에, "선생이 시간표에 일본어와 조선어

로 표기하도록 한 것이 감시하는 일본 경찰에 발각되어서 최용신 선생이 수원경찰서에 호출되어 갔는데[146] 얼마나 맞았는지 거동을 못하셔서 일주일인가 지나서 나오셨는데 잘 걷지도 못하시고 어른들이 몹쓸 일도 당했다고 수군대는 소리를 들었을 때, 너무 슬펐던 기억이 지금도 뚜렷해……."

안원순 할머니는 이 사건에 대하여 아주 상세히 이야기했다.

"안산에 시집와서 얼마 있다가 선생님이 오셨는데, 방에도 자주 놀러 가고 목욕하실 땐 등도 밀어주고 그랬어. 오실 때부터 각기병이 있어 매우 힘들어하시더군. 얼굴만이 아니라 온몸에 곰보 자국이 있더라고……. 어렸을 때 마마를 심하게 앓아 다 죽었다가 살아나셨다고 하시더군. 구경도 못하던 신문 잡지도 배달되어 왔는데……. 세상 돌아가는 것 훤히 다 아시는 분이셨지.

한번은 시간표에 일본어로 쓰게 해서 수원경찰서에 호출되었는데, 전에는 황종우 선생이 몇 번 대신 가서 곤욕을 치렀는데 이번에는 직접 오라는 호출이 와서 안 갈 수가 없고, 쉽게 끝날 일이 아닐 것 같아 아주 걱정을 많이 하시더군. 당시는 수원행 교통이 없던 때라 이른 새벽 시간에 출발하여 여러 날이 지나서야 돌아오셨는데 많이 아파서 방에 누워 계신다고 하여 궁금하기도 하고 병간호도 해 드리려고 갔더니 정말 몰골이 말이 아니더군. 온몸에 피멍

---

146) 당시에는 국어가 일본어였다. 한글은 제2외국어로 '조선어'로 표기해야 했다.

이 들고 여자로서 정말 감당하기 힘든 엄청난 일을 겪었어. 같이 얼마나 울었는지 몰라.”

정말 이 부분에 대해서 증언 그대로 전달하는 게 매우 힘들다. 특수 성고문 기구며, 한마디로 사람에게 할 수 없는 일들을 자행한 것이다. 더 이상의 내용은 상상에 맡긴다.

할머니도 쉽게 말할 수 없는 이야기였는데 필자가 호기심도 많고 또 캐묻고 하니 이야기를 다 해 버렸는데……. 말하고 나니 정말 이야기하지 말았어야 했는데……. 당시의 여러 생각도 떠오르고 하여 밤새 주무시지 못한 것 같았다. 이후 할머님 집은 방문할 수 없었다.

얼마 후 KBS PD에게서 연락이 왔다. 그전에 최용신 특집 프로를 제작해 달라고 여러 언론에 최용신 선생 자료를 정리해서 보냈는데, KBS에서 특집 방송으로 최용신을 다루는 프로를 제작하니 도와 달라는 것이었다.

아쉽게도 최용신 특집이 아니라 이광수 특집에 최용신이 상당한 분량으로 끼워 들어가는 것이었지만 도와주겠다고 하니, 주변에 증언자 등의 안내를 요청해 왔다. 그래서 안원순 할머님께 전화로 요청 드렸더니 절대로 인터뷰하지 않겠다고 했다. 집에도 절대 오지 말라고 하였다.

‘최용신 선생을 위하는 일이다.’고 여러 차례 설득하여 결국 허락을 받아 KBS의 제작스텝, 방송 카메라, 조명 시설 등과 함께 홀로 계시는 할머니 집에 방문하여 인터뷰를 할 수 있었다. 방송 전날 할머니의 손녀(홍인애)에게 "내일 너의 할머니께서 KBS에 나오는데 아냐?"고 전해 주었더니 진짜냐고 몇 번 되묻고, 아버지(홍석창 목사)에게도 연락하는 것 같았다. 아마 할머니가 주변에 말하지 않아 전혀 모르는 것 같았다.

비록 한 지역에서 발원한 최용신 선생의 애국애족과 상록수 정신을 일제는 식민지 정책의 가장 두려운 저항으로 인식했다. 외부로 확대되는 것을 차단하기 위해 조직적인 왜곡, 폄하 운동을 펼친다. 해방 이후에도 최용신 선생을 괴롭히던 친일세력[147]은 반성을 하기는커녕 지역의 유지로, 지역의 실력자로 선생의 정신을 재조명하고 유적화하려는 뜻있는 사람들을 핍박하고 온갖 이유로 방해하였다.

이와 같이 일제 식민지 시절은 물론 해방 이후에도 어두운 사회적 흐름과 친일 세력이 사회적 영향력을 행사하면서 역설적으로 상록수의 "항상 푸르름으로 늘 깨어서 불의를 거부하고 올바르게 진리의 길을 걸어 전진하자."는 정신은 가장 억압받을 수밖에 없었다.

---

147)   당시에 농촌진흥회에 참여하면서 일제로부터 많은 후원을 받으며 농촌계몽운동을 탄압하던 지역의 인사들

1995년 2월 13일자 한 중앙일간지 사회면 톱기사. 기사를 작성한 기자는 "사회부장이 자신이 최용신 최고 전문가다."며 기사를 작성해서 그대로 실으라고 하였다. 전체가 소설이라 정정 기사를 내기가 참으로 난감하다도 하였다. 기사 내용이 최용신 폄하, 왜곡운동의 결과물 같아 보인다. (기사 일부 내용– 혼자만으로는 역부족을 느낀 최용신 선생은 당시 「동아일보」 기자였던 심훈 선생에게 도움을 호소했다. 1935년 최 선생의 활동을 바탕으로 소설 『상록수』가 발표되어 민간 차원의 독립운동의 상징성을 띠면서 일제의 탄압이 더욱 심해지자 최용신 선생이 일본으로 도피했다가 병을 얻어 일본에서 병으로 생을 마감했다.)

한국 기독교사[148]

---

148) 1994년 샘골교회 이전 문제가 지역사회 이슈였다. 지역신문 기자로 취재할 때 외부에서 교회에 대한 부정적인 평가가 많았다. 교회 입장만 대변한다고 필자도 거센 비난을 받기도 했다. 군대 졸업 후 처음 전도받아 출석한 초짜 신자이던 필자는 샘골교회의 어느 청년이 "샘골교회가 남아서 최용신 선생 선양 사업을 한다는데 지원은커녕 교회가 있으면 오히려 방해만 되니 나가라니, 교회가 어쩌다 이렇게 욕먹는 처지가 되었나." 소리를 지르는 것을 보고 교인이던 필자도 큰 충격이었다. 더욱이 교회의 사명은 '교회 건축과 전도'라는 일부 교인의 주장에 회의가 느껴져 교회사를 읽고 정리한 글이다. 당시에 운영하던 '인터넷 최용신 추모홈페이지'에 올렸는데 어느 목사님이 전화로 강하게 지적하여 모두 지웠던 것을 최근에 우연히 발견했다. 22년 전의 젊은 나이에 쓴 글이나 지금 생각해도 틀리거나 그렇게 비난받을 내용은 아니다. 지금도 진행형이라는 생각에서 출판에 포함시켰다.

백년을 앞선 선각자 **최용신의 외로운 진실**

1950년대 초기에 무임소 장관, 경기도 지사가 안산 샘골을 방문, 최용신 정신을 기리고, 그 숭고한 뜻을 계속 이어 갈 수 있도록 최용신 학교 설립을 약속한다. 그러나 ㅇㅇㅇ장로 등의 적극 반대로 무산된다.

또한 1963년에는 약혼자 김학준 교수가 샘골재단을 추진하면서 김 교수, 황애덕 서울중앙여중고 이사장, 홍우준 국회의원, 지역 유지 등 9명의 이사진을 구성한다. 이때도 기독교인이라는 ㅇㅇㅇ 장로 등은 서울서 온 사람들 멱살을 잡고 행패를 부린다. 아예 김학준 교수는 동네 시궁창에 빠뜨린다.

이런 상황에서 일이 진행되어야, 무슨 명분이 있는가. 한탄과 비탄 속에서 이 모든 계획들은 포기되고 만다. 과연 그들은 누구이며, 왜 그러한 행동을 했을까? 이 점은 가슴 아픈 3·1운동 이후 한국 기독교의 역사와도 무관하지 않았다.

신사참배와 친일파 장로, 자신들의 신분을 위하여 그랬던 것 같다고 증언하는 분들은 한결같이 안 해야 하는 말을 했다며 비밀에 부쳐 줄 것을 요청했다. 그러나 최 선생의 정신을 되살리는 노력이 지금도 마치 '가롯 유다'처럼 오도되는 신앙적 풍토에서 비밀이 될 수는 없었다.

사회 정의, 나라 사랑은 예수의 사랑과는 전혀 무관한 것이라는 일부의 기독 신자, 더욱이 예수의 가르침에는 별 관심이 없는 오로지 물질 축복, 교회 사업, 권위주의가 판을 치고, 외형적인 이기적 욕심만을 추구하는 형식주의, 편리주의로 교회의 본질이 왜곡되는 일부 몰지각한 사태 속에서, 그리고 3·1운동 이후 한국 기독교의 파행적인 사회적 흐름에서 최용신 선생의 '상록수 신앙'은 한국 교회사에서 정당한 자리매김을 할 수 없었다.

한국 교회는 일찍부터 사회개혁과 민족독립에 깊은 관심을 가지고 적극적으로 사회문제, 민족문제에 대처하였다.[149] 일제하에서는 안으로는 우리사회의 봉건적 폐습과 밖으로는 일제의 식민통치에 대항하였다. 1919년 3·1운동이 일어날 때까지 한국 교회는 민족독립운동의 한복판에 서 있었다. 주일이면 교회 지붕에 십자가와 태극기가 나란히 내걸렸고, 애국가를 찬송가에 담아 부른 것이 초기의 한국 개신교였다. 우리나라 최초의 근대적 정치단체이자 독립운동 단체였던 '독립협회'는 기독교인들에 의해 주도되었고, 독립협회의 기관지이며 최초의 순 한글 신문인 「독립신문」은 배제학당 지하의 감리교 출판사에서 인쇄되었다.

그 뒤를 이어 민족운동의 맥을 이루는 신민회, 여기에서 이어지는 상동파와 상동청년학원 등이 모두 기독교운동이었다. 또 3·1운동은 교회가 주도적인 역할을 담당하였다. 교회는 운동의 연락소로서 전국 동시다발적으로 독립운동이 일어나게 한 네트워크이었다.[150] 이처럼 한국 교회는 민족의 고난의 한복판에서 그 고통을 나누며 그 속에서 십자가의 정신을 실천한 교회였다. 한국 교회는 민족의 아픔에 동참하였고, 어느 정도 성장하여 때가 이르러서는

바로 아래 각주

149) 이만열, 『한국 기독교사 연구 논고』 496쪽 (1991, 지식산업사)
150) 김명옥, 『잊혀졌던 역사 상록수와 최용신 선생』 78쪽 (1994 안산제일문고)

백년을 앞선 선각자 **최용신의 외로운 진실**

민족을 대신하여 십자가를 지기도 하였다.[151]

그러나 3·1운동 이후 일제의 혹독한 탄압을 받고는 결국 굴복의 길을 걷게 된다. 일제와 타협의 산물인 미국 선교정책에 따라 민족 운동사에서 발을 빼게 됨에 따라 이때부터 사회적 문제에 대한 신앙적 접근은 봉쇄되고 오로지 개인 구원의 문제에만 집작한다.

1930년대 중반에 접어들면서 일제는 신민 지배를 더욱 강화하는 하나의 정책으로 신사참배를 전국적으로 실시한다. 이때에 한국 기독교는 파란곡절(波瀾曲折) 끝에 각 교단별로 총회의 결의를 통해 신사참배를 가결하는 오욕의 역사를 남긴다. 이에 반대하는 운동은 많은 양심적인 기독교인들에 의해 전국적으로 일어났으나 일제가 이를 그냥 두고 볼 리가 없었다.

일제는 주기철 목사를 위시하여 전국의 신사참배 반대운동에 가담하였던 지도자들을 총 검거하고 투옥한다. 이로 인하여 많은 기독교계 학교와 교회가 폐문되고 수많은 신도가 투옥된다. 그리고 50여 명이 넘는 교직자들은 고문을 받다가 순교의 피를 흘린다.

이러한 시기에 수난을 회피한 지도자급 되는 파렴치한 목사들은 자신들만의 안의와 안락을 추구하며 일제에 적극 협력한다. 신사참배 반대운동의 지도자들을 파악하여 일제에 밀고하는 등 적극적으로 동료 목회자들의 탄압에 앞장선다. 평양 노회는 일제의 정책에 적극 옹호하고 신사참배 반대운동에 앞장선 신앙을 지키려고 몸

---

151) 이만열, 『한국 기독교사 연구논고』 496쪽 (1991, 지식산업사)

부림치던 양심적인 목사들의 파면을 결의한다.

이때 목사직을 파면당한 주기철 목사는 감옥에서 일경들의 참혹한 고문을 견디고 있었다. 참대꼬치로 손톱을 찔리었고 네모난 각목을 손가락 사이에 끼우고 놀림을 당하며 알몸으로 매달린 채 가죽끈으로 매를 맞아 온몸은 피투성이가 되었다. 코에 고춧가루 물을 부어 넣자 혼수상태에 빠진다. 심지어 머리카락을 묶어 천장에 매달아 기절하면 찬물을 끼얹어 소생시키고는 참혹한 고문을 계속하였다.[152] 신사참배를 받아들이라는 그들의 강요를 끝끝내 거부한 주 목사는 이 참혹한 옥고를 7년 동안 치르다 결국은 옥중에서 운명하였다.

8·15 광복으로 한국 기독교는 민족 해방과 더불어 종교의 자유를 회복한다. 감옥에서 살아남은 자들은 조국 건설과 교회 재건 운동을 전개한다. 이때에도 신사참배운동에 적극 참여한 기성교회의 친일 인사들은 '책벌은 하나님이 직접 관리해 해결할 문제다.'며 어떠한 참회나 회개를 하지 않는다. 그럼에도 재건교회운동은 전국적으로 발생, 신사참배 반대운동의 중심지 평양을 중심으로 조직적인 체계를 갖추고 부흥한다.

그러나 북한에서는 김일성 중심의 공산주의 국가 체계로 발전하면서 교회의 박해가 시작된다. 김일성 정권은 1946년 11월 3일(일요

---

152) 최훈, 『한국 재건 교회사』 68쪽 (1979, 성광문화사)

백년을 앞선 선각자 **최용신의 외로운 진실**

일)의 총선거에 예배당을 투표 장소로 사용하기로 한다. 이 문제에 대하여 북한 5도 연합회 노회에서는 결의문을 채택하고 김일성 정권에게 전달한다.[153]

- 성수주일(聖守主日)을 생명으로 하는 교회는 주일에는 여하한 행사에도 참가하지 않으며 하물며 예배당을 선거장소로 제공할 수 없다.
- 정치와 종교를 분리하며 교회는 신앙과 집회의 자유를 확보한다.

이 결의를 접수한 김일성 정권은 코웃음을 쳤다. 과거 일제 시절에는 주일에 신사참배도 하고, 보국대에도 나가 일을 해왔는데 어찌하여 신성한 선거를 거부하느냐 하는 태도였다. 과거에는 예배당에서 천조대신을 섬기고 심지어 고사리 창고나 가마니 짜는 공장으로 사용하다가 어찌 신성한 선거장으로는 사용할 수 없느냐 하는 태도였다.

이리하여 김일성은 그의 비서, 전직 목사인 강양욱(康良煜)을 시켜 교회 파멸의 측면 공작을 시작한다. 과거 신사참배에 앞장선 목사들은 매수하여 '기독교 연맹'이라는 어용기관을 조직하여 교회 내분을 일으켜 무너뜨릴 계획을 세운다. 여기에 김익두 목사를 위시하여 김응순, 박상순 목사가 가담하게 되고 총선거 직전에 5도 연합 노회의 결의문을 비방하는 새로운 결의문을 발표케 한다.

---

153)   김양선, 『한국 기독교 해방 10년사』 68쪽

- 우리 기독교 연맹은 김일성 정부를 절대 지지한다.
- 우리는 남한정부를 인정치 않는다.
- 교회는 민중의 지도자가 될 것을 결의하고 교회는 이번 총선거에 솔선수범하여 참가한다.

김일성 정부는 각 교회에 명하여 이 결의문을 많은 교인들 앞에서 읽게 하였다.[154] 이에 반대하는 교회와 교역자는 내무서원으로 끌고 가 가혹한 고문을 가하였다. 이들 중에는 강제 수용소에 끌려가서 강제노동과 고문을 당한 끝에 순교하는 이가 많았다. 이러한 참담한 박해로 북한의 교회는 고사 직전에 이른다. 이때에 많은 지도자급 기독교인들은 이러한 참혹한 박해를 피해 월남하게 된다.

이에 반해 남한의 재건 교회운동은 외부적인 박해는 적었으나 내부적인 면에서 수난의 길을 겪는다.[155] 내부적으로 기성교회와 재건교회의 분열과 분쟁, 신사참배에 앞장선 교회와 교역자 그리고 이에 동참한 '동참죄' 등의 처리 문제 등으로 심한 갈등을 겪는다. 이러한 윤리나 교회행정, 신앙사상의 차이점 등의 대립은 결국에 교회의 분열을 초래한다.

이때에 한국 교회가 회개와 참회의 바른길을 걸었다면 한국 교회가 사분오열(四分五裂)이라는 비극만은 면했을지도 모른다. 이러한

---

154) 최훈, 『한국 재건 교회사』 129쪽 (1979, 성광문화사)
155) 최훈, 『한국 재건 교회사』 132쪽 (1979, 성광문화사)

오욕된 한국 기독교의 역사는 이후 독재정권을 위해서 3선 개헌 지지운동과 유신헌법 지지성명 등으로 이어진다.

1980년에는 광주시민의 피를 딛고 쿠데타로 정권을 장악한 불의한 세력의 편에 서서 조찬 기도회를 열었고, 그들의 안녕을 구하며 충실한 협력자의 역할을 맡는다. 이러한 사회적 흐름 속에서 한국 교회는 교권주의와 지역주의에 휩쓸리고 기복신앙의 늪에 점점 빠져든다.

오늘날 한국 교회는 물질주의와 권위주의, 그릇된 성공주의로 본래의 존엄성을 잃어버린 채 선교와 전도의 정열은 성공의 과시로 변질되고 그리스도공동체는 교권을 위한 집단 이기주의로 전락되고 말았다는 자기비판이 일어나기에 이른다. 최근 교계 지도자들에 의해 한국 근대사에 대한 오욕의 과거를 눈물로 회개하는 '한국 교회 참회록'이 발표되기도 했다.

100여 년의 한국 기독교 역사의 긍정적인 평가에도 불구하고 격동의 한 세기를 마감하고 새로운 21세기를 준비하는 지금, 한국 교회가 그리스도의 몸으로서 자기 존재의 참 의미를 체득하고 있는가 하는 소박한 원론적인 의문이 제기되고 있다.[156]

숨 막히는 일제식민지 지배체제 안에서 종교적 카타르시스를 통해 정신적 해방감을 찾으려는 사회적 현상은 기독교를 무당화하고

---

156) 이만열, 『한국 기독교사 연구논고』 496쪽 (1991, 지식산업사)

신비주의적인 종교 현상을 강조했다. 피안의 종교성을 강조하고 내면화의 세계를 추구하다. 현실성을 외면하는 종교로 대승적인 입장을 버리고 개인의 구원에만 안주하는 소승적인 신앙으로 점점 매몰되었다.

곧 예수를 믿어 영혼 구원받음이 곧 물질 축복과 건강의 축복임을 너무 강조한다. 오히려 의를 위하여 핍박과 고난을 당하는 것을 최고의 축복으로 간주하는 기독교적 신앙은 미약해졌다. 이러한 왜곡된 흐름은 기독교의 질적 성장에 장애요인을 제공한다.

지금도 주체적인 노력 없이 외국의 신학을 수입하는 것과 기독교의 의미 전달과 개념 규정에서 원래의 정확성을 지닌 자국어로 번역된 성경을 가지고 있지 못하다는 의문이 제기된다.[157] 젊은 층은 이미 사어가 되어 버렸거나 현재의 언어생활과 거리가 먼 국어사전에도 없는 문장을 해석하기가 어렵다고 말한다.

뜻있는 젊은 세대 가운데 우리말 번역이 제대로 되어 있지 않아 성경을 오히려 영어나 다른 언어로 해석하는 실정이다. 그리고 아직도 이렇다 할 자체적인 기독교 문화를 성립시키지 못하고 있다.[158]

한 사회에 종교가 전파되면, 그 종교의 목적에 알맞은 이념과 가치관이 형성되고 거기에 따라 문화가 성립되기 마련이다. 우리나라에 들어온 불교와 유교는 자신의 이념에 따른 문화와 예술을 그

---

157)   이만열, 『한국 기독교사 연구논고』 500쪽 (1991, 지식산업사)
158)   이만열, 『한국 기독교사 연구논고』 503쪽 (1991, 지식산업사)

런대로 꽃피었다.

그러나 한국 기독교는 결코 짧지 않은 수용 기간임에도 불구하고 기독교와 함께 이식된 구미문화는 풍부해도 한국인이 기독교적 바탕 위에서 성립시킨 문화는 찾아보기 힘들다. 한국의 기독교는 아직도 비주체적인 풍토이며 자기 정체성도 확립하지 못하고 있는 것이다.

무속적인 이원론적 인간관에 젖어 기독교 문화를 성립하지 못하고, 또한 일제와 유신정권, 전두환 정권을 거쳐 오면서 용기도 없이 스스로 재갈을 물리는 자기 기만적인 정교 분리의 원칙에 안주하여 왔다. 또한 급속한 산업화 과정을 거쳐 오면서 우리 사회는 물질만능주의가 지배하는 천박한 상태가 되고 말았다. 인간의 존엄성과 도덕이 평가 절하되고 정직과 성실은 사라졌으며 사람들은 삶의 방향을 읽게 되었다. 그 같은 사회적 흐름에 빛과 소금의 역할을 담당해야 할 교회마저 휩쓸려 버린 것이다.

교회가 피곤하고 지친 사람들을 위로하며 세상의 주인은 하나님이라는 것을 알고 겸손해질 수 있도록 이끌어야 함에도 대형교회의 증축과 신자 수 늘리기에만 급급해 왔다. 이러한 교회의 대형화는 필연적으로 개교회주의를 낳고 교인 숫자와 이로 인한 경제력이 뒷받침된 카리스마와 귀족화를 낳는다. 교회가 보여 주어야 할 리더십의 근거인 근면, 인내, 봉사, 훈련에도 많은 장애요인이 된다. 또한 교단의 분열은 더욱 가속화된다.

종교인들이 사회 정화에 앞장서기는커녕 오히려 문제를 일으키고 사회적 걱정거리가 되었다. 이렇게 한 세기 굴절되어진 기독교의 사회적 흐름은 한국분단의 고착화와 지역감정과 분파의식을 조성, 분단과 분열의 치유는커녕 민족 앞에 죄를 범한 꼴이 되고 말았다는 혹독한 비판에 직면한다.

이제는 한국 기독교가 회개와 참회를 하고 예수 그리스도의 제사장의 참모습으로 돌아와야 한다. 인간의 고통을 체험하지 않으면 인간의 정확한 상태를 하나님께 호소할 수 없는 것처럼, 죄악된 사회에서 인간의 고통과 슬픔에 직접 뛰어들어 같이 울어 주고 위로하는 자여야 한다.

또한 예언자적 사명을 회복하여야 한다. 과거 극히 일부를 제외하고는 고난에 동참하는 교회 상을 보여 주지 못하였다. 교회는 거룩해야 한다는 자기기만으로 각종 사회적 구조악의 회피에 급급하여 왔다. 이러한 상황에서 사회는 점점 물질 중심과 한탕주의를 낳았고 많은 젊은이들은 떼 지어 감옥에 들어가야 했다. 인권을 유린하고 각종 대형 사건을 터트리고 나라 전체를 부패로 오염시키는 동안 정신문화는 황폐화되어 버렸다. 이러한 정황 속에서 교회만이 자신의 정결을 지킨다는 것이 불가능했고 교회도 함께 부패해질 수밖에 없었던 것이다.

요즈음처럼 교회 안에는 기독교인이 많은데 사회에서는 기독교인을 찾아볼 수 없다는 한탄의 목소리가 높을 때가 없다. 어느 사이에 한국 교회는 복음의 반쪽을 잃어버린 민족 없는 교회, 역사 없는 교회, 세상을 부정하는 교회가 되어버렸다. 지금까지 의심 없이 받아들여 왔던 신앙과 삶이 분리된 절름발이식 복음을 청산하여야 한다. 교회 개혁의 절박한 요구에 가장 암울하던 일제의 식민 치하에서 보여 준 최용신 선생의 헌신적인 신앙인의 모습은 많은 교훈을 주고 있다.

한국교회 선교사에도 자랑스러운 한 페이지이다. 생활과 신앙이 일치한 최용신 선생은 세상과 교회를 별개로 생각하는 이원주의 신앙, 기복주의 신앙을 극복하고 사회의 빛과 소금의 역할을 담당하는 신앙인의 바른 길잡이로 삼아야 한다. 진정 이 나라와 먼 장래와 바른 기독교 문화의 정립을 위해 한 신앙인의 몸부림과 그 진실은 정당한 자리매김을 받아야 한다. 그러한 참 신앙인의 진실된 삶과 그 정신을 발굴 정리하여 전국의 교회로 확대하여야 한다. 이는 누구보다 지역의 기독교 지도자에게 큰 사명과 역사적 책임을 요구한다.

이제는 예배당 안의 편협한 신앙의 틀에 갇혀서 안주하는 것이 아니라 신앙과 삶이 일치하는 사회에서, 역사에서 진정한 신양인의 모습을 회복하여야 한다. 진정한 의미의 기독교 문화를 창출해야 한다. 그러한 이유로 교회의 주일학교에서 '그리스도인의 사표'로 최용신 선생의 '상록수 신앙'과 숭고한 삶이 교육되기를 바란다.

1994년 어느 날 김명옥

『잊혀졌던 역사 상록수와 최용신 선생』[159] 소책자 추천의 글[160]

1919년 3·1운동이 일어날 때까지 한국 교회는 민족독립운동의 한복판에 서 있었다. 주일이면 교회 지붕에 십자가와 태극기가 나란히 내걸렸고, 애국가를 찬송가에 담아 부른 것이 초기의 한국 개신교였다.

우리나라 최초의 근대적 정치단체이자 독립운동 단체였던 '독립협회'는 기독교인들에 의해 주도되었고, 독립협회의 기관지이며 최초의 순 한글 신문인 「독립신문」은 배제학당 지하의 감리교 출판사에서 인쇄되었다. 그 뒤를 이어 민족운동의 맥을 이루는 신민회, 여기에서 이어지는 상동파와 상동청년학원 등이 모두 기독교 운동이었다. 또 3·1운동은 교회가 없이는 이루어질 수 없었다. 교회는 운동의 연락소로서 전국 동시다발적으로 독립운동이 일어나게 한 네트워크였다. 이처럼 한국 교회는 민족의 고난의 한복판에서 그 고통을 나누며 그 속에서 십자가의 정신을 실천한 교회였다.

그러나 3·1운동 이후 미국의 선교정책에 의해 기독교가 민족독립운동에서 발을 빼게 되었고, 그로부터 해방이 되기까지 한국 교회사에는 신사참배반대운동을 제외하고는 민족과 관련하여 기록할

---

159) 김명옥, 『잊혀졌던 역사 상록수와 최용신 선생』(안산청년제일문고, 1994)
160) 필자가 출석하던 안산제일교회 청년부 월례토론회(1994.9.10)에서 '상록수와 최용신 선생'을 주제로 발표된 내용을 소책자로 펴내면서 청년부 담당 안용성 목사가 쓴 추천의 글 전문이다. 최용신 발굴에 '미친놈 소리' 들을 때 교회에서 가장 큰 용기를 주었던 안 목사는 얼마 후 제일 교회를 떠났다. 이후 미국 예일대학에서 신학 박사 학위 공부 중이라는 소식을 전해 들었다.

것이 별로 없다. 어느 사이 한국 교회는 복음의 반쪽을 잃어버린 민족 없는 교회, 역사 없는 교회, 세상을 부정하는 교회가 되어 버렸다. 그 반쪽 신앙은 해방을 지나 지금까지도 많은 기독교인들 속에서 이어지고 있다.

그러나 공식 역사 속에서 제자리를 부여받지 못했을지라도 기성 교회의 무관심 속에 그리스도의 사랑의 정신을 안고 고난받는 민족의 한가운데 뛰어들었던 수많은 양심적 신앙인들이 있었을 것이다. 그들은 분명히 살아 활동하고 있었으나 일제와 친일파의 역사 왜곡으로 말미암아 그리고 교회의 무관심으로 말미암아 잊혀져 왔을 뿐이다.

상록수 최용신 전도사, 그녀 역시 이러한 잊혀진 역사의 한 부분이다. 그녀는 우리 도시의 한 귀퉁이에 초라한 모습으로 남아, 기독교 신앙과 안산의 자존심을 지켜 주고 있는 우리의 자랑스러운 역사이다. 너무도 자랑스러운 유산이나 아무도 자랑스러워해 주지 않는 외로운 역사이다.

우리의 무관심과는 달리 얼마 전부터 상록수와 최용신의 역사를 찾아 외롭게 싸워 온 한 젊은이가 있다. 김명옥 형제가 그 사람이다. 대학을 졸업하고 우리 청년회에 출석함과 동시에 「반월신문」 기자가 되었고, 천곡교회 이전 문제에 관한 가사를 다루면서 이 역사를 새로이 발견하기 시작한 그는, 그 이후 상록수와 최용신 선생을 위해 분주하게 뛰어다니고 있다. 이 소책자는 김명옥 형제가 발로 쓴 역사이다. 그는 이 역사를 발굴해 내기 위해 많은 책과 자료들을 읽을 뿐만 아니라 수많은 사람들을 직접 찾아 나섰다. 그러기에 이 역사는 살아 있는 증언들이다.

우리 청년부의 월례 토론회에서 그 자리를 만들 수 있게 된 것을 하나님께 감사드린다. 그를 통해 우리는 그동안 우리가 진주를 발가락에 낀 돼지와 같았음을 깨달았다. 우리가 발견한 그 진주가 너무나 귀하고 아름다워 많은 사람들과 나누고자 토론회의 발표 내용을 작은 책자로 담아낸다. 잊혀졌던 나머지 반쪽의 역사가 많은 양심적인 기독교인들과 함께 시민들의 가슴속에 되살아나기를 간절히 기도한다.

2. 최용신 선생 독립유공자 추서

대한민국정부는 1995년 8월 15일에 최용신 선생의 한글교육과 농촌계몽활동을 통하여 민족정신을 고취한 공로를 인정하여 독립유공자(건국훈장 애족장)로 추서한다. 이는 소설 속 인물에서 역사 인물로 자리매김하는 역사적인 전환점이 됐다.

최용신 선생을 독립유공자로 추서해 달라며 수원보훈처에 청원서를 접수한 당사자(필자)로 추서 청원서 접수 과정이 사실과 달리 왜곡되어 알려져 있다.

홍석창 목사가 저술한 『최용신과 샘골마을 사람들』에서는 '1994년 말 광복 50주년과 최용신 서거 60주년을 앞두고 독립유공자로 추서하자는 운동이 일어났다. 이 운동의 최초 제안자는 김명옥(필자)이다. 그는 1994년 교회 내에서는 안산제일교회 청년부를 통해서 밖으로는 동아, 한겨레, 한국일보 등에 자유기고를 통해 최용신의 상록수 정신을 계승·발전시키는 운동을 벌이고 있었다. 그러나 그는 청년의 의지만 있었지, 최용신에 대한 연구나 안산 사회나 교계의 인지도가 부족한 형편에 있었기 때문에 최용신의 제자인 홍석필을 만나 뜻을 전하고, 또 최용신에 대하여 이미 수십 년을 관계하고 또 연구하고 있는 김우경을 만나 의논하여 함께 이 일을 하

기로 하였다.'고 기록하였다.[161]

이에 반해 샘골교회가 발행한『샘골교회 100년사』[162]에 최용신 선생 독립유공자 추서 내용이 전혀 없어 편집 위원장을 맡은 인주승 장로에게 이유를 물었더니 "이 부분은 '샘골교회 100주년사' 편집 위원회에서 많은 논란과 논의가 있었다."고 전해 주었다. "「샘골교회 100주년사」에서 가장 자랑할 만한 인물이 최용신 선생이고 독립유공자 추서 부분은 교회사에서도 매우 중요한 사건임에도 기록할 수 없었던 이유가 추서 신청자 명단에 '샘골교회 장로 홍석필, 샘골교회 장로 김우경 그리고 김명옥' 3명으로 되어 있는데 교회법(관습)으로 볼 때에 교회 장로가 추서청원 명단에 있는데 교회를 대표하는 목사가 빠진 경우는 매우 이례적인 일이고 정확한 추서 진행 과정을 사실 그대로 기록하기에도 뭐해서(합의가 안 되는 등……) 아예 누락시켰다."고 전해 주었다.

옛말에 '책 속(기록물)의 글을 전부 다 믿으면 차라리 책이 하나도 없는 게 낫다.'는 말이 있다. 이는 진실을 기록물에만 의존하면 진실이 왜곡할 수 있음을 경계한 것으로 최용신 선생의 삶과 정신을 추적하면서 기존의 잘못된 기록물로 인한 혼란을 겪으면서 깊이 와닿는 문구였다.

최근의 '최순실 국정농단 국회 청문회'에서 드러난 거짓과 그리고

---

161)   홍석창,『최용신과 샘골마을 사람들』90쪽 (2010, 한국감리교사학회)
162)   샘골교회,『샘골교회 100년사』(2007, 샘골교회 100주년 편집위원회)

그 이면에 숨겨진 우리 사회의 적폐인 정직하지 못한 문화, 꼼수의 관행을 반드시 척결하여야 한다. 투명하고 정직한 사회, 진실이 반드시 이기는 건강한 사회문화를 회복해야 한다. 그래야 앞으로 우리 사회가 희망이 있다.

최용신 선생 독립유공자 추서 진행 과정도 하나의 역사적 사실로 있는 그대로 기록하고 평가하는 게 자라나는 청소년의 교육에도, 최용신 정신에도 부합한다는 생각에서 추서청원 당사자로 숨겨진 내막까지 모두 공개한다.

꿈속에서 만난 최용신 선생과 독립유공자 추서

소설 『상록수』의 여주인공 채영신이 아닌 자연인 최용신 선생을 처음 만난 것은 1994년 안산시의 샘골교회 이전 통보와 동시에 진행된 상록수공원 정비 공사를 반대하는 샘골교회와의 극한 대립 때였다. 당시 필자의 나이 26세였다. 공사를 강행하는 포클레인 등의 공사 장비를 교회 교인들이 몸으로 막아서는 등 최용신 유적지는 그야말로 전쟁터를 방불했다.

안산시가 추진하
는 공원 정비 공
사를 몸으로 저지
하는 샘골교회 교
인들(1994년)
최용신 선생독립
유공자 추서 훈장증
과 훈장(1995년)

당시에 지역신문 기자로 취재하면서 소설 속의 모델과 실제 최용신과의 혼돈, 안산시는 물론 최용신 선생과 직·간접으로 오랫동안 관여해 온 지역 인사, 관련 단체의 극단적인 감정 대립과 불신, 안산시 일반에 퍼져 있는 최용신 선생에 대한 무시와 폄훼에 심한 충격을 받았다. 도대체 무엇 때문에 이렇게 경쟁하듯 최용신을 폄훼하며 이토록 심한 감정 대립까지 불러오는가. 도대체 과거에 무슨 일이 있었으며 소설『상록수』의 채영신과 다른 최용신은 누구인가? 의문만이 증폭되었다.

　이후 '상록수 정신 계승 범시민공청회'도 열리고 하여 현안이던 교회이전(당시 교회 교육관 건물 철거)과 공원 정비공사가 취소되자, 아무 일도 없었다는 듯이 모든 것이 평온하였다. 과거에 일어난 사건과 소설로만 이해되는 최용신 선생에 대하여 품었던 의문을 해소하고자 하는 의지도 있었지만 좌우지간 '최용신' 이름 석 자만 언급해도 주변으로부터 심한 면박, 반발을 경험해야 했다. '현안이 모두 해결되었는데 무슨 관심을 갖느냐'며 의아해할 정도였다. 어쩔 수 없이 최용신에 대한 모든 의문을 잊기로 마음먹고 모든 걸 포기했다.

　그렇게 마음먹고 평온하게 생활하던 얼마 후. 최용신 선생이 눈물을 흘리며 도와 달라 간절히 호소하는 '요상한 꿈'을 꾸었다. 체질상 요상한 것을 싫어하는데 너무 선명한 꿈이라 무시할 수 없었다.

　과거 교회 이전 문제로 최용신 유적지에서 벌어진 극한의 대립상황이 그대로 파노라마처럼 펼쳐졌다. 교회 목사, 장로, 관련 시민단체 인사, 시 공무원, 포클레인을 막아서는 교회 노인 신도의 분노 등, 각자의 처지와 속마음까지 그대로 드러나 보이는 모습들로 나타났다.

"난장판으로 시끄럽구먼." 중얼거리며 교회 예배당 쪽으로 가니 대립 장소와는 조금 떨어져 있어 매우 조용하였다. 언제나처럼 홍찬의 장로가 양복을 입고 교회 예배당 입구를 지키고 있었다. 여러 생각을 하며 향나무 주위를 서성이고 계셨다. 반갑게 인사드리고 예배당 안으로 들어서니 바닥에 물이 가득 차서 신발이 철벅거렸다. 누가 이렇게 많은 물을 바닥에 뿌려 놓았나 중얼거리며 앞쪽으로 걸어가니, 강단 아래에 하얀 옷을 입은 한 여성이 매우 경건하고 신비스런 모습으로 간절한 기도를 드리고 있었다.

저분은 누구인가? 잠시 후 그 여성이 뒤돌아보았다. 순간, 앗! 저분은 사진으로만 보았던 최용신이 아닌가. 너무나 선명하게 알아볼 수 있었다. 그런데 눈가에서 눈물이 하염없이 쭉쭉 흘러내리고 있었다. 세상에서 가장 슬픈 모습으로 간절히 도와 달라는 모습으로 고개를 돌리며 바라보고 있었다.

다시 한 번 최용신 선생이 맞는지 확인하기 위해 양쪽 눈가에서 눈물이 하염없이 흘러내리는 얼굴은 자세히 살피다가 선생의 눈과 마주치고는 너무 놀라 그만 잠을 깨고 말았다.

너무나 선명한 꿈이라 놀라워서 바로 현관문 밖으로 나가 확인을 하였다. 혹시나 최용신이 밖에 와 있지나 않은지……. 시계를 보니 이른 새벽 시간이었으나 잠이 오지 않아 뜬눈으로 밤을 새웠다. 무엇 때문에 저리도 애절해하는가? 도대체 그녀는 누구인가?

최용신 선생이 26세로 1월 23일에 돌아가셨는데, 당시 필자 나이 26세이고 생일은 다음 날인 1월 24일. 그녀가 죽은 다음 날 태어나 지금 내가 잘 살고 있으니 자신의 억울한 한을 풀어달라는 것인가. 왜! 꿈에 나타나 혼란을 주는가. 이런저런 의문만이 꼬리를 물고……

"그래, 아직은 젊은데 한 달 정도만 내 인생을 투자한다. 최용신 선생이 도대체 누구인지 한번 알아보자." 결심하고 최용신 발굴 일을 본격적으로 시작하였다. 최용신 이야기만 하면 주위에서 온통 좋지 않은 감정으로 화를 내며 분노하니, 다니던 직장도 잠시 쉬고 최용신이 왜 그토록 애절해하며 눈물을 흘렸는지 자세히 알아보았다. 지금 생각하면 어린 나이에 호기심이 많고 아주 순진한 구석이 있었나 보다. 이때부터 필자의 끝이 보이지 않는 외로움이 시작되었다.

우선은 샘골교회의 김우경 장로, 최한익 장로, 그리고 선생의 제자 홍석필, 이상종 할아버지, 당시에 청년으로 최용신 선생을 도왔던 김종규, 강일희, 홍수용 할아버지, 루씨여고 동문, 루씨 유아원의 한명진 원장, 염석주 선생의 조카 주의득 할아버지, 장명덕의 오랜 친구분, 서울 YWCA의 80이 넘으신 전직 직원, 당시에(1994년) 연세가 70세 이상 되시는 수많은 할아버지, 할머니로부터 당시의 생생한 증언을 청취하였다.

유천형 안산 문화원장으로부터는 안산지역에서의 진행되어 온 상록수 역사, 충남 당진에서 소설 『상록수』와 작가 심훈 선생의 관련 취재를 하고 안산시에 거주하면서 최용신 선생에 깊은 관심을 갖고 단행본 『상록수와 최용신의 생애』(홍익재, 1992)를 출판한 인주승 기자를 만나 심훈 선생 관련 부분과 안산에서의 여러 불신의 이유 등을 파악할 수 있었다. 또한 안산 신도시 개발 당시 반월문화재 발굴위원회에 참여한 지역유지들을 만나 최용신 격하운동과 최용신 재조명, 유적화가 적극 저지된 사정도 알 수 있었다.

1939년에 발간된 『최용신 소전』(류달영 작, 성서조선)을 접하고는 최용신 선생의 생애에 대한 전반적인 내용을 파악하였다. 이후 홍찬의 장로의 아들인 홍석창 목사가 발간한 단행본 『상록수 농촌 사랑』(기독교 문사, 1991)을 구해 읽었다.[163]

전반적인 최용신 선생의 활동 상황, 왜곡 폄하운동의 실체와 기념사업의 역사에 대한 내용까지 파악하였는데 이제부터가 문제였다. 여러 단행본이 출판되고 『상록수』 발표 이전에 보도된 장문의 보도기사도 있는데, 소설의 여주인공 채영신이 되어 버린 실제 최용신을 온전히 드러내는 게 보통 힘든 일이 아니었다.

과거의 기념사업도 소설 속 채영신의 가난한 아이들 무상교육 사업의 계승 차원에서 샘골 강습소의 계속적인 운영 등이 중심이 되

---

163)   안산에 여러 증언자를 만났으나 『최용신 소전』과 홍석창 목사 발간 단행본에 대하여 알려 주는 사람이 없었다. 처음부터 최용신 소전(류달영 작)을 보았다면 빠른 파악과 증언 청취에도 혼란 없이 많은 도움을 받았을 텐데 안타까웠다. 증언자 중에는 최용신 전기가 나온 것도 모르는 경우가 있었다. 나중에 『최용신 소전』을 보여 달라며 복사 좀 해달라고 필자에게 요청하는 증언자도 있었다.

었지, 실제 인간 최용신을 발굴 부각하는 선양 사업은 미흡하였다. 소설『상록수』의 여주인공으로 각인된 이미지를 벗어나기가 참으로 어려웠다. 오히려 그 유명세(소설 상록수)에 편승하는 차원에서 기념 사업이 진행되어 온 측면도 있었다. 이렇게 골수에까지 각인된 소설 속 인물로부터 실제 최용신을 되찾기란 불가능해 보이기까지 하였다.

최용신 선생의 정신과 활동을 이해시키기 위해선 소설의 채영신을 먼저 이야기하여야 했고, 여기에다 안산 지역에서는 과거 일제 시절 조선총독부 정보원이던 오오야마의 지시로 최용신 정신 격하 운동에 적극 참여한 지역유지의 진실 외면과 거짓 조장, 여기에 금전적인 이권, 이기심과 맞물린 최용신 평가의 극단적인 찬반 대립, 종교적인 갈등 불신, 여성에 대한 폄하, 교회 증축 등의 이해관계 등과 복잡하게 얽혀 감정의 골까지 깊게 쌓여 있었다.

소설『상록수』여주인공 채영신은 전국적인 유명인사가 되었으나 실제 인물 최용신은 땅에 묻히고 무심한 세월 속에 최용신은 없어지고 가짜 채영신(소설 속 인물)이 최용신이 되어 버린 것이었다. 그 과정에서 그토록 사랑했던 샘골 주민과 주변의 이기심에 의한 불신과 아귀다툼을 계속 지켜봐야 했던 최용신 선생이 애절하고 애통한 마음으로 흘린 눈물이 예배당 바닥에 고이고 고여 한강을 이루었구나 하는 생각을 하게 되었다.

땅속에 밀봉되어 버린 최용신을 되살려야 한다며 주위에 호소하면 마이동풍, 우이독경, 이 상황을 반전시킬 묘안은 없을까?

국가 보훈처에 최용신 선생 독립유공자 추서 청원서를 접수하다.

'당시에 답답한 국민의 민원을 한방에 해결해 드린다.'며 광화문에 가 건물로 국민고충처리위원회(위원장 김광일)가 운영 중이었다. 무작정 찾아가 소설 속에 갇힌 최용신 선생의 진실을 되살려야 하는데 묘안이 없어 답답하다는 필자의 민원상담에 당시 과장이라고 자신을 소개한 상담자가 최용신 선생을 보훈처에 독립유공자 추서를 해 보라고 권하였다.

"독립유공자로 추서가 되면 소설의 인물이 아니라 역사 인물이 되고 그러면 안산시나 교회도, 관계자들도 최용신을 당신이 생각하는 것처럼 그렇게 폄훼하고 무시하지 않을 게 아닌가."

추서란 말이 참 낯설고 처음 들어 본 단어였지만 가장 현실적인 해답을 얻었다. 이게 독립유공자 추서 청원의 시발점이었다. 그 당시는 김영삼 문민정부 시대로 광복 50주년 기념행사의 일환으로 일제잔재청산, 독립유공자 발굴 추서운동이 대대적으로 일어나고 있었다. 바로 이거다!

최용신 선생이 독립유공자로 추서된다면 소설 속의 인물과의 혼돈을 벗어 버리고 인간 최용신이 온전히 되살아날 수 있다. 더 이상 최용신을 안산시도 교회도 이렇게 무시하지 못할 게 아닌가. 이건 기막힌 기회다. 당장 안산시청 담당자, 안산 문화원, 지역 문화계 인사, 교회 관계자는 물론, 지역신문 기고 등을 통해 최용신 독립유공자 추서 신청을 호소하였다.

그러나 심한 무시와 냉대, 훈계만이 뒤를 따랐다. "최용신은 야학, 청년운동, 농촌계몽운동을 한 것이지 그게 어떻게 독립운동인가? 젊은 사람이 참으로 앞뒤 분간 못하고 경솔하다."는 것이었다. 그리고 "김구, 안창호 선생 등도 별 대접을 못 받는 게 나라 현실인데 경력도 짧고 감옥에도 안 가고, 샘골학원도 일제에 정식인가를 받은 게 아닌가. 그리고 내세울 만한 큰 업적도 없는 최용신이 뭐냐?"며 비아냥대기 일쑤였다.

최용신 발굴 일을 하면서 마을 뒷산이던 광덕산에 자주 오르면서 친한 말벗으로 만나게 된 한 할아버지는 엄청난 설득까지 하였다.

"아니, 자네는 이 지역에 연고도 없고 최용신하고는 아무런 연관도 없는데 나중에 일이 잘되어도 누구 한 사람 알아주기나 하겠나. 아니 목사, 스님도 돈 안 주면 일 안 하는 세상인데……. 참 이해할 수 없는 친구야."

나 또한 이해 못하는 충고도 아니었지만, 누군가는 꼭 해야 할 일이었다. 그런데 나서는 사람은 없고, 나마저 나 몰라라 한다면 소설 『상록수』의 여주인공인 채영신보다 더욱 숭고한 삶을 살다간 실제 인물 최용신을 되찾을 수 없을 것이다. 그래서 안산시에서 경제력도 있고 영향력 있는 인사, 정치인 등을 찾아뵙고 자료를 정리하여 드리면서 최용신 재조명을 호소하여 봤지만 모두 벽창호였다.

나중에 필자를 가리켜 '최용신에 미친 사람이고 대학까지 나온 젊은이가 돈 벌어 장가 갈 생각은 안 하고 아주 한심하다.'는 소리만 한다는 이야기를 전해 들었다. 미친 사람이라는 비난과 말리는 사람뿐이니 주변에 누구 하나 터놓고 이야기할 사람도 없고 홀로 외로이 숨어서 공사판 막일 등으로 경비를 조달하며 외로움에 지쳐 울면서 최용신 발굴 일을 계속하였다.

백년을 앞선 선각자 **최용신의 외로운 진실**

동변상련이랄까, 힘이 들수록 거미줄처럼 촘촘한 일제의 감시망 속에서 경제적 어려움, 극단적인 굶주림과 싸우며 추운 겨울밤인데도 방에 불도 못 떼고 차디찬 방에서 홀로 외로움에 눈물을 흘렸을 최용신 선생을 생각하니 더욱더 애절함이 더해 왔다. 한편으론 오기도 생겼다. 그래, 내가 하면 되지…….

당시에 보도된 신문잡지의 기사를 찾다가 만난 잡지박사로 알려진 중앙대 김근교 교수 인터뷰 내용에 "총 메고, 칼 차고 일제에 맞서 싸우는 독립운동처럼 최용신 선생도 '정신적 독립운동'을 펼친 것이다."는 내용을 표지로 하여 최용신 소전, 신가정 잡지, 기사 등등을 모으고, 연보를 만들고 자료를 정리하여 정말 어렵게 수원보훈처에 추서 신청을 하게 되었다.

이때 추서 청원자를 누구로 할 것인가가 참 고민이었다. 가장 연관되고 관심 있는 주변분들조차도 '무슨 독립유공자 추서냐?'고 핀잔을 주는 상황인데 아무런 연고도 없고, 나이도 어리고 사회적 영향력도 없는 사람의 추서 신청을 받아 주기나 할까? 그때의 고민이 담겨 있는 필자의 일기 내용이다.

내일은 최용신 선생 추서 신청하러 수원보훈처에 간다. 교회도 안산시도 모두가 무관심하다. 만일 국가가 그녀에게 공식적으로 훈장을 수여한다면 시도 교회도 그렇게 무시하지는 못할 것이다. 최 선생은 진정 이 나라, 이 민족의 횃불이었고 숭고한 애국운동을 펼친 선각자이다. 진정으로 그분의 진실이 되살아나고 모든 사람에게 알려지는 역사가 있어야 하겠다. 비록 외롭고 힘들더라도 진

4부 – 사후 기념사업과 제 문제

실은 승리한다는 확신을 갖고 일한다면 반드시 그 성과는 있을 것이다. 단지 누군가의 노력과 시간이 문제일 것이다. 반드시 최 선생은 이 나라, 이 민족에게 밝은 빛이 될 것이다.

1994. 11. 27 김명옥 일기 중에

사실대로 주변 상황을 밝히고 김명옥 한 사람으로 할 것인가, 아니면 최대한 많은 수의 관계자 분들을 포함시킬 것인가. 괜히 후자로 하였다간 쓸데없는 짓 한다고 나무라던 인사들에게 자기 이름을 넣었다고 야단이나 맞지 않을까 하는 걱정도 되고 하여 처음에는 단독으로 신청하려 하였으나 이 또한 아무런 연고나 연관도 없는데 추서되기에 불리할 것 같고…….

또한 당시에 필자는 군대 제대 후 전도 받아 안산제일교회를 열심으로 다니던 때라 교인의 마음에서 샘골교회가 최용신 선생 선양 사업에 앞장서는 모습을 보여야 이후 교회 보존 및 교회 증축에 도움이 되겠다는 판단이 들었다. 그래서 최용신 선생 제자 모임의 대표인 샘골교회 홍석필 장로, 10여 년을 샘골고등농민학교 교사로 헌신한 샘골교회 김우경 장로, 그리고 김명옥 세 사람의 이름으로 청원서를 작성하였다.

이때 1970년대 중반 이후 최용신 선생의 정신을 계승하는 차원에서 최용신 유적지에서 유아원 교육 사업을 계속하여 온 루씨동창회도 중요한 관계자로 여겨 추서청원자에 함께 포함하였으면 하였는데, 사실 청원자에 포함된 장로 한 분이 평상시 루씨 이야기만 나오면 심한 거부반응을 보여 고심하다 '편안한 게 좋아' 하는 심정으로 포함시키지 않는 게 이후 아쉬움으로 남기도 했다.

출발하기 전날 저녁에 김우경 장로에게 전화로 추서 신청하는데 이름을 넣었다고 알려 드리고(나중에 왜 내 이름 넣었냐고 야단맞을 수도 있으니) 혼자 가기 쑥스러워 홍석필 장로께도 전화하여 내일 같이 가자고 부탁하였다.

그리고 다음 날, 수원 보훈처에 도착하여 드디어 추서 청원서 접수를 하였다. 당시에 필자는 직장이 없던 때라 돈 한 푼 없어 몰래 아는 사무실 등에서 도둑처럼 자료를 복사하고, 비전문가로 처음 해 보는 일이라 양식도 잘 갖추지 못한 채 어설프게 자료를 정리하여 추서 신청을 하였다.

한편으론 나라와 민족을 위해 숨 막힐 정도로 고통스런 벽촌의 농촌에서 헌신하다 돌아가신 분인데 이런 분의 추서 신청을 저같이 미천한 사람이, 정말 복사비조차 없는 처지의 사람이 주변에서 모두가 외면하는 가운데 이토록 외롭고 어렵게 추서신청을 해야 하는가 하는 마음에 정말 안산시가 야속하고 최용신 선생에게 죄송한 생각까지 들었다. 추서청원서 접수 전날 밤에 알 수 없는 눈물이 한없이 흘러내렸다.

막상 추서 청원서를 접수하려는데 수원 보훈처의 접수 담당자가 아주 의아해하면서 서류 접수를 안 받으려고 하였다. 접수처가 두 군데로 한쪽은 젊은 여성분으로 접수자가 줄을 서 있고, 다른 편에는 나이가 60이 넘어 보이는 지긋한 남성분이 계셨는데 접수자가

한 분도 없었다. 줄을 서서 계속 기다리다 옆의 접수처로 옮겨 서류를 내밀었다.

그런데 나이가 60세가 넘어 보이는 접수 담당자는 자신이 전문가로 너무나 잘 알고 있고 너무나 존경하는 소설 속의 인물을 추서 신청한다는 것에 선뜻 이해할 수 없다는 표정을 지었다. 또한 추서 청원자가 연관자도 아니고 하니 돌아가서 유족을 찾아보고, 교회 목사, 기념사업 관계자 등의 사인도 받아 오고 하여 다시 접수하라는 것이었다. 그때 필자의 가슴속에 도둑님처럼 숨어서 홀로 외롭게 청원 서류를 준비하느라 고생을 많이 해서인지 최용신 선생에 미친놈이라는 핀잔을 많이 받아서인지 모를 화가 머리끝까지 치밀어 올랐다.

"아니, 이렇게 힘들게 여기까지 왔는데……, 관심도 없는 사람들 찾아다니며 사정해서 사인을 받아 오라고요?" 울분이 폭발하듯 고래고래 소리를 질러 버렸다. 2층에서 제일 높으신 분이 슬리퍼를 신고 뛰어내려올 정도였으니, 겁 없이 큰소리를 지르긴 질렀나 보다. 당시 함께 간 홍석필 장로는 "이 젊은이 말이 다 맞아……, 뭐 다들 관심도 없는데 굳이 사인을 받아 올 필요까지 있나." 하며 거들어 주었다. 2층에서 뛰어내려온 분도 그냥 있는 그대로 접수를 받으라고 하여 접수를 할 수 있었다.

지금 생각하니 접수 담당자도 20대 젊은이가 찾아와서 자신도 잘 아는 소설 속의 인물을 독립유공자 추서 신청한다고 하니 참 의아해했던 것 같았다. 당시에 최용신 선생을 설명하려면 먼저 소설의 인물을 언급하면서 비교하여야 가능했다. 추서 접수하러 가는 길

백년을 앞선 선각자 **최용신의 외로운 진실**

에 경기도청 기자실에 들러 준비한 추서청원서 보도 자료를 두고 왔는데, 이후에 여러 신문사에서 지면에 추서 청원 내용을 기사화하여 주었다. 신문에 기사가 나면 보훈처 심사 담당자가 조금은 더 신경을 쓰겠지 하는 심정에서 중앙 일간지에 추서를 촉구하는 독자 기고를 하였다. 다행히 여러 중앙일간지에 지면에 실어 주었다. 이 모든 자료를 모아서 추가로 수원보훈처에 접수하고 반드시 추서하여 줄 것을 호소하였다.

처음 취재하러 온 지방 일간지의 한 기자가 "청원자가 누구냐?"며 추서신청 과정을 물어서 있는 사실대로 말했더니, 기사 쓰기가 참 어렵고 또 추서되기 위해서라도 '최용신기념사업준비모임' 같은 단체 이름으로 하자고 하여 그 자리에서 단체가 생기고, 이후 무슨 단체가 있어 지역에서 조직적으로 추서 신청 청원을 한 것처럼 보도하였다. 이 내용을 다른 신문도 인용하여 보도하였다.

이때 사정을 아는 안산 주재 한 지방일간지 기자는 "왜 보도 자료를 도청 기자실에 갖다 놓았나. 안산시청 기자실로 가지고 와서 상황 설명도 하고 그랬으면, 자네 인터뷰도 하고 할 텐데……. 미련하다."고 하였다.

이후 김우경 장로가 추서 신청서 표지를 한 장 달라고 하여 악필로 그냥 볼펜으로 쓴 '총 차고 칼 차고……', 표지를 드렸더니 깨끗하게 워드로 타이핑하여 가지고 다니면서 독립유공자 추서를 위해 여기저기 뛰어다녔다.

얼마 후에는 루씨여고 동문회의 대리인이라는 분이 찾아와 루씨

동문회에서도 추서 신청을 하여야 추서에 힘이 실린다며 추서 접수 서류를 모두 달라고 하여 복사하여 드렸다. 루씨 동문회에서도 이 자료를 바탕으로 이후에 추서 신청을 하였다고 전해 들었다.

얼마 후 김우경 장로에게 전화가 왔다. 무작정 서울 가자며 나오라고 하여 따라서 서울에 갔다. 이때 김 장로의 소개로 처음『최용신 소전』의 저자인 류달영 교수를 뵈었다. 김 장로는 추서신청서 표지 한 장을 보여 드리며 "안산에서 놀랄 만한 아주 기쁜 일이 일어났다."며 최용신 선생 추서 청원서가 접수된 사실과 류 교수님이 추서가 되도록 여러모로 힘을 실어 주기를 건의 하였다.

이때 류 교수님이 청원서 표지를 꼼꼼히 읽고 나서 접수한 서류의 구체적인 내역을 물으니, 당황한 김 장로가 "정말로 우리들이 이제껏 생각지도 못한 일인데 이 젊은이가 우리도 모르게 추서 신청을 하였다. 그래서 접수한 내역을 전혀 모른다."고 사실대로 말씀드렸다. [164]

---

164) 장로님이 추서 접수한 표지만 한 장 달라고 하여(표지는 볼펜으로 쓴 글이다) 드렸는데 깨끗하게 타이핑하여 류 교수님께 보여 드리며 '안산에서 놀랄 만한 기쁜 일이 일어났다.'며 자랑스럽게 이야기하였다. 류 교수님이 표지를 다 읽고 접수 내역을 물으니 매우 난감해하면서 '아무도 모르게 이 젊은이가 추서 접수를 하여서 접수 내역을 전혀 모른다.'고 말씀 드렸다. 이전에 표지뿐 아니라 접수 내역을 달라고 하였으면 복사해서 모두 드렸을 텐데 매우 민망한 상황이 연출되었다. 필자가 추서 접수를 할 때에 잠깐 근무한 조그마한 직장의 사장은 직접 말은 하지 않았지만 추서 명단에 자신의 이름이 없는 것에 서운한 눈치였다. 직원은 필자 외 두 명뿐인데 그중 한 직원이 직장명을 넣으면서 사장 이름은 왜 추서 명단에서 뺏느냐고 항의하였다. 추서 신청에 대하여 수 없이 이야기하였는데 사장은 한 번도 진행 과정이나 추서 서류에 대하여 물어보지 않았다. 아

백년을 앞선 선각자 **최용신의 외로운 진실**

나는 "「경인일보」 월간지에 실린 교수님의 인터뷰 기사 중 '국내에서 애국운동을 펼친 인사로 반드시 재조명되어야 한다.'는 내용에 형광펜으로 진하게 밑줄을 그어 제출하였다."고 말씀드렸다. "뭐 그러면 됐어. 내 의사도 충분히 전달되었구먼. 그거면 충분해……."

이후 류달영 교수님을 여러 번 찾아뵈었다. 최용신 선생에 대한 많은 이야기를 들려주었다. 처녀작으로 펴낸 『최용신 전기』로 인해 감옥살이를 하고, 해방 이후에도 여러 번 증보판을 내면서 최용신의 숭고한 삶과 정신을 알리려고 노력하였고, 마음속에 간직해 온 평생의 동지를 독립유공자 추서 청원을 한 것에 대해서 고마워하시는 것 같았다.

드디어 1995년 8월 15일. 국가에서 소설 속의 인물이 아닌 실제 인물 최용신 선생을 독립유공자로 건국훈장 애족장을 추서하였다. 누구하나 알아주는 사람은 없고 추서청원 명단에 자신의 이름은 넣지 않은 것에 대해 원망하는 이야기만 전해 오지만, 누가 알아주든 말든 '최용신 선생에게 그토록 소원하던 독립된 조국으로부터 훈장을 받게 하였다'는 사실과 '소설 속 채영신의 굴레에서 벗어나는 결정적인 계기를 마련하였다'는 것에 스스로 참 자랑스럽게 생각한다. 또한 지금껏 무장 독립 투쟁에 치우쳤던 독립유공자 추서에

마 조그마한 관심만 보였어도 추서 명단에 포함되었을 것이다. 안산에서 누구는 넣으면서 나는 왜 뺏느냐며 서운해하는 분들이 있었다.

　　　　　　　　　　4부 – 사후 기념사업과 제 문제

'정신적 독립운동'이 인정받는 하나의 계기를 제시하였다는 점도 뿌듯하게 느낀다.

이후에 최용신 선생과 직접 관련자이며 '정신적 독립운동'에 앞장선 심훈(2000년 건국훈장 애국장, 소설『상록수』의 작가), 함석헌(2002년 건국포장,『최용신 소전』의 출판비 모금에 참여), 류달영(2004년 건국포장, 최용신 소전의 저자), 김교신(2010년 건국포장,『최용신 소전』출판 참여 및 출판사 대표), 송두용(2010년 건국포장,『최용신 소전』출판사 주필) 선생이 연이어 독립유공자에 추서되었다.

1998년에는 최용신 소전의 저자인 류달영 교수님께 간곡히 건의하여『최용신 소전』증보 9판을 출판하여 안산시에 천여 권, 전국 각처에 수천 권을 보급하였다.[165]

---

165) 1998년 IMF로 어려운 가운데 출판되어 필자 몫으로 천여 권을 받았다. 우선은 안산의 도서관, 대학 도서관에 기증하고 안산교육청에 사정하여 안산의 초·중·고등학교에 두 권씩 무료로 보급하였다. 그리고 안산시청, 의회, 주요기관, 대형교회에 안 받겠다는 것을 사정하여 보급하였다. 생각지도 않은 안산 경찰서장님이 직접 전화하여 관할 파출소에 보급하겠다며 담당 부서를 통해 책 20권의 대금 10만 원을 챙겨 주었다. 너무나 고마워서 다 받지 않고 부서 여직원에게 얼마는 되돌려 주었다. 처음에는 거절하였는데 회식비로 쓰겠다며 받았다. 그리고 루씨동창회에서 20권의 대금 10만 원을 주었다. 그 이외는 10원 한 푼 주는 데가 없었다. 무료로 보급하면서도 사정사정해야 받았다. 반면에 성천문화재단에서 출판기념회를 하는데 오라는 연락이 와서 바빠서 못 간다고 했더니 류 교수님이 주인공은 참석해야 한다고 몇 번 강권하여 참석하였다. 연세 많으신 TV에서도 가끔 나오시던 원로 분들이 강당에 가득 참석하였다. 참석자 전원에게 책이 보급되었는데 정말 소중하게 여기시는 것 같았다. 참 감사한 마음이 들었다. 이후에 류 교수님을 뵙는데 추가로 인쇄하여 보급하고 있다며 20권을 추가로 주었다. 재단관계자에게 들으니 류 교수님은 수백 권을 직접 사인하여 지인은 물론 주요 인사에게 편지로 보냈다고 하였다.

언론 기고문[166]

『상록수』주인공 최용신 선생 활동 지역 유적화 하루빨리
해방 50돌 순국 60주기 맞아 애국 뜻 기려야

지난 한 해의 온갖 사회병리현상은 우리 사회에 누적된 어두운 그늘의 골이 얼마나 깊은가를 보여 주었다. 그 골은 사건 사고로 나타났고 언론은 그 심각성을 대대적으로 보도했다. 그러나 성수대교 붕괴에 버금가는, 아니 그 이상인 우리 눈에는 보이지 않는 '정신적 사고'도 많을 것이다. 그 대표적인 예가 왜곡된 『상록수』의 최용신 선생이다.

최 선생은 1930년대 암울한 일제 치하에서 대학을 졸업해 시대조류에 타협하면 편안한 삶을 유지할 수 있었다. 그러나 그녀는 자신만의 영달을 버리고 식민지 민족의 아픔을 온몸으로 함께했다. 최 선생은 처녀의 몸으로 당시로서는 새소리밖에 안 들리는 오지였던 경기도 샘골마을(현 경기도 안산시 본오동)에 들어와 무지한 농민들과 동고동락하면서 생활 개선은 물론 교육을 통해 독립을 이루기 위해 숨어서 한글을 가르치고 독립정신을 불어넣은 애국지사이다.

그 당시 일제는 동화교육이란 명목으로 청년들을 포섭하고 최 선생의 활동을 온갖 방법으로 방해하고 탄압했다. 최 선생은 순국 이후에도 소설 속의(심훈의 『상록수』) 여주인공 채영신으로 널리 선양됐

---

166) 「한겨레신문」 1995년 1월 16일(월)자 독자의 눈

4부 – 사후 기념사업과 제 문제

다. 그러나 일제는 류달영 씨가 쓴『최용신 전기』를 모두 압수하는 등 글깨나 아는 친일파와 협조 체제를 구축하고 치밀한 계획 아래 온갖 방법으로 최 선생의 애국 애족 정신을 왜곡 말살했다. 최 선생을 괴롭히던 친일파들은 광복 이후에도 계속해서 지역유지로 행세하면서 자신만의 안일을 위해 최 선생의 숭고한 정신을 왜곡하고 최 선생이 활동했던 곳을 유적화하는 것도 적극 막아 왔다.

그것은 분명 최 선생의 민족에 대한 지고한 사랑, 숭고한 애국애족정신이 계속 핍박당하는 이 나라의 민족정기가 무너진 대사고일 것이다. 광복 50주년과 최 선생 순국(1935년 1월 23일 0시 20분) 60주년인 올해에 온 국민이 나서 최 선생의 숭고한 애국애족 정신을 재조명해 민족정기가 회복되기를 간절히 바란다.

경기도 안산시 고잔2동/ 김명옥

언론 기고문[167]
최용신 선생 독립유공자 추서돼야

나라의 독립을 이루려고 헌신하다 순국한 최용신 선생(1909~1935) 독립유공자 추서 청원서가 지난해 11월 28일 국가 보훈처에 접수됐

---

167) 「동아일보」 독자의 편지 (1995년 4월 14일자)

다. 심훈 소설『상록수』의 여주인공 채영신의 모델이 된 최용신 선생은 제2의 유관순 열사라 할 만함에도 일제의 왜곡말살노력과 후세의 무관심으로 이름조차 잊혀져 온 것이다.

　최 선생은 민족 독립을 위해 온몸으로 헌신하다 고향(북한 원산)이 아닌 첩첩산중 오지마을(현 경기 안산시 본오동)에서 후손도 없이 처녀의 몸으로 순국했다. 그분은 30년대에 대학을 졸업한 엘리트 신여성으로 시대 조류에 타협하면 편안한 삶을 유지할 수 있었으나 나라와 민족을 위해 죽음도 무릅쓴 것이다. 최 선생이 학원을 세워 문맹퇴치에 앞장선 것은 근대 여성운동사의 자랑이 아닐 수 없다. 또 주색 투전 안하기 운동을 펼치고 협동체와 같은 계를 조직, 생활개선사업을 비롯한 새 농사법 등 과학적인 영농을 추진했다. '아는 것이 힘, 배워야 산다.'는 것을 주민들에게 깨우쳐 아녀자들과 어린아이들을 불러 글을 가르치고 희생 · 사랑 · 봉사의 상록수 정신을 심어 주었다.

　민족이 위기에 놓여 있을 때 '정신적 독립운동'을 펼치다 26세의 꽃다운 나이에 순국한 최용신 선생이 올해로 60 주기를 맞았다. 해방 50주년이라는 거대한 타이틀이 아니어도 애국자로서의 재조명은 물론, 우리의 정신적 유산으로 활용할 수 있도록 국민적 관심과 지원이 뒤따라야 할 것이다.

경기도 안산시 고잔동 김명옥

　　　　　　　　　　　　　　　4부 – 사후 기념사업과 제 문제

3. 최용신 선생 추모 블로그 운영

(blog.naver.com/kmo21)

'최용신 선생이 독립유공자로 추서되면 필자의 의무는 끝이다.'
는 생각을 했었다. 그런데 막상 추서가 되니 미련이 계속 남았다.
이제 선생을 유관순 열사처럼 널리 알려야 하는데 그러려면 생존한
선생의 동역자, 제자분 등이 돌아가시기 전에 증언을 청취하여 일
화, 예화 등을 모으는 작업을 진행해야 했다. 그러나 실상은 최용
신 선생이 독립유공자로 추서가 되었을 뿐, 별다른 변화가 없었다.

정말 힘든 작업이지만 건설현장의 일용직 노동을 하여 마련한 비
용으로 카메라와 휴대용 녹음기를 구입하였다. 증언자분들이 돌아
가시기 전에 증언을 청취하여야겠다는 생각에서였다. 다니던 교회
청년과 지인들로 '최용신정신계승모임'을 만들었다. 지역 언론에
더 늦기 전에 최용신 선생의 증언 청취 등의 역사 정리 작업을 실시
하자고 호소하였다. 그러나 아무런 도움을 받지 못하였다.

독자 칼럼[168]

최용신 선생의 진실을 되살리자

---

168) 안산신문」 1996.3.18.(월요일)자 칼럼

최근 일본의 독도 영유권 주장으로 국토 사랑에 국민적 관심이 높아 가면서 우리 역사에 대한 소중함이 새삼 강조되고 있다. 이러한 국민적 관심이 일회성 거품잔치로 끝나지 않게 애국애족, 더 나아가서는 민족정기 고양으로 이어 가야 한다. 이러한 시대적 요구에 부흥하기 위한 대표적인 노력의 하나가 국가유공자 최용신 선생의 진실을 되살리는 일이다.

우리 역사상 가장 암흑한 일제의 문화 정치시대에 민족의 자존을 지키기 위해 제대로 먹지도 못한 채, 가르치며 온몸으로 헌신하다 창자 속이 비어 창자가 꼬이는 '장중첩증'으로 생애를 마친 최용신 선생은 근대 여성운동사의 자랑이며 사도상의 사표로 남아 있다. 이러한 최 선생의 감동적인 일대기는 역사적 사실로 정리되지도 못한 채, 심훈의 소설 『상록수』 속의 여주인공 채영신으로 이해되면서 역사의 교훈으로 교육하고 선양해 왔다.

뒤늦게나마 순국 60주기인 작년 광복절에 최 선생이 근대 역사적 인물로 국가 독립유공자 추서가 됐지만, 현재 소설 이외의 최 선생에 관한 자료는 매우 빈약한 실정이다. 더 늦기 전에 역사의 자료를 발굴하고 생존자의 생생한 증언을 청취해 예화를 수집하는 등의 왜곡된 진실을 바로잡는 노력이 진행되어야 한다.

그러나 이러한 시급한 일은 뒷전으로 밀리고 최용신 정신계승을 명분으로 땅을 돌려받은 최 선생의 활동 무대였던 천곡교회는 교회 증축에만 노력을 쏟고 있다. 또한 교회가 땅을 돌려받자 최 선생의 모교인 루씨동문회(원산 루씨여자고등보통학교)는 최용신 정신 계승에 있어 이제까지 중요한 역할을 담당해 온 주체인 우리에게도 땅

을 돌려주는 게 마땅하다는 민원을 제기한 것 이외는 별다른 관심을 보이지 않는다.

문화계, 지역 유지들은 이기적인 접근이 돼서는 안 된다고 말할 뿐, 남의 일처럼 방관하고 행정의 주체인 안산시는 현안을 이유로 기다려 보자는 입장뿐이다. 이러한 역사에 대한 무신경, 불신의 틈바구니에서 작년 11월 완공예정이던 역사적 평가에 걸맞지 않게 매우 협소하게 계획된 최용신 기념관마저도 지금까지 착공조차 못하고 있는 실정이다.

최 선생의 헌신은 나라와 민족을 생각하고 민족혼을 일깨워 나라를 되찾자는 간절한 염원이었던 것이지 특정 교회, 자신의 동문을 위해서 그토록 눈물겹게 희생한 것은 결코 아닌 것이다. 만일 일본에서 최 선생 같은 선각자가 있었을 때 그들도 이처럼 오랜 세월 소설 속의 인물로만 그 정신을 잇고, 역사의 인물은 이기심의 장식물로 전락했을까?

죽어 가는 그 순간까지 오십 리 길을 걸어 다니며 한 아이라도 더 깨우치려고 애쓰다 결국은 지쳐서 쓰러진 최 선생의 숭고한 정신 앞에 지금까지 역사·문화적 무지, 무관심으로 방치한 것만으로도 깊은 반성을 해야 할 터인데, 더 이상 미룬다면 애국선열에 대한 국민 된 도리가 아닐 것이다.

북한(함경남도 원산)이 고향이고 처녀의 몸으로 세상을 떠나 돌볼 후손이 없다는 것이 왜곡의 또 다른 이유였다면, 뜻있는 국민에 의해 진심으로 최용신 기념사업이 진행될 때 이 나라의 민족정기는 더욱 드높아질 것이다. 진정 최용신 선생의 진실을 되찾고 소설의

백년을 앞선 선각자 **최용신의 외로운 진실**

인물이 아니라 역사적 평가 속에서 자라나는 청소년에게 교육될 수 있도록 범시민적 관심과 후원을 간절히 호소한다.

최용신정신계승운동 모임 회장 김명옥

'최용신 선생의 진실을 되살리자.'는 안산신문 기고 얼마 후, 평소처럼 주일날 오후에 증언을 듣기 위해 샘골교회를 방문하였다. 그때는 전형적인 시골 교회였다. 한쪽 구석에 접견실이 있는데 허름한 소파가 놓여 있다. 교회 장로들이 약속한 것처럼 한 분 두 분 모여들었다. 모두 모이자 어느새 미리 복사하여 준비한 필자의 「안산신문」 기고문(앞의 칼럼)이 나눠지고 있었다.

잠시 후 초등학생용으로 보이는 조그만 나무 의자가 한쪽에 준비되었다. 그 이후 편안한 소파에서 쫓겨나 엉덩이도 안 들어가는 조그만 딱딱한 의자에 어설픈 자세로 강제로 앉게 되어 목사님이 기고문 한 줄 한 줄 읽어 내려갈 때마다 교인의 바른 신앙(교회 건축의 중대성과 전도의 사명)에 대한 질책을 들어야 했다.

도망가야 하는데 들어온 입구까지 나이 드신 장로님이 앉아 있으니 도망갈 틈도 없고, '기고문에 그렇게 죽일 놈으로 비난받을 내용이 있었나?' 억울해하며 주변을 들러보니 홍석필 장로만이 혼잣말로 "이러면 안 되는데, 이러면 안 되는데……. 추서 신청도 하고 고생 많이 했는데, 정말 이러면 안 되는데……." 낮은 소리로 중얼거릴 뿐이었다.

당시의 연세 많으신 장로님들과 목사님은 생각도 나지 않을 아주 조그만 일이었을 것이다. 그러나 나이 어린 20대의 필자는 교회 입장만 대변한다고 외부에서 비난을 받던 처지에서 상상할 수 없는 충격을 받았다.

얼마 후 설상가상 그 자리에 참석한 교회 수석 장로님이 고잔동 집으로 오라고 해서 갔는데 "교회에서는 전도(건축)가 제일 목적이다. 장로들 다 모아 놓고 담임목사가 선포하면 완전 끝이다. 자네는 이제 끝났으니 앞으로 최용신 일에서 완전히 손을 떼라."는 통보와 몹쓸 말을 또 들어야 했다.

그 이후 감당할 수 없는 정식적 충격으로 상당기간 넋 나간 사람처럼 집 밖으로 나오지도 못했다. 그때 받은 충격은 20년이 지난 지금까지도 기억에 남아 있다. 이후에 홀로 계시는 어머니께서 암 말기 진단을 받아 얼마 남지 않았다는 소식이 전해 왔다. 고향 영광까지 병문안을 다니면서 감당할 수 없는 슬픔을 겪었다. 얼마 후 어머니께서 돌아가시고 불효자식이라는 죄책감에 매우 힘들었다.

지금까지 누구 하나 고생한다고 위로해 주는 사람이 없는 가운데 최용신에 미친 사람 소리 들어가며 그 고생을 다했는데, 불효자식이 되고 최용신 교회에서마저도 비난을 받는 신세가 되고 보니 멘붕이 찾아왔다. 안산이 너무 싫었다. 무작정 안산을 떠나고 싶었다. 이때에 아주 잘못된 선택을 하고 말았다. 광고 홍보지의 원양어선 취업광고를 보고 1년만 타면 목돈이 생긴다는 생각에 무작정 고깃배를 탔다. 그러나 원양어선이 아니라 제주 근해에서 조업하는 쌍끌이 배였다. 멀미도 심하고 뱃사람들은 아주 거칠고 노동의

백년을 앞선 선각자 **최용신의 외로운 진실**

강도는 상상 이상이었다, 도저히 감당할 수 없어 되돌아가겠다고 하였더니 약속한 1년간은 배를 타야 한다고 거절하였다. 그냥 바다에 빠져 죽겠다고 하였더니 심한 욕설과 함께 제주 한림 항에 내려 주었다.

이때부터 2년 동안 건설현장 인부, 감귤 선과장 등에서 노동하며 노숙자 생활을 하였다. 그 와중에도 조금 여유가 생기자 인터넷에 '최용신 추모 홈페이지'를 만들어 운영하였다. '이게 바닥 인생이구나.' 한탄하며 새롭게 인생을 시작하고자 제주도 생활을 정리하고 안산으로 돌아왔다. 그런데 바닥 아래에도 캄캄한 지하실이 있음을 경험하였다. 정말 믿었던 사람으로부터 사기를 당하고 정신적·경제적으로 최악의 상황이 되고 말았다.

2007년 최용신 기념관이 개원하기 전, 과거에 눈물을 흘리며 매달렸던 흔적이나 자료 등을 모두 모아서 안산시 최용신 기념관 개원 준비 팀에 기증하였다. 그리고 기증자 이름도 일체 언급되지 않게 비밀로 하여 달라고 부탁하였다. 최용신 기념관을 준비하는 분들에게 조금이나마 도움을 주고자 하는 마음에서 자료를 기증하였다. 기념사업의 본격적인 진행에 감사하며 오르지 최용신기념사업의 순조를 기원하였다.

최용신과 연관되는 일들은 하면서 정말 최용신처럼 어리석은 바보가 되지 않으면 도저히 진실한 최용신 선양사업은 할 수 없음을 깨달았다. 또한 당시에 정신적으로나 경제적으로 최악의 상황에서 안산시가 최용신 기념관에서 일하도록 불러 주면 모를까, 이전처럼 사비를 들여 가며 최용신 일을 계속한다면 스스로도 '진짜 최용신에 미친 사람'이라는 생각까지 들었다. 아예 잊기로 독하게 작정을 하고 안산시 최용신 기념관에서 잘 만들어 운영할 것으로 기대하면서 지금껏 어려운 중에도 포기하지 않고 운영하던 최용신 추모 홈페이지도 삭제하였다.

솔직히 죄송하고 부끄러운 이야기지만, 너무나 힘들어 최용신으로부터 완전히 달아나고자 하는 몸부림이었다. 이제 최용신 기념관이 들어서니 돈 받으면서 일할 사람은 넘쳐날 것이고 세상인심이나 더욱이 신도시 안산의 인심으로 생각할 때에 돈 써 가며 미친놈, 바보 소리 들어가며 일하는 나 같은 사람은 이제 필요 없겠다는 마음이었다. 이제 조용히 지켜보고 말년에 책이라도 한 권 정리해서 내면 내 의무를 다한 것이라며 스스로를 위안하니 홀가분하였다.

그런데 최용신 기념관 개원식에 참석했더니 1930년대 최용신 선생이 직접 작사 · 작곡하여 샘골 강습소에서 밤낮으로 울려 퍼졌다는 〈샘골 강습소 교가〉를 발굴 · 채보한 건 대단한 성과라고 자화자찬하면서 안산 시립합창단에 의해 발표되었다. 교가를 듣자마자 이건 아니라는 확신이 들었다. 최용신 선생의 1930년대의 샘골의 환경, 활동과 맞지도 않고 혼돈만 주는데, 최용신 선생 사후, 해방 후에 선생의 정신, 활동, 유언 등을 담아 후학들이 만든 교가가 틀림없는데? 이미 1996년에 '샘골 학원 교가의 존재는 말도 안 된다. 교가 주장은 거짓이다.'라고 결론을 내렸던 내용이었다. 교가의 문제를 구두로 제기하니 안산시 관계자는 "샘골강습소에서 아침저녁으로 불렸다고 제자들이 한결같이 증언하는 내용이라 틀림없는 사실이다."고 답변하였다.

백년을 앞선 선각자 **최용신의 외로운 진실**

2001년에는 최용신 유적지 내에 최용신 유훈비를 세웠는데, 그 내용이 최용신 선생이 직접 말한 유훈이 아니고 최용신 선생이 활동하던 시대 상황과도 맞지 않아 유훈비는 잘못되었다는 민원을 제기하였더니 "최용신 선생 제자가 교실 벽에다 걸어 놓고 아침저녁으로 가르쳤다고 증언하는데 보지도 않은 당신이 어떻게 더 잘 아는가?"라며 딴죽을 건다는 식으로 무시하며 인간적인 모멸감도 주었다.

과거 아픈 기억이 있어 뻔한 내용이니 누군가는 '거짓 교가'를 지적하겠지 하고 기다렸는데 지적하는 이는 없고, 오히려 대학교수 등이 나서서 일체의 의심 없이 교가의 내용을 소절별로 분석하고 나섰다. 그뿐만 아니라 '최용신탄생 100주년기념 국제학술회의 (2009년)'가 서울 프레스센터에서 열려 연차 휴가를 내고 참석하였는데, 최용신 선생의 생존 제자란 분이 직접 발표자로 나서 「최용신 선생의 정신이 담긴 강습소가」주제로 발표까지 하였다. "강습소가 한 절 한 절의 의미를 해석하면서 최용신 선생님이 만드신 강습소가는 중요한 자료이다. 최용신 선생님이 직접 고민하고 갈고 닦아 만든, 정신이 담긴 글 중 하나라 생각한다."[169]

정말 충격이었다. 마지막 토론시간에 문제를 제기하려고 손을 들었는데 발언권이 주어지지 않았다. 집에 와서 고민하다 서울 학술회의에 발표자로 참가한 한 교수에게 전화로 의견을 말씀드렸더니

---

169) 『최용신 탄생 100주년 기념 국제학술회의 논문집』 264쪽 (2009, 안산시)

"이미 관계 전문가가 모두 검토 확인한 내용인데 큰일 날 소리한다."고 하였다. 그래서 "교수님도 그렇게 생각하세요?" 되묻고 전화를 끊었다.

하는 수 없이 최근에 발표된 교가는 최용신 선생이 직접 작사·작곡한 교가가 아니라는 민원을 정식으로 안산시에 제기했더니 '최용신 선생의 여러 제자 및 당시를 기억하는 제보자 및 언어학, 구비문학, 사학 전공 교수님의 감수를 받았으니 틀림없다.'는 답변을 보내왔다.

당시의 시대 상황, 활동, 최용신의 인품 등을 조금만 살피면 최 선생이 직접 작사·작곡한 교가는 절대 아니라는 것을 바로 알 수 있는 내용인데, 참 답답하다. 시간이 조금만 지나면 모두 다 이해할 수 있는 간단한 문제인데…….

최용신 선양 사업에 있어서 매우 중요한 사안으로 판단되어 최용신 선생 묘소와 나란히 모셔진 약혼자 묘소는 문제가 있으니 이장을 검토하라는 민원을 제기했더니 '합장 시에 유족은 물론 샘골 주민 누구 한 사람 반대하지 않은 일이다. 이미 결론이 내려진 내용인데 이장을 거론하는 무슨 불순한 저의가 있나?' 의심하였다. 이것도 너무나 당연히 검토해야 할 내용인데 누구 한 사람 반대하지 않았다는 거짓말로 논의 자체를 막아 버리다니…….

또한 안산시에서 더 좋게 '최용신 홈페이지'를 만들 것이라는 생각에서 개인적으로 운영하던 '최용신추모홈페이지'를 삭제했는데, 안산시에서 최용신 선생 인터넷 홈페이지를 만든 것을 보니까 너무

부실하여 실망이 이만저만이 아니었다.[170)

자료를 기증하면서 가졌던 진실에 기초한 힘 있는 최용신 선생 선양 사업의 기대도 무너지고, 최용신 선생이 지금도 나의 목덜미를 꽉 붙잡고 자신의 진실을 대변해 달라며 놓지를 않는 것 같아 한편으론 돈 있고 힘 있는 사람 목덜미를 붙잡을 것이지, 왜 하필 불쌍한 나인가 하며 화도 나지만 편한 마음으로 팔자려니 받아들이기로 하였다.

최용신 선생 생존 제자, 최용신 기념관 등의 관련 기관의 주장에 딴죽만 거는 미친 사람으로 의아해하지 않도록 과거의 연관 내용도 정리해 알리고 미력하나마 최용신 선생의 진실에 대하여 의견도 제시하고자 부족하지만 추모 블로그를 다시 운영하기로 하였다.

2010년 9월 27일 김명옥

---

170) 최용신 선생의 진실은 외면하고 형식적이고 무성의한 안산시 최용신 기념관에 너무나 실망하여 "안산시 최용신 기념관에는 필요 없는 자료 같으니 또한 개인적으로 최용신 선생 선양사업을 해나가야겠으니 그리고 꼭 필요한 자료이니 기증했던 자료 한 점도 빼놓지 말고 모두 돌려주세요." 요청하였다. 돌려주는 것도 부실하여 재차 요구하여 2차에 걸쳐 돌려받았다. 최근에 본 출판을 준비하면서 돌려받은 자료를 참조하는 가운데 증언 녹음테이프, 책자, 기록물 등이 다수 누락된 것을 발견하고는 돌려 달라고 요청하였더니, 최용신기념관 담당자는 없어진 것 같다며 한번 찾아보고 연락 주겠다고 했는데 함흥차사다.

4. 〈샘골강습소 교가〉 거짓 논란

안산시는 2007년에 '최용신 기념관'을 개관하면서 1930년대에 최용신 선생이 직접 작사·작곡하였고, 샘골강습소에서 아침저녁으로 불렸다는〈샘골강습소 교가〉를 발굴·채보하였다며 대단한 성과인 양 야심차게 발표하였다.

과거 류달영 교수님을 비롯한 수많은 최용신 동역자, 제자분들의 증언 청취 시에 전혀 언급이 없었고 1930년대 샘골의 여러 사정으로 볼 때 교가는 존재할 수 없다. 또한 〈샘골강습소 교가〉가 1930년대 최용신 선생이 활동하던 시대 상황과 전혀 매치되지도 않는다. 오히려 당시의 환경과 최용신 선생을 이해하는 데 혼란만 부추기니 강습소 교가의 정확한 탄생 배경을 밝혀 달라는 민원에 안산시는 '최용신 선생 제자 분들이 모두 증언하고 수많은 관계 학자의 검증을 거쳤다.'며 오히려 민원을 제기한 필자를 이상한 사람으로 비난하였다.

이후 최용신 기념관 내부 전시물을 리모델링하면서〈샘골강습소 교가〉를 전시공간의 벽면에 도배하다시피 하였다. 교가를 발표하고 6년이 지난 2013년에 〈샘골강습소 교가〉는 존재하지 않았다는

홍석창 목사의 연구 발표가 있자.[171]

"〈샘골강습소 교가〉는 전혀 존재하지 않았다. 다만 1930년대 풍금을 잘 연주하던 최용신 선생님이 당시에 유행하는 동요를 여러 편 가르쳤다. 그중에 문제의 〈샘골강습소 교가〉와 곡조가 비슷한 〈조선의 꽃〉이란 동요를 본래의 가사대로 가르쳤다."

놀랍게도 안산시는 하루아침에 "〈샘골강습소 교가〉는 최용신 선생이 작사 · 작곡한 적이 없으며 당시에 존재하지 않았다."고 공식적으로 인정하면서도 〈샘골강습소 교가〉에 얽힌 사연을 동시에 소개한다면서 〈샘골강습소 교가〉를 계속 교육하겠다고 한다. 너무나 어처구니가 없다.

문제의 〈샘골강습소 교가〉를 누가, 언제, 왜 만들었는지 소상히 밝혀야 한다. 그래야 '교가 최초 증언자에게 누군가가 교가를 가르쳐 부르게 하고는 발굴 · 채보했다고 거짓말을 했다.'는 의도적인 교가 조작에 대한 소문을 잠재울 수 있을 것이다. 또한 최용신 선생 당시에는 불리지 않았는데 최 선생이 작사 · 작곡하여 몰래 보관하고 있었다는 면피용 주장도 사라질 것이다.

안산시도 거짓 〈샘골강습소 교가〉가 어떻게 조작되어 발표되었는지 조사하여 소상히 밝히고 거짓 발표에 관여한 관계자는 응분의

---

171)　제1회 최용신 학술 심포지움 (2013, 최용신기념관)

책임을 물어야 할 것이다. 아울러 거짓 〈샘골강습소 교가〉를 홍보하고 교육한 수준으로 가짜로 판명됨도 알리고 교육하여야 할 것이다.

〈샘골강습소 교가〉 탄생 과정 밝혀 달라 민원에 안산시 담당 부서

답변 내용 / 답변부서 안산시 창조경제국 문화관광과(2009년 10월 23일)

○ 질의하신 샘골강습소 교가에 대한 답변입니다.

○ 샘골강습소 교가의 존재 대해 처음 지면상으로 소개한 분은 '최용신 정신계승모임 회장'인 김우경 옹입니다.

○ 교가는 최용신 선생의 제자인 고 '박석원' 옹이 기억하고 불러 왔던 내용으로, 따님이 '박춘자' 님에 의해 구술되어 안산시립 합창단에 의해 채보되었습니다.

○ 제자인 고 '박석원' 옹이 거의 매일 아침 아들과 딸을 앉혀 놓고 교가를 외우게 하고 받아쓰기를 하게 했다는 정황적 근거로 보아 구술 내용의 문제는 없었던 것으로 보입니다.

○ 교가 관련은 최용신 선생의 제자인 '이덕선' 옹, 고 '홍석필 옹을 비롯하여 당시를 기억하는 제보자 및 언어학 · 구비문학 · 사학 전공 교수님의 감수를 받았습니다.

○ 안산시 및 최용신기념관은 최용신 선생님에 대한 기록 및 보존에 대해 다양한 시각을 열어 두고 있습니다. 또한 이를 통해 객관적이고 총체적인 자료 확보 및 계승을 위해 노력하고 있습니다.

언론사 기고문[172]

〈샘골 강습소 교가〉 검증 통해 밝혀야

교가의 작사 작곡자 및 발표 연대를 정확히 밝히자

반월성 황무지 골짜기로
따뜻한 햇빛이 찾아오네
우리의 강습소는 조선의 빛
우리의 강습소는 조선의 빛

오늘은 이 땅에 씨 뿌리고
내일은 이 땅에 향내 뻗쳐
우리의 강습소는 조선의 싹
우리의 강습소는 조선의 싹

황해의 깊은 물 다 마르고
백두산 철봉이 무너져도
우리의 강습소는 영원무궁
우리의 강습소는 영원무궁

---

172) 안산 인터넷 뉴스 (2010년 10월 13일자) 기고문

경기도 안산시는 소설『상록수』의 여주인공 채영신의 실제 모델이 된 국가독립유공자 최용신 선생의 숭고한 정신을 기리기 위해 '최용신기념관'을 개관(2007년)하면서 1930년대에 최용신 선생이 직접 작사·작곡한 〈샘골강습소 교가〉를 발굴·채보하여 발표했다(위 가사). 당시의 〈아가는 꽃〉이란 조선독립군가에 가사를 붙여 학생들에게 부르게 했다는 것이다. 그러나 당시의 시대 상황과 교가의 내용으로 보아 최용신 선생이 1930년대에 직접 만든 교가로 받아들이기 어렵다.

대학교육까지 받은 최고의 인텔리 여성으로 편안한 삶이 보장된 신분임에도 오지 벽촌의 가장 낮은 자리로 내려와 정착하여 사랑을 실천하다 숨을 거두었다. 최 선생이 그토록 사랑한 자신의 일터인 샘골을 '황무지 골짜기'로 표현하고 자신은 '따뜻한 햇볕'으로 표현했을 리가 없다.

매 주마다 일경 등의 관리가 강습소를 직접 방문하여 교육 내용 등을 조사하였고, 민족적 색채의 교육 내용이 문제되어 최 선생도 여러 번 경찰주재소나 수원의 경찰서에 호출되어 심한 고문을 당하는 경우가 많았다. 가난한 시골 살림으로 어렵게 강습소를 건립하였고 운영비가 턱없이 부족하여 유지조차 어려웠다. 교가를 만들 한가한 상황이 아니었다. 더욱이 일제의 거미줄처럼 촘촘한 감시망 속에서 조선독립군가에 가사를 붙여 만들고 그 내용도 민족적 색채가 다분히 드러나 있는데 아침저녁으로 샘골강습소에서 불렀다는 설명은 도무지 이해가 되지 않는다.

과거에 최용신 독립유공자 추서 청원 및 추모 홈페이지를 운영하면서 1930년대에 이십대의 청년으로 최용신 선생과 함께 일한 고 류달영 교수를 비롯한 수많은 증언자를 만났으나 교가에 대한 언급 은 전혀 없었다.

또한 1939년 발간된 『최용신 소전』은 해방 이후에도 계속 증보 (1998년 증보 9판 발행)판이 발행되었고 수많은 최용신 연구가에 의해 출간된 최용신 관련 학술논문, 단행본에도 교가의 내용은 전혀 없 었다. 관련 유력 증언자들이 모두 작고한 2007년에 와서 갑자기 1930년대에 유아기이던 제자의 증언에 따라 발굴 · 채보된 것이다.

당시에 유아이던 제자들은 단편적인 기억만 어렴풋이 할 뿐이지, 주변 상황 등 전반적인 상황은 기억하지 못했다. 오히려 이후에 들 은 이야기를 바탕으로 증언하는 경우가 많다 보니 수많은 증언자(제 자의 부모 연배)를 만나 당시의 최용신의 행적을 잘 파악하고 있는 필 자가 오히려 제자분에게 잘못된 증언 부분을 지적하여 수정하는 웃 지 못할 경우도 있었다.

지난 1998년 최용신 최초 논문으로 석사 학위(「민족독립운동가 최용 신의 생애와 사상」, 중앙대)를 받은 홍인애 씨가 자료 수집 및 증언 청취 과정에서 필자를 찾아와 도움을 구한 적이 있다. 이때 "김우경 옹 (샘골강습소 교가 지면상으로 처음 소개)이 교가를 가지고 있다면서 그 가 사는 보여 주지 않아 궁금하다. 교가에 대한 기록물이나 증언을 들 어 본 적이 있는가?" 질문하여 샘골강습소 교가의 '곡명'을 처음 접 하였다. 당시에 최용신 관련 자료를 수집하고 교가 증언자의 부모 연배의 수없이 많은 증언자를 만나 증언을 청취한 필자로서는 가 사도 없이 불쑥 튀어나온 교가에 대해 무시하면서도 "최 선생의 때까지 밀어주었던 당신의 친할머니(고 안원순)에게 물어보라." 짜증을 냈던 기억이 난다. 홍씨는 논문 준비를 위해 안산시의 할머니 집에 거주하고 있었다.

필자도 이후 최용신 선생과 관련된 일화, 예화를 모으면서 샘골 강습소에서 불러진 노래에 대하여 큰 비중을 두고 취재를 하였으나 최용신 선생이 작곡한 교가를 증언하는 증언자는 단 한 명도 없었다. 최용신 선생과 손잡고 일한 류달영 교수는 "교가 가사를 보여달라 웃으시며 당시에는 교가란 게 흔하지도 않았고 교가를 만들 만한 사정도 아니었다."고 증언하였다.

당시에 최용신 선생은 경찰서에 끌려가 심한 고문을 당하는 등 힘들 때마다 즐겨 부르던 찬송가가 있었다. 최 선생은 숨을 거두기 전 마지막으로 제자들에게 부탁하여 어린 제자들이 눈물을 흘리며 '선생님 창가'라는 별칭이 붙은 〈내 주여 뜻대로〉를 고요히 합창했다고 전한다.

내 구주 예수여 뜻대로 합소서
온몸과 영혼을 다 주께 드리니
이 세상 고락간 주 인도하시고
날 주관하셔서서 뜻대로 하소서

내 구주 예수여 뜻대로 합소서
큰 근심 중에도 낙심케 맙소서
주 당한 고생을 혹 내가 당해도

날 주관하셔서 뜻대로 하소서

2001년에도 문화관광부가 최용신 선생을 이 달(2월)의 문화인물로 선정하고 지역의 기관과 연계해 정신계승사업을 활발히 펼치면서 최용신 선생 유훈비를 세웠다. 근데 이 유훈비의 내용이 최용신 선생이 직접 말한 유훈은 아니고 최 선생 사후에 전기에 비교하면서 나오는 내용이었다. 이 유훈비의 내용이 선생의 삶과 정신, 일제 식민지의 급박한 1930년대의 시대 상황 등을 함축적으로 표현하는 유훈으로는 너무나 부족해 보여 안산시에 민원을 제기 했다.

안산시 관계자는 '최용신 선생 제자의 증언에 따르면 최용신 선생이 강습소 벽에 걸어 놓고 아침저녁으로 강조한 내용'으로 진위 논란의 대상이 아니라는 답변을 보내왔다. 관련 단체는 물론 타 지역의 뜻있는 후원자의 후원금까지 받아 유훈비를 세웠는데 유훈비가 거짓이라는 딴죽을 걸면 안 된다는 충고와 비난을 받았다. 유훈비는 최용신의 삶과 정신을 교육하는 중요한 자료로 활용하였다.

그러나 지난 2009년 최용신 탄생 100주년 국제학술회의에서 한국외대 윤유석 교수는 『최용신의 생애』 단행본(성천문화재단, 1998, 『최용신 소전』 증보 9판, 36쪽)를 참고하여 '어떤 사람의 말에 대게 위대한 사람을 만드는 네 가지의 요소가 있는데 첫째는 가난의 훈련이요, 둘째는 어진 어머니의 교육이요, 셋째는 청소년 시절에 받은 감격이요, 넷째는 위대한 사람의 전기를 많이 읽고 분발함이라.'는 문구는 최용신의 말이 아니라 류달영이 최용신의 삶을 해석하는 과정에서 기록한 것으로 발표하였다(국제학술회의 자료집, 107쪽).

안산시 최용신 기념관 관계자도 '유훈비'의 내용이 최용신 선생이 직접 말한 내용이 아니라는 주장에 대하여 당연하다며 동의하였다. 9년의 세월이 지나서야 유훈비 진위 논란은 객관적으로 증명된 것이다.

당시에 최용신과 함께 일한 류달영 교수는 "유훈비 진위 논란에 대해 크게 문제 제기하지 마라. 뭐 지금은 최용신 선생에 대한 관심을 많이 갖는 게 중요하다. 제자의 증언보다는 사실이 중요하다. 시간이 지나 최용신 선생에 대하여 많은 사람이 알게 되면 당연히 진실은 밝혀진다."고 하였다.

그런데 이번에도 안산시는 〈샘골강습소 교가〉는 제자의 증언에 따른 발굴이므로 진위 논란의 대상이 아니라는 답변을 보내왔다. 최용신 기념관 전시관의 벽면은 온통 교가로 장식하고 선생의 삶과 정신을 교육하는 중요한 자료로 활용하고 있다.

◀ 최용신기념관 전시실 – 벽면은 샘골강습소 교가로 장식했다.

최용신기념관 개관식장에서 발표된 교가 가사를 처음 듣고는 바로 그 내용으로 보아 최용신 선생이 작사·작곡한 교가가 아니라는 확신이 들었다. 과거 거짓 유훈비 민원을 제기하고 받은 비난의 아픈 기억 때문에 이렇게 어처구니가 없는 교가 발표에 대해 누군가는 문제 제기하겠지 하는 마음으로 기다렸다.

그러나 지적하는 사람은 아무도 없고 최용신 선생의 숭고한 삶과 정신을 교육하는 핵심 자료로 계속 활용하고 있다. 반세기를 소설 (『상록수』 채영신)의 인물로 자신의 생애를 교육한 것도 모자라 지금도 자신을 소설화하는 처사에 최용신 선생이 계속 눈물을 흘리는 것 같다.

지난 1994년 최용신 독립유공자 추서 신청의 계기는 눈물을 흘리며 자신을 온전히 간절히 도와 달라 꿈에 나타난 최용신 선생의 애절한 호소였다. 최 선생의 눈물이 예배당 바닥에 홍수를 이루고 있었다. 실제로 1994년 독립유공자 추서 청원서를 접수할 때 수원보훈지청의 접수 담당자가 자신도 존경하는 소설 속의 인물인데 의아해하면서 추서 접수 자체를 받지 않으려 하였다. 왜 접수를 안 받느냐며 고래고래 소리를 지르고 나서야 청원서를 접수할 수 있었던 기억이 난다. 선생의 숭고한 삶의 행적을 정확히 밝혀 더 이상 눈물을 흘리지 않도록 하자.

교가 2절의 내용에는 최용신 선생의 삶과 정신, 교육의 씨를 뿌리고 장기적으로 독립된 잘사는 나라를 추구한 선생의 의지가 잘 드러나 있다. 3절에서는 최용신 선생의 마지막 유언 "나는 갈지라도 사랑하는 천곡강습소를 영원히 경영하여 주시오."를 간곡하게 담아 샘골강습소 영원무궁을 노래했다.

이는 해방 이후 선생의 정신 계승자가 선생을 간절히 선양하는 마음에서 선생의 정신과 유언을 담아 만든 교가로 판단하게 한다. 최용신 선생이 직접 작사 작곡하여 1930년대에 불러진 교가로 주장하여 시대 상황과 최 선생의 삶과 정신에 혼란을 주기보다는 정확한 교가 발표 연대가 밝혀지기를 바란다.

최용신추모블로그 '우리의 천사 최용신'
운영자 김 명 옥

〈샘골강습소 교가〉거짓 학술논문 발표 후 언론 기고문[173]
[주장] 사실에 기초한 최용신 선생 기념사업을 촉구한다
샘골학원의 〈샘골강습소 교가〉 진위 논란을 보면서

◀ 문제의 〈샘골강습소 교가〉 가사
안산시가 잘못된 발표임을 공식적으로 인정한 〈샘골강습소 교가〉(최용신기념관 홈페이지에서 캡처)

---

173) 오마이뉴스(2015.03.19자) 시민기자 김명옥

경기도 안산시는 2007년 최용신 기념관을 개관하면서 최용신 선생이 작사 · 작곡하여 1930년대에 샘골학원에서 아침저녁으로 불러진 〈샘골강습소 교가〉를 발표하였다. 안산시는 전혀 알려지지 않았던 교가를 제자의 증언을 통해 채보 · 발굴하였다며 대단한 학술적인 성과로 평가하였다.

심훈 작 소설 『상록수』의 모델이 된 최용신 선생(1909~1935)이 창자가 꼬여지도록 애써 지은 정식 학원명은 '천곡학원'이다. 해방 후 우리의 명칭인 '샘골학원'으로 불려진다. 발표 직후 당시에는 교가가 흔치 않았다. 더욱이 일제의 혹독한 감시와 핍박을 받아 가며 운영조차 어려웠던 산간벽촌의 궁핍한 마을의 학원에서 한가로이 교가를 만들 수 있었겠는가. 또한 부모를 설득하여 나무하러 가는 코흘리개 더벅머리 아이들을 불러 모아 헌신적인 교육을 실시한 최용신 선생의 낮아져 섬기는 정신과 당시 샘골의 시대환경과도 전혀 매치되지 않는 이상한 교가 발표라는 문제가 제기되자, 진위논란에 휩싸였다.

이에 안산시는 '제자 홍석필, 이덕선 등이 교가의 존재를 한결같이 증언한다. 향토사학자, 언어학, 구비문학, 사학전공 교수 등 심도 있는 검증을 완료한 사항으로 진위 논란의 대상이 아니다.'라며 일축하고 문제의 교가를 최용신 선생 선양사업의 중요한 홍보수단으로 계속 활용하여 오다가 최근에 최용신 연구자들의 학술적인 연구로 〈샘골강습소 교가〉는 거짓된 발표였음이 밝혀졌다.

"최용신 선생과 같이 가르쳤던 황종우는 〈조선의 꽃〉이란 노래를 많이 가르쳤지만 '교가'라고 하지 않았으며 현재의 교가 가사(안산시 발표)가 아닌 본래 그대로의 가사였다고 했다. (2013. 6. 16 샘골학원교사 황종우 증언)

최용신이 살았을 때 배운 제자 홍석필이나 이덕선도 교가에 대해서 모르는 것을 볼 때, 최용신이 살았을 때는 교가는 없었던 것으로 추정된다.

(- 제1회 최용신학술심포지움(2013.11.29,최용신기념관) 자료집 홍석창목사 발표문 중에서)

제자의 상반된 증언에 대하여 최용신 연구가 홍 목사는 교가 논란의 고증을 위한 목적이 아닌 1980년대부터 청취한 증언이기에 더욱 객관성이 충분하다고 설명하였다. 홍 목사는 모두 고인이 된 최용신 선생과 같이 활동한 인사들의 증언을 모은 구술 자료를 『제1회 최용신학술심포지움 자료집』 부록으로 소개하였다.

애꿎은 제자들까지 거짓 증언에 동원한 정황이 드러나자, 황급히 샘골강습소 교가는 존재하지 않았고 발표가 거짓이었음을 안산시는 보도자료 등을 통해 공식적으로 인정하였다. 그러나 거짓 발표에 대한 반성은커녕 이번에는 교가가 민족주의 음악가들에 의해 만들어진 동요(조선의 꽃)를 개사한 만큼 최용신의 상록수 정신을 그대로 담고 있다는 논리로 거짓을 정당화하고 있다. 또한 최용신 선생의 작사·작곡이라는 표현만 삭제하여 계속 소개한다고 한다.

"비록 최용신 선생의 작사·작곡은 아니지만 교가 자체가 가지고 있는 역사적 의미 또한 가치가 있다고 보고 있습니다. 따라서 기념관에서는 최용신 선생의 작사 · 작곡이라는 표현을 삭제하여 소개하고 있으며 문화관광 해설사를 통해 교가에 얽힌 사연 또한 스토리로 소개하고 있습니다."

(안산시의 민원 답변 2015.3.12)

안산시가 진정한 최용신 선양사업에 관심이 있다면 최용신 선생의 상록수 정신과 정면으로 배치되는 거짓으로 얼룩진 샘골학원의 '가짜 샘골강습소 교가'를 기념관의 전시물에서 당장 없애는 게 자라나는 청소년에게 최용신 정신의 올바른 가르침이 될 것이다. 또한 일제 문화정치의 거짓에 맞서 정신적 독립운동을 펼치다 순국한 독립유공자 최용신 선생에 대한 최소한의 예의이며 도리일 것이다.

안산시는 국민의 80% 이상이 문맹이던 1930년대의 시대와 산간벽촌 샘골학원의 열악한 환경에 대한 이해 없이 '거짓인데 진실'이라는 해괴한 논리로 일관할 게 아니라, 최용신 선생의 헌신적인 삶과 정신의 사실에 기초하여 진실된 선양사업을 추진하여 주기를 촉구한다.

5. 최용신 유훈비 논란

　일제강점기 일제의 민족말살 정책에 맞서 민족의 자존을 지키기 위해 정신적 독립 운동, 상록수 계몽운동을 펼치다 순국한 최용신 선생의 숭고한 정신을 기리고자 문화관광부는 2001년 이달(2월)의 문화인물로 최용신 선생을 선정하였다. 문광부는 지역의 기관과 연계해 최용신 선양사업을 활발히 펼치면서 2001년 경기도 안산시 상록수 공원(최용신기념관 옆)에 최용신 선생 유훈비를 세웠다. 근데 이 유훈비의 내용은 최용신 선생님이 직접 말한 유훈이 아닌데 유훈으로 삼아도 되는지 논란이 일어났다.

　백년을 앞선 선각자 **최용신의 외로운 진실**

위대한 사람을 만드는 데는 네 가지의 소유가 있는데
첫째는 가난의 훈련이요
둘째는 어진 어머니의 교육이요
셋째는 청소년 시절에 받은 큰 감동이요
넷째는 위대한 사람의 전기를 읽고 많이 분발함이라
이렇게 말한 옛 사람이 있었소
빈곤은 확실히 위대한 사람을 만드는 장인의 구실을 하오
모든 위대한 사람들의 생애가 웅변으로 이것을 우리에게
말해 주고 있소

가난한 어린 시절이 최용신 선생을 위대하게 만든 요소의 하나임을 강조하면시 일반적으로 위대한 사람을 만드는 요소, 공통점을 설명한 것으로 위의 내용은 『최용신 소전』(1939년, 류달영, 성서조선사)에 나와 있다.

논란이 일자, 유훈비 건립 관계자는 유훈비의 4가지 요소가 최용신 선생이 직접 한 말(유훈)은 아니지만 이를 생활 속에서 실천했고 주변 사람들에게도 이 같은 삶을 강조했던 만큼 선생의 유훈으로 삼는 건 아무 문제가 되지 않는다는 주장하였다.

그러나 이는 최용신 선생이 동고동락한 샘골의 활동과 시대 상황에 대한 이해가 없는 주장일 뿐이다. 이 유훈비의 내용은 최용신 선생의 정신과 실천한 삶, 일제가 식민지 영구화를 위해 민족말살 정책을 추진하던 급박한 1930년대의 시대 상황 등을 함축적으로 표현하는 유훈으로는 너무나 부족하다.

당시의 안산 샘골에는 한글을 아는 사람이 거의 없었다. 낮에는 어린이, 밤에는 부녀자와 노파들까지 불러 모아 한글 교육을 실시하였다. 그 성과로 근동에선 모두 문맹을 면하였다고 한다. 경제력도 지금은 상상할 수 없는 초근모피의 아주 열악한 상황이었다. 위생환경은 엉망이고 주색잡기, 놀음이나 하는 등, 정신상태도 엉망이었다.

　최용신 선생은 경제력 향상을 위해 계를 활성화하고 누에치기 등의 첨단 농업을 도입하여 소득증대사업을 확대하고 감나무 등의 유실수 묘목도 나누어 주며 심도록 하였다. 위생환경 개선운동을 실시하고, 샘골강습소를 세워 한글교육은 물론 정신적 독립운동, 생활향상운동도 병행하여 실시하였다. 이는 근대 새마을 운동의 시작이었다.

　유훈비의 내용이 1930년대의 열악한 농촌의 환경과 최용신 선생의 유지를 함축하는 유훈으로 대표성을 갖기에는 너무나 부족하고 시대 환경과도 괴리된다는 주장을 안산지역 인터넷 커뮤니티에 제기했다. 바로 지방 일간지가 '유훈비 논란' 기사를 내보내자, 유훈비를 세운 주체인 경기도 안산시와 안산문화원은 '최용신 선생이 선열의 말을 인용, 수차 강조했던 것으로 이를 삶으로 실천한 만큼 진위 논란의 대상이 아니다.'는 입장을 표명했다.

　이후에도 계속 유훈비의 내용이 1930년대의 시대 상황이나 선생의 정신과 동떨어진다는 의문을 제기하자 안산시 관계자는 최 선생의 제자 두 분과의 전화 통화를 통해 확인한 결과, 당시에 선생이 그 유훈비의 내용을 교실 벽에다 걸어 놓고 가르쳤다며 이제 더 이상은 문제가 될 게 없다는 입장을 표명하고는 그 유훈비의 내용을 최 선생과 상록수 정신을 기념하는 각종 자료나 전시물에 인용하는 등, 귀중한 선양자료로 계속 활용하였다.

그뿐만 아니라 "앞으로 기념관 건립 등 많은 사업이 진행될 계획인데 거짓 유훈비 문제가 계속 제기되는 것은 선생의 선양사업에 별 도움이 안 된다."며 문제를 제기하는 필자에 대해 딴지를 부리는 정도로 치부하며 비난을 가하였다. 또한 요즘의 악플처럼 입에 담기도 민망한 심한 비난 글이 익명으로 인터넷에 올라왔다.

"위대한 사람을 만드는 요소를 기록한 최용신 선생의 유훈비는 오래전에 선생의 묘소 앞에 조그맣게 세워져 있었다. 그 새끼 유훈비는 선생을 기리는 샘골교회의 장로 한 분이『최용신 소전』의 내용을 인용, 좋은 뜻으로 선생의 묘소 앞에다 조그마하게 세웠다. 그게 선생의 유훈이 아니라는 걸 처음 안 것도 바로 그 유훈비를 세운 그 장로의 증언에 의해서였다.

'샘골교회 청년부에서 1994년『최용신 소전』(류달영 작)을 공부하면서 그렇게 세워진 문제의 최용신 선생 유훈비가 선생의 말이 아니고 소전에 있는 내용인데 좋은 뜻으로 그렇게 인용해도 문제가 없는가?'를 주제로 열띤 토론까지 하였다. 결국 그건 잘못된 것이라는 결론이 났다는 이야기를 전해 들었다. 근데 그 새끼 유훈비를 최근에 문화관광부와 안산시가 큰돈을 들여 상록수 유적지에 크게 세운 것이다."

"그 유훈비의 내용이 얼마나 교훈적인 내용인가. 최용신 선생이 직접 언급한 내용은 아니더라도 교훈적이니 후손들에게 남기신 말씀이다."로 하여 "유훈비를 세우는 게 무슨 문제인가. 좋으면 다 좋은 것 아닌가?" 하는 볼멘소리도 듣고, "뜻있는 안산 외부 인사의 후원금까지 받아 유훈비를 세웠는데 선생의 유훈이 아니므로 철거하라고 하면 어떻게 되냐?"고 울먹이며 유훈비를 설립한 관계자가 간절히 설득하기도 하였다.

그럼에도 필자가 계속 문제를 제기하는 이유는 최용신 정신과 선양사업에 함축적인 의미를 포함할 그 유훈비가 역사적 진실을 심하게 훼손하고 왜곡할 수 있다는 우려 때문이다.

우스운 이야기지만 일제가 민족말살정책을 더욱 강화하면서 실시한 동화교육은 '위대한 사람의 양성'을 목적으로 하였다. 일제가 주장하던 위대한 사람은 자랑스러운 황국의 신민이 되는 것이다. '우리는 황국의 신민이다. 충성을 다하여 군국에 갚으리라.' 민족이 아예 없어지는 것이다. 그런 급박하던 시대 상황 하에서 선생은 일제의 거짓 교육을 극복하고 민족의 자존을 지키는 싸움에 온몸을 내던졌던 것이다. 지금으로는 상상할 수 없는 그 얼마나 애절한 상황인가?

면면히 이어 온 오천년 역사의 우리 민족이 일본의 하나의 식민지로 전락한 유사 이래 유례가 없던 최초의 시대 상황. "우리의 국어는 일본어가 아니라 조선어(한글)다. 불법으로 우리나라를 빼앗고 영원히 자신들의 노예로 만들기 위해 거짓을 가르치고 있는 것이다. 우리는 조선 민족이며 언젠가는 조국이 해방을 맞을 것이다."

이처럼 민족정신을 불어넣으며 자신의 존재에 대한 각성, 계몽교육을 실시하였다.

모국어도 점차 없어지며 민족자체가 아예 사라지는 그런 1930년대의 일제치하에서 불온분자, 불순분자로 불리던(일제에 입장에서) 선생이 한가하게 위대한 사람이 되는 요소나 강조하고 있었다니, 최용신 선생과 상록수 정신을 이해하는 데 많은 혼란을 야기할 것이 분명하다.

또한, 당시의 통계자료에 의하면 국민의 80~90%가 문맹이었다. 한글을 읽고 해독할 수 있는 사람이 열 명 중에 한 명 꼴이라는 통계는 실제로 도시가 아닌 최용신 선생이 활동한 산간오지의 샘골마을에서는 모두가 까막눈이었음을 말해 준다. 그런 상황에서는 무엇보다 글을 깨우치는 게 급선무였다. 당시의 구호 "아는 것이 힘이다.에서 아는 것은 단지 글을 읽고 쓸 수 있다는 것으로도 대단히 큰 성과를 거두는 시대였을 것이다. 굳이 지금의 상황으로 오해할 필요는 없다.

철저한 당시로, 일제식민지 치하의 새소리만 들리는 산간오지의 샘골마을로 돌아가 보자. 그리고 "위대한 사람을 만드는 요소의 유훈"의 내용을 들여다보자. 그 얼마나 큰 괴리가 느껴지는가?

참고로 최용신 선생을 모델로 쓰인 소설 『상록수』(심훈작)에 나오는 교실 벽에 걸린 내용의 글을 보자. 청석학원 낙성식에 참석하는 동혁은 여비 10원이 없어 근 300리나 되는 길을 걸어서 청석골에 도착한다. 낙성식이 열리고 동혁은 교단 벽에 붉은 잉크로 영신이가 써 놓은 몇 조각의 슬로건을 쳐다본다.

4부 – 사후 기념사업과 제 문제

갱생의 광명은 농촌으로부터

아는 것이 힘 배워야 산다.

우리의 가장 큰 적은 무지다.

일하기 싫은 사람은 먹지도 말라.

우리를 살릴 사람은 결국 우리뿐이다.

암울한 식민지의 상황이 만든 위인 최용신 정신의 핵심은 자신을 내던진 살신성인(殺身成仁)의 희생 봉사의 정신, 계몽정신, 협동의 정신, 죽음에 이르러서도 포기하지 않는 희망의 정신, 민족애, 사회애, 함축하여 '상록수 정신'이다. 그걸 샘골학원을 통해 실현하고자 하였다. 그리고 실제로 선생이 죽음에 이르렀을 때 남긴 유언이 있다. 이 내용은 독립기념관에도 전시되어 있고 모든 기록물, 증언에서 그대로 반복된다.

"제가 떠난 후에라도 학원만은 살려서 훌륭한 학원을 만들어 주세요. 학원이 잘 보이는 곳이 종소리가 잘 들리는 곳에 묻어 주세요."

그 얼마나 애절한 염원이며 자신이 추구하던 이상의 표현이며 간절한 유훈인가? 당연히 최용신 선생의 유훈비라면 선생의 가장 애절한 바람, 부탁이 유훈으로 채택돼야 마땅한 것 아닌가? 선생의 마음과 정신, 그리고 이상이 응축된 샘골학원의 계속적인 경영. 죽음에 이른 이 마지막 유언에 선생의 모든 게 함축적으로 담겨 있지 않은가?

만일 최용신 선생이 당시에 죽지 않고 살아서 김활란 박사처럼 이화대학 같은 큰 학교도 세우고 위대한 여성 지도자들을 많이 배출했다면 많은 오해와 친일파들의 핍박을 받아 가며 자료와 증언을 모아 선생의 추모 홈페이지를 만들지는 않았을 것이다.

위인 최용신 선생과 상록수 정신은 1930년대의 시대 속에서 만들어진 위대한 작품이며 교훈인 것이다. 애국지사 최용신 선생의 기념사업은 가장 최용신적인 접근이 요구된다. 선생을 낳은 1930년대의 시대 상황. 시대가 탄생시킨 상록수 정신과 그 가치, 실재한 그대로를 바탕으로 시대를 초월한 보편적인 가치 그리고 현재의 시대 속에서의 교훈을 찾아야 한다. 시대와 함께한 그 정신과 마음 그대로에서, 그 얼과 정신을 배우고 교훈으로 삼아야 한다. 그게 아니라면 최용신의 얼을 기린다는 게 무슨 의미가 있겠는가? 그러한 역사적 인식에 바탕을 둔 선양사업의 진행을 훼손할 우려가 많은 문제의 '최용신 유훈비'는 마땅히 수정되거나 철거되어야 할 것이다.

2001년 김명옥

6. 약혼자 합장묘 논란

　김학준은 고향 함경남도 두남리에서 같은 교회에 다니던 최용신과 약혼한 지 10년 만에 그리고 그리던 결혼 3개월을 앞두고 약혼자 최용신의 부음 소식에 어찌할 바를 모르고 급히 귀국하여 장례식에 참석한다.

　당시에 김학준은 1931년 일본 동경 예과를 졸업한 후 동경 전수대학 경제학부 재학 중이었다. 영혼결혼식이라도 치르겠다며 울부짖다가 마지막으로 입고 온 무릎까지 닿는 외투를 관에 덮어 준다.[174] 그때 일부에서는 아까운 외투만 버린다고 생각했으나 그의 애절한 마음을 안 모든 이들은 그것만은 말리지 못하였다고 한다.

최용신 선생(좌)과 약혼자 김학준(우)
묘소

---

174)　강일희 할아버지 증언 (1994년 자택)

따라 죽을까도 생각하나 차마 죽지는 못하고, 삶을 포기한 사람처럼 정처 없이 전국을 방황한다. 그러다 함경남도 홍남리의 신흥리 감리교회에 머무르게 되었으며 거기서 황하운 목사에게 모든 것을 고백하고 그의 지도를 받아 가며 교회 봉사를 하던 중, 목사의 소개로 교회학교 교사로 있던 길금복 여사를 만나 결혼하였다.[175]

8·15 해방을 맞아 월남하여 문교부 편수국, 성균관대, 동국대 그리고 광주 조선대학교 법정대학 교수, 교무처장을 역임한다. 김학준 교수는 최용신 선생이 죽은 지 20여 년이 지난 후에야 그것도 부인 모르게 최용신 묘소를 찾을 수 있었다고 한다. 그러다 영화 〈상록수〉가 제작·방영되던 5·16 군사혁명 직후 '상록수의 남자 주인공은 나다'라고 밝히는 바람에 먼저 부인인 길 여사에게 알려졌고, 길 여사는 그 사실을 확인하려고 샘골을 찾기도 했다고 한다. 이후 김학준 교수는 가족과 함께 샘골을 찾았고 샘골고등농민학원의 고문, 이사장으로 학원 일을 적극 도왔다.

그는 그의 공로를 정부로부터 인정받아 훈장을 받았고 1975년 3월 11일 심장병으로 한 많은 일생을 마감한다. 김학준 교수는 2남 3녀를 두었고, 그가 평상시에는 노래처럼 말했고 마지막 유언으로도 최용신과 합장해 달라고 부탁해 그의 원대로 현재 최용신 묘(안산시 향토유적 18호) 옆에 나란히 묻혀 있다.

부인인 길금복 여사는 남편의 모든 심정을 이해하고 위로할 정도

---

175) 홍석창, 『상록수 농촌 사랑』 86쪽 (기독교문사, 1991)

로 어느 남자보다 도량(度量)이 넓었다고 한다. 길 여사는 남편의 소원대로 최용신 묘소 옆에 남편을 묻고 자신은 미국으로 건너가 딸과 함께 L.A에서 살다가 몇 해 전에 작고하여 홀로 납골당에 안치되어 계신다.

마지막 유언

1935년 1월 김학준은 약혼자의 뜻밖의 부음(訃音)의 소식을 듣고 어찌할 바를 모르다 급히 귀국 장례식에 참석한다. 자신의 어떠한 평안도 거부하고 오직 조국과 민족의 독립을 위해 헌신하다, 더욱이 작년에 일본에 건너와 약혼 10년째 되는 내년 3월에는 결혼식을 꼭 올리기로 약속하고 뒤늦게나마 증표로 약혼반지도 교환했는데, 자신을 남기고 간 약혼녀에 대한 복받쳐 오르는 애절한 심정을 주체할 수가 없었다.

이후 교수가 된 김학준은 약혼녀의 헌신적인 삶과 숭고한 정신을 되살리려고 샘골고등농민학원의 고문으로 일하는 등 많은 노력을 한다. 그뿐만 아니라 약혼녀가 남기고 간 큰 희망을 이뤄 보려고 샘골재단 설립에 동분서주하였다.[176] 그러나 이러한 계획들이 주위의 방해로 무산되자 누구보다 선생의 한 많은 삶, 민족에 대한 헌신과 사랑을 잘 알고 있는 그로서는 비통한 마음을 가눌 수가 없

---

176)   김우경 증언 (1994년, 자택)

었다.

비록 부인과 자식들에게 차마 할 수 없는 말이지만 온갖 고통을 달갑게 여기며 순결하게 살다간 약혼녀가 너무나 처량하고 너무나도 외로워 보이는 심정에 '옛 약혼녀의 무덤 옆에 묻어 달라.'는 마지막 유언을 남긴다. 또한 공동묘지에 돌보는 이 없이 방치된 약혼자의 처량한 묘소도 자신의 자녀가 정성을 다해 관리해 주기를 부탁한다.

1975년 3월 11일, 김학준 교수가 타계하자 미망인 길금복 여사는 남편의 유언을 받들어 안산 본오동의 홍찬의 장로 소유의 산에다 임시로 매장한다. 김학준 교수가 죽기 전에 사 놓은 현재의 묘소자리에 1975년 6월 9일 일리공동묘지(상록수 전철역 부근)에 있던 최용신 선생 묘소와 본오동 안산여상 뒷산에 임시로 묻혀 있던 김학준 교수 묘소를 나란히 이장한다. 지난 3월에는 루씨회관이 들어설 부지가 확정되지 않아 임시로 묻혔다가 이날 이장하게 된 것이다.

그의 비문에는 미망인 길금복, 2남 3녀인 자녀들의 실명 그리고 자신이 부탁한 다음의 글이 새겨져 있다.

복 있는 사람은 악인의 꾀를 좇지 아니하며
죄인에 길에 서지 아니하며
오만한 자의 자리에 앉지 아니하고 (시편1편)

계속되는 '약혼자 묘소 이장' 논란

『제1회 최용신 학술 심포지엄』(2013년)에서 홍석창 목사는 최용신 선생 묘소 곁에 모셔진 '약혼자 묘소 이장 논란'에 대해 남편(김학준)을 옛 약혼자의 무덤 옆에 묻히도록 주선한 길금복 여사의 뜻과 아량을 높이 평가하여 이장 반대 입장을 피력하였다.

결혼식은 올리지 않았으나 최용신과 김학준은 10여 년간 약혼한 사이였으니 결혼한 거나 다름없고 또한 김학준의 집안에서도 후에 결혼한 길금복 여사를 둘째 부인으로 여겼고, 길 여사 자신도 최용신을 큰 부인으로 받아들이는 마음이었다. 그런 뜻에서 자신과 결혼하여 다섯 자녀의 아버지인 남편을 옛 약혼자인 최용신 옆에 묻히는 데 주저하지 않았다.

'자기의 남편이 살아서 이루지 못한 뜻을 죽어서나마 이루게 한 부인 길금복의 아량은 정말로 높이 살 만한 일이다. 요즘 사랑의 의리를 이익을 위해 헌신짝 버리듯 저버리는 현 시대인들에 좋은 귀감이 되지 않을까?' 평가하였다.

필자도 20여 년 전에는 소설『상록수』의 남녀 주인공의 애틋한 사랑과 같이 순애보적인 접근에서 약혼자 묘소 이장에 강력히 반대하였다. 그러나 묘지 조성 과정의 객관적인 사실과 최용신 정신에 접근하면 할수록 현재의 부부묘 형식은 잘못되었다는 생각이 들었다. 점차 최용신 선생 묘소를 참배할 때마다 부자연스럽고 불편한 마음이 더했다. 이후 약혼자 묘소를 이장하라는 강성 입장으로 바뀌었다.

최용신 선생은 1995년 국가독립유공자로 추서된 이후 국가 차원에서 선양사업이 진행되고 있다. 기념관이 세워지고 묘지 관리도 공적인 차원에서 국민혈세로 관리된다. 더욱이 최 선생이 추구한 상록수 정신은 애민애족, 봉건적인 사고(남녀차별 등)의 극복, 헌신적인 사랑의 실천이었다.

　사실혼 관계도 아닌 다섯 자녀의 아버지를 옛 약혼자였다는 이유만으로 실제 부인과 자녀의 희생을 강요하면서 최 선생이 생전에 추구한 정신과도 배치되게 묘소를 나란히 모신 건 잘못된 처사이다. 누구보다 최용신의 삶과 정신을 잘 알고 있는 김학준 교수가 옛 약혼자 옆에 묻어 달라고 유언한 비상식의 이유에 대해서도 주목해야 한다.

　결혼 이후 최용신과 연관된 편지 등의 모든 자료를 불태우고도 잊지 못하여 지천명(知天命)의 나이에 사재를 털어 가며 샘골고등농민학원의 이사장으로 헌신하였다. 샘골재단을 만들어 약혼자의 숭고한 정신을 영구히 계승하려고 노력하였으나 주변의 무관심, 방해 등으로 결국 결실을 보지 못한다. 생의 마지막 자락에서 자신의 안위를 돌보지 않고 오로지 민족을 위해 처절한 희생과 봉사로 일생을 마감한 옛 약혼자가 너무나 애절하게만 느껴졌다. 세상은 너무나 야속하였다.

　약혼자의 숭고한 정신이 폄하되어 주변으로부터 외면당하는 처지에서 후손들에게 잊히고 묘소조차 사라져 버릴 것이라는 우려가 회한으로 남았다. 이젠 자신이라도 옆에 묻혀서 지켜주어야겠다는 절박한 심정으로 차마 부인에게 해서는 안 되는 유언을 남긴다. 부

　　　　　　　　　　　　　　　　　　　4부 – 사후 기념사업과 제 문제

인인 길금복 여사는 남편의 뜻에 따라 합장을 주선하였다.

일각의 소설 『상록수』처럼 박동혁의 "내가 죽는 날까지 당신이 못하고 간일까지 두 몫을 하리라."는 맹세가 죽어서 이루어졌다. 남편을 옛 약혼자와 나란히 모신 길 여사의 아량이 크고도 감동적이다. 지금껏 사재를 들여 묘소를 관리한 김학준 유족에게 이장 운운은 너무 야속한 것 아니냐, 과거의 역사로 인정해야 한다. 한 가정의 가정사이며 민감한 조상묘의 이장 문제에 개입하여 왈가불가한다는 비난을 받을 수 있음을 모르는 바도 아니다.

그러나 국가 독립유공자 최용신 선생 선양사업은 한 가정사나 한 지역의 문제가 아닌 국가적인 사항으로 공적인 부분이 되었기에 조심스럽지만 문제를 제기하는 것이다.

자신의 우려와는 달리 순국선열에 대한 예우로 국가에서 유적지로 묘역이 관리되는 마당에 계속 약혼자 옆에 나란히 누워있음으로 천사로 불려지는 최 선생의 이미지에 혼돈을 주고 우리 고유 전통이나 일반적인 정서나 우리의 기초 상식에도 안 맞는 부자연스런 상태가 계속되는 것을 김학준 교수도 바라지 않을 것이다. 또한 최 선생의 철저한 인품으로 보아 남성 중심의 봉건적인 매장 문화나 자신이 사랑한 약혼자 유족의 희생이 강요된 부부묘 형태를 절대 용납하지 않을 것이다.

최용신 선생은 한국여성운동사(여성 권리 신장 등)의 선각자로 평가받는다. 여러 이유에 의해 합장이 진행되었지만, 그 바탕은 큰 부인(큰언니)으로 받아들인 미망인이 앞장서 부부묘로 한 것이다. 공적으로 관리되는 묘지가 아니었으면 길금복 여사도 큰 언니 옆에

백년을 앞선 선각자 **최용신의 외로운 진실**

나란히 함께했을 것이다. 이 점이 바로 최용신이 추구한 정신과 가치에 가장 반하는 남성 중심의 매장 문화가 선양사업의 중심에 자립잡고 있다는 생각에 정말 불편함을 느껴진다.

만일에 똑같은 상황에서 최용신 선생이 남자였고 약혼자가 여자였다면 어떠했을까?

길금복 님의 부인 김학준 여사가 유언을 남겼다.

"내가 죽거든 과거 약혼 기간이 10년이나 됐던 사이로 결혼식을 올리지 못하고 총각으로 갔지만 남편이나 다름없으니 최용신 묘소 옆에 함께 묻어 주오."

남편은 2남 3녀의 어머니인 부인의 유언에 따라 부인을 옛 약혼자 옆에 나란히 모셨다.

이랬다면 남편의 넓은 아량이라고 말했을까? '남자 창피 다 시켰다.'고 혹독하게 비난할 것이다.

최용신 선생 선양사업은 최용신이 중심이 되어야 함에도 일제의 폄하와 해방 이후에는 무관심으로 소설의 주인공 채영신이나 주변이 중심이 되는 경우가 있어 왔다. 이제는 최용신 선생의 삶과 정신을 바탕으로 한 최용신 중심의 선양사업을 진행하여야 한다. 그 일환으로 부자연스럽고 청소년 교육에도 문제가 있는 약혼자 묘는 이장하고 최 선생의 묘소도 구석의 절개지에서 기념관 옆으로 옮겨 봉분도 크게 하여 새로이 정비해야 할 것이다.

객관적 사실을 바탕으로 부부묘 논쟁이 진행되어야

현재의 최용신 선생과 약혼자 묘소 문제는 각자의 가치관이나 처지에 따라 다양한 의견이 있다. 필자도 20년 전에 강력하게 이장을 반대했다. 그러나 지금은 정반대로 누구보다 약혼자 묘소 이장을 주장하는 사람이 되었다. 절대자인 신이 아닌 이상 모든 건 변한다. 자신과 다른 주장에 대해 경청하고 존중하는 자세를 가져야 한다.

현재의 합장묘 찬성자는 한결같이 "최용신 선양 사업을 추진하던 분들의 헌신적인 노력과 유족 협의(최용신, 김학준)로 이장된 만큼 계속 유지·관리하는 게 맞다."고 주장한다. 또한 현재의 최용신 묘소 옆에 약혼자 묘소를 이장하여 합장묘로 할 때 샘골교회나 동민은 한 사람도 이의를 제기한 사람이 없었다고도 한다.

필자가 1994년부터 최용신 선생을 조사·발굴하면서 연세 많으신 수많은 증언자를 많나 듣기로는 최용신 선생 묘소를 현재의 장소로 나란히 이장할 때부터 논란은 시작되었다. 길금복 여사를 도와 이장을 추진한 관계 당사자 이외의 분들은 현재의 합장묘에 찬동하지 않았다. 오히려 적극적으로 '약혼자 묘소 이장'을 주장하는 경우가 많았다.

1995년 서울 성천문화재단의 류달영 교수님을 처음 뵌 이후 2004년 타계 전까지 여러 번 찾아뵙고 최용신 선생에 대한 많은 증언을 청취하였다. 그때마다 필자의 중요한 관심 사항이 아니라 질문하지도 않은 최용신 선생 묘소에 대하여 자주 언급하였다.

"현재의 최용신 선생 묘소에 약혼자 묘소를 나란히 쓴 것은 아주 잘못된 것이다. 두 분은 약혼한 사이이고 김학준은 나중에 결혼하

백년을 앞선 선각자 **최용신의 외로운 진실**

여 자녀까지 여럿 둔 분인데 너무나 부자연스럽다. 수원에서 일을 보고 돌아올 때 자주 선생의 묘소를 들르는데 그때마다 마음이 영 불편하다.”

이에 필자가 “현재 두 분의 묘소가 나란히 있는 것은 여러 사정이 있었고 소설『상록수』처럼 애틋한 부분이 있다. 김학준 교수가 유언을 남겼고 미망인이 주선하여 나란히 모신 것인데 굳이 있는 것을 이장하라고 할 이유가 있는가.” 강하게 반문했더니 더는 언급이 없었다.

그런데 다음에 찾아봤을 때는 헤어지기 직전에 “몇몇 친분이 있는 분들과 사적인 모임이 있었는데 그중에 여성으로 유일하게 YWCA 창립자이며 최용신을 샘골에 파견하여 도왔던 김활란 박사도 계셨다. 일제 말 자신의 굴종과 최용신을 비교, 자책하며 여성운동의 대표적인 선각자로 최용신을 자주 언급 했는데 지금의 합장묘를 보았다면 그분도 정말 불편해하였을 것이다.”고 말하였다.

1994년에 최직순(루씨 1회), 이재숙(루씨 10회)에 이어 안산 루씨유아원의 3대 한명진 원장(루씨 22회)이 필자를 자택으로 초대하여 최용신 선생 및 관련 여러 증언을 자세히 들려주었다.

이때에 한 원장이 “현재의 약혼자 묘소를 함께한 것은 너무나 잘못되었다. 처음에 이장문제가 나왔을 때 반대했는데 나중에 합장을 알게 된 루씨동문회에서 난리가 났다. 임원 10여 분이 미망인 길금복 여사의 자택인 전라도 광주까지 찾아가 약혼자 묘소의 이장을 강력히 요청하였다.”고 전해 주었다. 그 당시 루씨동문회장은 최용신 선생이 가장 믿고 의지한 고향의 학교 선배 최직순 선생이었다.

이와 관련된 내용으로 아래는 최용신 기념관 이세나 학예사가 미국에 거주하는 길금복 여사(약혼자 김학준의 미망인)를 인터뷰(2008년 10월)하여 정리한 내용을 읽고 상반된 내용이라 의아스러웠다.

광주의 유명한 한의사 노인에게 물으니, "좋은 일 하세요." 남편 유언대로 최용신 선생 옆에 묻어 주래요. 그래서 이근석 목사님(이군석), 홍찬희(홍찬의) 장로님 찾아가니 유언대로 하래요. 루씨동창회 찾아가니 안 된대, 그 땅은 기증한 땅이라……. 원산 루씨동창회 회장, 총무하고 광주까지 찾아와서 우리 집에서 하룻밤 자고 날 데리고 올라간 거예요. 루씨학교 동창회 모임에 데리고 가서……. 이북 여자들 얼마나 극성스럽소.

나를 공격하는데 도둑질했대. 기증한 땅에 묻었으니 파내라는 거예요. 자신들이 파낸다고 그래서……. 그럼 파내세요. 미망인이 있는데 동의 없이 파내면 무슨 죄에 걸리는 줄 아세요?

2008년 10월, 길금복 증언 구술자료, 최용신기념관

위의 인터뷰 글을 읽다가 1994년 루씨유아원 한명진 원장과의 대화 내용이 떠올랐다. 당시는 샘골교회 교육관 철거를 통보한 안산시와 이를 거부하는 샘골교회와의 극한 대립으로 범시민 공청회가 열리기 바로 전날 밤이었다. 현재의 최용신기념관 자리에 루씨유

백년을 앞선 선각자 **최용신의 외로운 진실**

아원 건물이 있었다. 궁금하여 유아원 건물로 들어갔더니 한 원장님이 아이들은 모두 보내고 홀로 정리하고 있었다. 내일 공청회가 열리는 줄도 모르고 계셨다.

"최용신 선양사업과 안산 최초로 어린이 교육을 1970년대부터 지금껏 안산에서 실시하여 왔는데 그 헌신과 봉사를 알아주기는커녕 안산 교육청에서 유아원을 폐쇄하라고 하여 법원에서 재판을 진행 중이다. 고등법원까지 졌다. 지금은 대법원에서 심리 중이다."고 불편한 심경을 말하였다.

"대부분의 사람들이 과거 사정을 모르니 그런 내용을 내일 공청회가 열리니 정리하여 참석자들에게 알려주면 좋겠다."고 말씀드렸더니, 그럼 자네가 좀 정리해 달라고 부탁하면서 본오동 신안아파트 자택으로 강제로 데리고 갔다. 잘 대접받고 비단 솜이불에 하룻밤을 자고 왔다.

당시에 한 원장은 질문하지도 않았는데 "약혼자 묘소를 나란히 묻어 놓은 건 너무나 잘못되었다."고 먼저 이야기를 꺼냈다. "처음에 절대 반대하였는데 미망인이 통보도 없이 몰래 이장을 하였는데, 뒤늦게 이 사실은 안 루씨 동창회에서 난리가 났고, 당시 회장이던 최직순 선생, 부회장, 임원 10여 명이 광주까지 찾아가서 항의하고 당장 이장을 요구하였는데 미망인이 완강히 반대하여 어쩔 수 없었는데 그건 너무나 잘못한 일이다."고 말하였다.

당시에 최용신 선생의 친척인 최직순 선생(루씨 1회 수석졸업, 이화전문 영문과 졸업)이 크게 반대하였다는 것을 알 수 있었다.

이어지는 미망인 길금복 여사의 인터뷰 내용을 보면 단순히 '묘지 부지의 소유권 문제로 파내가라는 막말까지 나오면서 다투었다.'는 내용이다.

2008년 10월, 길금복 증언 구술자료, 최용신기념관

1970년대 안산 지역의 땅값은 형편없었다. 루씨동창회 임원 10여 명이 몇 푼 안 되는 땅값 문제로 교통도 불편하던 시대에 그 먼 전라도 광주까지 찾아가지는 않았을 텐데, 길금복 여사의 인터뷰 내용을 직접 듣지는 못했지만 구술채록 과정에 착오가 있을 것으로 추정된다.

길금복 여사의 인터뷰에 등장하는 이군석 목사는 1975년 부부묘 이장 당시에는 샘골교회 현직 목사가 아니었다. 연세도 많으신 원로 목사였다. 이는 당시에 샘골교회가 공식적으로 부부묘 형식에 동의하지 않았음을 의미한다.

지난 2007년 최용신기념관 개관 전에 '샘골교회'에서는 약혼자 묘소 이장과 최용신 선생 묘소의 정비를 안산시에 건의하기도 하였다. 김학준 선생 유족으로부터 의뢰받아 공적 관리 전까지 합장묘를 관리해 온 샘골교회 ○○○장로와 자신의 본오동 산에 모셨던 김학준 묘소를 최용신 선생 묘소 옆으로 나란히 모시는 데 앞장선 홍찬의 장로님의 아드님인 홍석창 목사의 최근 저작물에 현재의 부부묘 형식에 대한 긍정적인 평가 말고는 샘골교회 장로(현재는 모두

백년을 앞선 선각자 **최용신의 외로운 진실**

돌아가심), 연세가 많으시던 최용신 선생 동역자 등으로부터 적극적으로 합장묘를 긍정하는 평가를 들어 보지 못했다.

오히려 최용신 선생과 동역한 지역주민, 교회 장로님, 김종규 목사님, 염석주의 의사를 대변하는 주의득 선생, 장명덕 전도사 등 강하게 잘못되었다고 지적하는 분들의 증언을 직·간접으로 많이 들었다. **그런데 현재의 부부묘 찬동자는 '한결같이 유족은 물론 샘골교회, 지역 주민이 모두 동의하였다.'고 주장하는데 도대체 그분들은 누구인지 되묻고 싶다.**

1990년대 초, 최용신 선생 묘소의 안산시 향토유적 지정 시에도 처음에는 부부묘를 지정했다가 강력한 항의를 받고 김학준 묘소를 제외하는 해프닝이 있었다.[177] 안산시가 1992년 최용신 유적지 조성을 추진하면서 안산문화원에 합리적인 안을 요청하여 안산문화원이 제시한 안중에 제1번이 김학준 묘 이장이었다.

그런데 지금의 안산시(최용신기념관) 관계자는 현재의 합장묘를 추진한 이해 당사자의 의견만 듣고 '현재의 부부묘는 논란의 대상이 아니다. 과거에 반대한 사람은 아무도 없었다. 유족, 지역주민 모두가 찬동하였다.'고 단정하는데 이해할 수가 없다. 물론 필자의 '약혼자 묘소 이장' 주장이 100% 맞는다고 생각하지 않는다. 그러나 문제를 제기하는 사람이 있으면 열린 자세로, 객관적인 사실을 바탕으로 충분한 논의를 진행하여야 할 것이다.

---

177) 한양대 조흥윤 교수 설명 (1993년, 최용신 묘소 탐방 프로그램 지도)

　　　　　　　　　　　　　　　4부 – 사후 기념사업과 제 문제

7. 선생의 유품을 전시 못하는 최용신기념관

지난 1994년 안산시 범 시민공청회(샘골교회 이전 논란), 1995년 최용신 선생이 독립유공자로 추서되는 일련의 과정에서 최용신 선생은 언론에 집중적인 조명을 받았다. 이때 샘골교회는 그동안 소중히 보관하여 왔다며 가방, 다리미(인두), 책상 등 최용신 선생의 유품 10여 점을 공개하였다. 이후에도 중앙일간지는 물론 KBS의 공

가방과 책상(위)은 1998년 국민일보 발행 월간 신앙계 잡지에 소개된 최용신 선생 유품 사진이다. 아래는 최용신기념관에 전시된 70~80년대의 추억이 담긴 남학생용 가방.178)

---

178) 본 출판을 마무리하면서 방문한 최용신기념관 전시실에 사진 속의 80년대 학생용 가방은 사라지고 없었다. 아마 항의가 계속 제기되자 치운 것 같다.

중파 방송 등에 여러 번 최용신 선생 유품으로 소개되었다. 이후에도 언론 취재가 계속되자, 샘골교회는 유품에 이름표까지 부착하여 소개하였다.

선생의 유품을 어디다 두고 최용신 기념관 전시공간에 전혀 어울리지 않은 1980년대의 학생 가방을 전시해 놓았을까? 최용신 선생이 출장이나 야목리 등에 출장 교습을 갈 때마다 들고 다녔다는 손 때 묻은 가죽 가방은 어디로 갔나? '여기는 1930년대에 활동하다 돌아가신 최용신 선생을 기억하고 기념하는 최용신 기념관인데……' 하는 의문을 갖게 되었다.

그러던 중 최용신 선생 순국 80주기를 맞아 안산시와 샘골교회가 공동으로 준비한 기념행사 며칠을 앞둔 2015년 1월 21일에 샘골교회 인주승장로(사단법인 최용신기념사업회 회장)가 충남 당진시의 심훈 기념관에 최용신 선생 유품을 기증하였다는 언론 보도를 접했다.

심훈 선생의 『상록수』 원고본 9점과 최용신 선생이 사용했던 인두, 주판, 다리미 등 유품 5점이 21일 충남 당진시에 기증됐다. (사진: 당진시 제공, 2015년 1월 21일)

샘골교회 인주승 장로를 직접 만나 그간의 사정과 충남 당진시 심훈기념관에 기증한 이유를 들었다.

인장로: 최용신 선생이 독립유공자 추서(1995) 이후에 새로 건축한 샘골교회는 유물 전시실을 마련하고 이번에 기증한 유품을 전시했다. 그런데 최용신 선생 선양 사업 및 유품 관리 책임자가 본인(인주승장로)으로 바뀌면서 문제가 불거졌다.

기존에 유품을 관리한 ○○○장로가 관리권 이전에 불만을 제기하던 중에 유물 전시관의 자물쇠가 빠루로 파손되는 사건이 발생하여 검찰에 수사의뢰 하는 등의 분란이 발생했다. 이후 이전에 유품을 관리해 오던 ○○○장로가 평생을 출석한 샘골교회를 타의로 떠나게 됐다.

2007년 최용신기념관이 개관되기 전에 샘골교회는 그동안 전시해 오던 유품을 안산시 최용신 기념관에 기증하겠다는 의사를 전했다. 이때 샘골교회를 떠나서 최용신 선생 선양사업을 하고 계시던 ○○○장로가 샘골교회가 보관하여 온 유품은 한 점도 최용신 선생 유품이 아니라고 주장했다.

당시에 안산 문화원장은 "최용신 선생이 생존하던 시기에 사용된 생활품으로 직접 목격자의 구체적인 증언이 없다고 하여 유품이 아니라면, 세종대왕이 왕실에서 사용한 유품도 당시에 본 사람은 다 죽고 없으니 유품이라고 말할 수 없다는 주장과 같다. 오랜 기간 유품으로 주장해 온 것을 당사자가 유품이 아니라고 말 바꾸면 유품이 아닌가." 논란이 있었다.

루씨동문회 상록회관 준공예배(1976년), 현재의 최용신 유적지 개발 전의 모습
(1994년)교육관 건물(좌), 루씨회관(중간), 샘골교회(우측), 아래는 샘골교회가
운영하던 '최용신 선생 유물 전시실'과 이후에 새롭게 건립된 최용신기념관[179]

필자: 장로님, 최용신기념관 바로 앞에 태영아파트에 거주하시
고 최용신기념사업회 회장으로 누구보다 최용신 선생에 애정이 많
으신 분이 가까이에 있는 최용신기념관을 외면하고 힘들게 충남 당
진까지 가서 기증하셨어요?

---

179)   1930년대 완공한 샘골학원은 6·25전쟁 때 폭격으로 소실되어 같은 자리에 신
축한 건물에 샘골고등농민학교가 운영되었다. 이후 운영난으로 폐쇄되자 루씨여고 동문
회가 상록회관을 건축하여 루씨유치원을 개원하였다. 루씨동문회가 시립 루씨어린이집
을 인가받아 이사하자, 샘골교회가 '최용신선생유물전시실'으로 사용하였다. 이후 건물
을 헐고 같은 자리에 '최용신기념관'이 개원하자 샘골교회가 유물을 기념관에 기증하였
으나 거부된 것이다.

인장로: 내가 힘들게 그 멀리까지 갔겠어. 2007년 최용신기념관 개관 시에 담임 목사님과 같이 안산시에 직접 찾아가서 기증했어. 그런데 유품이 아니라며 절대 안 받아…….

필자: 왜요?

인장로: 샘골교회에서 최용신 유품을 관리하여 오던 ○○○장로가 2007년 기증 당시에는 유품이 아니라고 말을 바꿨어. 그런데 안산시는 그 말만 듣고 절대 안 받는다고 했던 거야. 서울 인사동에 가서 사다가 기념관 전시실에 전시한다고 하더군.

필자: 그럼 기념관 개관 전에는 최용신 유품으로 언론 등에 자랑하던 것이 기념관 개관 이후에는 유품이 아닌 것이 된 거네요?

너무나 안타까운 일이다. 최용신 선생 사후에 지역 주민들은 최용신 선생의 유품을 서로 싸우다시피 하면서 가져갔다고 한다. 이후에 불온사상으로 최용신 격하운동을 실시한 일본이 오오야마(최선생 사후 샘골교회 신도가 되어 신사참배를 주도함)의 주도로 여러 차례 모두 반납케 하여 공개적으로 불태웠다고 한다.

최용신 선생의 추억조차 잊도록 강요받았던 시대였다. 그런 우여곡절을 겪으면서도 어렵게 남아 있던 유품인데……. 과거에는 최용신 선생의 유품 한 점, 한 점을 직접 만져 보고, 얽힌 사연도 기억 속에 뚜렷이 남아 있는데 정작 최용신 기념관이 개관하니까 선생의 손때가 묻은 유품은 모두 사라지고 다시는 불수 없게 되다니……. 너무나 원망스럽고 안타까운 마음은 더했다.

인장로: 최용신 기념관이 개관하고 샘골교회에서 운영하던 '최용신 유물 전시실'은 폐쇄되었다. 창고에 모아서 부실하게 보관된 것을, 잘 관리하기 위해 중요한 유품을 골라서 개인적으로 보관하여 왔다. 안산시(최용신기념관)가 샘골교회를 떠난 ○○○장로의 자문만을 받아 기념사업을 진행하면서 상금을 걸고 최용신 선생 유품 공모도 하였다. 그러면서도 최용신 기념관이 완공된 수년이 지난 지금까지도 유품 제공을 요청하지 않았다. 최 선생의 모교인 감리교 신학대학에 유품을 기증할까 고민하다가 충남 당진의 심훈기념관에 기증하였다. 아마 충남 당진 시장이 같은 당 소속인 안산 시장을 만나면 '소중한 최용신 선생 유품을 당진시에 기증해 주어서 너무나 감사하다.' 전할 것이다.

인 장로는 필자와의 장시간의 대화에서 안산시(최용신기념관)가 샘골교회를 떠난 ○○○장로에 의존하는 등의 일방적인 최용신 선양 사업 진행에 불편한 심기를 여과 없이 드러냈다. '최용신 기념관에 전시된 최용신 유품은 하나도 없다.'는 현실에서 그나마 최용신 선생과 가장 관련된 지척의 물건(필자는 당시에 살지 않아서 진짜 최용신 선생의 유품인지 아니면 가짜인지 단정할 수는 없다)마저 최용신 기념관에는 전시할 수 없게 됐다는 현실이 매우 안타깝다.

이 모든 발단이 최용신 선생의 희생, 사랑, 봉사의 숭고한 정신과 너무나 무관한 '최용신 선양 사업의 주도권 다툼'과 연관이 있다는 것이다. 얼마 전까지 진위 여부를 두고 소모적인 논쟁을 벌이다 일단락된 '거짓 유훈비, 가짜 샘골강습소 교가'도 같은 맥락이라 생각하니 더 큰 실망감이 든다.

이솝 우화의 '여우와 포도 이야기'에서 등장하는 신 포도처럼 최용신 선생 유품도 '시고 맛없는 신포도 신세'가 된 것인가? 안산시(최용신기념관) 관계자에 묻고 싶다.

백년을 앞선 선각자 **최용신의 외로운 진실**

8. 새마을 운동의 발상지 샘골

영화 〈상록수〉-(신상옥감독, 주연 최은희,
신영균, 1961년)

박정희 국가재건최고회의 의장(오른쪽)
과 최고위원들(경기 김포, 1962년)

일제 식민지와 6·25전쟁의 참화를 겪은 대한민국은 세계 최빈국
으로 대외 원조에 의존하는 헐벗고 굶주린 나라였다. 남북한의 경
제 사정은 비슷하였으나, 통계자료에 의하면 1960년대는 북한의
경제력이 남한보다 앞서는 것으로 나와 있다. 그러나 70~80년대
를 거치면서 남한은 비약적인 경제성장을 이룬다. 지금은 경제력
이 세계 10위권에 진입하였다. 아직도 헐벗고 굶주리는 북한과 대
한민국의 경제력 격차는 크게 벌어졌다. 이러한 경이적인 경제 도
약의 정신적인 바탕에 새마을운동을 빼놓을 수 없다.

1970년 4월 22일 전국 지방장관회의에서 박정희 대통령은 수재

4부 – 사후 기념사업과 제 문제

민 복구와 장기적인 농촌 재건운동으로 근면·자조·협동 정신을 바탕으로 한 새마을 가꾸기 운동을 거론한다. 초기의 새마을 운동은 농촌 계몽운동으로 위생 환경 개선과 소득 증대(빈곤 퇴치)에 집중되었다. 이후 도시, 산업체로까지 확산되어 근면·자조·협동의 새마을 운동은 국민적 근대화 운동으로 발전한다.

박정희 대통령의 공적에 대해서는 여러 논란이 있지만 새마을 운동과 경제 개발, 조국 근대화 업적에 대하여는 논란 없이 높은 평가를 받고 있다.[180]

그럼 박정희 대통령이 추진한 '새마을 운동'의 시작(뿌리)은 언제부터일까? 잘 알려지지 않은 사실이지만, 농촌 개발에서 시작된 '새마을 운동'은 소설 『상록수』와 여주인공 채영신(최용신)의 농촌계몽운동이 모델이 되었다.

1961년에 개봉된 신상옥 감독의 영화 〈상록수〉는 숙명처럼 이어오는 가난을 극복하겠다는 청년지도자의 열정과 헌신이 농촌운동의 모델로, 희망으로 사회적인 큰 반향을 불러왔다. 영화 속 여주인공 최은희는 "박정희 대통령이 영화〈상록수〉를 보시고 크게 감동하여 눈물을 흘리시고 아이디어를 얻어 새마을 운동을 시작하였

---

180) 필자는 박 대통령의 공적에 부정적인 평가가 많았다. 그러나 최용신 선생이 활동한 샘골의 초근목피의 환경이 60년대까지 이어진 증언을 청취하면서 새마을 운동과 경제성장 노력으로 기초적인 굶주림을 해결한 업적을 높이 평가하게 되었다. 굶주림이야말로 가장 큰 인권 유린이다.

백년을 앞선 선각자 **최용신의 외로운 진실**

다."고 주장했다.¹⁸¹⁾

박정희의 눈물은 채영신(최용신)에게서 자신의 소명을 발견한 감동의 눈물이자, '이등객차에서 불란서 시집을 읽는 소녀'에 대한 미움으로 이어질 눈물이었다. 대통령 취임을 앞둔 박정희는 1963년 『국가와 혁명과 나』 책을 냈다. 이 책에 박정희의 자작시 한 편이 담겨 있다.

땀을 흘려라.
돌아가는 기계 소리를
노래로 듣고
……
이등객차에서
불란서 시집을 읽는
소녀야
나는, 고운
네 손이 밉더라.

『상록수』의 실제 모델을 다룬 『최용신 소전』(1939, 성서조선)을 집필한 서울농대 류달영 교수는 1961년 국가 재건국민운동 본부장을 맡으면서 박정희 대통령과 인연, 새마을 운동의 시작에 관한 여러 의

---

181) 안산시 주최 〈상록수〉 영화 상영 행사에 신상옥, 최은희 부부 참석 인사말 (2004년, 성포동 공원 무대 광장)

미 있는 증언과 기록을 남겼다.[182]

"1961년 5·16 직후 박정희 장군이 재건 국민운동 본부장을 제의
했으나 바로 그 자리에서 거절했다. 계속 요청이 들어와 적절한 인
물을 여러 명 추천하였는데 모두 검토가 끝난 인물들이라며 재차
본부장을 맡아 달라고 요청하였다. 이후에도 여러 차례 서신은 물
론 비서가 찾아오고 직접 요청해 오기도 하였다. 계속 거절하는 것
도 민망스럽고 예의도 아닌 것 같아 완전히 거절할 목적으로 도저
히 받아들이기 어려울 것이라고 판단되는 '이 일의 최대 목적은 국
민이 잘 사는 나라를 만드는 것이고 결국엔 군정종식이다. 일체의
간섭을 말아 달라.'는 등의 몇 가지 요구 조건을 제시했다.

예상과 달리 박정희 의장이 그 자리에서 요구 조건을 모두 들어
주겠다고 약속했다. 하는 수 없이 총리급인 공무원이 되었다. 박정
희 의장이 여러 번의 고사에도 수차례 직접 찾아오기도 하는 등 집
요하게 설득한 이유는 『새 역사를 위하여−덴마크의 교육과 협동사
업』이라는 나의 저서를 읽고 적임자로 생각했던 것 같았다. 연관되
어 농촌 소설인 『상록수』(심훈, 1935)와, 해방이후 증보 발행한 실제

---

182) 1994년 12월 처음 류달영 교수님을 서울 성천문화재단 이사장실에서 뵌 이후
2004년까지 수차례 방문하여 증언을 청취하였다. 류 교수님이 쓰신 단행본 『외롭지 않
은 외로운 나그네길, 한국의 미래상』 등 10여 권을 손수 사인하여 주셨다. 정말 다정한
할아버지처럼 반겨 주고 밥, 술도 사 주셨다. 나이가 들어갈수록 한 차원 높은 선생님의
학문, 인품에 존경스런 마음은 더해 가고 그립다.

인물 최용신의 전기(류달영 작, 1939)도 큰 영향을 주지 않았나 생각
된다.

　이후 중앙 연수원을 만들고 지방에도 교육관을 세우고 정말 열심
히 했다. 젊은 나이에 헌신적으로 농촌운동을 펼치다 요절한 최용
신의 정신을 재건국민운동의 이념으로 연결 지었다. 또한 전쟁에
패한 후 가장 불행한 나라, 희망을 잃어버린 덴마크 국민을 교육으
로 각성시켜 가장 살기 좋은 나라로 변화시킨 그룬트비의 국민운동
을 모델로 삼았다. 나의 숙소에는 1956년 덴마크에서 사 가지고 온
대형 그룬트비(덴마크 지도자) 사진을 걸어 놓고 출근 전에 한 번씩 기
도하는 마음으로 바라보고 집을 나섰다.

　이때 함석헌 선생, 다석 유영모 선생님도 나의 취지, 설명을 듣
고 승낙하여 중앙위원으로 적극 도와주었다. 반골정신의 심벌이
라 할 김재준 목사도 삼고초려 끝에 중앙위원으로 모셨다. 덴마크
의 부흥운동과 최용신의 교육 중심(샘골학원 건립)의 농촌 계몽운동을
사례로 국가 재건은 경제 개발과 자발적 참여를 이끄는 정신운동이
병행되어야 한다는 점을 박 대통령에게 특별히 조언했다. 이후 박
대통령의 약속과 달리 육사 8기 출신(김종필 등)들의 간섭이 심해 스
스로 그만두었다. 당시에 막걸리를 좋아했다면 아마 박정희 대통
령과 아주 친한 사이가 됐을 것이다."

　덴마크는 유엔 행복지수 조사에서 2012년, 2013년 연속으로 1위
에 올랐다. 부패지수는 세계에서 가장 낮고 언론 자유도는 가장 높
은 나라다. 그러나 덴마크가 처음부터 살기 좋은 나라는 아니었다.

1814년 전쟁에 패해 지금의 노르웨이 땅을 잃었고, 1864년 독일에 국토의 3분의 1을 빼앗겼다.

이때 덴마크 사람들은 자신들이 세상에서 가장 불쌍한 사람들이라고 생각했으나 민족의 어두움을 어둠으로 보지 않고 여명의 시간으로 본 두 사람의 영웅이 나타났다. 덴마크의 국부 그룬트비(1783~1782)는 "덴마크여, 깨어나라!"고 외쳤다. 전국에 국민교육기관을 창설하여 각성운동을 이끈다. 교육으로, 신앙으로, 협동으로 총체적으로 병든 덴마크를 개혁하여 세계적으로 아름다운 나라로 만드는 데 크게 공헌했다. 덴마크 곳곳에는 그룬트비 목사의 동상이 서 있다.

덴마크의 부흥 운동가 달가스(1828~1894)는 '밖에서 잃은 국토를 안에서 찾자'는 슬로건으로 토지개량사업과 토지매립 사업을 일으켜 경작지를 넓혔다. 달가스의 나무 심기 소식이 전국에 알려지면서 덴마크 국민들이 감동하게 된다. 자발적으로 나무 심기에 참여하는 국민이 늘면서 덴마크 전역에 걸쳐 황무지를 옥토로 바꾸는 데 성공했다.

1930년대 농촌 계몽운동가들도 초보적인 관심에서 벗어나 농촌 부흥운동의 대표적인 성공 사례로 덴마크를 주목했다. 그 당시 YWCA 연합회 총무 김활란은 덴마크를 시찰하고 돌아와 농촌지도자 강습회 등을 통해 기름지고 평화로운 덴마크의 부흥과정은 모범 답안으로 제시했다.

전쟁으로 기름진 국토를 대부분 빼앗긴 덴마크인들은 좌절하지 않고 신앙으로, 도덕적인 협동으로, 교육으로, 과학으로 불과 반세기만에 지상의 낙원을 만들었다. 최용신 선생도 농촌지도자 강습회에 참석하여 전국 각처에 설립된 국민교육기관, 신용협동조합 운동의 덴마크 성공 사례에 많은 감동을 받았다.

분명한 사실은 이후에 박정희 대통령이 직접 노래를 지어서 부르게 할 정도로 열성적으로 추진한 새마을 운동의 정신적인 바탕은 류달영 교수가 이끈 재건국민운동과 최용신이 이끈 샘골의 농촌계몽운동과 깊은 연관성이 있었다는 점이다.[183]

새마을 운동이 그냥 불쑥 튀어나오기보다 5·16 준비에서부터 국가재건운동으로 이어지면서 자연스럽게 준비되어 온 것 같다. '우리도 한번 잘 살아 보자.'는 박정희의 모든 신념이 응어리지면서 탄생되었고 조국 근대화를 달성하는 견인차 역할을 충실히 해낸 것이다. 새마을 운동은 1970년 이전에 깊은 뿌리가 있었던 것이다.

새마을 노래 (작사 작곡 박정희)

새벽종이 울렸네 새아침이 밝았네
너도나도 일어나 새마을을 가꾸세
살기 좋은 내 마을, 우리 힘으로 만드세

---

183) 최용신의 농촌계몽운동은 『최용신 전기』, 소설 『상록수』, 영화 〈상록수〉로 형상화되어 새마을 운동, 근대화 운동에 많은 영향을 주었다.

4부 – 사후 기념사업과 제 문제

초가집도 없애고 마을길도 넓히고
푸른 동산 만들어 알뜰살뜰 가꾸세
살기 좋은 내 마을, 우리 힘으로 만드세

서로서로 도와서 땀 흘려서 일하고
소득 증대 힘써서 부자마을 만드세
살기 좋은 내 마을, 우리 힘으로 만드세

우리 모두 굳세게 싸우면서 일하고
일하면서 싸워서 새 조국을 만드세
살기 좋은 내 마을, 우리 힘으로 만드세

9. 남북한 청소년의 권장 도서『상록수』

안산 최용신 기념관에 전시된 소설『상록수』와 북한에서 출판한 소설『상록수』
표지(좌측)

안산시 본오동의 최용신 기념관 지하 1층 전시실에 여러 권의 소설『상록수』(심훈 작) 단행본이 전시되어 있다. 그중에 북한에서 출판된『소설 상록수』도 전시되어 있어 기념관 관계자에게 문의했더니 '현대조선 문학선집' 31호로 선정해 '문학예술출판사'가 2004년에 출판한 책이라고 알려 주었다.

전시된 책의 내용을 확인할 수 없어 궁금했는데 최근에 (사)심훈 상록수기념사업회가 2014년 출판한『한국 인간 상록수 전기』에서 북한에서는 장편소설 상록수가 권장 도서로 선정되어 청소년에게 널리 읽혀진다는 내용을 확인하였다.

북한에서는 2004년 장편소설 『상록수』를 '현대조선 문학선집' 31호로 선정하고 '문학예술출판사'에서 292쪽에 달한 책을 발행했다. 이 소설의 머리말에서 논평한 김일성 종합대학 문학부 부장인 은종섭 교수의 글을 그대로 인용한다.

은종섭 교수는 김일성 동지가 "우리 인민은 반만년 유구한 역사를 통하여 세상에 널리 자랑할 만한 문화적 재부를 창조하였다."고 칭찬하면서, "이 소설에는 일제 식민지 통치 밑에서 가난과 천대 속에 허덕이는 우리 농민들의 고통스러운 생활이 반영되어 있으며 농촌계몽운동에 나선 지식청년들의 활동이 특색 있게 그려져 있다."고 했다. [184]

중 · 고교의 국어 교과서에 실려 교육하고 있는 소설 『상록수』가 북한에서도 청소년에게 권장 도서로 널리 읽혀진다는 것을 확인하니 모든 게 이질적으로만 느껴지는 남과 북에 "이렇게 공유하는 문학작품과 정신문화도 있구나!" 새삼 동질감이 느껴졌다.

그러나 현실은 북한의 핵무기 개발과 5 · 24 조치 이후 정치 · 군사적 대립구도는 더욱 강화되고 남북 대화는 꽉 막혀 있다. 남북통일은 한낱 신기루 같아 보인다. 이럴 때일수록 박근혜 대통령의 "통일은 대박이 될 수도 있지만 준비 없이는 쪽박이 될 수도 있다."고 언급한 의미를 깊이 되새겨 보자. 민족 최대의 과업인 남북통일

---

184) 『한국 인간 상록수 전기』 240 242쪽 (2014, (사)심훈상록수기념사업회)

은 전쟁으로 인한 공멸이 아니라 민족 번영으로 이뤄야 한다. 남북 대치가 심화되는 어려운 상황일수록 접근 가능한 공유점을 찾아내서 동질성을 회복하는 노력을 차분히 실천해 나가야 한다.

　우선은 합의 가능한 문화, 예술, 체육 교류를 더욱 활발히 진행해야 할 것이다. 그런 차원에서 남북한이 공유하는 일제시절 농촌계몽운동과 이를 바탕으로 기독교인 채영신과 사회주의자 박동혁 (충남 당진시)의 러브스토리를 테마로 형상화한 소설 『상록수』는 남북한의 동질성 회복과 통일을 이끌 큰 문학자산이 아닐 수 없다.

　소설의 모델이 된 여주인공 최용신은 실제 북한 원산이 고향이다. 처녀의 몸으로 남한인 안산에 와서 헌신적인 농촌계몽운동을 펼치다 과로와 굶주림으로 26세의 나이에 순국한 독립유공자다. 남북 공동사업으로 소설『상록수』와 그 모델들의 행적을 발굴하고, 고향인 남과 북의 산천을 배경으로 다큐멘터리를 제작해 방영한다면 한 민족임을 확인하는 뜻있는 광복 70주년 공동행사가 될 것이다. 더 나아가 소설 속의 박동혁과 채영신 그리고 실재 인물 최용신이 실천한 상록수 정신을 민족의 자산으로 정립해 통일조국의 정신문화로 계승 발전시켜 나가기를 기원한다.

2015. 2. 21. 김명옥

10. 성서조선 사건(1942)과 조선어학회 사건(1943)

　무더운 날씨에 존경하는 '다석 유영모 선생' 전기[185]를 읽던 중에 성서조선 사건에 관한 내용이 있어 흥미 있게 읽었다. 조선어학회 사건의 관계자들은 모두 재판에 회부되었고 이윤재 선생 등은 감옥에서 옥사하였다. 그러나 성서조선 사건 관계자 김교신, 함석헌, 송두용 선생 등이 1년 이상의 감옥살이를 하였지만 다행히 모두 불기소 처분되었다.

　그럼 '성서조선 사건' 관계자들은 일제의 식민통치에 위협적이지 않았나? 당시 일본 경찰이 "너희 놈들은 우리가 지금까지 잡은 조

---

185)　박영호, 『다석 유영모 전기』 (교양인, 2012)

선 놈들 가운데 가장 악질이다. 너희들은 종교의 허울을 쓰고 조선의 민족정신을 깊이깊이 심어서 100년 뒤, 아니 500년 뒤에라도 독립을 이룩할 터전을 마련하려는 아주 고약한 놈들이다."[186]라 했다고 하니, 결코 가벼이 보지 않았다는 것을 알 수 있다.

다석 유영모 선생, 함석헌, 김교신, 송두용, 류달영 선생, 독자인 장기려 박사 등 300여 명이 잡혀 가 최종적으로 12명이 서대문형무소 미결수 감방으로 보내졌는데, 『최용신 소전』(1939, 성서조선) 저자로 12명에 포함되어 죽을 뻔하였다는 류달영 선생이 20여 년전에 들려주신 여러 이야기가 떠올랐다. 유영모 선생 전기의 성서조선 사건 내용과 함께 소개한다.

처음에는 "아무 연관도 없는 젊은이가 최용신 선생 일을 왜 하는가?" 물음에 "최용신 선생이 꿈에 나타나 도와달라고 하여 시작하였습니다." '꿈 해몽' 이야기를 하던 중에 '성서조선 사건' 이야기로 자연스레 이어졌다.

류달영 선생은 "성서조선 사건으로 끌려가기 전날 할아버지가 꿈에 나타나 조심하라고 하여 문제가 될 만한 것을 모두 정리해서 그나마 다행이었다. 당시에 한국인은 '센징'이라고 부르며 쓰레기나 짐승 취급을 하던 시대인데 서대문 경찰서로 끌려가서 겪은 고초야 지금 사람들은 말해도 잘 모른다. 처음에는 악질 검사로 유명한 구

---

186) 박영호, 『다석 전기』 389쪽 (교양인, 2012)

로다 검사가 성서조선 사건을 맡았다. 그런 명성은 그냥 생기는 게 아니다. 급소도 막 걷어차는데, "이제 죽었구나!" 싶었다. 그러나 누구 한 사람 무릎 꿇지 않았다.

유영모 선생에게 "너는 조선의 독립을 바라는가? 유도신문에 "어찌 조선 사람이 되어 조선의 독립을 바라지 않겠는가? 조선의 공중변소가 일본 공중변소만큼 깨끗하게 되는 날, 독립될 자격이 될 것으로 생각한다."[187] 대답하였다. 김교신 선생은 순국하겠다는 의지로 거침없이 "황국신민서사가 틀림없이 망국신민서사가 될 것이다." 답변하였다. 류달영 선생도 "한민족이 독립하는 날은 꼭 올 것이다."[188] 라고 대답하였다고 한다.

다행스럽게도 도중에 담당이 후지키 검사로 바뀌었다. 후지키 검사는 동경대 출신이고 일본의 양심적 지식인 우찌무라 선생에 대하여도 호의적인 아주 선량한 사람이었다. 비록 검사와 죄수의 자리에서 만났지만 후지키 검사는 증거물로 제시된 성서조선 전체와 최용신 전기 등을 일일이 읽고는 오히려 유영모, 김교신, 함석헌, 류달영 등 성서조선 사건에 연루된 인물들은 아주 존경하게 되었다고 한다. 이 사람들을 모두 풀어 주어야 한다는 생각을 하였고 풀려나도록 유리하게 조서를 꾸며 주었다.

류달영 선생은 6개월 만에 감옥에서 풀려 나왔다. 이때 어머니의 머리가 아주 백발이 되어 있었다고 하였다. 성서조선 사건은 비교

---

187) 박영호, 다석전기 386쪽 (교양인, 2012)
188) 박영호, 다석전기 393쪽 (교양인, 2012)

백년을 앞선 선각자 **최용신의 외로운 진실**

적 인격을 갖춘 '후지키 검사'의 양식(良識) 덕분에 조선어학회 사건
과 달리 모두 불기소되었다.

2016년 8월 김명옥

4부 - 사후 기념사업과 제 문제

11. 최용신 정신이 평생 교육에 주는 메시지

최용신 기념관에서 열린 '2016 안산시 평생 교육 뿌리찾기' 세미나에 연차휴가를 내고 다녀왔다. 사회 교육자로서의 최용신, 평생교육의 뿌리 등의 다양한 해석과 평가에 감동을 받았다. 마지막 토론시간에 너무나 이상적으로 받아들여질지 모르겠지만 생각하는 바가 있어 소신껏 주장하였다.

안녕하십니까? 저는 네이버 '우리의 천사 최용신' 추모블로그 운영자 '푸른하늘'입니다. 1930년대 최용신 선생의 문맹퇴치 운동, 계몽운동을 오늘에 그대로 적용할 수는 없습니다. 그러나 시대 환경은 변해도 최용신 선생이 추구한 정신과 그 문화는 영원히 계속되어야 한다고 생각합니다.

그런 취지에서 평생교육은 직업교육이나 실용교육도 중요하겠지만 좋은 사회, 바른 정신문화를 만들어 나가는 교육에 비중을 더 두어야 한다고 봅니다. 그렇다면 우리가 추구해야 하는 가장 좋은 사회, 문화는 무엇일까. 그것은 개개 구성원과 공동체가 '인간다움'을 회복하는 것이라 봅니다.

평생 교육은 가장 '인간다움'을 추구해야 하는데 그 일환의 인성교육, 문화교육의 정점은 '종교교육'이라 생각합니다. 최용신 선생은 신학을 전공한 기독교인으로 예수 그리스도의 정신, 가르침을 실천한 것입니다.

젊은 시절 최용신 선생을 연구하면서 선생의 숭고한 삶과 정신을 민족의 자산으로 후대에 남겨야 한다는 사명감으로 1939년에 『최용신 전기』를 출판한 류달영 선생님을 직접 만나고, 전기 출판에 앞장선 김교신, 함석헌, 다석 유영모 선생도 정신적으로 만나면서 큰 가르침을 받았습니다.

제가 말하는 평생교육으로 실시하자는 '종교교육'은 기복신앙이나 최용신 선생이 믿은 기독교를 전도하자는 것이 아닙니다. 다석 유영모 선생님은 예수, 석가, 공자, 노자의 경전을 두루 섭렵하여 동서양의 종교가 결국에는 탐진치를 극복한 얼의 나, 참의 나, 곧 가장 인간다움에 대한 가르침이라는 결론을 내렸습니다.

최용신 선생은 기독교 신앙을 실천하여 샘골에서 영웅적인 업적은 남겼지만 동·서양의 종교사상의 핵심 가치는 결국 같은 것이므로 특정 종교에 치우치지 않고 기독교, 불교, 유교, 도교 등의 경전을 예수, 석가, 공자, 노자의 정신, 가르침을 평생 교육으로 배우고 실천하자는 것입니다. 평생 교육의 정점, 궁극적인 목적은 바로 '종교교육'이라고 저는 생각합니다. 초·중등학교에서도 소양과목으로 가르쳐야 한다고 생각합니다.[189]

2016년 9월 김명옥

---

189) 김명옥, 2016 안산시 평생교육 뿌리 찾기 세미나 (2016.9.30, 최용신기념관)

4부 – 사후 기념사업과 제 문제

12. 교육부 선정 '이달의 스승' 친일 행적 의심 논란

교육부는 '교육으로 나라를 지킨 참스승을 기린다.'며 이달의 스승 12명을 선정·발표했다.[190] 2015년 3월 최규동 선생, 4월 최용신, 5월 오천석, 6월 김약연, 7월 김교신, 8월 조만식, 9월 남궁억, 10월 주시경, 11월 안창호, 12월 황의돈, 2016년 1월 김필례, 2월 이시열 선생.

매년 이달의 스승을 선정 '교육자의 사표'로 교육하고 홍보할 계획에 따라 처음 시작한 3월 이달의 스승 '최규동' 선생이 일제 관변 잡지인 「문교의 조선」 1942년 6월호에 실명으로 '죽음으로써 임금(천황)의 은혜에 보답하다.'라는 제목의 논문을 게재했다는 사실이 언론에 폭로되자 '천황을 위해 죽자는 이가 민족의 스승인가?' 하는 비난이 거세게 일었고, 이에 교육부는 3월 행사를 전격 취소하였다.

이달의 스승에 선정된 인사의 친일행적 의심이 계속되자 교육부는 '국사편찬위원회'와 '민족문제연구소'에 이달의 스승에 선정된 12명 전체에 대한 검증을 요청한다. 이후 검증 결과 최용신 선생이 친일 행적이 의심된다고 발표하였다(언론 보도).

---

190) 교육부가 행사 계획과 이달의 스승 12명을 선정 2015년 3월 초 발표

백년을 앞선 선각자 **최용신의 외로운 진실**

2015년 3월 23일 새벽 인터넷판 기사

22일 교육부에 따르면 민족문제연구소의 검증 결과에서 최규동, 최용신, 오천석, 김약연, 조만식, 남궁억, 황의돈, 김필례 선생의 친일 의심 행적이 발견됐다 (동아일보).

인터넷으로 신문을 보던 중 '최용신 선생 친일 행적 의심' 기사를 접하고 놀랐다. 그동안 모르던 최용신 선생의 친일 행적이 무엇인가? 납득할 수 없어 검증기관에 '의심되는 친일 행적이 무엇인지 공개하라.'는 항의성 메일을 보냈다.

'이달의 스승' 최용신 선생 친일 검증의 근거를 밝혀라
피눈물 나는 선열의 애국정신을 너무나 편하게 재단하지 말라

3월 23일자 인터넷 판에 '이달의 스승' 12명 중 8명 친일 논란으로 재검토 기사가 일제히 실렸다. "22일 교육부에 따르면 민족문제연구소의 검증 결과에서 최용신 선생의 친일 의심 행적이 발견됐다 (동아일보)."는 것이다.

아마도 최용신 선생이 '친일 의심 행적'으로 거론됐다면 YWCA 추천을 받아 수원군 반월면 샘골(현 안산시 본오동)에 파견된 점과 이후 YWCA에서 매달 30원씩의 후원금을 받았고, 샘골학원 건축 시에도 건축비로 150원의 후원금을 받았다는 점, 그리고 샘골학원은 일제의 정식 인가를 받았다는 점일 것이다. (친일 논란 재검토 대상으로 보아 검증 주체가 YWCA를 친일단체로 판단한 것이라 추측함).

만일 이런 이유로 친일 행적을 의심한다면 1919년 3·1독립운동 이후 일제가 실시한 문화정치의 본질과 독립운동을 무력투쟁에 의한 것으로만 접근하는 너무나 단순하고 편협한 접근에 기인한 것은 아닌지 되묻고 싶다. 3·1운동에 놀란 일제는 초등학교 선생도 칼을 차던 무단통치의 실패를 자인하고 좀 더 효율적인 식민지배의 수단으로 소위 '문화정치'로 전환한다. 문화를 내세워 고유한 우리의 정신문화를 말살하려 한 것이다.

당시에 한국은 일제의 식민지로 차별의 대상이었다. 이러한 차별과 문화말살에 대항한 문화옹호 운동이나 문자보급 운동, 문맹퇴치 운동, 국산애용 운동, 외교에 의해 우리 자체를 알림으로써 독립을 쟁취하자, 의열단의 무력 투쟁 등 이 모두가 독립운동인 것이다. 도산 안창호 선생의 실력 배양, 교육 진흥, 산업 발달, 국산 애용, 문맹 퇴치 운동 등도 모두 같은 운동 아닌가.

최용신 선생은 자기 몸을 돌보지 않고 자기희생으로 문맹퇴치와 민족정신을 고취한 분인데 '친일 행적을 의심한다.'는 귀 기관의 검증이 심히 유감스럽다.

『최용신 소전』(1939, 성서조선)과 류달영 교수(1996년) 증언 및 홍석창 목사『최용신과 샘골마을 사람들』(2010) 저자) 등의 최용신 선생 연구에 의하면 샘골학원에 대한 YWCA 후원금도 나중에는 다 끊어졌다. 경제적 어려움에 도움을 요청받은 수원고농의 학생모임(개척사)에서 밤새 토론하여 샘골학원의 최용신 선생을 후원하지 않는가.

이때에도 큰 기관에서 후원을 받았고 일제의 정식 인가를 받은 학원이라는 게 주요 논쟁이 되었다. 당시에 누구보다 최용신 선생과 샘골학원을 정확히 파악한 진보적인 사회주의 계열이 주류이던 학생운동가(수원고농)들이 최용신과 샘골학원을 정확히 검증하여 독립운동 기금으로 조성한 피 같은 돈을 후원한 것이다. 또한 최용신 선생이 돌아가신 후 일제는 1940년에 샘골학원을 빼앗아 간이학교로 만들었다. 지역 주민들로부터 최용신 관련 자료나 유품을 모두 압수하여 공개적으로 불태웠다는 생생한 증언을 들어 보았는가.

최용신 선생은 당시에 국가의 90% 이상이 농촌이고 국민의 80% 이상이 문맹이던 시절, 조국독립은 농촌계몽에 있다는 신념으로 대학교육까지 받은 분이 새소리밖에 안 들리는 산간벽촌에 들어와 한글을 교육하고 생활 개선과 경제향상운동을 펼치다 영양실조와 과로로 돌아가신 분이다.

"만일에 최용신 선생이 1935년에 순국하지 않았다면 1937년 이후에 더욱 강화되는 민족말살의 숨 막히는 일제통치에 맞서다 유관순 열사처럼 감옥에서 돌아가셨을 것이다."고 최용신 선생의 인품을 아는 동시대를 함께한 동료 지인들이 한결같이 증언한다. 당시의 노예 같은 열악한 시대 상황에서 선열들의 피눈물 나는 몸부림을 너무나 편하게 재단하고 있지는 않는지 되돌아보기를 촉구한다. 아울러 친일 행적으로 의심한 구체적 내용을 밝혀 주시기 바랍니다.

2015년 3월 23일 새벽 김명옥

어젯밤(새벽) 걱정과 달리 검증기관은 오전 근무시간에 유선으로 '언론사가 오보를 낸 것이다.'고 알려 주었다. "그건 교육부와 언론사에 항의하세요?" 하는 것이었다. 이후 교육부의 게시판에 글을 올리고 언론사에 정정 보도를 요청하였다. 언론사는 정정보도 요청을 받아들여 신속하게 오후 인터넷판 기사를 정정하였다. 신문 지면은 다음 날 정정기사를 내보냈다.

[바로잡습니다] 23일자 A14면 '교육부 이달의 스승 전면 재검토'

◇ 23일자 A14면 '교육부 이달의 스승 전면 재검토'에서 최용신 선생은 민족문제연구소의 검증 결과 친일 의심 행적이 없는 것으로 최종 확인돼 바로잡습니다.[191]

이후 교육부는 논란이 계속되자 '4월 이달의 스승 최용신 선생' 홍보는 물론, 계획된 이달의 스승 행사 전체를 취소한다고 발표하였다. 친일 행적 의심이 전혀 없는 최용신 선생 같은 분의 '이달의 스승 행사'는 계획대로 진행하라는 필자의 민원에 교육부는 다음과 같은 답변을 보내왔다.

답변교육부 학교정책실 학교정책관 교원정책과
답변일 2015-04-30 17:38:04

---

191) 「동아일보」는 2015. 3. 24자 지면에 정정 기사를 내보냈다.

백년을 앞선 선각자 **최용신의 외로운 진실**

안녕하십니까?

교육부 학교정책관 교원정책과입니다.

먼저, 우리 부 업무에 관심을 보내주신 데 대하여 감사의 말씀을 드립니다.

이달의 스승 사업과 관련하여 민원인과 유선으로 통화한 대로, 최용신 선생님은 훌륭하신 분이고, 오늘날 수많은 교육자의 귀감이 되는 분이십니다. 다만, 일부 언론에서 해당 사업에 대한 최용신기념관을 운영하는 안산시 관계자와의 인터뷰를 통해 우려와 걱정의 목소리가 보도되어 좀 더 시간을 두고 신중하게 검토하고 있는 중입니다. 민원인의 말씀대로, 교육부는 본 사업을 통해 스승 존경 풍토 조성에 기여할 수 있도록 최선을 다하겠습니다.

그런데 친일 행적 의심 8명 중에 감옥행을 감수하며 『최용신 전기』(류달영, 1939, 성서조선) 출판에 앞장섰고 참 교육자로 존경하고 김교신 선생과 최용신 선생이 뒤바뀐 거였다. 아마 김교신 선생이 해방되기 몇 해 전에 흥남질소비료공장에서 노무자 관리부서에서 잠깐 일하신 걸로 아는데, 병참기지군수공장이라고 비난하는 사람이 있는 걸로 보면 그게 문제되어 친일 의심 행적 8명에 포함된 것 같다.

최용신 선생이 친일 행적 의심에서 누명을 벗어서 다행이지만, 반면에 정말 존경하는 김교신 선생이 친일 논란 의심의 대상이 된 것은 너무나 안타깝다. 김교신 선생님은 『최용신 전기』를 발간한 참 교육자로 친일 논란의 대상에 포함하여서는 안 되는 '스승의 사표'이며 창씨개명을 거부한 애국자이다.

13. 펄쩍 뛰는 '제자와 동문' 논란

안산시 최용신기념관에서 열린 '평생 교육 뿌리 찾기 세미나'[192]의 토론 시간에 샘골교회 인주승장로(『샘골교회 100년사』 편집위원장)가 "100년사 편찬을 위해 생존한 최용신 선생 제자를 찾았다. 지금까지 제자라는 분들 전부 조사하니 한 사람도 제자가 아니었다. 어렵게 인천에 거주하는 생존 제자를 찾아서 방문하였더니 치매 증세가 있어 증언 청취를 포기하고 돌아왔다. 최용신 선생 제자와 동문은 구별하여야 한다. 『샘골교회 100년사』에는 제자가 한 명도 나오지 않는다."고 주장하였다.

전에도 필자와의 만남에서 인주승 장로는 『샘골교회 100년사』 출판 취재 과정의 여러 이야기를 전하면서 제자 문제를 여러 번 강하게 언급하였다. 안산시청에 제출된 최용신 선생 제자 명부의 작성과 안산시에 제출하기까지의 얽힌 이야기, 제자 확인 과정에서의 여러 일화를 전해 주었다. 그런데 이번에는 공개적인 자리에서 주장하는 것을 보고는 진실을 정확히 정리해 보고 싶은 생각이 들었다.

---

192) 2016년 9월 30일, 안산 최용신기념관에서 경기도 평생교육진흥원 주최로 열림

먼저『샘골교회 100년사』에 제자가 정말 안 나오는지 확인하였다. 제자는 찾지 못하였으나 천곡학원 졸업생 명단을 발견하였다. 그대로 옮긴다. 당시 졸업생을 연도별로 보면 다음과 같다.[193]

제1회(1934.3) 박문성 외 9명, 제2회(1935.3) 홍석필 외 6명, 제3회 (1936.3) 신필남 외 미상, 제4회(1937.3) 주병수 외 3명, (5, 6, 7회는 미상) 등이다. 천곡학원의 학제는 2년제였는데, 당시 보통학교 4년제와 다른 것은 당국이 2년 이상은 허가를 내주지 아니하였기 때문이다. 최용신 이후 선생들은 자주 바뀌었다. 그 이유는 이들이 모두 신문을 통해 자원하여 찾아왔으나, 제대로 대우받지도 못할 뿐 아니라, 일제 말 탄압으로 인해서 운영이 원활하지 못했기 때문이었다.'[194]

홍석창 목사도 최근 출판한『최용신에 대한 못다 한 이야기』에서 제자 문제를 언급하였다. 홍석필은 "천곡학원의 졸업생인가?"에 의문을 제기하는 이가 있다고 한다. 그런 질문을 받고 가까이 일

---

193) 정식 인가를 받아 건축된 샘골(천곡)학원 낙성식이 1933년 1월 15일이다. 햇수로 2년째 되는 해이다. 학원은 복도와 네 개의 방이 있었다. 학생들을 가르치는 교실은 3개, 하나는 예배를 드리는 교회로 사용하였다(안원순 증언). 여기서 소개되는 졸업사진에 학생 수가 몇 명뿐이고 또한 기념사진에 글로 써넣은 문구가 수정된 흔적이 있음을 직접 확인했다며 의문을 제기하는 어느 분이 있었다. 순수하게 진실에 대한 의문으로 접근하여도 당사자나 후손은 펄쩍 뛰는 민감한 내용이라 학제나 숨겨진 내막을 정확하게 더 추적하여 인생 말년에 '못다 한 최용신 이야기'를 후속편으로 펴낸다면 그때 밝히겠다.
194) 샘골교회 100주년부,『샘골교회 100년사』241쪽 (2007, 기독교대한감리회 샘골(천곡)교회)

동에 생존해 있는 홍석필과 동창이라는 송창건을 찾아가 물어보니 '내 앞자리에 앉아서 공부했는데 무슨 소리냐 하며 펄쩍 뛰었다.'고 한다. 1935년도 졸업 사진에 있고, 십수 년 동안 생존한 학원 출신 14명의 동창생들과 모여 '최용신 선생 정신모임회'를 만들어 같이 활동하고, 최용신기념관을 세울 때 거액을 희사한 사람을 두고 '사실이 아니다. 본인이 그렇게 말했다.'고 하는 것은 이해가 가지 않는다. 샘골에서 살면서 최용신과 같이 학원에서 최용신을 도와 잠시 가르쳤던 지금 100세로 살아 있는 황종우에게 물으니 "홍석필은 내가 가르쳤다."고 증언하고 있다.[195]

그래서 인주승 장로가 제자 확인 과정에서 겪은 에피소드와 졸업 사진에 대한 의문도 확인 조사해 보았다. 또한 필자가 1994년부터 증언을 청취하면서 제일 먼저 확인했던 내용인 제자 여부, 최용신 선생이 샘골에서 활동하던 시기에 했던 일, 출생일 등의 기억을 되살려 보았다.

증언자 대부분은 한결같이 최용신 선생의 제자로 불리기를 소원하였다. "최용신 선생 제자입니까?" 질문하면 "그래, 제자여……." 멈칫하며, 뭔가 흐리게 대답하는 경우도 있었다. 하지만 최용신 선생에게 직접 배우지 않아서 최용신 선생 제자가 아니라고 처음부터 명확히 밝히는 분도 있었다. 어떤 제자 분은 나중에 확인하니 최용신 선생이 돌아가시던 시기에 갓난아기나 유아기여서 제자가 아닌

---

195) 홍석창, 『최용신과 샘골사람들2 최용신에 대한 못다 한 이야기』 360쪽 (2016, 영음사)

것을 확인한 경우도 있었다.

　최용신 선생 활동 당시에 연배가 비슷했던 동역자와 제자의 증언 청취사를 되새겨 보면, 최용신 선생은 주로 고학년[196] 학생과 야목리, 둔대리 등의 출장 교습, 그리고 야간에 부녀자, 성인반을 직접 가르쳤음을 알 수 있다.

　후원금을 보내 주던 서울 YWCA 농촌 사업부에 보고차 자주 왕래하였고 또한 후원금 수령 시에는 군포의 우편소까지 다녀와야 했다. 학원 운영과 학생을 모집하는 교장 선생님의 역할을 담당하였고 위생환경과 생활개선사업도 추진하였다. 또한 지도만 하는 게 아니라 직접 들로 나가 김을 매고, 발을 벗고 논에 들어가 모내는 일까지 하였다. 그뿐 아니라 샘골의 의사, 목사, 재판장, 서기 노릇도 다 겸했다. 일제의 감시를 받으며 반월주재소나 수원경찰서도 자주 들락거렸다. 몸이 열 개라도 부족할 정도였다.

　더욱이 최용신 선생이 샘골에 파견되어 온 시기에 주민 90% 이상은 문맹이었다. 어린이부터 노파까지 샘골 전체 주민이 학생이었다. 지금은 대부분의 증언자, 제자분이 다 돌아가시고 안 계시지만, 당시의 기억을 되짚어 보면 문맹을 퇴치해야 하는 학생이 넘쳐

---

196) 지금처럼 학년으로 명확히 구분된 게 아니기 때문에 저학년, 고학년은 나이에 의한 구분이다. 최용신 선생이 운명하면서 연이어 부른 제자를 『최용신 소전』의 기록을 보면 "종열아, 명희야, 숙자야" 등이다. 실제로 이종열과 신명희는 장례식에 제자 대표로 고별사를 낭독하였다. 고학년에는 더벅머리 노총각, 노처녀가 많았다.

나 저학년은 황종우 선생처럼 보조 교사가 주로 가르쳤다.

엄밀하게 따져서 직계 제자와 동문을 구별하는 경우와 광범위한 개념[197]으로 제자로 불리는 것은 별개의 문제인 것 같다. 직접 배운 직계 제자는 아니더라도 최용신 선생의 가르침을 받아 실천하는 제자인 경우까지 동문과 제자로 구별하여야 할 문제는 아닌 것 같다.

그러나 지나가던 최용신 선생이 머리를 쓰다듬어 주고 학원의 학예회나 운동회에 할머니 손잡고 구경 와서 사탕을 얻어먹은 경험만으로 제자라고 자청하면서 거짓 증언을 일삼고 명예욕으로 제자라 주장하는 경우까지 최용신 선생의 제자로 불리는 것은 아니라는 생각이 든다.

---

197) 나는 2천 년 전에 살다 가신 예수, 석가, 공자의 제자다. 직접 배우지 않았어도 '가르침을 받은 제자'를 포함하는 넓은 의미의 제자 개념을 '광범위한 개념'으로 표현했다.

백년을 앞선 선각자 **최용신의 외로운 진실**

14. 소설『상록수』박동혁의 실제 모델 류달영 서울대 명예교수 인터뷰

필자와 류달영 교수, 서울 성천문화재단 이사장실(1996년 1월 8일)

김: 그러면 그때 심훈 씨(소설『상록수』저자)가 샘골에 직접 찾아와서 조사했나요?

류: 그야 물론이지. 샘골에 찾아가서 최 양의 활동 상황과 업적을 대강 알아보고 돌아가서 소설『상록수』를 구상하고 집필한 것이지. 그런데 마을 사람들이 그 소설을 읽어 보고 모두들 분개했어요.『상록수』의 내용과 최 선생의 생애가 전연 다르다고 야단법석들이었어요. 그래서 내가 "소설이라는 것은 재미있게 만들어서 쓰는 것이지, 모델이 있다고 해도 사실 그대로는 쓰지 않는다. 그러니 뭐 그것을 가지고 크게 문제 삼지 말라."고 샘골 동네 사람들을 무마시키고 그랬어요.

내가 최용신 양을 만났을 때는 샘골의 사업이 가장 어렵던 시기였거든. YWCA에서 보내오던 보조금도 끊어지고 해서. 그 무렵 수원고농의 조선인 학생 클럽에서는 내가 농민운동의 책임을 지고 있었어요. 우리들은 모금한 돈을 최용신 양에게 보냈는데, 최 양은 그 돈으로 그 어려운 과도기에 사업을 계속할 수 있었어요. 아마 돌아가실 때까지 그 돈을 경비로 썼을 거야. 다른데서는 돈이 나오지 않았으니까.

나는 그분이 별세한 다음 해에 개성 호수돈 여고 교사로 취직했어요. 그 학교에서 나는 최용신 양과 같은 애국 여성들을 많이 길러내고, 또 그들의 자녀들도 민족정신이 투철한 인물로 길러낼 수 있는 어머니를 길러내야겠다는 결심을 하고서 젊은 정열을 불태웠지.

은사 김교신 선생은 양정 고보에서 다섯 해 동안 나의 학급 담임을 맡으셨고, 재직 10년 만에 양정학교를 떠난 분이지. 그분은 나의 정신적인 스승이었어. 그분이 매년 독자들을 중심으로 비밀 연수를 개최했어요. 성경 공부도 하였지만 조선 역사와 문화도 공부하였지. 함석헌 선생의 유명한 저서 『뜻으로 본 조선 역사』도 이 모임에서 강의한 것이었어요.

1937년 모임에서 내가 김교신 선생에게 건의를 했어요. "한국에 이러이러한 훌륭한 애국 여성이 있었는데, 지금은 세상을 떠났지만 이런 분의 생애는 전기를 써서 많은 조선 사람에게 읽혀서 알게 해야 합니다. 상록수 소설이 그분을 모델로 해서 쓰였지만 그것은 실제와는 많이 다르니까 선생님께서 그분의 전기를 써서 후세에 남겨 주십시오."

나는 선생님에게 간곡하게 말씀을 드렸지. 선생님은 글도 많이 쓰고 잡지 출판도 하시니까 전기를 쓰기에는 최적임자로 생각 됐었거든. 그 후에 내가 개성에 내려가 있으니까 얼마 후에 김 선생님의 편지가 왔어. 최 선생님의 전기는 유 군이 써라. 최용신양과 농민운동도 하였고 누구보다도 관계가 깊으니까 내가 쓰는 것보다는 유 군이 쓰는 게 좋겠다는 내용이었어.

나는 선생님의 명령을 어길 수가 없어서 할 수 없이 쓰기로 결심했어요. 곧이어 편지가 또 왔는데, 한 달 안으로 원고를 보내라고 독촉이었어요. 그때는 만주 사변이 터지고 조선 언론에 대한 일본의 억압이 날마다 심해져 가고 있어서 급히 써야 된다는 것이었어요. 늦어지면 출판될 가망이 없다고 내다본 것이지. 그래서 여름방학 동안 2주일에 걸쳐서 원고를 썼어요.

나는 샘골로 가서 최 양이 살던 방에서 자면서 조사도 하고, 또 원산 루씨학교에도 찾아가 재학시절의 학창 생활도 알아보고 하였지. 글 쓴 경험이 없는 내가 전기의 원고를 단시일인 14일 만에 탈고했어요. 불과 2주일 동안에 문필가가 아닌 내가 전기를 쓴 것과 또 전기를 편지체로 쓴 것은 그때까지는 없는 일이죠.

그것이 그해에 천행으로 출판이 됐어요. 출간한 후 일 년에 4판이나 찍었어요. 그 당시로는 참으로 보기 드문 일이었지. 출판 비용도 성서조선 독자들이 모금한 것이었지. 정가가 50전이었지.

김: 출판된 해가 1939년이었던가요?
류: 1939년 겨울이었어. 최 양의 전기는 각처에서 열성적으로 읽

히고, 샘골 주민들도 대단히 고맙게 생각했어요. 전기의 내용은 최 양의 동생 최용경 양의 많은 도움을 받아서 기록한 거예요. 1942년 인가. 「성서조선」이란 잡지는 한 줄 한 줄 일본 경찰이 읽은 후 검열을 통과해서 출판된 것인데, 10년 이상을 소급해서 창간호까지 전부 압수당했어요.

그런데 최용신 전기도 다시 읽어 보니까 민족정신을 적극적으로 심어서 가꾸라는 고약한 책이란 거야! 그래서 일본 경찰은 최용신 전기도 전국적으로 압수하였고 「성서조선」 잡지도 압수했을 뿐 아니라 정규 독자 300여 명을 다 붙잡아다가 취조했지. 그중 열세 사람은 서대문 형무소까지 넘어갔어. 막사이사이상을 받은 장기려 박사도 나하고 같이 잡혀갔었고 김교신 선생, 함석헌 선생, 송두용 씨 그리고 나의 은사이신 다석 류영모 선생도 잡혀갔었지.

김: 최용신 선생이 활동하던 1930년대를 중심으로 해서 그 당시 국내외의 정치적 배경, 시대적 상황 등에 대해서 말씀해 주십시오.

류: 그 당시 일본의 가혹한 압박은 오늘엔 상상도 못할 정도였지. 조선 사람은 모두 일종의 노예였으니까. 인권이 있나, 자유가 있나? 일상생활 모든 면에서 전부 억압당하고 살던 시대였으니까. 조선 사람은 무엇보다도 교육을 제대로 받을 수가 없었고, 산업방면에서도 조선 사람들의 길이 전혀 막혀 있어서 발전할 방법이 없었거든.

그 사람들의 식민지 정책을 크게 보면 두 가지인데, 첫째는 무지에서 벗어날 수 없게 하는 교육정책이지. 배워서 잘 알면 독립운동

백년을 앞선 선각자 **최용신의 외로운 진실**

을 할 것이란 거지. 아는 것이 힘이니까, 아주 철저하게 교육의 길을 막았지. 조선인은 사립대학하나 못 세우게 했거든. 사립대학을 세운다고 전국적으로 모금을 했으나 결국 세우지 못하고 말았지. 그 후에 경성제국대학이 세워졌는데 그것은 일본인을 위한 대학이었지, 우리 민족을 위한 대학은 아니었거든. 36년 동안 우리는 대학 하나 못 세웠지.

서울에도 중학교가 몇 개뿐이었어요. 서울의 5대 사립 중학교라는 것이 있었지. 양정, 중앙, 휘문, 보성, 배제 다섯 학교인데 한 학교에서 1년에 학생 100명 이상은 못 뽑았어요. 단 한 명도. 5대 사립의 학생은 다 합쳐 봐야 전부 2,500명 미만이었어.

내가 양정에 입학할 때는 모두 100명이었는데 졸업할 때는 82명이었어. 너무 가난하니까 학부형들이 수업료를 내지 못하고 중도에 퇴학한 것이지. 내가 입학할 당시는 1,100명이 지원해서 100명이 뽑혔으니 11대 1이었지. 다음해에는 1,300명이 지원했어요. 중학교에 들어가기가 얼마나 어려웠는지 짐작이 가겠지. 그렇게 교육을 억제했던 거예요.

김: 전기에 보면 마지막 부분에서 최 선생을 "예수, 페스탈로치 등과 같이 인류가 영원히 마시는 사랑의 샘이 된 것이다."라는 표현이 있는데, 그런 수준의 평가를 받을 수 있다고 보셔서 그렇게 표현하셨는지요?

류: 아, 그야 그렇게 생각할 수 있지. 지금도 그 생각은 다름이 없어요. 자기 자신을 초월한 순수한 사랑이었으니까.

김: 그럼, 구체적으로 최용신 선생의 정신 내용은 무엇인지요? 현재 우리가 당면한 남북통일, 청소년 문제, 21세기 문제 등 이러한 어려운 문제가 많은 시대적 상황 하에서 우리는 어떠한 정신적 가치를 최용신 선생에게서 찾을 수 있을까요?

류: 사람은 누구나 자기의 시대를 살아가는 것이니까. 최용신 양도 자신이 살던 그 시대를 배경으로 하여 가장 보람 있다고 믿는 일을 한 것이지. 그의 일생을 일제 식민 통치의 시련 속에서 하나의 값진 작품이었지. 우리나라가 일본의 식민지가 되지 않았거나 일본에 의한 시련이 없었다면, 최용신 양이 샘골에서 3년 동안 열심히 일했다고 해서 누가 대단한 역사적 인물로 다루겠어.

최 양은 그 시대에 목숨을 걸고 민족을 극진히 사랑한 인물이었지. 가난한 농촌 발전을 위한 활동과 교육을 받지 못한 여성 계몽의 선구자적 활동은 모두 초인적이었지. 보통으로는 할 수 없는 일들이었어.

김: 온 마을이 총동원되어 학원을 지은 건 대단한 업적입니다. 무에서 유를 창조했다고 해도 좋을 것 같습니다. 왜 그 극심한 굶주림 속에서도 그토록 학원을 지으려 했을까요? 그 마음은 과연 무엇이었을까요?

류: 힘의 원천은 교육에 있다는 신념의 발로이지. 그래서 온 힘을 기울여 한 명이라도 더 가르치려고 했겠지. 학원을 건설하면서, 그 사업을 통해서 교육열도 올리고 동민의 협동력도 강화하는 성과를 거두었다고 생각해요.

백년을 앞선 선각자 **최용신의 외로운 진실**

김: 최용신 선생에 대해서 그때와 지금의 생각은 어떠하신지요? 그리고 첫 인상에 대해서도 말씀해 주십시오.

류: 한 나라의 흥망은 예나 이제나 그 국민들의 애국심에 달린 것이니까 세월이 아무리 바뀌어도 그 원리는 바뀔 수가 없지. 용신 양의 첫인상은 퍽 날카로운 의지형의 여성이라는 느낌이었어요. 최 양의 사진을 보면 다른 이들도 나처럼 느낄 거야. 여성이라기보다는 꿋꿋한 민족운동가라는 느낌이 들었어요.

김: 최용신 선생을 평가하는 사람 중에는 "사업을 그렇게 하는 게 아니다. 겨우 3년 미만 일하다가 자기 몸도 간수하지 못하고 지나친 욕심으로 과로해서 죽었으니 무모한 일이다."라고 주장을 하는 이도 있었다고 하는데요?

류: 너무 편하게 지낸 사람들의 말이지. 그때 최용신 양의 심정이 되어 봐야지. 최 양은 힘이 있으면 더 많이 일하려 힘쓰겠다는 심정이었겠지. 나라 없는 시대에 망국노의 인생을 체험하지 못하고서는 최 양의 심정을 깊이 이해하지 못해요. 나라 없는 인간은 짐승만도 못하니까.

김: 저도 최 선생에 대해서는 소설 속 주인공의 모델이었다는 정도로만 알고 있었는데, 2년 전에 안산에서 교회 이전 문제로 대립되는 상황 속에서 선생님이 쓴 전기를 어렵게 구입해서 읽고는 감명이 깊었고, 또 최 선생이 소설 속의 모델로 감추어진 것이 마음에 걸렸어요. 특히 고등학교 교과서에는 『상록수』 소설에 나오면서

그 정신 자체를 교육하고 있고, 또 여성단체 협의회에서도 용신봉사상이라는 상을 주고 있고, 교육 부문의 큰 상이라든가 상업 면에서 많이 활용되고 있거든요. 인간 상록수로……. 그런데 최근에는 최 선생에 관한 기념사업이라든가 최용신 선생의 정신 확장에 관해서는 실질적인 것이 거의 없어요. 제 생각으론 최 선생의 민족애와 봉사정신이 널리 국민운동에 활용되고 확대되었으면 합니다.

류: 그렇게 되도록 노력해야지. 그런데 그것은 결코 저절로 될 리가 없어요. 누구보다도 먼저 그 지역의 유지들이 단합해서 연구하고 노력해야지. 무엇보다도 자랑스러운 자기지역의 정신적 표상이니까.

김: 교수님이 전기를 쓰신 지 벌써 60년이 지났는데 그 이후에 써진 책들을 보니까 전부 한곳으로 모아지더라고요. 교수님이 쓴 전기를 모두 인용할 수밖에 없었던 것 같아요.

류: 『상록수』라는 소설 때문에 상록수라는 말에 많이 쓰이고 있고, 상을 제정한 것 등은 내가 쓴 전기에 영향을 받은 것도 사실이겠지.

김: 최 선생이 독립유공자로 추서됐고 소설 속의 인물에서 이렇게 실제 인물로, 그리고 젊은 사람들의 입장에서 보면 몰랐다가 알게 되는 인물이 됐어요. 그런데 이분에 대한 평가가 매우 다양하거든요. 유관순 선생하고 비교해서 결코 뒤지지 않는다, 그 수준의 평가를 받아야 한다고 주장하는 분도 있는데 그 부분에 대해서는

어떻게 생각하신지요?

최 선생은 우리 역사상 계몽정신을 선도한 역사적 의의를 지니고 있으며, 그것은 짧은 생애를 통해서도 잘 드러나 있어요. 또 교육적인 측면에서도 그렇지만 교육의 순수한 사랑과 정열은 여성운동사 측면에서 보더라도 큰 자랑거리입니다. 기독교의 선교 측면에서도 우리가 배워야 할 점이 많아요. 제 견해로는 그런 수준의 평가를 받는 인물이라면 국가적 수준에서 그 정신을 계승하여 사회정화의 지침으로 삼았으면 합니다.

류: 아무렴, 최용신 양은 우리나라 여성사에 찬란하게 빛나는 선구자이지.

김: 교수님께서도 제 의견에 전적으로 동의하시는지요?

류: 그럼요. 농촌 운동에서도 선구자이고, 여성운동에서도 선구자이고, 어 참 민족정신도 투철한 여성이지. 최용신 양도 감옥에 잡혀 들어갔으면 유관순처럼 죽었을 인물이지.

김: 교수님도 최 선생이 유관순 열사 못지않은 평가를 받아야 한다고 믿으시는군요.

류: 나는 그렇게 평가해요. 결국은 눈으로 볼 수 있는 것을 넘어선, 가시적이 아닌 정신 문제로 귀결되는 문제이니까. '페스탈로치'라는 사람도 시골에서 고아들을 데리고 몇 해 동안 교육한 사람 아니에요? 그런데 페스탈로치는 뭐 큰 대학을 여럿 설립한 것도 아니지만, 페스탈로치의 교육정신을 전 세계 사람들이 높이 평가하고 스승으로서의 거울로 삼고 있지 않아.

최 선생도 뭐 굉장한 학교를 설립한 것도 아니지만 그때 그 시대에 그의 민족정신, 교육정신, 사회계몽 등은 모두 선구자적이었어요. 우리가 그 정신을 높이 평가하고 본받아 널리 실천해야 함은 너무도 당연해요.

김: 전기에는 최 선생님이 교수님에게 명함을 건넸다는 구절이 나오는데, 명함을 직접 받으셨습니까?

류: 내가 최용신 양의 명함을 한 장 받았지. 6·25 난리 때 없어진 것 같아.

김: 그 시절에 이 골짜기 마을에서 명함을 가지고 다녔다는 것, 참 신기한데요.

류: 내 기억으로는 그 명함에 최용신이라는 이름 석 자와 주소만 인쇄되어 있었던 것 같아.

김: 그때에 안산-수원 간의 교통수단은 어떠했나요?

류: 그때는 누구나 걸어 다녔지. 자전거 타고 다니는 사람도 드물었어. 도중에 달구지를 만나면 타기도 하고.

김: 그러면 최용신 선생도 어디나 걸어서 다녔겠네요.

류: 그야 물론이지. 어디나 걸어서 다녔지.

김: 전기에 최 선생이 고농 근처에서 교수님 일행을 만나고 나서 샘골로 가려는지 빨리 떠났다는 내용이 나오는데, 그럼 그때 30리 길을 걸어서 가셨다는 말씀입니까?

류: 그 시절에는 어디 버스가 있었나? 그때 최 양은 야목리까지도 밤중에 걸어서 왕복한 사람이니까. 그러니 참으로 초인적인 일

을 했었지.

김: 이제 질의는 이것으로 끝내고 그밖에 참고가 될 만한 이야기를 해 주십시오.

류: 최용신 양은 주민들로부터 상당한 존경을 받았어요. 첫해는 푸대접을 받다가 나중에는 정신적인 여왕이 되었지. 사실 김노득 씨라고 하는 이가 있어요. 그분은 황해도 수안에서 일을 했는데, 거기서 상당히 많은 업적을 올렸거든. 최용신 양이 건강하게 오래 살아서 돈도 많이 모아 거기다 큰 학교를 설립하였다면 역사적 인물이 되었겠어? 사람이 값지게 잘 살려면 잘 죽어야 해요. 그분은 애처로운 죽음으로 해서 오늘의 역사적 최용신 양이 된 것이오.

김: 신문에 보도가 됐나요?

류: 아, 그럼! 심훈 씨도 신문의 보도를 읽고 최용신 양을 처음 알게 되었겠지. 그런데 최 양의 생애는 참으로 간단하거든. 간추리면 4~5페이지 정도만 쓰면 생애를 전부 수록할 수 있을 거야. 그때 최 양은 참, 목숨 내걸고 일했어요. 진짜 애국자이지. 안산시로서는 최용신 양을 무엇보다도 소중하게 여기고 그 정신을 잘 살려가야 해요. 안산으로서는 참으로 자랑스러운 정신적인 유산이거든. 음⋯⋯. 그의 순수한 사회운동을 본받아서 해야 참 사회운동이될 수 있겠지.

자기를 희생하면서 사회를 위해 봉사하는 것이야말로 값진 사회운동을 하는 것이지. 시대를 초월하여 높이 평가될 사업이야. 안산시민들이 최용신 양의 정신을 본받아 삶의 뿌리로 하고 산다면 보기 드문 훌륭한 고장이 될 거야. 그 얼마나 소중한 유산인가!

김: 그 정신을 살릴 수 있는 방법이 없을까요? 참 가슴이 아픕니다.

류: 기념관도 짓고 동상도 세우고 장학재단도 만들고 하면, 요즘 사람들은 모두 감각적이니까 그런 것들도 교육적으로 크게 효과가 있을걸. 학교에서도 그 정신을 교육시키고, 안산에서는 최용신의 정신을 잘 키워 가야지. 교육기관에서도 '우리 지역에 이런 분이 있었다, 이런 애국자가 있었다, 그분이야말로 우리 지방의 큰 자랑거리이며 정신적인 주춧돌이다, 그분을 거울로 삼아 배우고 일하자.' 하는 교육을 해야지.

김: 최용신기념사업회가 만들어지면 하는 간절한 바람이 있거든요. 루씨, 교회, 제자, 각 기관장, 교육계, 최용신 관계자, 덕망 있는 지역인사, 유지……. 그리고 교수님도 고문으로 모시고 그렇게 크게 되면 얼마니 좋을까요? 청소년들도 자랑스러워 할 테고요. 그런 수준의 기념사업회가 이루어지겠죠?

류: 뭐 루씨 출신들도 자기들의 자랑스러운 선배인 최용신을 위하자는 데 싫다고 하겠는가? 나는 모른다, 싫다고 하겠는가? 그러나 이제는 직접 관계있는 이들은 대부분 세상을 떠났고 살아 있는 소수도 모두 고령의 늙은이들이지. 루씨학교가 재건되었다면 일하기가 참으로 좋았을 터인데.

김: 제 생각으로는 안산에 염석주 씨 같은 분이 몇 명 있다면 일은 쉽게 될 텐데, 참으로 아쉬워요.

류: 값진 일을 할 때는 처음엔 힘들어요. 그런데 시작하는 이들은 씨를 묻는 일이니까, 그것이 제일 소중해요. 때가 오면 싹이 트고, 자라고, 꽃이 피고, 열매가 열게 마련이지.

나는 그렇게 생각해요. 비행기 탈 때도, 요즘 제트기들이 많지만 그것을 누가 만들었는지는 타고 다니면서도 모르거든. 그러나 장난감 같은 비행기를 만들어서 불과 몇 십 미터 날려 본 라이트 형제는 다 알고 있어요. 똑같은 이치예요. 모든 일은 처음 시작이 가장 값지고 중요한 것이지. 씨를 심는 것이 가장 중요해요. 씨 심는다는 생각으로 어려움을 이겨 가야지요. 위대한 사업은 모두 그래요.

끝으로 잊지 말아야 할 것은, 우리 모두가 이 민족 이 나라의 미래를 위한 것을 생각해야 한다는 점이에요. 저절로 되는 값진 일은 절대로 없어요. 원인이 있어야 결과가 있지.

김: 류 교수님, 장시간 좋은 말씀해 주셔서 참으로 감사합니다. [198]

---

198) 인터뷰 내용은 단행본 『최용신의 생애』 증보 9판 153~185쪽 (1998, 성천문화재단)에 제2부 '저자와의 대담'으로 수록되었다. 그중에 일부의 내용이다.

4부 – 사후 기념사업과 제 문제

최용신(崔容信) 선생 연보

(1909년 8월 12일 ~ 1935년 1월 23일)

1909년 8월 12일   함경남도 덕원군 현면 두남리에서

최창희(崔昌熙)씨 차녀로 출생

2남3녀(언니-시풍-시항-용신-용경)

두남리는 동해 바다가 보이고 원산 읍에서

10리 거리에 있는 마을로 일찍 기독교가

들어왔음.

1910년   경술국치(庚戌國恥) 일제강점(日帝强占)

※ 유아기에 천연두를 심하게 앓음.

고열로 여러 날 인사불성이 되어 저승 문턱

에서 다행히 회복은 하였으나 얼굴은 물론

정강이까지 심하게 마마(곰보)의 자국이 남

게 된다. 박박 얽은 외모는 여성으로 어린

시절, 청소년기에 감당하기에는 너무나 힘

든, 큰 스트레스였다.

1918년 3월 20일(9세)   두남학교 입학

1919년 3월 1일	3.1운동 이후 일제는 무단통치에서 소위 문화정치로 전환
1920년 4월(11세)	원산 루씨여자보통학교 전학
1924년 3월(15세)	원산 루씨여자보통학교 졸업
1924년 4월(15세)	원산 루씨여자고등보통학교 입학
1925년(16세)	이웃에 사는 교회 회장이던 김학준과 약혼
1928년 3월(19세)	원산 루씨여자고등보통학교 최우등 졸업 이 학교는 선교사 루씨 컨닝킴(Lucy Cuinggim)의 이름을 따 세워진 우리나라 5대 여자 사립(배화, 이화, 호수돈, 숭의여고) 중의 하나
1928년 4월 1일(19세)	조선일보에 최용신 소개 기사 실림 새봄을 맞아 교문을 나서는 원산 루씨학교의 재원들 특출한 네 규수(최용신, 박현숙, 박두성 등의 사진과 함께 최 선생을 장래문장가로 소개)
1928년 4월(19세)	서울 여자협성신학교 입학(현 감신대) 학제가 변경(4년제, 남녀공학)됨에 따라 1929년

새로이 뽑은 남학생과 이미 입학한 여자 신학생이 합해져 남녀공학이 협성신학교 다님

1929년(1학년, 20세)	황해도 수안군 천곡면 용현리 농촌 실습
1930년(2학년, 21세)	강원도 포항 옥마동 농촌 실습
1931년 4월(3학년, 22세)	교내 스트라이크 사건 주도 징계 받음
1931년 만주전쟁 (만주사변)	중국의 동북지방을 점령하고 **1932년**에 신민지로 '만주국'을 세움
1931년 10월(22세)	경기도 수원군 반월면 샘골에 옴 (현 경기도 안산시 상록구 본오동) 1935. 1. 23. 순국까지 3년 3개월, 일본 유학 기간을 빼면 샘골 활동 기간은 총 2년 9개월임
1931년 10월 11일	샘골 예배당을 빌려 한글, 역사, 산술, 초보의 재봉, 수예 가사, 노래 공부, 성경 공부 등 시작.
1932년 5월(23세)	샘골 학술 강습소 창설인가 받음

백년을 앞선 선각자 **최용신의 외로운 진실**

1932년 7월	경성 YWCA회관에서(제10회 Y전국대회) 샘골활동 보고(YWCA농촌사업부 파견교사)
1932년 8월	샘골학원건축 발기회 조직 (샘골부인 친목계, 염석주 등 지역 유지, YWCA 재정후원)
1932년 10월	학원 짓는 계기 마련을 위해 추석놀이 개최
1932년 10월 27일	샘골학원 정초식 거행
1933년 1월 15일(24세)	2개월여 만에 학원 낙성식 당시 샘골지역의 경제 사정에서 학원 건립은 성경에 나오는 '오병이어'와 같은 일이었다. 최용신 선생의 자신의 모든 것을 다 내놓은 피눈물 나는 헌신이 '무에서 유를 창조'하는 기적을 만들어 낸 것이다.
1933년 7월 13일	수원경찰서 호출 기록은 남아 있지 않으나 주재소, 경찰서로 자주 호출돼 여성으로서는 감당하기 힘든 고문 등의 심한 고통을 당했다고 생존 지인들 증언

최용신(崔容信)선생 연보

1933년 10월 5일	학부형, 지역유지들이 참석한 운동회 개최
1933년 10월	YWCA의 재정 후원 절반으로 삭감
1933년	초가을 수원고농 방문 지속적인 후원 요청 류달영 등 만남, 수원고농의 끊임없는 기금 후원에 감사 인사 및 유학 중에도 지속적인 후원 요청함.
1934년 3월(25세)	일본 유학, 고베여자신학교 사회사업과 입학 "이 땅을 농촌 운동의 도화선으로 만들자면 새로운 지식과 구상이 필요하다."고 생각함 (덴마크 그룬트비, 약혼자 김학준을 만남)
1934년 7월	고베신학교 학내 잡지인 「푸른 하늘」에 나의 소감 기고
1934년 9월	각기병의 악화로 6개월 만에 귀국
1934년 10월	YWCA의 재정 후원 완전히 끊김
1934년 10월 30일	「여론」 잡지에 도움을 호소하는 '농민의 하소연' 기고

1935년 1월	장중첩증으로 수원도립 병원 입원
	병약한 몸에다 일제의 잦은 고문과 창자
	속이 비는 굶주림을 참아 가며 오십 리 길
	도 마다 않고 한 사람이라도 더 가르치고,
	민족혼을 심어 주려고 애쓰다 결국 지쳐서
	쓰러짐
1935년 1월 23일	0시 20분 순국(26세, 만 25년 6개월)
	1천여 명의 추도 속에 사회장 엄수
	3년간의 짧은 헌신이었으나 최용신 선생
	이 남기고 간 고귀한 정신은 예수, 슈바이
	처, 페스탈로치, 다미안 신부처럼 인류가
	영원히 마시는 '사랑의 샘'이 되다.
1935년 5월호	"永遠 不滅의 明珠 故崔容信孃의 밝아온
	業蹟의 길" (동아일보 발행 월간 신가정 5월호)
	그 당시 처녀의 죽음을 사회장으로 치른
	일은 매우 이례적인 사건이었고 중앙 각
	언론이 감동적으로 보도함
1935년 6월	최용신 선생을 모델로 한 심훈의 소설『상
	록수』발표 (샘골을 청석골로, 최용신은 여주인공
	채영신으로)

1936년	YWCA는 비석을 세워 Y정신의 실천자, 농촌사업가의 산 표본으로서의 최용신 선생을 기리고 선생의 사업과 정신을 계속하기로 총회에서 결정.
1936년 9월 16일	오전 8시 『상록수』 저자 심훈 사망 소설 『상록수』 집필에 온 정열을 쏟고 급히 상경, 상록수의 단행본과 영화 제작을 위한 시나리오 작업에 몰두, 과로와 총독부의 출판검열의 답답함을 삭이다 결국 몹쓸병(장티푸스)에 걸려 서울대병원에서 천재 문필가 심훈은 36세의 일기로 생을 마감.
1937년	중일전쟁, 전시체제 강화, 황국신민서사
1939년 12월	『최용신 소전』(류달영, 성서조선사) 발간 저자 류달영(서울대 명예교수)은 1939년 9월 4일 탈고하여 성서조선사의 주필, 양정고 5년 담임 김교신선생에게 송달함. 교정 보강과 부족한 출판비용 문제 등으로 12월에 발간됨(다석 유영모, 함석헌, 성서조선 독자들이 십시일반 출판비용을 마련함)

1941년 태평양전쟁	(1941.12.8 진주만 공격~ 45.9.2 항복문서 서명)
1944년	최 선생을 물심 양면으로 도운 염석주(49세로) 순국
1951년	샘골학원 중공군 폭격으로 파괴
1960년	샘골고등농민학원(초대원장 홍천유장로) 개원 1회 졸업생을 배출하던 1962년 5월, 약혼자 김학준 교수 학원이사장으로 최용신 정신 계승에 무척 노력
1961년 8월	최용신 선생 유적지에서 국제 청소년 캠프 (세계 11국 90명의 청년, 대학생 참가)
1964년	한국여성단체협의회 용신봉사상(容信奉仕賞) 제정
1974년 11월	최용신 기념비 제막
1975년 3월 11일	약혼자 김학준 교수 타계
1976년	루씨 상록회관 준공

루씨 1회 선배인 최직순 선생이 동창회장
으로 루씨동문 기금모금 운동에 적극적으
로 참여함 (최용신 루씨 2회 졸업생)

1978년   반월지구 유적 발굴조사 실시
반월공업단지기초개발에 앞서 6개 대학으
로 종합조사단을 구성 실시하였는데, 최용
신유적지가 제외됨

1984년 4월 13일   반월출장소에 의해 반월문화재 발굴위원
회 설치
최용을 괴롭혔던 인사들이 반성은커녕 오
히려 지역유지로 위원회에 참여하면서 최
용신 재조명, 유적화를 적극 방해함.

1990년   경기도 안산시 최용신봉사상 제정

1991년 11월 2일   안산시 최용신묘 향토유적 18호 지정
최용신과 약혼자 김학준 묘를 함께 지정
했다가 논란이 일자 김학준 묘는 취소함

1993년 8월 24일   안산시 상록수공원(4064평) 향토보호구역
지정고시 (교회도 포함, 교회 증개축 불가)

1994년 5월 4일	상록수 유적화 범시민 공청회 (샘골교회 부속건물 철거 통보 후 교외 안산시청 갈등)
1994년 11월 28일	독립유공자 추서 청원(지역신문 金明玉記者)
1995년 8월 15일	국가독립유공자 건국훈장 애족장 추서
1995년 11월	안산시 최용신 기념관 완공 예정일
2000년 8월 15일	심훈(소설『상록수』저자) 국가독립유공자 추서
2001년 2월	문화관광부 '2월의 문화인물 최용신 선생' 선정
2001년 2월 20일	감리교신학대학교 명예졸업장 수여
2002년 8월 15일	함석헌 국가독립유공자 추서
2004년 8월 15일	류달영 국가독립유공자 추서
2005년 1월	국가보훈처는 광복회, 독립기념관과 공동 으로 '이달의 독립운동가' 선정

최용신(崔容信)선생 연보

2007년 11월 20일	최용신기념관 개관 (안산시 상록구 본오동)
2008년 5월	최용신기념관 현충시설 지정(국가보훈처)
2009년	최용신 탄생100주년기념사업 (경기도 안산시 주최), 기념식 및 음악회, 국제학술심포지엄, 평전발간 등
2010년 8월 15일	김교신, 송두용 국가독립유공자 추서
2015년 4월	교육부 '이달의 스승'에 선정

백년을 앞선 선각자 **최용신의 외로운 진실**

상록수 최용신 선생 유적지 유 · 무형의 역사 기록

* 1907년 7월 3일 샘골마을에 조그만 초가집 교회가 세워짐

  한글을 깨우치고 신사고와 생활 개선, 여성의 지위 향상 등 지금
  껏 어둠에 갇혀 있던 봉건적인 마을에 새로운 변화가 일어난다.

* 1931년 10월 최용신 선생 부임

  1930년에 수원구역 감리교 선교사인 밀러가 샘골 예배당 안에 순
  회 야학을 시작한다. 그러나 한곳에 오래 머물 수 없는 바쁜 사
  정이던 밀러는 샘골에 상주할 수 있는 교사의 파견을 YWCA 농
  촌사업부에 요청한다. 이때 농촌사업부의 파견으로 최용신 선생
  이 샘골에 부임한다. 밀러의 순회강습소에는 어린아이들이 모여
  들면서 남녀를 구분하는 휘장이 강습소 중간에 설치되어 있었다.
  최 선생이 부임한 이후 그 휘장은 점차 사라진다. 최 선생은 처음
  밀러가 제공한 집에서 임시로 거주하다, 초가집으로 이사해 뒷방
  에는 장명덕 전도사가, 안방에는 최용신 선생이 거주한다.

* 1933년 1월 15일 샘골학원 완공

  복도와 4개의 큰 방을 갖춘 학원이 현 상록수 유적지에 세워진
  다. 3개의 방은 학생을 가르치는 교실로, 나머지 하나는 교회 예배

당으로 사용한다. 몽양 여운형 씨가 안산을 방문해 요시찰 대상이던 염석주 씨와 비밀 회담을 갖고, 염석주가 수원 율전리의 본댁을 떠나 첩과 함께 막고지(현 안산 사동)에 거주하면서 학원을 돕는 등, 민족교육을 하는 불온사상이 전개하는 지역으로 판단한 총독부는 샘골학원이 완공되기 전에 일본인 오오야마를 샘골에 은밀히 파견한다. 이후 샘골에 주택을 마련하고 첩과 함께 거주하면서 불온(독립)사상을 감시한다. 오오야마는 해방되기 삼 일 전까지 안산에 상주했다.

* 1935년 1월 23일 최용신 선생 순국

* 1939년 샘골 강습소의 위기

최용신 선생 순국 이후 염석주 선생이 학원 이사장으로 학원을 운영하였다. 점차 본색을 드러낸 오오야마는 학원 인가 문제를 악용해 학원 이사장에 취임한다. 이후 식민지 교육의 일환으로 운영하던 간이학교로 전환하려고 시도 한다. 샘골학원을 고발하고 소유권마저 **빼앗**으려는 음모를 자행한 것이다. 이때 지역유지의 적극적인 노력으로 교회 건물임을 주장해 재판까지 가는 과정을 통해 결국은 승리, 샘골학원은 유지된다.

* 1940년 샘골학원 인가 취소

최용신 선생의 친동생 최용경에 의해 샘골학원은 계속되었다. 루씨여고를 졸업하고 언니의 뜻을 받들어 헌신적으로 학원을 계속 이끌던 최용경 선생은 일제의 인가 취소와 오오야마의 강권에 의해 원산 고향으로 돌아간다. 학원은 일제의 간이학교로 전환된다. 세계 2차 대전의 시국상황으로 학원은 황국신민화와 전시동원체제에 동원된다.

* 1951년 6·25전쟁의 1·4사변 때에 샘골학원은 피폭(被爆)으로 전파

* 1952년 샘골학원 터에 샘골교회 건물 재건

* 1954년 현재의 상록수 유적지 내에 있는 종이 세워짐

* 1954년 샘골마을이 신생활 모범마을로 지정돼 보건사회부장관상 수상

* 1960년 샘골학원 자리에 세워진 교회 건물에 샘골고등농민학원 개원
  62년경에는 약혼자 김학준 교수가 학원의 이사장을 맡는다. 샘골교회 김 우경 장로는 폐교될 때까지 10여 년간 교사로 헌신적으로 봉사한다.

* 1961년 현재의 샘골교회의 터에 전형적인 농촌교회 건축
  이때부터 전 교회 건물은 샘골고등농민학원으로 교육 사업만을 전담한다.

* 1962년 YWCA와 샘골마을이 자매결연을 맺음

* 1968년 2월 루씨여고 최직순, 최경자, 이재숙 동문 학원 운영에
참여
  이화여대 노교수이던 최용신의 친척 되는 최직순 선생은 낙후된
  샘골에 기거하며 상당 기간 직접 영어를 가르친다.

* 1969년 8월 샘골고등농민학원 폐교
  교사와 학생 부족, 경제 사정 등의 이유로 샘골고등농민학원이
  폐교된다.

* 1973년 12월 16일자 한국일보에 폐허가 된 샘골학원 보도
  폐허가 된 학원 건물, 최 선생의 묘소의 사진과 함께 '쓰러진 상
  록수의 꿈' 상록수의 의지를 애타게 기다린다. 이때 이 기사를 접
  한 원산 루씨 동문들이 샘골을 방문한다.

* 1974년 4월 26일 루씨동문회 총회 겸 현지 답사차 회원 100여 명
샘골 방문

* 1974년 6월 12일 종묘에서 모인 루씨동문회 임원진, 샘골에 상록
학원 건립을 결의하고 모금운동을 본격적으로 진행
  상록수정신을 되살리려는 최직순 교수의 적극적인 노력이 있었

다. 이때 루씨 동문 중에는 한참 자녀 대학 교육시키는 시기라 한 푼이 아쉬웠지만 최직순 동문의 강권에 못 이겨 할 수 없이 모금에 참여했다고 하소연할 정도였다고 전한다.

* 1974년 11월 29일 최용신 선생 기념비 제막

상록학원 건립에 앞서 우선은 선생의 기념비를 세우기로 하고 모금된 14만 원으로 기념비를 제막한다. 이날의 제막식은 전국 각지에서 모인 루씨 동문, 각 기관장, 각계 인사 등 약 500여 명이 지켜보는 가운데 이재숙 여사의 사회로 진행되었다. 류달영 서울대교수의 약력 소개에 이어 최직순 루씨동창회장의 건립 취지사가 이어졌다. "우리는 비석만 외롭게 이 자리에 세워 둘 것이 아니라 그의 희생봉사의 상록수 정신을 본받아 이곳에다 선생의 뜻을 받드는 교육관을 세우려고 합니다." 계속된 이병희 장관, 이숙종 여사, 전의철 박사의 기념사에 이어 루씨 동문인 김자경 교수의 노래로 기념비의 노래가 합창되었다.

*1975년 3월 11일 약혼자 김학준 교수 타계

그의 비문에는 미망인 길금복 여사와 2남3녀의 실명 그리고 다음의 글이 새겨져 있다. "복 있는 사람은 악인의 꾀를 좇지 아니하며 / 죄인의 길에 서지 아니하며 / 오만한 자의 자리에 앉지 아니하고 (시편 1편)"

* 1975년 6월 9일 나란히 묻히는 상록수 애인

일리공동묘지(상록수 전철역 부근)에 있던 최 선생의 묘소, 본오동 안산여상 뒷산에 임시로 묻혀 있던 최 선생의 약혼자 김학준 교수 묘소가 김 교수의 미망인 길금복(吉今福) 씨의 주선으로 상록수 공원 내로 이장, 나란히 묻힌다. 지난 3월에 합장을 하려 했으나 당시 루씨회관이 들어설 부지가 확정되지 않아 이들의 유택을 마련할 길이 없어 따로 묻혔다가 이날 합장하게 됐다.

* 1976년 9월 28일 루씨 상록회관 준공
최용신 선생의 뜻을 기리기 위해 루씨 동문회에서 총 500만 원의 건축 기금을 모금하여 루씨 상록회관을 준공하였다. 이날의 준공식은 원산 루씨여고 최직순, 김자경, 이정자 등의 루씨 동문 류달영 교수, 이경렬 선생, 이병희 장관, 한상원 원산시장 등 각 기관장, 각계의 인사가 참석한 가운데 성대하게 치러졌다. 준공 후 처음 2년여 간은 농촌 부녀자를 위한 야간 학교를 운영한다. 1977년에는 루씨 상록회관에 루씨 상록유치원 개원한다. 5세 이상 취학 전 아동을 대상으로 무료 교육을 실시한다. 1982년 루씨 새마을 유아원으로 변경·운영되면서 정부 보조를 받게 된다. 그 이전까지 루씨 총동창회에서 교육비를 전액 부담하였다. 1년에 한 번 열리는 유치원 재롱잔치는 마을 축제로 진행되었다.

* 1976년 10월 2일 정부 半月新工業都市計劃(반월신공업도시계획) 발표
최용신 유적지 일대가 고밀도 주택지인 아파트 단지, 상업구역으로 고시되고 유적지 중앙에는 도로가 계획된다.

* 1977년 루씨동창회, 샘골교회 관계기관에 최용신 묘소 및 史蹟 (사적) 보존 청원

　처음에는 화성군 반월면 샘골에 그런 사적이 있느냐는 질문서의 답신이 왔다.

* 1977년 6월 12일, 14일자 「한국일보」에 기사 보도

　"常綠樹(상록수) 모델 최용신 양이 가꾼 샘골학원 철거된다. 모교 루씨여고 동창회 史蹟地(사적지)로 보존 呼訴(호소)"라는 내용의 기사가 보도된다.

* 1977년 6월 15일자 "常綠樹(상록수) 유적지 保存(보존) 결정" 기사 보도

　"半月(반월) 새都市(도시)의 公園(공원)으로" (한국일보)

　속보=건설부는 14일 반월 신도시 건설로 헐리게 된 경기도 화성군 반월면 4리 샘골학원(본보 12일자 6면) 일대를 보존키로 결정, 공원으로 도시시설계획을 바꿨다. 신동식 건설부 장관은 이날 반월 신도시 건설공사 현장소장 김지환씨를 샘골 루씨상록학원으로 보내 최직순 루씨동창회장(71)에게 이 뜻을 전했다. 이에 따라 샘골학원과 천곡교회, 기숙사, 최용신 양과 그의 약혼자 김학준 씨의 묘가 2천여 평의 실습답과 실습지 등이 그대로 보존케 됐다. 이 같은 기쁜 소식을 전해 들은 최 회장은 당국의 배려에 감사할 따름이라면서 최용신 양의 유지를 받들어 쓰러질 때까지 이 마을을 위해 모든 힘을 기울이겠다고 다짐했다.

* 1978년 12월 半月地區遺蹟發掘調査團(반월지구유적발굴조사단)에 의해 방대한 분량의 '반월지구유적발굴 조사보고서' 작성 – 최용신 유적지 제외

경기도 화성군·시흥군 반월공업단지기초개발에 앞선 同(동)지구 내 遺蹟遺物發掘調査事業(유적유물발굴조사사업)은 경기도의 委囑(위촉)에 따라 수개의 대학이 합친 종합조사단이 맡기로 합의되어 1978년 8월 4일 경기도와 서울대 박물관장 사이에 계약이 이루어졌다. 이 계약에 따라 8월 14일 관계자 일동은 현지를 조사하였고 9, 10월에 걸쳐 조사사업을 완료, 11월 20일까지 보고서 원고가 작성되어 인쇄에 붙여진 것이다. 조사 작업은 건국대, 경희대, 단국대, 문화재관리국, 서울대, 숭전대에 의하여 분담 실시되었으며 이들이 작성한 보고서를 서울대학 팀이 편집·인쇄하였다.

* 1979년 2월 26일 최용신유적지 원형 보존 및 유업 승계 활동을 위한 행정지원 청원

도시화 작업이 진전되면서 업무를 관장하는 산업기지개발공사가 행정절차상 상록수 유적지 매수계획을 추진한다고 알려지자 천곡교회는 건설부 장관, 새마음갖기운동 본부 총재에게 최용신유적지 원형 보존 및 유업 승계 활동을 위한 행정지원요청을 청원했다.

* 1979년 3월 27일 건설부 답신

관계기관과의 협의를 거쳐 기념적 건물이 가능한 한 보존될 수 있도록 조치할 계획임.

* 1979년 5월 26일 산개공

  도시계획 공원이 확정되어 79년 5월 20일, 도시계획변경고시가
  되었으니 양지 바라오며 교회 등 일부는 존치되오나 상록학원은
  공원 구역 내에서 이축되어야 함.

* 1982년 11월 12일 경기도 반월 출장소

  루씨동문회의 건의에 따라 상록학원 보존대책을 산개공에 요청
  한다.

* 1983월 2월 4일 경기도 반월 출장소

  건설부에 최용신 묘역을 공원에 편입토록 건의한다.

*1984년 4월 13일 경기도 반월출장소에 의해 반월문화재 발굴위원
회 설치

  지역유지 중심의 반월문화재 발굴위원회(위원장: 유해엽)사무소 개
  소, 최용신을 괴롭혔던 인사들이 반성은커녕 오히려 지역유지로
  위원회에 참여하면서 최용신 재조명, 유적화를 적극적으로 방해
  했다.

* 1985년 루씨동문회, 보상금 수령

  공원조성계획으로 루씨동문회 루씨유아원 대지 1천 4백 평, 건물
  50평에 대한 보상금 3천 4백만 원을 수령한다.

상록수 최용신 선생 유적지 유·무형의 역사 기록

* 1986년 천곡교회, 보상금 거부

　산업기지개발공사는 토지수용법 제25조 의해 천곡교회 건물을 제외한 대지 및 부속건물에 대한 보상금 6,148만 원을 지급한다. 그러나 천곡교회가 그 수령을 거부하자, 법원에 공탁한다.

* 1987년 6월 천곡교회 공탁금 수령

* 1888년 7월 1일 천곡교회 기수철 목사와 교인들, 안산시에 교회 증개축 허용 진정

* 1988년 7월 11일 안산시 최용신유적지 천곡교회당 신축(증축)건의 회시

　- 도시공원 지정 이전에 존치되어 있는 종교 시설에 대하여는 도시공원법 시행령 제 6조 제6호 및 제7조 제2호 바목에 명시된바와 같이 증축이 불가능함.

　- 88. 4. 14 상록수공원 조성계획에 따른 귀 교회 관계인과 연석회의 시 토의된 사항과 같이 이주택지를 분양받아 교회를 이전토록 하시고 교회 신축할 때까지 현 건물은 사용하실 수 있도록 한 계획임.

　- 천곡교회 다음의 안 제시

1안 천곡교회부지 還收

2안 교회 증축

3안 천곡교회 옆 소방서 자리 대토 요구

* 1988년 10월 17일 천곡교회 안산시에 교회부지 환매 증축 진정

* 1989년 4월 10일 천곡교회 안산시에 교회증축 300평 환매 요구

* 1991년 10일 4일 건설부
  질의: 기존종교시설 증축의 범위는?
  답변: 도시공원법시행령 제6조 11의 2 및 제7조 2호 아목에 의거 종교 시설에 대하여는 새로운 대지조성을 수반하지 아니하는 경우에 한하여 기존 시설의 연면적 범위에서 증축을 허용하고 있다. 그러나 공원 관리청인 안산시장과 협의 바람.

* 1991년 11일 2일 경기도 안산시 최용신 묘 향토유적 18호 지정
  부부묘 지정에 이의가 제기되자, 약혼자 김학준 묘소는 제외 시킨다.

* 1992년 조권호 안산시장 안산문화원에 가장 합리적인 안 제시 요청
  안산문화원 5개안 제시
  – 김학준묘 이장
  – 절개지 경사가 급하니 완만하게 하라
  – 인근 땅을 매수해 공원 부지를 넓혀라
  – 교회 건물의 지상 3층 증축은 불가하고 현 지상 1층 지하 2층은 가능
  – 루씨유아원은 옛날 샘골강습소 원형으로 복원 기념관으로 활용
  그러나 시장이 바뀌면서 진행되지 못함

* 1993년 7월 26일 천곡교회 기수철 목사, 대통령 비서실에 천곡교회 증축 요구 진정

* 1993년 7월 28일 안산시 답변

상록수공원은 시민들의 휴식 및 정서 함양을 위하여 이용될 도시 근린공원으로 금년도에 공원을 조성할 계획에 있는 토지로서, 시민들의 공원 이용의 편의성 제고 등 공원 효율성을 고려함과 아울러 천곡교회를 최용신 선생의 얼을 계승할 수 있도록 향후 최용신 선생 활동 당시의 원형대로 복원할 계획으로 교회 증축 불가.

* 1993년 8월 24일 안산시 상록수공원 4천64평 향토보호구역 지정 고시

교회 건물을 포함, 공원 전체를 향토보호구역으로 지정한 이유에 대한 필자의 질문에 지정고시에 참여한 한 자문 교수는 "교회 증축을 못하게 향토보호구역을 지정고시했다."고 답변했다.

* 1994년 1일 4일 안산시, 상록수 공원 내 보상 건물 철거계획 통보

* 1994년 1월 11일 안산시, 철거 대상시설 94년 2월 15일자로 철거 계획 통보

대상 시설 건축물: 교육관, 사택, 창고, 화장실, 시설물: 파고라 (철제), 교회 안내용 석조물, 기타 지장시설물

백년을 앞선 선각자 **최용신의 외로운 진실**

* 1994년 3월 4일 안산시, 상록수 공원 내 보상 건물 협의 요청에
관한 회신
  공원조성에 큰 지장이 없는 94년 4월말까지 교육관 철거를 유보
  기간 경과 시 강제 철거

* 1994년 3월 7일 천곡교회 홍석필 장로 민원회시
  - 상록수공원을 시민들의 휴식공간으로 제공키 위해 휴게시설,
  편익시설 및 조경 등 계획된 공원조성사업 착수
  - 천곡교회는 최용신 선생의 얼을 기림과 함께 유적으로 보전키
  위해 최용신 선생이 활동하던 당시의 원형으로 복원할 계획을 가
  지고 세부 계획을 수립 중, 현재의 교회는 복원 사업 시까지 존치

* 천곡교회 교인들 안산시의 공원조성사업 공사 방해 및 시위

* 1994년 4월 26일 천곡교회 김우경 장로, 대통령비서실에 사적
천곡교회 재건축 진정

* 1994년 5월 4일 상록수정신계승에 관한 '범시민 공청회' 개최
  한양대 민족학 연구소장 조흥윤 교수는 "문화 보존과 정신 계승
  측면에서 지역문화를 복원한다는 것보다 원형 그대로를 보존·
  관리하는 것이 더욱 바람직하다."고 말하는 등 참가자들은 공원
  화를 하더라도 복원보다는 현재의 상록수 유적지를 그대로 보존
  해야 한다는 데 의견을 집약했다.

* 1994년 5월 24일 류달영 서울대 명예교수가 안산시청을 방문

　김태수 안산시장에게 다음의 의견을 제시 "상록수 정신은 애국애
족 정신으로 국민의 정신적 심불로 삼아야 한다. 상록수공원은 천
곡교회보다는 최용신 선생이 중심이 되어야 한다. 미국 하와이 주
청사 앞에는 다미안 신부 동상이 있다. 그는 26세의 젊은 나이로
나병환자 수용소인 몰로카이 섬에 들어가 10여 년간 헌신적으로
나병환자를 돌보다 나병에 걸려 죽었다. 하와이 정부는 그의 숭고
한 정신을 기리고자 그를 하와이의 상징으로 만들었다. 안산시도
이에 못지않은 인물을 갖고 있다. 그가 최용신 선생이다. 지금의
공원 협소하니 가능하다면 인근의 토지를 공원으로 흡수하여 공원
내에 최용신기념관을 짓는 것도 좋겠다. 현재 공원 내의 구조물(교
회, 유아원) 등은 그대로 두는 게 낫다. 교회의 증개축 바람직하지 못
하며 현재의 교회 없애는 것도 좋지 않다. 잘 조성하면 시장 개인
에게도 큰 업적이 될 것이다.

* 1994년 9월 10일 안산시 답변

　김명옥(필자) 안산시민이 청와대, 교육부에 제출한 '인근의 아파트
부지를 매수하고 상록수 유적지를 전 국민의 정신 교육장으로 조
성' 청원 회신

　- 현재의 상록수 공원 내 50평 규모의 루씨유아원을 정비·보수하
여 유물 및 기념물 전시장, 상록수 영화 상영, 상록수 소설 및 최용
신 관련 서적, 1930년대 당시의 샘골강습소 및 교회, 최용신 선생
이 거주하던 초가집 등의 모형을 제작 최용신 선생의 기념관으로

활용하여 자라나는 세대의 역사의 산 교육장으로 활용할 계획임.

* 1994년 9월 안산시, 교회 측과 타협

안산시는 93. 12. 13 ~ 94. 8. 9 을 사업기간으로 공원 조성 사업 추진 교육관 철거 문제로 교회와 마찰을 빚다 교회 측과 타협, 사업비 4억여 원으로 교육관을 제외한 주변 3천여 평에 대한 공원조성을 완료

- 공원의 종류: 도시근린공원

- 88. 6. 25 공원조성 실시계획인가

- 계획내용: 어린이 놀이터, 교양시설로 기념비, 유적(기존 시설), 주차장, 화장실, 관리사무소, 기타도로, 광장, 조경시설

* 1994년 11월 28일 金明玉 안산시민 수원 보훈처에 최용신 선생 국가독립유공자 추서 청원서 제출

내일은 최용신 선생 추서 신청하러 수원보훈처에 간다. 교회도 안산시도 모두가 무관심하다. 만일 국가가 그녀에게 공식적으로 훈장을 수여한다면 시도 교회도 그렇게 무시하지는 못할 것이다. 최 선생은 진정 이 나라, 이 민족의 횃불이었고 숭고한 애국운동을 펼친 선각자이다. 진정으로 그분의 진실이 되살아나고 모든 사람에게 알려지는 역사가 있어야 하겠다. 비록 외롭고 힘들더라도 진실은 승리한다는 확신을 갖고 일한다면 반드시 그 성과는 있을 것이다. 단지 누군가의 노력과 시간이 문제일 것이다. 반드시 최 선생은 이 나라, 이 민족에게 밝은 빛이 될 것이다. (金明玉 일기(94. 11. 27) 중에서)

* 1994년 12월 20일자 「경기일보」 보도

19일 안산천곡교회 기수철목사와 시에 따르면 최근 시는 18년 동안 철거 공방을 벌였던 천곡교회를 증축해 역사적 유적지로 보존할 방침이라는 것.

崔順植(최순식)안산시장은 천곡교회는 ▲향토문화재로 지정하도록 하며 ▲유적지에 적합한 형태로 설계를 현상 공모해 증축하며 ▲ 증축을 위한 시유지 일부를 교회에 매각한다는 것 등을 기 목사 등에게 밝힌 것으로 알려졌다. 시는 이에 따라 천곡교회 증축을 위한 시의회 승인 작업을 본격 추진하고 있다.

* 1995년 1월 10일 안산시 시정 조정위원회 개최

안산부시장실에 부시장, 각 실국장 및 녹지과장, 문화공보담당관 등 10여명 참석, 천곡교회 증개축 및 부지 환매 등에 관한 다음의 방침 결정

△ 교회 증개축(향토유적 지정) 후 부지 환매

교회 건축물 양식 공모- 교회 측 주관, 비용은 교회 측 부담

△ 교회부지 환매를 전제로 한 공원 점용허가를 위하여 공유재산 관리계획을 수립 시의회 의결을 득함(면적 263.8평)

△ 문화재(향토유적) 지정

△ 도시계획변경(시의회, 안산시광역도시계획위원회, 경기도지방도시계획위원회)

* 1995년 5월 1일 안산시 최용신 선생 유적지 조성사업에 따라 루씨

유아원 이전 요청

* 1995년 5월 30일 안산시 루씨유아원 이전 통보

* 1995년 6월 22일 황상현 루씨동문회장 상록수 실존 인물 최용신 선생 정신 계승에 따른 루씨학원 보존 및 대지반환에 관한 청원을 국민고충처리위원회에 접수

　－ 루씨 학원

　1976년 폐허가된 샘골학원 자리에 동문 모금(4년 모금액 500만 원)으로 루씨 상록학원 준공

　1977년 유치원 운영

　1982년경 사립새마을 유아원으로 인가

　1993년 개정된 유아교육법 진흥법 부칙에 의거 폐기처분한다는 통보(안산교육청) 루씨유아원 경기도 교육청에 행정심판 청구 － 결과 기각

　1994년 서울고등법원 제3 특별부에 "유아원 폐기처분 취소 청구" － 결과 또다시 기각

　1994년 12월 23일 대법원에 상고장 접수 － 결과 승소

* 1995년 7월 27일 안산시 문화공보담당관, 루씨유아원 한명진 원장과 대화

　한 원장, 천곡교회와 같은 조건과 비율로 토지 환수 요망(약 445평)

* 1995년 8월 15일 국가보훈처 최용신 선생 국가독립유공자(建國勳章
愛族章) 추서

* 1995년 11월 최용신 기념관 완공 예정(연기됨)
  예산이 시의회도 통과하고 설계까지 끝난 상태로 공사만 진행하면
  되는 데도 건립예정지인 루씨유아원의 토지 환수 등의 민원으로
  착공조차 못하고 유적지는 시민들의 무관심과 물질주의, 도시화에
  밀려 아파트 숲에 파묻혀 간다.

* 1997년 3월 13일 천곡교회건물 교회증축을 위해 철거
  340여 평의 토지를 환수받은 천곡교회는 현대식 교회의 증축공
  사를 위해 1961년에 세워진 농촌교회의 전형적인 모습의 교회 건
  물 철거

* 1998년 현대식 건물로 천곡교회 증축 – 샘골교회로 교회명 변경

* 1998년 11월 『최용신의 생애』(류달영, 성천문화재단) 성천문고로 출간
하여 안산시, 주요도서관, 전국 각처에 수천 권 보급
  – 김명옥의 건의로 『최용신 소전』(1939, 성서조선사 간) 증보 9판 발행
  – 2부에 '저자와의 대담' 형식으로 김명옥과의 인터뷰 추가

* 1999년 상록수 유적지 내의 루씨유아원 이전
  루씨동문회 본오3동의 '시립루씨유아원' 위탁 운영

이야기를 마무리하며

이 책은 20대에 수집한 기록물과 증언을 정리한 내용을 보강하여 펴낸 것이다. 증언 기록은 특정한 시간보다 몇 년간, 수차례에 걸쳐 청취한 내용이다. 한결같이 증언자의 눈에는 눈물이 고였다. 대부분의 증언자가 고령으로, 최 선생에 대한 기초적인 이해가 부족한 필자에게 강압적으로 들려주기까지 하였다. 인생 막바지라 여겼는지 증언에 진실이 담겨 있었다. 또한 인생을 마무리하는 시점에서 보이는 공통적인 모습도 발견할 수 있었다.

머슴살이 같은 가정사 이야기, 최용신 선생 증언 시에 반드시 등장하던 일본인 오오야마와 얽힌 이야기는 증언자가 한결같이 민감하게 생각하는 부분이라 누락하였음을 밝힌다. 오오야마의 공적을 기려 송덕비를 세우는 마을도 있었다.[199]

필자의 올해 나이 50살, 어느새 20대에서 지천명(知天命)의 나이가 되어 버렸다. '최용신에 미친놈' 소리 듣던 20대 후반의 기억은 지금까지도 필자의 기억을 지배하고 있다. 한때는 잊고 싶은 기억이

---

199) 소작농보다 못한 게 머슴살이였다고 한다. 머슴살이를 했다는 증언은 당사자에게는 큰 치욕으로 받아들여졌다. 오오야마의 도움을 받은 이야기 또한 마찬가지였다.

기도 했다.

그러나 최용신을 만나면서, 최용신을 기리고 기록에 나선 여러 선생을 만나면서, 최용신에 감동한 여러 증언자를 만나면서, 최용신의 정신과 그 진실을 만나면서 인간을 보는 눈, 사회를 보는 눈, 종교적 신앙까지 변화되었다. 감동과 깨달음, 새로운 추억을 간직하게 되었으니 후회스럽지는 않다.

감명 깊었던 영화 〈쇼생크 탈출〉의 한 장면이 생각난다. 주인공이 교도소를 탈옥한 후 절친한 친구인 '모건 프리먼'의 석방 심사의 한 대목이다. 40년간 복역했으니 '교화' 됐냐는 질문에,

"교화! 그게 무슨 의미인가. 20대의 젊은 친구는 없어지고 늙은이만 남았는데……. 마지막으로 사진 속의 젊은 친구에게 꼭 하고 싶은 말이 있다. 그때 죄 저지르지 말지. 지금 후회해 봐야, 교화된들 그게 다 무슨 소용인가. 완전 늙은이가 되어 버린 저 젊은이가 너무나 안타깝다."

영화 속의 한 장면처럼 20대의 필자가 지금의 필자와 다른 잘 아는 한 젊은 친구로 느껴진다. 영화 〈꽃잎〉에서 5·18에 무자비하게 유린당한 한 여성이 이후 불량배(문성근)에게 갖은 폭언과 폭행을 당하면서도 불량배를 의지하며 따라가는 장면이 꼭 20년 전의 젊은 친구의 모습 같아 보인다.

순수한 열정 하나로 '최용신을 되살리자'며 건설 일용직 등으로 비용을 마련하여, 발굴 작업을 진행하는 과정에서 감당해야 했던 외로움과 고통을 생각하니 너무나 애처롭다. 그러나 그 젊은이가

그런 비난을 받아 가면서 독립유공자 추서 청원을 하여 역사 인물로 최용신 선생을 새롭게 인식시키고 이후에도 고령의 여러 증언자를 찾아 증언을 청취한 기록이나 칼럼이 최용신기념관 구술채록자료로, 교육청에서 최용신 선생 교육 자료로 활용되는 것을 보면서 젊은이는 "최용신에 미친 사람이 아니라 흙 속에 방치되어 온 진주의 가치를 발견하여 세상에 내어놓은 것이다. 자네가 정말 훌륭한 일을 해냈다."고 외로웠던 젊은이에게 마음껏 칭찬을 해 주고 싶다.

기초 발굴하던 1994년에 "왜 안산에서 최용신을 그리 부정적으로 평가하는지 모르겠다."는 의문에 오랜 기간 안산에 거주한 어떤 주재 기자가 "자네는 아무것도 모르는 쌩통[200]이구만. 안산의 유지인 ○○○을 만나 봐, 뭐라 하는지."

그래서 찾아갔다. 처음에는 부정적인 이야기만 하였다. 다 듣고 나서 "최용신에게 뭐 해코지 당했어요? 당시에 신문에도 훌륭한 분으로 나왔는데 폄하가 너무 심한 것 아닌가요?" 한마디 하고 돌아서는데 손을 꼭 붙잡았다. 이후 증언 내용은 최용신은 정말 훌륭하고 지역에 자랑스러운 분으로 이야기가 180도 바뀌었다. 이때 필자가 소변이 급해 화장실 다녀오겠다고 간청하였는데도, 그냥 가는 줄 알았는지 끝까지 이야기를 다 듣고 가야 한다며 3~4시간 이상

---

200) 쌩통은 표현 그대로 옮긴 것이다. 아마 덜 익은 수박처럼, 잘 모르는 초짜의 의미로 받아들인다.

　　　　　　　　　　　　　　　　　이야기를 마무리하며

을 붙잡았다.

얼마 지난 후 증언 내용을 보강하기 위해 다시 찾아갔더니 돌아
가시고 장례까지 마친 상태였다. 이후에도 연세가 80이 넘은 증언
자들은 죽기 전에 꼭 전해야 하는 중요한 말을 하는 것처럼 진실된
증언을 쏟아 내었다.

샘골은 술꾼, 노름꾼도 많았고 심지어 황소 절도 사건까지 일어
나 수원경찰서에서 직접 수사하기도 하였던 지역이었다. 소작농의
애환에서 머슴살이 이야기까지, 끝이 없었다. 그런 지역에 최용신
선생이 오면서 술꾼, 노름꾼이 성실한 농군으로 변하고 농한기에
는 부업으로 돈을 벌었다.

"나뭇가지 하나는 쉽게 부러지지만 여러 개 합하면 절대 부러지
지 않는다."고 설득하여 계(契)나 공동체를 활성화하고 누에꼬치 등
의 공동 작업을 통해 수익을 창출하였다. 수입으로 농기구도 장만
하여 나눠 주고, 직접 학원 뒤의 실습지에 새싹을 접붙여 생산한
감나무 묘목을 나눠 주었다. 신 농사법에서 가정살림 비법이며 요
리법까지, 보고 듣지도 못한 여러 새로운 기술을 전수해 주었다.
모든 일은 강압적으로 이끌지 않고 언제나 회의나 토론을 통해 주
민 전체가 자신이 주장한 일처럼 만들어 진행하였다. 또한 아프면
치료도 해 주고 해결 못하던 고민, 밤새 잠자리 싸움까지도 시원스
럽게 해결해 주니 최용신은 주민들에게 천사 같은 존재가 된 것이
었다.

일제 순사가 "암만해도 이상하다. 단시간에 잡범(雜犯)이 모두 사

라지고 평화로운 동네가 됐다. 이런 촌에서 사상범으로 골치를 앓다니." 말할 정도였다고 한다.

여러 증언을 종합하여 보면, 최용신 선생은 천재였다. 일본말도 능통하고 신문 잡지도 여러 권 구독하였다. 당시에 김활란, 황애덕 등의 여성 지도자와 교류하면서 '덴마크 그룬트비의 국난 극복사'에도 관심을 갖는 등 세상 돌아가는 사정에 능통한 분이었다. 그러니 자신이 끝내는 죽을 수도 있다는 판단을 하였을 것이다. 그러나 죽음에 이르는 순간까지 "샘골! 샘골! 조선을 위하다 죽었단들 무엇이 슬프랴." 말한 그대로 자기 자신을 초월한 순수한 정신으로 이웃을 위해, 나라를 위해 일하다 순국하신 것이다.

"그런 시대에 시골에서 죽어 가기까지 초지일관 정신적 독립운동과 농촌계몽운동에 헌신한 분인데 독립유공자 추서를 반대한다. 그때가 어떤 시대였는데……. 자네가 최용신에 미친 게 아니라, 그들이 무식한 것이다. 그런 못난 사람들을 안산에 돌아가면 계몽해야 한다." 며 언성을 높이던 잡지박사 김근수 교수를 만난 건 행운이었다.

처음에 추서 신청을 위해 당시에 보도된 잡지 기사를 찾아 서울 잡지 박물관을 방문하였다. 찾은 이유와 도움을 요청했더니, 담당 직원이 "무슨 미친놈이 찾아왔나." 하는 태도였다. 당시에 명함도 없는 젊은이가 막무가내로 소설의 인물을 추서할 자료를 찾는다고 하니 그렇게 생각한 것 같다. 그런 잡지는 없다며 열람을 거부하자

실망하여 현관문을 나서는데, 옥신각신하던 광경을 지켜보던 잡지 박물관의 한 여직원이 현관문 밖에까지 뛰어나왔다. "여기는 잡지가 별로 없으니, 잡지를 제일 많이 소장한 잡지 박사로 알려진 중앙대 김근수 교수를 찾아가 보라."며 연락처가 적힌 메모를 건네주었다.

김근수 교수에게 연락을 하였더니 주소를 일러 주며 "꼭 찾아와 만나고 가야 한다."며 강권하였다. 어렵게 찾아간 김 교수님의 집에서 월간 「신가정」 기사를 찾고 추서 청원서 표지글 작성에도 많은 영감을 받았다.

추서 신청서를 접수한 후에 만난 류달영 서울대 명예교수는 최용신의 본질까지 파악할 수 있는 증언과 정말 큰 용기를 주었다. 어느 때 "정말 이런 일은 머리가 뛰어나 서울대 나오고 경제력도 탄탄한 능력 있는 사람들이 나서야 하는 일인데, 저 같은 미천한 사람이 발굴 선양사업을 하려니 건설 일용직으로 돈을 벌어야 합니다. 어디에 소속이 있는 것도 아니라 최근 완공한 안산청소년수련관이 직원을 채용한다고 하여 지원하고 싶어도 증명할 경력도 없으니……." 듣고 있던 류달영 교수님이 "내가 추천서를 써 주면 가능할 거야." 정성스럽게 도장을 꾹 눌러 찍어 추천서를 써 주었다.

당시에 안산시장을 출석하던 교회에서 만난 인연이 있어 찾아갔더니 정식적으로 지원서를 내지 말고 기다리라고 했다. "자네는 최용신에 미친 사람인데 최용신 일을 해야지. 상록수역 앞에 최용신 홍보관을 세울 계획이니 거기에서 일할 수 있게 해 주겠다."고 하였다.

한참 시일이 지난 어느 날, 류달영 교수님의 성천문화재단에서 연락이 왔다. 어떻게 됐냐고 교수님이 매우 궁금해한다고……. 전후 사정을 말씀드렸더니. "청소년 수련관에서 일하다가 홍보관 지으면 그리로 옮기면 될 텐데. 무슨 높은 자리도 아니고……." 안산 시장의 태도에 매우 못 마땅해하셨다. 류달영 선생님께서 정성으로 써 주신 추천서였는데, 결과 보고도 드리지 못하여 매우 죄송한 마음이 들었었다(글 말미에 추천서 수록).

이후에 어머니가 돌아가시는 등, 감당하기 힘든 우환이 찾아왔을 때 이겨 내지 못하고 "나 같은 사람이 무슨 최용신 일을 한다고, 차라리 아무 생각이 없었으면 나았을걸." 스스로를 책망하며 즐겨 읽던 서적, 심지어 학교 졸업장도 모두 다 버렸다. 그래도 수년을 살아온 제2의 고향으로 깊은 애정이 있었지만, 위로해 주는 사람 하나 없는 안산이 너무나 싫어졌다.

한 1년만 죽도록 고생하면 목돈이 생긴다는 유혹에 넘어가 정보지의 광고를 보고 원양 어선을 타게 됐다. 타고 보니 원양어선이 아니라 제주 근해에서 조업하는 쌍글이 배였다. 뱃멀미도 심하고 노동 강도가 말이 아니었다. 감당할 수 없어 선장에게 간청하여 내린 곳이 제주도 한림항이었다. 당시에 용 그림이 그려진 선원 유니폼과 슬리퍼 신발에 지갑에는 돈 한 푼이 없었다. 신분증도 없었다. 이후 연고도 없는 제주도에서 2년여 간 노숙자처럼 생활하였다. 그런 와중에도 최용신 자료는 버리지 않고 끌고 다녔다. 심지

이야기를 마무리하며

어 조금 여유가 생기자 컴퓨터 학원 한 달간 다니며 '최용신추모홈 페이지'도 만들었다가 주위에서 '미친놈'이란 소리를 또 들었다.

처음 와 보는 제주였지만 당근, 감자, 양파 농장 그리고 목장, 골 프장, 감귤 선과장, 일당제 고깃배 선원, 건설현장 등 잡일은 많았 다. 또한 주위에 인심도 풍부하고 먹을 것도 풍족해 떠돌이에게는 살 만한 곳이었다. 밑바닥 생활을 하다 보니 죄를 짓고 일본으로 도망가려다 중간에 머물게 된 사람, 육지에서 좌절하여 숨어 들어 온 사람 등, 여러 부류의 사람을 만나게 되었다.

그중에 큰 도움을 받은 사람이 있었다. 월급제 일이 없을까 하고 관광지에서 일자리를 찾던 중, 아리따운 아가씨를 만났다. 필자의 사정을 알고는 혼자 사는데 아파트에 방도 여럿이라 당분간 월세 안 받으니 지내도 된다고 하였다. 이게 웬 횡재인가. 염치 불구하 고 신세를 지기로 했다.

그런데 그날 밤 큰 충격을 받고 말았다, 그녀는 남자였다. 아니, 정확한 표현은 동성애자였다. 바로 다음 날 그녀의 집을 나왔다. 바로 전화가 왔다. 왜 나갔냐고 해서 동성애자라 불편해 나왔다고 하니 매우 슬퍼하였다.

제주 5·16도로 지나가다 숙식 제공하는 사슴농장에 취직을 했 다. 숙소에서 자려는데 울먹이는 그의 전화가 또 왔다. 한 달간만 자기 집에 와서 살라고 간청하였다. 동성애자의 애환을 아느냐며 자기가 어떤 사람인지 최소한 알고 나가라는 하였다. 급하게 사슴 농장에 고용은 되었는데 살펴보니 숙소 옆에 사슴을 한약재로 가공하는 약탕 기계가 가득하고, 사슴이 울어대는 소리도 크게 들리고, 일하던 사람들도 다 나가서 넓은 숙소에 혼자 있으려니 계속 일할 곳인가 고민하던 중에 간절히 부탁하니 한 달간만 지내기로 하고 다시 그의 아파트에 들어갔다.

그는 고향이 서울이고 아버지가 유명한 사립학교의 교장 선생님이었다. 그런데 중학생 이후에 몸과 행동이 여성으로 변해 갔다. 아들의 행동을 이해 못하는 아버지와 자주 갈등을 빚었다. 스스로도 고치려 부단히 노력하였다. 그러나 맘대로 되지 않아 여러 번 자해를 하여 손목에 깊은 상처 자국이 남아 있었다. 아버지와 갈등을 피해 제주도에서 죽으려고 혼자 내려왔는데, 어떤 무당을 만났다. 그 무당이 선의로 많이 도와주어 지금까지 잘 살고 있다. 그 무당이 너무나 고마워 신세 갚으려고 찾아갔더니, 다른 사람에게 똑같이 은혜를 갚으라고 하였는데 필자가 바로 그런 도움이 필요한 것 같아 도와주는 것이라고 하였다.

나중에 보니까 그의 어머니도 걱정이 되어 제주에 내려와 가까이에서 살고 있었다. 지금까지 동성애자는 정신적으로 퇴폐한 사람이라는 부정적인 시각이었는데 일종의 '유전자병' 같은 것임을 처음 알았다. 그들은 주로 유흥업소 등에서 일을 하였는데, 그것도 사회적인 편견으로 정상적인 직장을 구하기 힘들어 생계수단으로 어쩔 수 없이 일하는 것이었다. 그는 여성 전환수술을 받지 않고 있는 모습 그대로 살아갈 계획이라고 하였다. 그러면서 동성애자를 편견 없이 대하는 호주에 이민 갈 계획이라고 하였다.

이야기를 마무리하며

약속을 지켜 한 달 만에 그의 집을 나왔는데, 나오기 전에 동성애자를 싫어 하니 정말 멋진 정상적인 여성을 소개해 주겠다고 하면서 모델 같은 여성을 소개하였다. 정말 멋쟁이 아가씨였다. 몇 번 만났는데, 어느 때 그녀도 동성애자라는 사실을 알고는 정말로 큰 충격을 받았다. 조금의 의심도 없었기에 충격은 더했다. 진짜 동성애자의 진실을 이해하는 계기가 되었다.

동성애자는 우리 사회의 소수자이고 잘못된 편견으로 오해와 소외를 당하고 있다는 생각을 하였다. 그들도 사회 구성원으로 받아들이고 존중해 줘야 한다는 가치관으로 변화되었다.

새롭게 마음을 정리하고 안산으로 돌아왔다. '인생 바닥을 쳤으니 이제 좋아질 일만 남았다.'며 새롭게 출발하려는데, 이번에는 정말 믿었던 사람에게 사기를 당했다. 믿었던 모든 게 거짓이었다. 바닥 아래에도 깊은 지하실이 있구나. 정신적으로 경제적으로 최악이었다. 이즈음 최용신 기념관이 개원한다는 소식을 접했다.

혹시나 나 같은 사람은 불러 주지 않을까 하는 기대도 하였지만, 부르지 않았다. 또한 신도시인 안산에서 돈 받고 일할 사람은 많은데, 뒷배도 없고, 돈 안 받고 자발적으로 일하는 사람을 안산의 인심으로 보아 절대 부르지 않는다는 판단을 하였다. 이런 상황에서 사비 들여 가며 최용신 선양 일을 개인이 계속한다면 필자 스스로도 '진짜로 최용신에 미친 사람'이라는 생각이 들었다.

기념관의 순조를 기원하며 제주도에서 노숙 생활을 하면서도 끌고 다녔던 기록물, 증언 자료를 최용신 기념관에 기증하였다, 완전히 잊고자 기증자의 이름도 비밀로 하여 달라 부탁하였다. 지금까지 운영하던 '인터넷 추모 홈페이지'도 삭제하였다. 부끄러운 이야기지만 지금껏 최용신 선생을 만나면서 외롭고 너무나 힘들었다. 그래서 완전히 잊고자 한 몸부림이었다.

그런데 이후에 보니까 '거짓 샘골 강습소 교가'를 발표하고, 교가 문제점을 제기했더니 "제자들이 한결같이 증언하는데 그때 살지도 않은 당신이 뭘 안다고 이상한 이야기를 하느냐."며 핀잔이나 주었다. 또한 최용신 선생에 있어서는 바이블처럼 인용하면서도 감옥행도 감수하면서 자발적인 신념으로 발간한 『최용신 전기』(류달영 작) 같은 기록물은 등한시하면서 중요한 내용이 틀리거나 최용신의 업적은 위인으로 보기에는 부족하다는 등의 과거 젊은 시절에 들은 평가에서 크게 벗어나지 못하는 기록물을 우대하는 것을 보고 크게 실망하였다. 삭제한 개인 '인터넷 홈페이지'보다는 잘 만들어 홍보하리란 기대도 완전히 사라졌다.

고민 끝에 필자라도 '인터넷 블로그' 등을 운영하여 최용신 선생의 진실을 알려야 하겠다는 생각에서 기증한 자료 전체를 모두 돌려 달라고 요구하였다. 돌려주는 것도 미진하여 2차에 걸쳐 돌려받았는데, 최근에 돌려받지 못한 녹음 자료, 서적, 기록물 등을 다수 발견하였다. 기념관 담당자에게 누락된 자료를 돌려달라고 요청하였더니, 없어진 것 같다며 찾아보겠다고 했는데 지금까지도 연락이 없다.

지금 생각하면 처음부터 건설 일용직 노동자나 낮은 직업군에 속하는 직업에도 감사하며 한없이 낮아져 섬기며 죽든지 살든지 큰 사명감으로 꾸준하게 최용신 선양사업을 계속했어야 했는데, 건설 일용직 일을 하면서 창피하여 남들 몰래 숨어서 일을 하였고, 최용신 기념관에 자료를 기증하고는 지금에 와서 자료가 없어졌다고 후회하는 것도 잘못된 것이라 여긴다. 그러나 최용신처럼 죽어 가면서까지 초지일관 자신을 사명을 지키며, 사랑의 실천은 아무나 할 수 있는 일은 아니다. 그러니 최용신은 위인이 된 것이다.

최근 박근혜 대통령 국회 탄핵과 최순실 국정 논단을 지켜보는 국민들은 "우리나라가 이 정도였나.", 한탄을 많이 한다. 그러나 필자가 경험한 바로는 지금 언론에 보도되는 것이 전부는 아니다. 우리 사회 전반에 정도의 차이가 있을 뿐 비슷한 현상이다. 개인적으로 정신적인 멘토인 최용신 선생의 정신을 실천하며 살기가 매우 어려운 세상이 되어 버렸다.

근본 원인은 우리 사회의 도덕, 윤리의식이 황폐화되었기 때문이라 진단한다. 정말 우리 사회의 상층부, 갑의 위치에 있는 분들부터 시작하여 사회 전반의 '윤리, 도덕 재건 국민운동'이 일어나야 할 것 같다.

성경에서 가르친 "포도나무의 줄기·가지는 본질적으로 한 생명이며 한 몸이다. 가지로 비유된 인간은 몸통인 하나님·예수와 똑같은 존재이다. 가난한 사람이나 부자인 사람이나, 사회적인 지위가 높고 낮음에 상관없이 모두가 하나님과 같은 존재이므로 존경하고 섬겨야 한다."는 정신, 모든 이웃을 하나님처럼 받들고 섬김을 실천한 분이 바로 최용신 선생이라 생각된다.

하나님 믿어 물질 축복받고 죽어서 천당 가자는 그 어떤 전도보다 최용신 선생이 보여 준 이타적인 사랑의 실천이 예수님의 가르침에 더 와 닿았다.

20여 년 전에 류달영 교수님께 질문 드렸다. "1939년 20대의 나이에 쓰신 최용신 전기에 보면 최용신을 예수, 페스탈로치 수준으로 평가했는데 지금도 그 평가에 변함이 없나요?" 류 교수님은 "그것은 눈이 보이지 않는 본질에 관한 문제로, 지금도 그 평가는 변함이 없다."고 하셨다.

필자도 위에서 언급한 인생의 여러 파란곡절(波瀾曲折)을 겪을수록, 나이가 들어갈수록, 최용신 선생을 더 깊이 알아 갈수록 예수, 페스탈로치, 슈바이처, 다미안 신부, 최용신은 인류가 영원히 마시는 사랑의 샘물이 되었다는 평가가 당연하게 받아들여진다. 결국 정신의 그 본질은 같은 것이다. 필자는 최용신을 인류 역사의 위대한 위인으로 평가한다.

반드시 최용신의 상록수 정신을 되살려 교육하고, 영화 등으로도 제작하여 현재 우리 사회가 직면한 부의 양극화, 정규직과 비정규직, 갑질 문화, 청년 실업, 차별 문화, 물질 중심의 인간 소외 현상 등의 여러 난제를 해결하는 치료제로 활동되기를 간절히 바란다.

추천서

안녕하십니까?
저는 류달영 서울대 명예교수입니다.

이번에 안산시에서 청소년수련관 직원을 채용한다는 소식을 듣고, 적임자가 있어서 추천합니다.

김병욱 군은 그 동안 안산시의 청소년 교육 및 문화사업에 헌신적으로 봉사하여 왔습니다. 그런 김군이야 말로 청소년수련관을 운영하는 일에 적임자라 생각됩니다.

김군은 안산 한양대를 졸업한 이후, 10여 년간 공인된 후원이나 도움도 받지 못하면서도 최용신양의 희생과 봉사의 상록수 정신을 안산시는 물론 전국적으로 확대 보급하는데 지대한 기여를 하였습니다.

1995년에는 최용신 선생을 국가보훈처에 독립유공자로 추서 하여 훈장을 받게 하였으며, 1998년에는 성천문화재단의 「최용신의 생애」 단행본의 출판과 사회각처에 보급하는데 많은 기여를 하였습니다.

안산시의 청소년수련관 운영에 있어서 안산시의 청소년교육 및 문화사업에 개인적인 사비를 들여가면서 10여년 이상을 헌신적으로 희생 봉사하여온 김군이 안산시에 청소년수련관에서 봉사할 수 있도록 적극 추천합니다.

공인된 기관에서 봉사하여온 경력이나 인문사회계열의 학력도 중요하지만, 무엇보다 올바른 청소년교육의 방향을 일찍 깨닫고 선구자적으로 개인적인 외로움 속에서도 성심성의로 봉사하여온 김군의 이력은 그 어떤 공인된 기관의 경력을 초월하는 것이어서, 안산시의 교육 및 문화사업에 적임자라 할 것입니다.

안산시장님의 현명한 판단을 기대합니다. 감사합니다.

2003. 9. 24

성천문화재단 이사장 / 서울대 명예교수

류 달 영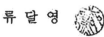

참고 문헌

1. 류달영, 『눈 속에서 잎 피는 나무』(중앙출판공사, 1978)

2. 류달영, 『최용신의 생애』(성천문화재단, 1998)

3. 홍석창, 『상록수 농촌 사랑』(기독교문사, 1991)

4. 홍석창, 『최용신과 샘골마을 사람들』(한국감리교사학회, 2010)

5. 홍석창, 『최용신과 샘골마을사람들 2, 최용신에 대한 못다 한 이야기』(영음사, 2016)

6. 인주승, 『상록수와 최용신의 생애』(홍익재, 1992)

7. 김명옥, 『잊혀졌던 역사 상록수와 최용신 선생』(제일청년문고, 1994)

8. 김명옥, 『잊혀진 최용신 선생의 생애와 사상』(광복 50주년 순국 60주기 추모학술강연회 자료집, 1995)

9. 김명옥, 『인류가 영원히 마시는 사랑의 샘, 최용신의 생애』(최용신정신계승회, 1998)

10. 서병욱, 『어리석은 선구자 최용신』(안산시, 2010)

11. 김형목, 『최용신 소통으로 이상촌을 꿈꾸다』(선인, 2015)

12. 김기명, 『상록수 최용신 선생님의 발자취를 되밟으며』(상록수 문예원, 2016)

13. 윤유석, 『샘골사람들 최용신을 말하다』(길위의 책, 2017)

14. 김우경, 『역사가 증명하는 샘골기사집』(샘골교회, 1994)

15. 샘골 교회, 『샘골(천곡)교회 100년사』(샘골교회100주년 편집위원회, 2007)

16. 원산 루씨여고 총동창회, 『루씨고녀 100년지 상록』(상록편집위원회, 2003)

17. 심훈상록수기념사업회, 『한국인간상록수전기』(2014)

18. 김교신, 『김교신 전집』(제일출판사, 1987)

19. 함석헌, 『뜻으로 본 한국 역사』(한길사, 1983)

20. 류달영, 『한국의 미래상』(성천문화재단, 1995)

21. 류달영, 『외롭지 않은 외로운 나그네길』(삼육출판사, 1978)

22. 박영호, 『다석 유영모 전기』(교양인, 2012)

23. 정옥자, 『역사 에세이』(문이당, 1996)

24. 서울대출판부, 『한국사 특강』(한국사특강편찬위원회, 1990)

25. 한국근현대사연구회, 『한국 독립운동사 강의』(한울, 1998)

26. 박성수, 『이야기 독립 운동사』(교문사, 1996)

27. 최훈, 『한국 재건 교회사』(성광문화사, 1979)

28. 이만열, 『한국 기독교사 연구』(지식산업사, 1991)

29. 윤경로, 『한국 근대사의 기독교사적 이해』(역민사, 1992)

30. 박춘복, 『한국 근대사 속의 기독교』(목양사, 1993)

31. 민경배, 『한국 기독교회사』(대한기독교출판사, 1998)

32. 김학준, 『상록수의 사랑과 죽음, 가슴에 타오르는 회상』(여원 1964년 3월호)

33. 월간지 여성세계, 『그 넋 상록수 되어』(1977년 4월호)

34. 대한일보 특집기사, 『28년 전의 최용신 여사와 상록수』
     (1962.1.21)

35. 안산문화원, 『안산시사』(1998),

36. 안산문화원, 『향토자료집』(1990)

37. 현길언, 『인간 최용신과 상록수의 채영신』(안산문인협회 세미나
     논문집, 1996)

38. 국사편찬위원회, 『한국 독립운동사 자료집』,

39. 국사편찬위원회, 『독립유공자 공훈록』

40. 대한 YWCA연합회, 『한국 YWCA 반 백년사』,

41. 대한 YWCA연합회, 『한국 YWCA 70년사』

42. 경기도향토사연구협의회, 『최용신 기억 속에서 아시아로 걸어
     나오다(최용신탄생100주년기념사업회, 2009)

43. 최용신, 『학술심포지움 1회~4회 발표 자료집』(최용신기념관,
     2013년~2016년)

44. 기타 인터넷 인물 정보, 지식백과, 블로그 등 참조

증언자

류달영, 김근수, 구상, 홍찬의, 주의득, 유해엽, 김종규, 강일희, 홍수용, 안원순, 홍석필, 이상종, 최한익, 한용세, 한명진, 최군옥, 당충상, 홍석창, 김우경, 인주승, 유천형, 김영덕, 루씨 동문, 전희균 자녀, YWCA 전직 간부, 염석주 자녀, 장명덕 친구, 김학준 자녀, 이름만은 비밀로 해달라는 증언자 등 다수

산더미처럼 잡지를 모아 읽으며 시사에 도통하여 당시의 시대 배경을 상세하게 전해 주신 잡지박사 중앙대 김근수 교수

외삼촌을 밀고하여 죽게 한 일제의 밀정 ○○○에게 원수를 갚지 못해 한이 맺힌다는 염석주의 조카 주의득 할아버지

최용신에 대해서는 나에게 물어봐야 한다며 정리한 기록물, 자료를 제시하며 꼼꼼히 상세하게 증언하는 김종규 목사

아버님이 학원 발기인, 건축 회계 담당자를 맡아 보았고 부족한 건축비 문제로 고민하던 부친과 최용신 선생의 활동을 증언하는 동안 눈물을 계속 흘리시던 홍수용 할아버지

골육지친이나 다름없는 최 선생에 대한 증언을 하고 싶은데 듣는 사람이 없어 매우 답답했다는 안원순 할머니. 여러 날 증언을 다하니 최 선생이 생각나 잠을 못 이루고 괴로워하였다.

최용신 독립유공자 추서 소식을 접하고 아버지인 염석주를 독립유공자 추서신청을 접수해 달라 부탁하기 위해 홍석필(우) 장로님을 찾아와 함께 만나

증언을 청취함[201]

---

201) 염석주 아드님이 "아버지가 말리는 할아버지와 싸워 가며 독립운동을 하다가 해방 얼마를 안 남기고 믿었던 동지의 밀고로 붙잡혀 심한 고문을 받다가 돌아가셨다."며 독립유공자 추서 신청을 부탁하기 위해 홍석필 장로님을 찾아왔는데, 홍 장로님이 필자를 불러내어 함께 만났다(1995년). 홍 장로님이 "우리는 잘 모르고 최 선생 추서신청을 필자가 했다."며 추서 과정을 설명하면서 "이 친구가 하면 될 거라."고 말하자, 그간의 가족관계 등 아버님에 대한 애통한 사정을 이야기하면서 소원을 풀어 달라며 20대의 필자에게 간곡하게 부탁하였다. 가지고 온 복원한 아버님의 증명사진, 기타 자료를 건네받으며 식사 대접까지 받았다. 이후 간곡한 부탁이라 요시찰 리스트 자료 등으로 일단 '연보'를 만들면서 부족한 대로 접수는 꼭 하려고 하였다. 추가 자료를 찾는 과정에서 어떤 기관에서 추서 청원을 진행한다며 "자네가 최용신처럼 염 선생까지 손대면 큰일 난다."고 하였다. 그래서 대전에 거주하는 염 선생 아드님에게 전화로 사정을 설명하고 "개인보다는 기관에서 하는 게 낫겠죠. 저는 이만 중단합니다."고 말씀드렸다, 이때 실망하는 한숨 소리가 유선을 타고 크게 들렸다. 이후 추서신청은 했으나 증빙자료 미비 등으로 추서가 되지 않았다고 전해 들었다.

백년을 앞선 선각자 **최용신의 외로운 진실**